シンガポールのムスリム

宗教の管理と社会的包摂・排除

市岡 卓
Takashi Ichioka

明石書店

目　次

第Ⅰ部　シンガポールの多人種主義とムスリムをとりまく状況

用語集

【英語・マレー語の略語】

ACG	Inter-Agency Aftercare Group：アフターケア・グループ
AMP	Association of Muslim Professionals：ムスリム知識人協会
ARS	Asatizah Recognition Scheme：宗教教師認証制度
CEP	Community Engagement Program：コミュニティ・エンゲイジメント・プログラム
IPS（「政策研究所」と表記）	Institute of Policy Studies, Lee Kuan Yew School of Public Policy, National University of Singapore：シンガポール国立大学 リー・クアンユー公共政策大学院 政策研究所
IRCC	Inter-Racial and Religious Confidence Circle：民族・宗教間信頼サークル
JI	Jemaah Islamiyah：ジュマ・イスラミーヤ
JMS	Joint Madrasah System：ジョイント・マドラサ・システム
MENDAKI（「ムンダキ」と表記）	Yayasan MENDAKI / Council for the Development of Singapore Malay/ Muslim Community：シンガポール・マレー・ムスリム社会発展評議会
MUIS（「ムイス」と表記）	Majlis Ugama Islam Singapura / Islamic Religious Council of Singapore：シンガポール・イスラーム評議会
PAP	People's Action Party：人民行動党
PERGAS（「プルガス」と表記）	Persatuan Ulama dan Guru-Guru Agama Islam Singapura / Singapore Islamic Scholars and Religious Teachers Association：シンガポール・イスラーム学者・宗教教師協会
RIMA	Centre for Research on Islamic and Malay Affairs：イスラーム・マレー問題研究所
RRG	Religious Rehabilitation Group：宗教リハビリテーション・グループ
RSIS	S. Rajaratnam School of International Studies, Nanyang Technological University：南洋理工大学 S. ラジャラトナム国際研究大学院
SAP School	Special Assistant Plan School：特別支援計画校
SMI Project	Singapore Muslim Identity Project：シンガポール・ムスリム・アイデンティティ・プロジェクト（SMI プロジェクト）
SRP	Studies in Inter-Religious Relations in Plural Societies Programme

【その他の用語】

イジュティハード（ijtihad）	イスラーム法学者が理性を行使して行うイスラームの解釈。
イスラーム（Islam）	いわゆる「イスラム教」。「イスラーム」が宗教そのものの名称。
イスラーム主義（Islamism）	イスラームの理念を掲げる政治・社会運動。「政治的イスラーム（Political Islam）」とも言う。本研究では、その中で特に暴力的手段に訴えるものを「イスラーム過激主義」と言い区別する。
イマーム（imam）	モスクの宗教指導者（本来の意味は礼拝指導者）。
ウラマ（ulama）	宗教学者。イスラームを学び知識を習得した人々。
ウンマ（ummah）	ムスリムが想像する世界規模の宗教共同体。
ザカート（zakat）	イスラームに基づく義務としての喜捨。
サルタン（sultan）	マレー人のイスラーム系王朝の宗教指導者である王の称号。
ジハード（jihad）	イスラームに基づき神のために努力する行為一般を言う。イスラーム過激主義の信奉者は「武装闘争」の意味で用いる。
シャリーア（syariah）	イスラーム法。
ジョホール王国	現在のマレーシア・ジョホール州にあったマレー人の王国。
タウヒード（tawhid）	神の唯一性。イスラームの最も重要な教義。
ナショナルデイ・パレード（National Day Parade）	毎年8月9日の独立記念日（National Day）に行われる式典。
ナショナルデイ・ラリー（National Day Rally）	毎年8月に行われる首相の施政方針演説。
ハッジ（haj）	イスラームに基づく義務としての巡礼。
ハッド刑（hudud）	クルアーンに明示的に規定された、体刑を含む刑罰。
ハディース（hadith）	預言者ムハンマドの言行録。イスラームにおける法源の一つ。
ハラーム（haram）	イスラームにおいて禁止されているもの。
ハラール（halal）	イスラームにおいて認められているもの。
ヒジャブ（hijab）	ムスリム女性が髪を隠すために頭部をおおう布。
ファトワ（fatwa）	宗教上の最高指導者が発出するイスラーム法の判断・解釈。
マドラサ（madrasah）	イスラームの専門知識を教え、宗教指導者を養成する学校。
ムスリム（Muslim）	イスラームを信仰する人々。
ムフティ（Mufti）	ムイスに置かれる宗教上の最高指導者。
ユーラシア人（Eurasian）	ヨーロッパ系とアジア系両方の血を引く人々。
ラマダーン（Ramadan）	断食が行われる、イスラーム暦で第9の月。

※　イスラーム関係用語のカタカナ表記は、原則として『岩波イスラーム辞典』による。また、アルファベット表記は、原則としてシンガポールで一般に用いられるものによる。

シンガポール最大のモスク、サルタンモスク。シンガポールがムスリムの暮らす国でもあることを象徴する光景。
※本書に掲載された写真はすべて筆者が撮影したものである。

序　章
本研究の概要

　本研究が対象とするのは、シンガポールのムスリム、つまり、「イスラーム」[1]という宗教を信仰する人々の包摂と排除に関わる問題である。シンガポールのムスリムに関わる政治・社会問題を包括的・総合的に論じた研究としては、日本で最初のものと思われる。

　シンガポールは、ムスリムに対し様々な制度上の配慮が行われる点ではムスリムに対し包摂的な社会であるが、なおムスリムの包摂をめぐる様々な問題が生じている。本研究は、シンガポールがマイノリティ（少数者）であるムスリムにとってより包摂的な社会となるための課題を提示するものであり、多文化共生に関する研究として位置づけることができる。研究手法としては、ムスリムの多様性に留意しつつ、様々な問題にムスリム社会が、特に、リーダーたちがどのように対処しているのかを政治社会学的観点から分析することで、シンガポールのムスリムの包摂と排除のメカニズムを明らかにするという形を取る。

　関根は、人種・民族・エスニシティという社会学的・文化人類学的指標によって区分される人間集団の間では、情緒的な観点からの文化、言語、生活習慣等の維持、アイデンティティが問題になるだけではなく、政治的・社会的・経済的な面からの希少資源や地位をめぐる対立が生じることを指摘する。そして、そうした集団間の「政治的・社会的・経済的関係状況について探求する」ことを目的とする「人種・民族・エスニシティの政治社会学」が必要であると論じる（関根, 1994: 13-17）。

　本研究は、同様の問題意識の下で、シンガポールにおけるエスニシティや宗教によって区分される集団間の政治的・社会的関係を探求し、集団間のより良

1　いわゆる「イスラム教」については、「イスラーム」が宗教の名称そのものを指すこと、また、イスラーム研究者の間ではアラビア語の発音に従い「イスラーム」と長音で表記されることが多いことから、本研究では「イスラーム」と呼ぶ。なお、イスラーム関係用語のカタカナ表記については、原則として『岩波イスラーム辞典』の表記による。

い関係構築に向けての課題を提示する多文化共生研究である。特に、ムスリム
を取り上げ、彼らの宗教的アイデンティティの問題だけではなく、ムスリムと
いう集団への帰属が彼らの政治的・社会的な地位や利害にどのように影響する
のかを論じる。シンガポールのエスニシティや宗教に関わる政治的・社会的問
題は、ムスリムに限ったものではない。しかし、ムスリムの問題は、社会的格
差や差別に関連し、隣国との関係や世界情勢の影響も受けるといった多面性を
有し、エスニシティや宗教の管理の多様な側面が端的に表れることから、ムス
リムを取り上げることは、シンガポールにおける多文化共生を研究する上で重
要な意義を有する。

　本章は、研究の目的、研究の視点、先行研究との関係、研究手法、研究の意
義について明確にした上で、本書全体の構成を説明する。

0.1. 研究の目的

　近代シンガポールの歴史は、1819 年にイギリス東インド会社の社員である
トーマス・スタンフォード・ラッフルズ（Thomas Stanford Raffles）が上陸し、
ジョホール王国のサルタン（sultan）[2]から交易拠点を設ける権益を獲得したこ
とに始まる。この時点で、シンガポールの人口は、数百人の海上生活民（オラ
ン・ラウト：orang laut）[3]、ジョホール王国[4]に仕える 20～30 人のマレー人、そ
れと同数程度の華人など、あわせても約千人に過ぎなかった。[5]シンガポール
は 1824 年に英蘭協約によってイギリス植民地としての地位が確定し、中継貿
易港として急速な発展を遂げたことで、島嶼部東南アジア[6]、中国、南アジア
からの大量の移民を受け入れ、極めて多様な民族・宗教が共存する社会となった。

　1965 年のマレーシアからの分離・独立以降は、民族・宗教間の紛争を回避し、
多様なアイデンティティを有する国民の統合を進めるため、すべての民族・宗
教を平等に取り扱う「多人種主義（multiracialism）」に基づく国家建設を進め
てきた。多人種主義は、マイノリティへの配慮も包含するものであり、エスニ
ック・マイノリティであるマレー人の宗教、イスラームは特別な支援を受けて
きた。広範にわたるムスリムの宗教実践の支援のための制度が整備されている

2　マレー人のイスラーム系王朝の宗教指導者でもある王の称号。
3　マレー語で「海の民」の意味。
4　現在のマレーシア・ジョホール州にあったマレー人の王国。
5　Turnbull, 2009: 24-25.
6　東南アジアのうち、現在のインドネシア、マレーシア、シンガポール、フィリピン等を含む地域。

点では、ムスリムに対し包摂的な社会であると言える。一方で、政府に批判的な研究者、市民活動家等からは、社会的格差、差別、ヒジャブの着用規制[7]など、ムスリムの包摂をめぐる問題の存在が指摘されてきた。

　ムスリムを支援する広範な政策の実施にもかかわらず、なおムスリムの包摂をめぐる問題が存在するのはなぜか、また、このような問題に対し、ムスリム社会のリーダーたちは、どのように対応しているのかが、本研究の問いである。本研究は、「包摂」と「排除」を分析の枠組として用い、ムスリムの宗教志向の多様性に注目しながら、政府によるイスラームの管理へのムスリム社会のリーダーたちの対応について政治社会学的観点から分析することで、ムスリムの包摂と排除のメカニズムを明らかにする。これによって、シンガポールにおける宗教の管理、さらに、マイノリティの包摂と排除をめぐる課題を提示する。

　「宗教の管理」、「イスラームの管理」という表現は、「宗教」や「イスラーム」を実体化するようであり、奇妙な表現にみえるであろう。この点について多少補足する。

　シンガポールは1965年にマレーシアからの分離・独立を余儀なくされ、何の資源もない小国として生存の危機に瀕し、後に「建国の父」とも呼ばれるようになるリー・クアンユー（Lee Kuan Yew）初代首相[8]の強力なリーダーシップの下で、国家の「生き残り」をかけて一貫して経済発展を追及してきた。その過程では、政治・社会の安定化を図るために、労働運動、学生運動、野党の政治活動、マスメディアなどあらゆる国民の活動を規制・管理してきており、宗教も例外ではなく、政府の徹底した管理の対象となってきた。後述するように、政府による宗教の管理を扱った研究も多い（0.3.）。チュアは、政府が宗教を監視（police）し、これに介入（intervene）していると指摘し、また、ユージン・K・B・タンは、様々な制度や法的枠組により宗教が管理（manage）され、政治動員や宗教間紛争を未然に防止するなどの観点からコントロール（control）や予防的規制（preventive measures）が行われると指摘する（0.3.）。政府の意向を受けてムスリム社会の内部からイスラームに関する指導、規制や普及活動を行う宗教リーダーも、自分たちがイスラームの「管理（administer）」や「コント

7　「ヒジャブ：hijab」は、ムスリム女性が宗教上の理由で髪を隠すために頭部をおおうスカーフ状の布。
8　リー・クアンユーは、1959年からイギリス領シンガポール自治州の首相、1963年のマレーシアとの併合後はマレーシア連邦シンガポール州の首相、1965年から1990年まで25年間は独立国シンガポールの初代首相を務め、1990年の首相退任後は上級相（Senior Minister）、2004年から11年までは顧問相（Minister Mentor）として閣内に残った。

ロール（control）」に関わっていることを自認している（2.2.2.2.）。

　本研究で「宗教の管理」、「イスラームの管理」といった表現を用いるのは、このような状況を踏まえたものである。

　シンガポールのエスニック・グループ別の人口構成は、多い順に華人が74.3%、マレー人が13.3%、インド人[9]が9.1%、その他が3.2%となっている（2015年）（Department of Statistics, Singapore, 2016a）。東南アジアで唯一の華人が多数を占める国家である。しかし同時に、島嶼部東南アジアの先住者であるマレー人、南アジアからの移民であるインド人のほか、アラブ人、ユーラシア人[10]その他多様な文化的背景を有する人々から構成される多民族・多宗教国家でもある。マレー人はマイノリティ（少数者）であるが、人口の13.3%を占め、華人に次ぐ第二のエスニック・グループである。

　本研究では、宗教の管理に関わる問題に注目し、特にムスリムを取り上げる。シンガポールの宗教の構成比は、仏教33.2%、キリスト教18.8%、イスラーム14.0%などとなっており（Ibid.）、イスラームは第3位の宗教としてそれなりのプレゼンスを有している。にもかかわらず、なぜムスリムの包摂・排除をめぐる問題が議論になるのかが、本研究の重要な関心事である。

　シンガポールは、1963年にマレーシアに併合される形で独立を果たすが、経済政策・民族政策両面での対立から、1965年には2年足らずでマレーシアからの分離・独立を強いられた（1.2.3.）。マレーシアからの分離・独立によって、何の天然資源もないシンガポールは経済的自立が危ぶまれる状況に陥ったが、国を挙げての戦略的な外資導入による経済開発に成功し、急速な経済発展を遂げることができた。2015年の一人当たりGDPは52,888米ドルで、日本の34,523米ドルを大幅に上回り、中東のカタールに次いでアジアで最も高い[11]。

　独立の前後には「人種暴動」も経験したが、すべての民族・宗教を平等に扱う「多人種主義」（1.2.1.）を推進することで、民族・宗教に関わる暴動は1969年を最後に起こっておらず、民族・宗教間の紛争のない安定した社会が実現している。民族・宗教に関わる紛争が依然として絶えない東南アジアにおいて、これは極めて異例なことである。シンガポールは、民族・宗教間融和の優

9　インド国籍を持つ人々ではなく、南アジアに起源を持つシンガポール人のこと（1.4.1.）。
10　ヨーロッパ系とアジア系両方の血を引く人々。
11　一人当たりGDPに関するデータは、世界銀行による。
（http://databank.worldbank.org/data/reports.aspx?source=2&series=NY.GDP.PCAP.
CD&country=#、2017年6月13日最終アクセス）

等生をもって自認しており、政府もこれを大きな成果として常に強調している。建国50周年を迎えた2015年の独立記念日の演説（ナショナルデイ・ラリー：National Day Rally）[12]で、リー・シェンロン（Lee Hsien Loong）首相[13]は、「国民が人種、言語、宗教にかかわらず、一つに団結している」ことを強調した（Lee Hsien Loong, 2015a）。リー首相はまた別の場では、シンガポールを人種・宗教間の融和が強固な「平和のオアシス（oasis of peace）」と呼んでいる[14]。シンガポール観光局（Singapore Tourism Board）はウェブサイトで、「私たちは、違いを尊重し、私たちが暮らす融和的な多様性のある社会を大切にします」というキャプションとともに様々な民族の若者たちが一緒にほほえむ写真を掲載し、「多様な人々が融和する国」であることをイメージ戦略に巧みに利用している[15]。

　すべての宗教を平等に取り扱う多人種主義の原則にもかかわらず、イスラームに対しては、例外的に様々な特別な政策上の配慮がなされている（2.2.1.）。ムスリムは、1965年のマレーシアからの突然の分離・独立により、一夜にしてマイノリティの地位に転じた。イスラームへの政策的な配慮を行うことは、彼らの不安や不満を解消する上で重要であった。

　2017年、シンガポールは、民間企業による格付けで、「イスラーム協力機構（Organization of Islamic Cooperation：OIC）[16]加盟国以外でムスリムが最も旅行しやすい国」に3年連続で選定された[17]。この格付けでは、航空アクセスの利便性やムスリム旅行者への情報提供など、居住者とは異なる視点も加味されるが、ハラール[18]料理や礼拝場所の提供などムスリムのニーズへの対応の充実度が考慮される。ムスリムの宗教実践を支援する制度の充実は、シンガポールをムスリム旅行者にやさしい環境にすることにも寄与していると考えられる。

12　8月9日の独立記念日の約二週間後（2015年は8月23日）に行われる毎年恒例の首相の施政方針演説。シンガポール社会の現状に対する認識、政府の政策の基本方針、新規施策の発表等を含む首相の最も重要な演説であり、テレビでも生中継される。

13　初代首相にして建国の父とされるリー・クアンユーの長男。1984年に政界入りし、1990年に副首相に就任、2004年に第3代首相に就任して現在に至る。

14　"Singapore cannot allow conflicts elsewhere to damage racial and religious harmony: PM Lee", *Straits Times*（以下「*ST*」という）, 24 July, 2017.

15　http://www.yoursingapore.com/travel-guide-tips/about-singapore/people-of-singapore.html（2017年1月13日最終アクセス）

16　ムスリムが多数を占める国家57か国が加盟する国際機構。

17　"Singapore remains most popular destination for Muslim tourists outside Organisation of Islamic Cooperation countries: Survey", *ST*, 3 May, 2017; Mastercard and Crescentrating (2017), *Mastercard-Crescentrating Global Muslim Travel Index 2017*.

18　「イスラームにおいて認められているもの」の意味。食に関わる「ハラール」については、2.1.2.4. を参照。

しかし、ムスリムの宗教実践への広範にわたる支援にもかかわらず、なおムスリムの包摂をめぐる様々な問題がある。ムスリム（マレー人）[19]は、隣接するマレーシア・インドネシアにおいてはマジョリティ（多数者）である。シンガポールが建国当初からこれら両国との対立を抱える中、ムスリムは「内なる脅威」とみなされ、国の安全保障に関わる分野から排除され、これは現在も一部続いている。1970年代後半以降のイスラーム復興は、ムスリムの「主流社会」からの分離、過激化への政府の懸念を生み、イスラームの管理強化につながっている。2001年9月11日のアメリカ同時多発テロ（以下「9・11」という）以降における国内外のイスラーム過激主義[20]の動向は、こうした方向に拍車をかけることになった。ムスリムの間には、社会的格差のほか、ナショナル・サービス（兵役）[21]における差別、雇用等における差別、ヒジャブの規制にみられるような宗教的アイデンティティの抑制などに対する不満がある。これらのムスリムの包摂をめぐる問題は、それぞれ長きにわたり繰り返し問題提起されてきたが、いずれについてもムスリムの不満が解消されるには至っていない。

　本研究の問題意識は、なぜムスリムの包摂をめぐる問題が解消しないのかということである。先行研究は、ムスリムに対し包摂的ではない（排除的な）政策や社会状況が続くことの原因として、ムスリムに対する同化的な政策、ムスリムが他者化され管理が強化されることなどを指摘している。しかし、それは政府の政策や非ムスリム側の認識だけの問題なのか。このような状況を、ムスリムは、特に、ムスリムを代表して政府に異議を唱えることができる立場にあるムスリム社会のリーダーたちは、どのように受け止め、それにどのように対応しているのかというのが、本研究の問いである。本研究は、これに対する答えを見出すとともに、それを踏まえてシンガポールのムスリムの包摂に向けての課題を提示するものである。

0.2. 研究の視点—包摂と排除をめぐる議論とムスリム・マイノリティ—

　本研究は、「包摂」と「排除」の概念を用いることで、シンガポールのムス

19　インドネシアにおいては、「マレー系民族に属する人々」。

20　本研究では、「イスラームの理念を掲げる政治・社会運動（イスラーム主義）のうち暴力の行使をいとわないもの」を「イスラーム過激主義」という。イスラームの理念を動員するものを議論の対象とすることを明確にするために「イスラーム」を冠しているのであって、イスラームが過激主義に帰結することを示唆する意図はない。

21　18歳に達した成年男子全員を2年間徴用し、国軍、警察または市民防衛隊（消防機関）に配属させるもの（3.1.2. および3.2.4.）。

リムに不満をもたらす様々な問題について、ムスリムが十分に包摂されていない（ムスリムに対し包摂的ではない）、あるいは、ムスリムが排除される（ムスリムに対し排除的な）状況ととらえ、その原因を分析し、その解消に向けた課題を提示しようとするものである。

　最初に「包摂（inclusion）」と「排除（exclusion）」の概念について整理しておく。包摂と排除の概念は、もとはヨーロッパで生まれたものである（岩田, 2008：16-19）。フランスでは1970年代から、「豊かな社会の新しい貧困」が問題視されるようになり、障害者など成長から取り残された層を福祉国家の諸制度から「排除」された人々ととらえ、社会に「参入」させることが社会の責任であるとする議論が展開されるようになった。1980年代には若年者失業問題から「社会的排除」と「社会的包摂」がEUレベルで関心を集め、1997年には「アムステルダム条約」により、EU全体が共通の目標として「社会的排除の撲滅」に取り組むこととなった。イギリスでは、1997年にトニー・ブレアが率いる労働党政権が、失業、低いスキル、低所得、差別、みすぼらしい住宅、犯罪、不健康、家庭崩壊などの複合的不利としての社会的排除の問題に取り組む姿勢を鮮明にした。この労働党政権の政策に理論的根拠を与えたのが、社会学者ギデンズ（Anthony Giddens）の著作『第三の道』（ギデンズ, 1999）であった。

　岩田および阿部によれば、「社会的排除」とは、生活を営む上で必要な社会関係への参加が欠如している状態であり、従来から問題とされてきた物質的な意味での貧困と異なる、複合的な不利益を被っている状態であり（岩田, 2008：22-26; 阿部, 2011: 4-6）、このような「社会的排除」をなくし「社会につつみこむこと」が「社会的包摂」である。日本でも、ホームレスやネットカフェ難民などの問題を契機とし、これらの問題への新しいアプローチとして国政レベルでも「社会的包摂」の概念が導入された。[22]

　齋藤純一（以下、本章において「齋藤」という）によれば、包摂の概念には、①文化的差異に基づく排除・周縁化への対応、②経済・社会的な排除・周縁化への対応という二つのアプローチがある（齋藤純一, 2007）。包摂と排除の概念は、エスニック・マイノリティなど異なる文化を持つ人々を社会に取り込むという観点からも分析の枠組となるのである。内藤と山北は、社会人類学の立場から一つ目の文化的差異のアプローチを取り、障害者、ホームレスのほか、先住民、

22　2011年には民主党政権の下で内閣官房に「社会的包摂推進室」が設置されたが、その後、自民・公明連立政権への移行に伴い、同室は廃止されている。

難民、移民といったマイノリティの人々の包摂と排除に関わる問題を取り扱っている（内藤、山北編，2014）。

　政治学、社会学等における議論では、包摂と排除が一体のものとして行われる、「排除する側」と「排除される側」の単純な二項対立の図式にとどまらないなど、排除と包摂が相互に関連する複雑なプロセスであることが指摘される。

　例えば、野田によれば、ヨーロッパにおける「包摂」は、福祉国家の財政的行き詰まりによるものであり、「雇用へのアクセス改善対策」に政策がシフトする中で、労働という「社会的義務」を果たすことを支援の前提とする「パターナリスティック」な社会観を内包する面がある（野田，2010）。また、齋藤によれば、「包摂」のための今日の社会政策は「正常化」、「生活形式への規律的な介入」などの要素を含む。例えば、日本の「健康増進法」(2002年制定）や「医療改革関連法」(2006年制定）などは、社会に医療費等の負荷をかけないよう国民に生活習慣の改善を求めるものであり、国家が国民のライフスタイルに介入する要素がみられる（齋藤純一，2007: 108-109および脚注（16））。

　内藤と山北は、社会的に排除された人々を包摂する場が、彼らをそこにとどめ置く場に転換するというパラドックスを提示する（内藤、山北編，2014）。ここでは、児童養護施設、精神病院、刑務所など人々を救済するために収容する「全制的施設（total institutions）」において、施設の監督者による「従順性のテスト」や「アイデンティティの剥奪」を通じ、被収容者の主体の自由が無効化されるというゴッフマン（Erving Goffman）の議論（ゴッフマン，1984）が参照される。各論文では、先住民、難民、移民、障害者、ホームレスといった社会的に排除された人々を包摂する場（難民収容施設、ホームレスのための自立支援センター等）が新たな排除を生み出すことが指摘される。例えば、ザンビアの難民収容施設は、難民たちを物理的に国民から隔離し、また、国民が享受する自由や権利から排除するなど、国民国家からの排除装置として機能する（中山，2014）。また、日本のホームレスに対する自立支援施設においては、厳しい生活管理になじめない者が脱落するなど、事業の中で選別が行われ、就労自立を達成できない者が再度切り捨てられる（北川，2014）。

　「包摂」と「排除」は、その概念上、本質的に一体のものであるとする議論もある。野田（野田，2010）（前述）や内藤直樹（内藤直樹，2014: 9）は、杉田の議論（杉田，2005）を参照しながら、「包摂」は内と外の境界線を前提とした概念であり、そもそも「排除」とは表裏一体であると指摘する。

　ヤング（Jock Young）は、アメリカの黒人アンダークラスの生活実態の分析
から、「包摂」と「排除」の一体性を明らかにする（ヤング, 2007, 2008）。アン
ダークラスの人々はアメリカの消費文化への強い憧れを持っている点では文化
的には包摂されながら、そのような文化の享受からは経済的・社会的に排除さ
れている。ヤングはこれを「過剰包摂（bulimia）」（ヤング, 2008: 55-56）[23]と呼び、
後期近代[24]の社会は「包摂と排除の両方が一斉に起きていて、大規模な文化的
包摂と系統的かつ構造的な排除が同時に起きている」「過剰包摂型社会」であ
ると述べる（Ibid.: 69）。そこでは社会の下層の人々は、「退屈な仕事とわずか
な報酬、ほぼ自明視されている現状の不平等システム」に「包摂」されるしか
ないのである（Ibid.: 27）。

　以上を踏まえると、包摂と排除の問題を論じるに当たっては、両者の相互関
連性への留意が必要であることが分かる。包摂は必ずしも排除の問題に対する
解決ではなく、それ自体が排除でもあることや、新たな排除の問題を生み出し
ていることに目を向けなければならないのである。

　次に、ムスリム・マイノリティの包摂と排除をめぐる議論について整理して
おく。

　ムスリム・マイノリティの包摂と排除に関する一般的な議論は、西欧を念頭
に置いたものが中心である。西欧では、移民が増加し、彼らが「異質なもの」
とみられる中で、失業の増大や福祉負担など社会での競合や利害対立があると
みなされ、紛争や衝突が発生するようになった。世界各地でのイスラーム過激
主義によるテロ事件の発生は、イスラモフォビア[25]を生み、ムスリム移民の統
合を一層困難なものにしている。こうした中で、地方の極右政権による反ムス
リム的な政策や移民への攻撃、モスク建設への反対などムスリム移民排除の動
きが激しくなっている[26]（高橋, 2010）。

　安達によれば、イギリスにおいては、2005 年の「ホームグローン・テロ」
の発生以降、「社会の分断」を招いたとして多文化主義政策が批判され、リベ
ラル・ナショナリズムに基づく社会統合、具体的には民主主義という共通価値

23　"bulimia" は、「過食症」のことであるが、日本語版の訳者が「過剰包摂」という訳語を当てた（ヤ
　ング, 2008: 404）。
24　ヤングによれば「後期近代」の社会とは、1950 年代から 60 年代の「就業率が高く、雇用が保障
　され、婚姻関係とコミュニティが安定した」「黄金期」と対照的な「経済的不安と存在論的不安の両方」
　を生み出す「不安定で分断的な社会」である（ヤング, 2008: 41）。
25　イスラームやムスリムに対する嫌悪や恐怖、これに基づく差別的発言、行為など。
26　近年の西欧では、中央レベルでもフランスの国民戦線など極右政党の台頭がみられる。

に基づく社会統合が推進されている。ムスリムは、イギリス社会の価値観を共有し、文化的にはイギリス社会に統合されているにもかかわらず、差別や社会的格差、対イラク、対アフガニスタン戦争を含む外交政策への不満などによって排除を感じている。ムスリムが排除されながら社会の下層に包摂されており、形式的には包摂されながら実質的には排除・周縁化される、ヤングの言う「過剰包摂」の状況にあると安達は結論づける（安達, 2013）。

　森は、フランスにおいては、「共和国モデル」の下で民族・宗教による区別がなくすべての国民が平等であるという理想、すなわち「カラー・ブラインド神話」があるにもかかわらず、ムスリムが差別・排除を受ける「カラー・コンシャス」の状況が実態としては存在し、そのことがフランス社会に亀裂を生んでいると指摘する。フランス国民であるムスリム移民二世が、自由・平等といったフランスの価値観を身に着け、自己認識の面ではフランス社会に統合されているにもかかわらず、差別・排除を受けるために、彼らがフランスの価値観に依拠して異議を唱えることを、森は明らかにしている（森, 2016）。

　サミナとマルコビックの編著は、9・11以降の状況を念頭に、アメリカ、カナダ、オーストラリアといった西洋諸国、さらには、シンガポール、インドといったムスリムがマイノリティである社会を取り上げ、ムスリム・マイノリティの包摂・排除の問題について論じる（Samina and Markovic eds., 2014）。

　同書の編著者の一人であるサミナ（Samina Yasmeen）は、序論（"Introduction"）で、9・11以降、ムスリム・マイノリティが、社会に脅威をもたらす「他者」とみなされ、イスラモフォビア・偏見の広がりとともに社会から排除される状況にあると述べる。しかし、包摂と排除は一方的なものだけではないし、単層的なものだけでもない。マイノリティの側がマジョリティを排除する（マジョリティから距離を置こうとする）こともある。また、マジョリティ側の政策等へのマイノリティ社会の中での反応が異なるために、マイノリティの中のあるグループが、「マイノリティのあるべき姿ではない」とみなされてマイノリティ社会の内部で排除されることもある。このように、包摂と排除とは複雑な関係にあるというのがサミナの主張である（Samina, 2014a）。

　サミナは、同書に収録された論文でオーストラリアのムスリムの状況について論じる。9・11以降、オーストラリアにおいてもイスラモフォビアが広がり、反ムスリム感情が高まった。しかし、2011年にはオランダの極右政党・自由党の党首であるヘルト・ウィルダース（Geert Wilders）のイベントが政府関係

者やホテルの判断により中止になり、また、2013年にはボスニア移民のムスリムの大臣政務官が就任時の宣誓にクルアーンを使うことを擁護する声が上がるなど、ムスリムの排除に対抗する動きもみられる。一方で、ムスリムは排除する側にもなる。9・11以降、ムスリムが「他者化」される状況の中で、ムスリムがイスラームの西洋に対する優位性を主張し、西洋を逆に「他者化」し、非ムスリムから距離を置こうとする動きがあり、サミナはこれをムスリムによる西洋の「排除」ととらえる。2013年にはパースで、大規模なラマダーン（断食月）の集団礼拝を公園で開催することが混雑や騒音などの観点から当局に問題視されたが、当局の立場に理解を示そうとするムスリムが、強硬に公園の使用許可を求めるムスリムから非難される状況があった。これをサミナはムスリム社会内部における排除とみている（Samina, 2014b）。

　サベージ（Timothy M. Savage）によれば、西洋諸国では、ムスリム移民を国民国家の体制に取り込み、国家とヨーロッパの規範への志向が強い世俗的なムスリムを育てようとする取組みも行われるが、このこともムスリムの包摂と排除をめぐる問題を引き起こす。このような取組みは、現地（ヨーロッパ）で教育を受け、現地の言語を話し、現地の文化を理解する宗教指導者を育成する、アラブの資金支援と影響を排するために現地の政府がモスクの建設等を支援する、ヒジャブの着用を規制する、ムスリムの団体を国家の枠組に組み入れるなどの形を取る。ムスリム団体の国家への取り込みはベルギー、フランス、ドイツなどで行われているが、これらの団体は政府主導で設立されたものであり、国家がムスリムの中の特定の団体や個人を予め排除してしまうことにより、多様性を内包するムスリム社会を代表することにならない。このように、キリスト教に対するのと同じ手法での国家によるムスリムのヨーロッパ社会への統合のもくろみは、ほとんどが失敗に終わってしまう（Savage, 2004）。

　浪岡は、フランスにおけるイスラームの制度化に際しての一部のムスリムの排除の問題を論じる。フランスでは、2003年にイスラームを代表して政府と協調する団体「フランス・ムスリム評議会（CFCM）」が政府主導で設立された。しかし、CFCMは、主に移民第一世代が管理する礼拝所の代表者たちから構成され、「世俗的ムスリム」と自認する新世代ムスリムは参加できない。郊外に居住するムスリムの社会問題に取り組む新世代ムスリムは、CFCMが単に宗教儀礼上の問題だけに対処するものであること、政府主導であり、安全保障

の観点から制度化されたものであることなどから[27]、CFCM に対し批判的である。CFCM の設立によって、これに参加できない新世代ムスリムはかえって排除されている。浪岡は、CFCM がムスリムの宗教的アイデンティティの多元性に対応していないことを問題点として指摘する（浪岡, 2005）。

　包摂と排除、さらに、ムスリム・マイノリティの包摂と排除をめぐる問題については、以上のように非常に多様な議論がある。シンガポールのムスリムの包摂と排除の問題を議論するに当たっても、固有の社会背景に十分に目を配りながら、包摂と排除が相互に関連したり一体のものとなったりすること、マジョリティもマイノリティも包摂と排除の主体となりうること、ムスリム社会内部での排除にも目を向ける必要があることなど、包摂と排除のメカニズムの複雑性に留意した検討が必要であると考えられる。

　ここでは、西欧等のムスリム・マイノリティの包摂と排除に関する研究が一般に移民（またはその二世・三世）であるムスリムを対象とするのに対し、本研究が研究対象とするのは移民のムスリムではないことについても確認しておく。

　国民国家の成立後に異なる文化を持つ他の国から労働力として導入されたという点で西欧等のムスリム・マイノリティに対応する地位にある人々は、シンガポールでは、中国、東南アジア、南アジアから期限付きのビザ（就労許可：work permit）を取得して来訪する外国人単純労働者である(1.1.2.)。彼らの中には、インドネシア、バングラデシュなどムスリムが多数を占める国からの出身者も多く、相当数のムスリムが含まれている。

　本研究は、ムスリムを含む外国人単純労働者ではなく、マジョリティ（多数者）である非ムスリムと同様にイギリス植民地時代に主として東南アジアや南アジアから移住し、1965 年のシンガポール建国時から国民としての地位にあった人々やその子孫であるムスリムたちを研究対象とする。彼らが同じ国民であるにもかかわらず、ムスリムであるために政府による管理が強化され、様々な面で他と異なる扱いを受けたり、他と異なる問題に直面したりすることがユニークな現象であり、そのためにこれまでも多くの先行研究で取り上げられ、本研究においても独自の視点から研究対象とする意味があると考えるからである。

　ムスリムに限らない外国人単純労働者の問題についても、社会的包摂・排除

27　政府は、思想、信条の自由やフランスの政教分離原則を支持する宣言文書を準備し、これに署名することを CFCM への参加の条件とした。

の観点から論じる余地があるが、これについては 1.5.2. で論じる。

0.3. 先行研究との関係

　シンガポールのムスリムの包摂と排除の問題について研究を行うに当たっては、まず、シンガポールにおける宗教の管理一般に関する研究、次に、シンガポールにおけるイスラームの管理に関する研究を、それぞれ先行研究として参照する必要がある。

　最初に、シンガポールにおける宗教の管理一般に関する主要な二つの先行研究を参照する。

　第一に、チュア・ベンファット（Chua Beng Huat）は、権威主義体制の下にあるシンガポールの市民社会の発展について、女性の権利運動、環境保護運動、芸術活動に加え、民族・宗教の観点から論じている（Chua, 2005a）。チュアは、宗教を制御不能な社会的・政治的影響を生み出す潜在力を持つものとして極度に警戒し、政府が各宗教を厳しく監視（police）するとともに必要に応じ介入（intervene）してきたと論じる。外国人労働者の権利擁護運動に関わっていたキリスト教団体のメンバーが「国家の転覆をねらったマルクス主義者」として国内治安法に基づき拘束された 1987 年の事案が具体的な一つの例である（1.4.2.）。宗教は、社会運動に関わることは許されず、私的な信仰の領域に追いやられる。宗教関係団体の社会活動は、「小さな政府」を志向し福祉サービスを民間団体にゆだねる政府の方針に沿い、政府に代わって福祉サービスを提供する活動に限定される。以上のようにチュアは論じる。

　第二に、ユージン・K・B・タン（Eugene K. B. Tan：以下、本章において「タン」という）は、宗教の自由は、憲法で保障されているが、社会全体の利益とのバランスで制約されること、また、政府により規制されることの二つの原則を指摘する（Tan, Eugene K. B., 2008）。また、シンガポールが、宗教が政治的な領域に侵入しないようコントロール（control）する、宗教を国民国家形成に動員する、未然に紛争を防ぐために宗教の予防的な規制（preventive measures）を行うなどの特徴を持つ世俗国家であると指摘する。タンは、宗教のトランスナショナルな性格、主要な宗教における宗教回帰の動き、倫理・道徳的な問題への宗教の関わりなどから、宗教がシンガポールに多くの課題（challenge）をもたらすものであり、宗教を適切に取り扱っていく（keeping God in place）ために政府による宗教の管理（management）が行われると説明している。

チュアとタンが指摘するのは、シンガポールにおいては、宗教は、宗教間の摩擦や宗教の政治への動員といった問題を起こさないよう適切に管理されるべきものと考えられ、その社会的な役割は国家の期待する文脈に沿ったものに限定され、政府が必要な介入も含めその管理を担うことである。国民の一層の宗教意識の高まりの中で、政府はさらに宗教への警戒を強めている（1.4.2.）。

　以下では、さらに、シンガポールにおけるイスラームの管理に関する主要な六つの先行研究を参照する。これらは、主要な論点をそれぞれ代表するものとして選定した。

　第一に、バーとロウ（Barr and Low）は、多人種主義とメリトクラシー（1.2.1.）の実態は、マイノリティを華人優位の社会に同化する政策であると指摘する（Barr and Low, 2005）。この「同化政策」の下で、「勤勉性」などと同一視される「華人の価値」が称揚され、極端に競争主義的な社会への同化が強要され、一方でマレー人（ムスリム）に対する文化劣等論的なステレオタイプが強化される。政府はヒジャブの着用規制を行うだけでなく、ヒジャブを着けるムスリム女性に対する差別を容認しており、このことはまさに「華人中心社会への同化政策」にほかならないと、バーとロウは主張する。

　第二に、リリー・ズバイダー・ラヒム（Lily Zubaidah Rahim）は、隣接するマレーシア・インドネシアとの間でシンガポールが様々な政治的・経済的な摩擦を抱え、島嶼部東南アジアで異質な存在となってしまっていることが、内政や外交・防衛政策に困難をもたらしていると主張する（Rahim, 2009）。マレー人（ムスリム）は、独立後のマレーシア・インドネシアとの対立関係の中で、政府のマレー人に対する不信と恐れから、ナショナル・サービス（兵役）から除外されるなど差別的な扱いを受けてきた。マレー系の民族が多数者である二つの隣国は外部の他者であり、シンガポールのマレー人はそれとつながる「内なる他者」とみなされ、このことが政府の対マレー人政策に様々な影響を及ぼす。マレー人への不信は2001〜02年のシンガポールでのテロ未遂犯拘束により一層強まったとラヒムは指摘する（Rahim, 2009: 91-96）。ラヒムの研究は、「マレー人の海に浮かぶ華人の島[28]」という地政学的環境[29]と政府のマレー人政策とを関

28　初代首相であった故リー・クアンユー（Lee Kuan Yew）が、自身の回顧録で独立当時の状況を振り返ってこのように表現している（リー, 2000: 10）（1.2.3.）。

29　「地政学」という概念は、軍事的な要素も含めることが一般的であるが、建国時においてはインドネシア・マレーシアとの関係で安全保障上の懸念も大きく、このためにシンガポールが両国を「仮想敵国」として防衛体制の整備を推進したことを考えれば、このような状況は「地政学的環境」と呼ぶべきものであると考えられる。

連づけ総合的に論じる研究の代表的なものである。

　第三に、リンゼイとスタイナー（Lindsey and Steiner）は、シンガポールの
イスラーム関連法制の成立の経過と課題を整理する中で、ムスリムが多数を占
めるマレーシア・インドネシアとの対立関係と、国内でのマレー人の経済的・
政治的周縁化とが、独立後のイスラーム関連法制の制定の背景にあったことを
指摘する（Lindsey and Steiner, 2012）。このような背景が、イスラームは政治
的かつ脅威となる力を持つものであり、管理されるべきものであるという感覚
を生み、政府は、イスラーム法を私的な領域に限定するとともに、イスラーム
関係団体を法に規制され政府に取り込まれる形のものにしたとリンゼイとスタ
イナーは論じる（Ibid.: 51-52）。

　第四に、ラヒル・イスマイル（Rahil Ismail）は、シンガポールのムスリムが「他
者」とみなされ、選択的に包摂・排除されてきたことを指摘する（Rahil, 2014）。
ラヒルによれば、ムスリムは政府の政策によって包摂されているようにみえて
も、多数者の規範への同化を強いられたり、ヒジャブの規制にみられるように、
状況によっては排除されたりする。ムスリムは管理に全面的に抵抗するのでは
なく、生き残りをかけて絶妙なバランスを取りながら対応し、状況を乗り切っ
ていく。多数者に最終的に決定権がある中で、少数者であるムスリムに対し包
摂的な状況にはならない、というのがラヒルの主張である。

　第五に、フシン・ムタリブ（Hussin Mutalib）は、マレー人（ムスリム）が直
面する経済的・社会的格差の問題のほか、ムスリムとしての宗教的アイデン
ティティに関わる問題、さらに、マレー人社会におけるリーダーシップの問題
について総合的に論じている（Hussin, 2012）。フシンは、1999年のマドラサの
小学校の廃止論議や、2002年の公立学校でのヒジャブ規制の論議に際し、ム
スリム問題担当大臣やムイス（イスラーム評議会）が政府に対しマレー人社会
を代表して反対を唱えなかったことを指摘する。与党・人民行動党（People's
Action Party: PAP）がマレー人の政治家をリクルートするプロセスや、マレー
人が他のエスニック・グループの候補者とチームで戦うグループ代表選挙区制
度（1.3.1.3.）のために、政府内でマレー人の立場を強く主張する政治家は生ま
れようがない。こうしてマレー人社会を代表すべきリーダーたちが政府側に取
り込まれるために、イスラームに関わる問題についてムスリム側から十分な異
議申立てが行われないことをフシンは問題提起する。

　第六に、ワリド・ジュムブラット・アブドラー（Walid Jumblatt Abdullah）

は、イスラームの宗教指導者であるウラマ（宗教学者）[30]の役割に注目する（Walid, 2015）。広い意味でのウラマは、ムイスのほか、民間のイスラーム関係団体に属する宗教学者、マドラサや民間の宗教学校に属する宗教教師、モスクの宗教指導者などからなる。ウラマは、専ら精神的な信仰の世界にあって政府と接点のないウラマ、政府に協力的で影響力の強いウラマ、社会問題に関わり政府を批判することもあるウラマの三つの立場に分かれる。ワリドは、ウラマの多様性を強調した上で、ウラマが政府と交渉し、協力したり反対したりすることで、社会的・政治的な問題に影響を及ぼすことができると指摘している。

　以下では、ムスリム社会が様々な問題を抱える状況に、ムスリムのリーダーたちがどのように対応しているのかを「包摂」と「排除」という観点から明らかにするという筆者の問題意識からみて、それぞれの先行研究と本研究との関連性について整理する。

　第一から第三のバーとロウ、ラヒム、リンゼイとスタイナーの研究は、シンガポールにおいてイスラーム（ムスリム）が管理される背景・理由についてそれぞれ、「華人中心社会への同化政策」、「『マレー人の海に浮かぶ華人の島』という地政学的環境」、「脅威としてのイスラームの管理」などにより説明している。これらは、管理の背景・理由を理解するためには有益であるが、政府による管理の視点からの分析が中心であり、管理される側のムスリムの対応について十分に論じられていない点では本研究の要請に応えるものではない。

　第四以下の先行研究は、それぞれ管理されるムスリム側の視点を含めたものとなっており、本研究の問題意識により近いものである。

　第四のラヒルの研究は、シンガポールのムスリムに対する包摂と排除の関係について分析するものである。イスラームの管理が一方的に強硬な手段で行われるのではなく、包摂的であるようにみえて排除の力も働いていること、ムスリムの側も表向きは管理に従っているようにみえるが、生き残りのために戦略的に対応していることなど、管理する側・される側の対応の微妙なニュアンスを伝えており、本研究の問題意識により近い。しかし、ムスリム社会の中での様々な主体の対応の違いなどは、十分に明らかにされていない。また、イスラームに対する包摂と排除が一体となっている状況を描いているが、あくまでも

30　「ウラマ（ulama）」は、宗教学者のことを指すアラビア語である。シンガポールのウラマの役割について論じるノーシャーリル・サアト（Norshahril Saat）は、ウラマはイスラームを学び知識を習得した人々を指すが、必ずしもその範囲は明確ではないと述べる（Norshahril, 2015: 7-10）。

政府がムスリム社会に対して行う包摂と排除を対象としたものであり、ムスリム社会の内部で起こる排除など、より複雑な形での排除についてはさらに論じる余地がある。

　第五のフシンの論文は、政府によるムスリムのリーダーたちの取り込みによって、ムスリム社会からの異議申立てが抑制される状況を描くことで、「リーダーたちはムスリム社会が様々な問題を抱える状況にどのように対応しているのか」という本研究の疑問に答えることになっている。しかし、では政府に取り込まれるムスリムたちが、ムスリム社会の様々な問題についてどう考えているのか、つまり、問題だと考えているが発言できないのか、それとも問題ではないと考えているのかといった彼らの行動の背景にある考え方については、さらに論じる余地があると考えられる。

　第六のワリドの論文は、ウラマたちを三つのカテゴリーに分類しているが、それぞれのカテゴリーの中でもさらに様々な立場のウラマがいるであろう。また、ムスリム社会には、ウラマ以外にも、社会改善事業に取り組む団体の役員・幹部職員など、様々な立場のリーダーたちがいる。そうした様々なムスリムのリーダーたちの中で政府に協力したり反対したりする人々の行動の背景にある考え方について、さらに分析の余地がある。

　以上のように、先行研究の中には、政府の政策に対するムスリム社会の側の反応について分析しているものや、包摂・排除という枠組により分析を行っているものもある。しかし、なぜムスリムの包摂をめぐる問題が解消しないのかを考えるためには、さらに、ムスリム社会のリーダーたちが、問題をどのように受け止め、それにどのように対応しているのかを理解しなければならない。このためには、ムスリム社会のリーダーたちの行動の背景にある考え方についてさらに深く分析する余地があり、また、包摂と排除の相互関連性や一体性、マイノリティによる排除、ムスリム社会内部での排除の存在など、より複雑な包摂と排除のメカニズムを解明する必要がある。本研究は、上記の先行研究を基礎とし、参照しながら、それらをさらに深掘りすることで、シンガポールのムスリム社会の実態に一層肉薄しようとするものである。

0.4. 研究手法

　本研究は、政府によるイスラームの管理に関わる問題に対し、ムスリム社会のリーダーたちがどのように対応してきているかを政治社会学的観点から分析

することで、シンガポールのムスリムの包摂に向けての課題を提示しようとする多文化共生の研究である。

　研究手法としては、イスラームの管理をめぐる様々な政策や問題になった事柄について、経緯や背景となった事情、関係者の考え方などを把握し、分析するという形を取る。具体的には、特に2000年前後以降に政府とムスリム社会の間で大きな論議になった事柄として、社会的格差と差別（第3章）、ヒジャブに対する規制と差別（第4章）、イスラームの教育・普及（第5章）、過激主義防止対策（第6章）、宗教間の交流と「過激主義」の言説（第7章）の五つを対象として取り上げ、それぞれ分析する。これら五つを取り上げることで政府とムスリム社会との間で現在に至るまで論議になっている主要なイスラームの管理に関わる問題については概ねカバーできるため、これらを対象として分析を行うことにより本研究の目的を達成することが可能であると考えられる。

　これらの事柄が問題になったのは、後の議論を先取りして言えば、それぞれの事柄に関し、政府がムスリム社会の課題と考える事態に何らかの形で対処した際に、政府の対処のあり方がムスリム社会の反発を生んだためである。政府が考えるムスリム社会の課題には、「社会的格差」、「社会からの分離」、「過激化」の三つがあると考えられる。これも後の議論の先取りになるが、政府がムスリム社会の課題についてどのように認識し、それにどのように対処しようとしてきたのかをまず整理しておくことが有益である。

　第一に、ムスリムが直面する「社会的格差」という課題である。ムスリム社会の約80%を占めるマレー人が教育、所得、職業等のすべての面で他のエスニック・グループから大きな格差をつけられていることから、ムスリムは一体となって社会の改善に取り組んできた。教育支援等を通じた社会改善のための事業を行うムンダキ（3.3.1.）などの自助団体（1.4.1.）への財政支援により、政府はムスリムの取組みを側面的に支援してきている（3.3.）。

　第二に、ムスリムの「社会からの分離」という課題である。1970年代以降、政府は、イスラーム復興によるムスリムの宗教意識の高まりが、ムスリムのシンガポール社会への統合の妨げとなることを懸念するようになった。政府は公団住宅団地での混住化を進め、民族・宗教間の交流を促進してきたが、ムスリムは団地内での交流には消極的だとみなされるようになった（3.2.2.2.）。ムスリムの「イスラーム的」な服装への志向が強まったことで、女性のヒジャブ着用規制の見直しを求める声が高まったが、政府はこうした動きを警戒し、抑制し

た（第4章）。ムスリムの宗教意識の高まりは、政治的イスラームや過激主義と関連するものとみなされ、警戒されたのだった。

　第三に、ムスリムの「過激化」という課題である。9・11テロおよび2001〜02年のテロ未遂犯拘束以降は、ムスリムの過激化への懸念が高まり、暴力に訴えて目的を達成しようとするイスラーム過激主義へのムスリムの感化を防ぐことが急務と考えられた。ムスリムのリーダーたちは政府の意向を踏まえ、「多民族・多宗教社会シンガポールの文脈に合った」「穏健なイスラーム」の普及や過激主義防止対策に取り組んだ。

　本研究は、このように政府がムスリムの「課題」に対処してきたことに関し、どのようなムスリムの包摂・排除をめぐる問題が生じているかを論じるものである。従って、まず、シンガポールの文脈において、ムスリムの「包摂」・「排除」が何を意味するのかを整理しておく必要がある。先に述べたように、「包摂」と「排除」の概念には、①文化的差異に基づく排除・周縁化への対応、②経済・社会的な排除・周縁化への対応の二つのアプローチがある（0.2.）。

　三つの課題に順に即して言えば、まず、第一の「社会的格差」という「課題」については、ムスリム社会が所得、教育等の面で他の集団と比較して低い地位にあり、そのような格差が継続し、ムスリムの平等な社会参加が実現していないとすれば、それはムスリムが排除される状況に、このようなムスリムの低い地位を改善することはムスリムの包摂に、それぞれ当たると考えることができる。これは、経済・社会的アプローチからとらえたものである。政府は差別について「課題」として積極的に対処してこなかったが、差別は、ムスリムのアイデンティティの承認に関わる問題であり、文化的差異のアプローチからとらえることができるだけでなく、雇用への影響を通じ社会的格差の問題と密接に関連しており、経済・社会的アプローチからとらえることも必要である。ヒジャブに対する規制と差別の問題についても、宗教実践への制約としてみれば文化的差異のアプローチからの排除であるが、政府による規制または民間の雇用市場での差別がヒジャブ着用女性の社会進出を妨げるという面からは、社会的格差の問題とも関連があり、経済・社会的アプローチからの排除の問題でもある。

　第二の「社会からの分離」という「課題」については、ムスリムの宗教意識の高まりによる宗教実践の変化が政府から問題視されるもので、文化的差異のアプローチからとらえられる。クリスマスの挨拶の問題にみられるように、ムスリムの特定の宗教実践のあり方が批判的な言説の対象となることは、そのよ

うな宗教実践をイスラームの多様性の一つとして認められるべきものと考える
ムスリムからすれば、自由な宗教実践が妨げられていると感じるという形での
排除を生む。実際に彼らの宗教実践をやめさせることはできないが、彼らに「シ
ンガポール社会の文脈にふさわしくない、望ましくないムスリム」としてのレ
ッテルを張ることで、彼らのアイデンティティの承認に関わる問題が生じるで
あろう。また、こうしたことは、宗教の問題に政府が関与するとみられ、宗教
の自由が妨げられているという思いをもたらす形で、ムスリムの排除につなが
ると考えることができる。

　第三の「過激化」という「課題」については、政府が過激主義に対する警戒
を強める中で、「暴力的過激主義」につながりかねないとみられるムスリムの
特定の宗教実践のあり方が批判的な言説の対象となるもので、これも文化的差
異のアプローチからとらえられる。このことも、自由な宗教実践が妨げられる
とムスリムが受け止めることで、ムスリムの排除につながると考えることがで
きる。

　政府は「社会的格差」、「社会からの分離」、「過激化」の三つを課題として認
識し、これに対処してきた。これら課題への対処は、自助団体による社会改善
対策、宗教指導者による民族・宗教間の交流・対話の促進、「穏健なイスラーム」
の普及、過激主義に感化されたムスリムの再教育・社会復帰支援などのムスリ
ム社会の団体による取組みを政府が支援するという形が中心であった。政府は
団体の役職員などムスリム社会のリーダーたちの協力を得て、政府が「課題」
と考える事態への対処を進めてきているが、本研究において取り上げる問題に
おいては、何らかの形で政府の「課題」への対処のあり方にムスリムが不満を
持つ事態が生じている。つまり、政府としてはムスリム社会の「課題」に対処
することでムスリムの包摂を目指している（と表明している）としても、また、
ムスリム社会のリーダーたちが同様にムスリムの包摂を目指してこれに協力し
ているとしても、「課題」への対処がムスリム社会の中に不満をもたらすとい
う点では、結果的にムスリムに対する排除も生み出していることになる。

　政府による「課題」への対処に不満を持つムスリムたちは、政府に協力する
リーダーたちにも不満を向けることになる。リーダーたちが反発を受け、非難
されたり、（表立って反対されないとしても）支援・協力を得られないという状
況は、ムスリム社会の中でのリーダーたちの排除ととらえることもできる。例
えば、宗教上の最高指導者であるムフティ（2.2.1.2.1.）の見解が、政府に追随す

るものとみなされ、一般の宗教指導者の反対に直面する状況（4.2.1.）は、リーダーに対する「排除」としてとらえることが可能であろう[31]。

　政府とムスリム社会との相互作用の中での包摂と排除の問題を理解するには、ムスリム社会においてリーダーたちがどのような考えの下に政府と協力しているのか、また、そのようなリーダーたちの取組みに批判的なリーダーたちや一般のムスリムがどのような理由で不満を持っているのかについて材料を集め、分析することが特に重要になってくる。

　分析に当たっては、政府関係者の発言や主要なイスラーム関係団体などの公表資料を参照する。政府関係者については、首相、ムスリム問題担当大臣、その他関係する大臣等を中心に、イスラームに関わる問題や多人種主義についての発言を主に参照する。イスラーム関係団体については、法定機関（statutory board）[32]であり政府と一体に近いとされるムイス（MUIS: シンガポール・イスラーム評議会）、宗教学者・宗教教師を代表する団体であるプルガス（PERGAS: シンガポール・イスラーム学者・宗教教師協会）[33]その他意見発信を活発に行う重要な団体などの声明や公表資料を参照する。

　地元メディアの報道資料は、特に日刊紙である「Straits Times」（英語紙）、「Today」（英語紙）のほか「Berita Harian」（マレー語紙）を参照する。これらは政府の管理下にある主流メディアであり、政府の公式見解が反映される点、政府に都合の悪い事実や見解が掲載されることが少ない点に留意すべきである。一方で、記事の内容から政府がどのように世論を誘導しようとしているのか、また、政府が望ましい国民像・ムスリム像についてどのように考えているのかを読み取ることも可能である。

　地元の人々がブログやソーシャル・メディアで意見発信や意見交換を行っている内容についても参照し、分析に活用することが有益である。活発に発信を行うムスリム社会のリーダーたちのブログやフェイスブック・ページは、貴重な情報源である。ムスリム（マレー人）が活発に意見発信や意見交換を行うオ

31　ムスリム社会のなかでの「対立」、「意見の分裂」、あるいは、ムスリム社会のリーダーたちに対する「疎外」でもあるが、本研究では、「包摂」と「排除」を軸にして論じることから、「リーダーたちの排除」としてとらえるものである。例示したケースでは、数百名の会員を擁する宗教学者・宗教教師の団体が「ムフティの見解には従わない」ことを公に表明しており、ムフティが宗教界から「排除された」とみなしても差支えない状況であると考えられよう。
32　特別の法律に基づき設置される機関。
33　プルガスについては、5.2.1. を参照。

ピニオン・サイト「Rilek1 Corner（リレキ・コーナー）」[34]やフェイスブックのグループ「Suara Melayu Singapura（スアラ・ムラユ・シンガプーラ）」[35]において展開される議論には特に注目した。

　本研究で特に重視しているのは、ムスリム社会のリーダーたち（政治家、マレー・ムスリム関係団体の役員・幹部職員、宗教指導者、研究者、作家、企業の幹部など）の発言や行動である。2013年8月から2017年6月にかけて現地に計12回渡航し、ムスリムのリーダーたちを中心に計70名に対し延べ106回の聴き取りを行うとともに、計12回の民族・宗教間の交流・対話イベント、シンポジウム、講演等の行事に参加し、参与観察を行った。聞き取りの対象者および参加した行事は、巻末に一覧にして示してある。

　ムスリムについては、宗教界・世俗社会の両方を代表する人物、宗教志向面での保守派（伝統主義者および復興主義者）・リベラル派[36]の両方を代表する人物、政府に近い人物と政府に批判的な人物の両方がバランスよく含まれるよう選定に注意した。これらムスリムの多くが、ムスリム社会において指導的な役割を担う人々である。彼らの中には、ハイレベルの政府関係者と密接な関係を有し、政府の政策に影響を及ぼし得る人物も少なからず含まれている。彼らがイスラームの管理に関し政府の協力者または批判的勢力となり、意見を表明したり自ら行動を起こしたりすることで、イスラームの管理のあり方が方向づけられることから、彼らの生の声を実際に聴くことは極めて重要である。宗教実践のあり方や宗教と政治・社会との望ましい関係のあり方について、様々な志向を持つムスリムのリーダーたちがどのように考えているのか、それがイスラームの管理にどのように反映されるのかを分析することが、本研究の中で大きな部分を占めることになる。聴き取りは現地の日本人研究者（1名）および日本語が流暢に話せるシンガポール人（1名）を除き、すべて英語で行った。マレー語の方が英語より流暢に話せる人物もいたと考えられるが、高学歴者が多かった

34　「リレキ（releki）」はマレー語で「リラックス」の意味。サイトの名称では「k」の次の「i」がアラビア数字の「1」に置き換えられている（誤記ではない）。

35　マレー語で「シンガポールのマレー人の声」の意味。メンバー以外はアクセスできないが、筆者は関係者の厚意によりメンバーとしての参加を認められている。

36　シンガポールのムスリムの宗教志向の分類については、2.1.2.3. を参照。

ため、英語での意思疎通に問題があると思われた人物はいなかった。[37]

　本研究では、聴き取りの対象者は、原則としてすべて匿名とし、「AMP（ムスリム知識人協会）の役員」、「地域の民族・宗教間信頼サークル（IRCC）のリーダー」など、その属性のみ表示するという取扱いをしている（例外として、特に知名度が高く、社会的に影響が大きい人物については、実名を明らかにした）。シンガポールでは民族・宗教に関わる問題が「微妙な問題」とされ、政府の言論規制の対象であること、ムスリム社会内部、イスラーム関係団体内部においても意見の相違・対立があることなどから、発言が公にされることで情報提供者が不利益を被り、最悪の場合には現在の社会的地位を失うこともありうると懸念されるためである。聴き取りでは、論文の記述において匿名扱いとすること、また、録音はせずメモだけを取ることを条件とすることで、対象者の協力を得ることができた（メモを止めたタイミングで、より微妙な問題について発言を引き出すことができた場合もある）。こうした条件を付すことなしには、民族・宗教間の関係に対する聴き取り対象者の認識や、政府、関係機関、他のムスリムに対する批判的意見などを収集することは不可能であり、本研究そのものが成り立たなかった。なお、聴き取り内容の真正性を確保するため、本文の脚注および聴き取りリストの中に聴き取りの日時や発言者を表記している。

　本研究では、リーダーたちの考え方や行動、その背景などを分析することに重点を置いているため、ムスリムへの聴き取りはリーダー層に対するものがほとんどであり、結果として、学歴や社会階層が高くない一般のムスリムの人々からの聴き取りは、十分な分析に耐えるほどには行えていない。従って、聴き取りにより把握できたムスリム社会の意向や対応は、あくまでも高学歴者がほとんどであるリーダー層のそれが反映されたものである。リーダー層と一般の人々とでは、置かれている社会的な状況が違い、求める政策の方向性も異なることは、既存の調査結果などからも推測できる。[38] 以上を踏まえ、ムスリム社

37　シンガポールでは、1965 年の独立後すぐに英語教育が導入されたことから、それ以前に教育を受けた高齢者以外は、英語での意思疎通にはあまり問題はない。ただし、マドラサ（イスラーム学校）を卒業し中東の大学に留学した宗教指導者の中には、ソーシャル・メディアではマレー語で発信するなど、日常は英語よりもマレー語をよく使う者も多い。統計（Census of Population 2010）によれば、マレー人は、「話せる言語」については「英語・マレー語のみ」との回答が 86.2%、「マレー語のみ」が 9.9% であるが、「家庭で最もよく話す言語」についてはマレー語が 78.4%、英語が 21.5% となっている（大卒者については、マレー語が 51.8%、英語が 48.2% である）。

38　例えば、2014 年に公表されたアンケート調査の結果においては、マイノリティに対する優遇措置に賛成する人々の比率は、マレー人全体では 40.8% を占めるが、大学卒のマレー人では 28.8% しかいなかった（Institute of Policy Studies, 2014）（3.3.1.）。

会全体としての状況や人々の意向についての整理・分析においては、必要に応じ既存の調査によるデータや先行研究により補足した。

　ムスリムのリーダーたち以外には、政府関係者、政府に近い研究機関の関係者、大学等に所属する研究者、華人社会やインド人社会を代表する団体の役職員、民族・宗教間融和に取り組む団体の代表者等にも聴き取りを行い、ムスリム以外からの見方も適切に反映されるよう留意した。このほか、2014 年、2016 年の 2 回にわたり現地の大学のセミナーで研究発表を行い、参加者と意見交換を行った結果や、民族・宗教間対話のイベントに参加して（場合によっては自分も討論に加わり）観察を行った結果も分析に反映させた。

　なお、人名の表記について説明しておく。現地のムスリムの名前は、アラビア語に由来するものが多いが、元のアラビア語の発音とは異なる読み方がなされている場合が多い。例えば「Rahman」は、アラビア語では「ラフマン」となるところ、現地では「ラーマン」と発音されている。本研究では、このような場合は現地の発音によることを断っておく。

0.5. 研究の意義

　本研究は、シンガポールのムスリムの包摂と排除のメカニズムを明らかにし、シンガポールがムスリムにとってより包摂的な社会となるための課題を提示することを目的とする。

　シンガポールにおいては、シンガポールは宗教に中立であり、すべての宗教を平等に扱い、社会融和を害しない限り宗教の自由を認める「宗教にやさしい（religion friendly）世俗主義国家」であるという公的な言説が語られる。[39]実際に「宗教にやさしい世俗主義国家」によってムスリムが平等な扱いを受け、その宗教的アイデンティティが尊重されてきているのかが問題になるが、これについては、バーとロウ、ラヒムなどの研究にあるように、マイノリティであるムスリムが政府によるイスラームの管理の下で様々な不満を抱えているという批判的な見方がある。従って、「ムスリムはシンガポール社会に包摂されている」という政府側の公的な言説と、「依然としてムスリムの包摂をめぐる問題がある」という、イスラームの管理に批判的な主張の両方が存在することになる。しかし、

39　南洋理工大学 S.ラジャラトナム国際研究大学院（RSIS）に設置された宗教間融和に関する研究プログラムの代表を務めるモハマッド・アラミ・ムサ（Mohammad Alami Musa）の現地紙への寄稿より（"Enhancing Singapore's Secularism", Mohammad Alami Musa, *ST*, 4 February, 2016.）。

本研究は、「寛容な国家による包摂」という公的言説と「国家による管理の下での排除」という批判のどちらが正しいかという二分法的な議論に決着を着けようとするものではない。包摂と排除が一体のものであること、「排除する側」と「排除される側」の単純な二項対立の図式におさまらないことなど、イスラームの管理における包摂と排除の複雑なプロセスを解明するところに、本研究のねらいがある。

　また、本研究は、シンガポールのムスリムの状況を西洋のそれと比較したり関連づけたりすることを目的とするものではない。シンガポールのムスリムが抱える問題は、西洋のムスリムのそれとは歴史的・社会的背景が大きく異なり、直接に比較できるものではない。シンガポールのムスリムは、憲法で先住者として位置づけられ、ナショナル・サービス（兵役）から除外されるなどの経験をしているものの、建国当初から国民として国家建設に参画してきた点では、すでに成立していた国民国家に後から移民として加わった西洋のムスリムとは、国家における位置づけが大きく異なる。独立後長期にわたり権威主義体制が取られ、現在も基本的には維持されていること[40]、また、日本の淡路島程度の面積（719.2km^2）で人口も約560万人しかいない小国であり[41]、政府の管理が徹底しやすいこと、マレー系民族が多数を占める島嶼部東南アジアにおいて華人が多数を占めるというユニークな地政学的環境にあることなど、シンガポールという国家自体の特殊性も問題にされよう。

　しかし、このようなシンガポールの特殊性を念頭に置く必要は認めながらも、西洋の事例の研究にみられるように、ムスリム・マイノリティの問題を包摂と排除という視点からとらえる研究方法については、一定の有効性があると考えている。

　また、シンガポールのムスリムの包摂と排除の問題は、シンガポールが標榜する「多人種主義」の問題の一部でもあると考えられる。シンガポールは「多人種主義」によって多様な民族や宗教の共生を実現している国家であるという政府の公的な言説は、繰り返し語られている（0.1.）。しかし、多人種主義については、積極的に多様性を称揚する一般的な多文化主義の理念とは異なり、む

40　2011年の総選挙以降、野党が国会で一定の議席数を確保するようになったこと、言論の自由が一部拡大したことなどの変化はみられる（1.1.2.）。
41　面積、人口は Department of Statistics, Singapore のウェブサイトによる。
　（http://www.singstat.gov.sg/statistics/latest-data#16、2017年8月13日最終アクセス）

しろ多様性を社会の安定に対する脅威とみなし抑制する社会管理の手法とみる議論もある（1.4.2.）。また、国民を区分して管理する現在の多人種主義の手法が今後も維持されうるのかも問題とされるであろう（1.5.3.）。

以上を踏まえ、本研究では、シンガポールのムスリムの包摂と排除の問題から得られる示唆を多人種主義の枠組の中でとらえることにより、シンガポールの多人種主義の一般的な課題についても考察し、さらには、多文化共生の一般的な問題との関連付けについても検討することを目論んでいる。

0.6. 本書の構成

以下に、本書の構成を記す。

第Ⅰ部「シンガポールの多人種主義とムスリムをとりまく状況」は、第1章と第2章からなり、シンガポールのエスニシティ・宗教の管理に関する一般的な状況と、ムスリムの概況および彼らをとりまく状況について整理を行う。

第1章「シンガポールの多人種主義」では、民族・宗教間の融和、社会統合のための政策「多人種主義」によるエスニシティや宗教の管理が、第一に、エスニック・グループ間の境界を固定化すること、第二に、多様なエスニシティ・宗教の差異を抑制するものであり、包摂と排除が一体であること、第三に、団体を通じたコーポラティズム的な管理を伴うことを明らかにする。さらに、多人種主義の課題について、民族・宗教間融和、集団内のマイノリティや低い社会的地位にある集団の包摂、多人種主義そのものの限界の三つの観点から検討する。

第2章「シンガポールのムスリムをとりまく状況」では、シンガポールのムスリムの宗教志向が伝統主義、復興主義、リベラルと多様であり、また、宗教実践においても多様であることを整理する。広範にわたるムスリムの宗教実践の支援のための制度は、ムスリムに対して包摂的な面と、国家によるイスラームの管理の手段となることによる排除的な面とを有することを明らかにする。

第Ⅱ部および第Ⅲ部においては、ムスリムの包摂に関わる個別のテーマを取り上げ、検討を行うことで、主要なイスラームの管理に関わる問題をカバーする。

第Ⅱ部「社会的格差、差別、ムスリムとしてのアイデンティティに関わる問題」は、第3章から第5章までの三つの章からなり、それぞれ、社会的格差と差別、ヒジャブに対する規制と差別、イスラームの教育・普及という個別のテーマについて分析を行う。

　第3章「社会的格差と差別」では、教育、所得、職業等の面での大きな社会的格差、ステレオタイプや雇用面等での差別の問題を取り上げる。国内外の過激主義の動向は「イスラモフォビア」を生み、差別を助長する。また、政府によるムスリムへの差別として、ナショナル・サービス（兵役）に関わる差別がある。マレー人社会の改善のための事業に取り組む自助団体のリーダーたちが、政府の財政支援獲得による事業の継続・拡充を優先し、異議を唱えることを自制することを、本章では明らかにする。

　第4章「ヒジャブに対する規制と差別」では、公立学校の生徒や公立病院の看護師などに対するヒジャブ規制と、ヒジャブに関する差別の問題を取り上げる。ヒジャブの規制は、ムスリム女性の社会進出の機会を狭め、さらには、ヒジャブを着ける女性たちへの差別を助長する恐れもある。ムスリムのリーダーたちの中には、教育支援の充実などによるムスリム社会の改善を優先し、また、非ムスリム側のヒジャブに対するネガティブな視線を意識し、規制や差別の問題について異議を唱えることを自制する動きがある。

　第5章「イスラームの教育・普及をめぐる問題」では、マドラサの教育に対する規制の問題と、過激主義に対処するための「穏健なイスラーム」の普及の問題について検討する。マドラサの教育への政府の関与は、ムスリムの社会的地位を改善することで、また、イスラーム関係団体による「穏健なイスラーム」の普及は、ムスリムを過激主義から守ることで、それぞれムスリムのシンガポール社会への包摂を進める意図を有する。しかし、こうした取組みは、宗教への介入であるとされ反発を生む点では、ムスリムに対し包摂的ではない面もある。

　第Ⅲ部「過激主義への対応に関わる問題」は、第6章から第8章までの三つの章からなり、特にイスラーム過激主義に関連するテーマを取り上げる。

　第6章「過激主義防止対策をめぐる問題」では、ムスリムの宗教リーダーたちが宗教リハビリテーション・グループ（RRG）を通じて行う過激主義防止対策、すなわち、テロ未遂犯のリハビリテーション（再教育・社会復帰支援）や過激主義の予防対策等に焦点を当てる。RRGの活動は、政府のためのものとみなされ反発を生み、ムスリムに対し排除の方向に働く面もある。RRGに関わる宗教リーダーたちが「政府の手先」とみられながらも過激主義防止対策に関わる背景には、テロのバックラッシュへの懸念がある。

　第7章「宗教間の交流と『過激主義』の言説をめぐる問題—ムスリムがクリスマスの挨拶を避けることについて—」では、「クリスマスの挨拶」をめぐ

る論議を取り上げる。クリスマスの挨拶を忌避する一部のムスリムの保守的な宗教実践に対し、それが暴力的過激主義や民族・宗教間の分裂に結びつくことを懸念し、「過激主義」として非難する言説がある。こうした言説は、支持するムスリムのリーダーたちもいるが、宗教への介入として一部のムスリムの反発を招き、ムスリム社会内部での排除につながる面がある。

　第8章「民族・宗教間の交流・対話と相互理解をめぐる課題」では、政府および宗教関係者のイニシアティブによる民族・宗教間の交流や対話の活動に焦点を当てる。交流・対話による相互理解は、マイノリティであり、ステレオタイプ、差別の問題に直面し、テロのバックラッシュを懸念するムスリムのシンガポール社会への包摂に関わる重要なものである。しかし、交流がリーダーたちのレベルにとどまる面があり、必ずしも一般市民レベルでの交流は十分とは言えない可能性がある。

　終章では、政府によるイスラームの管理がもたらす問題に対し、ムスリム社会のリーダーたちがどのように対応しているのかを分析し、シンガポールにおけるムスリムの包摂と排除のメカニズムを明らかにするとともに、シンガポールがムスリムにとってより包摂的な社会となるための課題を提示する。最後に、シンガポールの多人種主義、さらには多文化共生に関する一般的な課題への示唆についても考察を行う。

第Ⅰ部

シンガポールの多人種主義と
ムスリムをとりまく状況

ムスリム（マレー人）と華人・インド人が乗り合わせる電車の車内。

第1章
シンガポールの多人種主義

　シンガポールのムスリムの包摂の問題を議論するに先立ち、民族・宗教間の関係一般を規定する重要な理念であり政策である「多人種主義(multiracialism)」について、これと表裏一体である「メリトクラシー（meritocracy：能力主義）」の原則と関連づけて整理する。

　多人種主義の概念と成立の経緯、多人種主義に基づく具体的な政策の内容、エスニック・グループの区分に関わる問題など多人種主義が持つ意味について論じ、最後に多人種主義の課題について整理を試みる。

1.1. シンガポールの政治体制

　多人種主義について論じる上で、まずシンガポールの政治体制に関わる問題について整理する。ここでは、権威主義体制の下で国民の政治的権利が制約され、あらゆる形で国民の管理が強化されてきたことを論じ、多人種主義もそのような文脈の中で成立しているものであることを述べる。また、独立後の最も大きな政治変動とも言える 2011 年・2015 年の総選挙に関わる動きについても整理する。

1.1.1. 権威主義体制と国民の管理

　シンガポールは、国土が小さく天然資源に恵まれないにもかかわらず急速な経済発展を遂げたこと、1965 年の独立以来全く政権交代がないことなどの点でユニークな国家である。

　本研究で特に問題になるのは、「権威主義国家」としての側面である。シンガポールは、1965 年にマレーシアから望まずして分離・独立し、マレーシア・インドネシアとの対立の中で、天然資源もめぼしい産業もない国家を自立させるという極めて困難な課題に直面し、独立がただちに国家存亡の危機となった

（1.2.3.）。与党・人民行動党（PAP）が率いる政府は、国家の危機を克服するため、「生存のための政治（Politics of Survival）」をスローガンに掲げ、あらゆる権限を政府に集中する政治経済体制を追求し、国民の政治的権利を制限する権威主義体制と経済開発至上主義がセットになった開発体制を取った（岩崎, 2005: 44-45）。権威主義体制は、PAP による安定した一党支配こそが国家の生存と繁栄の前提であるという考え方に基づく（田村, 2000: 163-167）。

　PAP の一党支配の確立のため、政府を批判する野党やマスメディアは徹底的に抑圧された。

　分離・独立後、社会主義系の野党は、国内治安法（Internal Security Act: ISA）[1] により党員や支持者が拘束され、弱体化させられた。PAP は野党のボイコット戦略を逆手に取り、独立後最初の総選挙である 1968 年の総選挙で、58 の全議席を獲得した（Ibid.: 168-172）。これ以降 1981 年までは PAP が国会の全議席を占め野党の議席はゼロで、1981 年以降も野党は 1〜2 議席しか獲得できないことが普通であった。2011 年まで 43 年間、PAP はこのように事実上の一党支配を続け、国家運営のフリーハンドを得てきた。「何が正しいのかは政府が決めます。国民がどう思うかは気にしません」[2] というリー・クアンユー首相（当時）の発言も、このような状況があればこそであった。

　マスメディアに対しては、厳しい規制・監視が行われ、廃刊に追い込まれたり、政府の経営介入が行われた。1984 年には、政府の影響下にあるシンガポール・プレス・ホールディングス（Singapore Press Holdings）社[3] が 4 つの公用語（英語、華語、マレー語、タミル語）による日刊紙すべてを発行する体制が成立し、政府のマスメディア支配が完成した（Ibid.: 168-172）。

　PAP の一党支配が長く続いてきた背景には、同党が外国資本の誘致に成功したことで経済成長を実現し、国民に豊かな生活を保障してきたという実績が評価された以外にも、様々な要因がある。野党の議員は、国会で 1〜2 議席を占めるに過ぎなくても、政府を厳しく批判すると、PAP の名誉を傷つけた

1　国内の治安をおびやかすとされた人物を、裁判を受けさせることなく、事実上無期限に拘束することができる法律（6.3.2.）。

2　1986 年当時のリー・クアンユー首相の発言（Government's hard-nosed approach defended, *ST*, 20 April, 1987）。

3　本研究で主として参照する地元紙「Straits Times」（英語紙）と「Berita Harian」（マレー語紙）（0.4. で言及）は、いずれもこの会社が発行するものである。

として訴訟を起こすなどの形で[4]、徹底的に攻撃・排除されてきた（岩崎, 2005: 122-124）。PAP が、グループ代表選挙区（Group Representation Constituency: GRC）を導入する（1.3.1.3.）など与党に有利な選挙制度を作ってきたこと、野党を当選させた選挙区で公団住宅改修事業を削減すると選挙民を脅し、実際にそれを実行してきたこと（田村, 2000: 295-297）なども一党支配の維持に寄与している。

　一般の国民による政府への批判も抑圧されてきた。1994 年には、ゴー・チョクトン（Goh Chok Tong）首相（当時）[5]の統治手法を国民の声に耳を傾けない高圧的なものだとして批判した作家キャサリン・リム（Catherine Lim）が、ゴーから「政府批判は政治家になってからすべきだ」と非難され、後に謝罪を余儀なくされた（田村, 2000: 231-232）。

　このような政治体制の下、国民はあらゆる形で監視・管理されることになる。マスメディアは政府の管理下に置かれており、政府・与党に不利な報道は自粛される。労働組合は政府の管理下にある全国労働組合評議会（National Trade Union Congress: NTUC）の系列に一本化され、政府に批判的な労働運動は存在しえない（岩崎, 2005: 117-120）。公団住宅団地においては、社会、文化、娯楽活動の提供を行う「草の根団体（grassroots organization）」が、PAP の集票活動の支援や住民の監視も行う（8.1.1.）。宗教関係団体の政治活動は、1990 年に制定された宗教融和維持法により禁止されている（1.4.2.）。

　田村は、国家が社会のあらゆる場面を管理するために、国民の関心が政治から離れ、物質的なものに向かうことで、豊かさが実現したシンガポールにおいて、中間層が「政治的に沈黙」し、社会変革を担う方向に向かわないと指摘する（田村, 2000: 267-268, 2013: 47-48）。

　このように PAP の一党支配と権威主義体制が続き、国家運営のフリーハンドを得て、国民をあらゆる側面から管理できるために、多人種主義という形でエスニシティ・宗教に関わる社会工学的な政策を実行することが可能になる。また、権威主義体制の下で、エスニシティ・宗教に関わる政策のあり方が、国

4　訴訟で野党側が敗訴することが繰り返され、敗訴した野党政治家は、莫大な損害賠償金を支払い、政治活動に支障をきたすことになった。

5　第 2 代首相。政府系の海運会社ネプチューン・オリエント・ラインズ社の社長から、1976 年に政治家に転身。1990 年から 2004 年まで首相、2004 年から 2011 年までは上級相（Senior Minister）を務めた。2011 年 5 月の総選挙後に閣僚を辞し、名誉上級相（Emeritus Senior Minister）となって現在に至る。

民側からの運動や要望を組み入れていくよりは、政府がトップダウンで枠組を決めて実行していく管理的な色彩の強いものになる。

　こうした独立以来の PAP の一党支配に大きな変化が訪れたのが、2011 年の総選挙である。

1.1.2. 近年の政治変動―2011 年・2015 年総選挙とその後の動き―

　2011 年 5 月に行われた総選挙の結果は、シンガポールの政治史からみれば、極めて異例なものであった。与党・人民行動党（PAP）は、独立後最低の 60.1％ まで得票率を落とし、野党・労働者党（Workers' Party: WP）に奪われた議席も 87 議席中 6 議席で最多となった。これは、独立後初めて国会で一定の存在感を示せる野党が登場したことを意味し、大きな政治変動であったと言える。WP の 6 議席のうち 5 議席は、グループ代表選挙区（GRC）（1.3.1.3.）で獲得したもので、これも 1988 年に与党に圧倒的に有利な GRC の制度が創設されて以来、初めてのことであった。PAP は 60.1％ の得票率で議席の 93.1％ を獲得したが、結果が PAP にとって大きな後退であることは明らかだった。

　PAP の形勢不利が明らかになった選挙戦の終盤で、リー・シェンロン首相は、国民が懸念する問題に適切に対処できなかったことを認め、「I'm sorry」と繰り返し謝罪した[6]。首相が政府の誤りを認めて国民に謝罪するのは、独立後初めてのことであり、国民に大きな驚きを与えた。

　PAP が後退した理由としては、積極的な外国人労働者の導入政策により、雇用の競合への不安、住宅の価格高騰、交通機関の混雑などの問題が生じたこと、政府がこうした「失敗」を認め適切に対応しようとせず「傲慢だ」[7]とみられたことなどが指摘される。WP は、野党が一定のプレゼンスを持つ「第一世界の国会（First World Parliament）」[8]というキャッチコピーが共感を得たこと、政府に対しすべて反対ではなく是々非々で臨むという穏健路線が国民に安心感を与えたこと、弁護士や元高級官僚など従来であれば PAP から立候補し体制側となったような輝かしい経歴を持つ候補者を擁立できたことなどが勝因になったとみられる（板谷, 2013: 53-55 , 田村, 2013: 51-53）。

6　"Singapore PM makes rare apology as election campaign heats up", *Reuters*, 4 May, 2011.
7　選挙戦では、PAP は「Proud and Arrogant People（尊大で横柄な人々）」だという語呂合わせが広まった（板谷, 2013: 37-38）。
8　シンガポールは経済には先進国だが、政治でも先進国を目指すべきだという意味。

外国人労働者の問題については、補足説明が必要であろう。

　シンガポールの 2016 年時点の総人口は 560 万人であるが、市民権保有者および永住権保有者を合わせた居住者（residents）はその 70% に当たる 393 万人に過ぎず、総人口の 30% に当たる 167 万人が非居住者（non-residents）すなわち外国人である[9]。外国人の人口比率は 1990 年から 2000 年、2010 年、2016 年に至るまでそれぞれ 10% から 19%、26%、30% へと急速に高まっている（Department of Statistics, Singapore, 2016b）。これほどまでに外国人の比率が高いのは、シンガポール人の出生率が低下する中で経済成長を維持するために、積極的に外国人の労働力を受け入れてきたためである[10]。

　急激な外国人の増加は、雇用の競合、住宅の価格高騰、交通機関の混雑などの副作用を引き起こし、国民に大きな不満をもたらした。このことは、2011 年総選挙で与党・人民行動党（PAP）が大きく後退する原因にもなった。また、2013 年 1 月に政府が、2030 年の外国人の人口比率を 36% と想定する「人口白書」（Department of Statistics, Singapore, 2013）を公表した際には、国民から大きな反発があった。同年 2 月には外国人導入政策の見直しを求める集会が開催され、国民約 5 千人が参加した[11]。言論の自由が厳しく制限されるシンガポールで、政府の政策に反対する大規模な集会が開かれるのは、極めて異例であった。

　政府は国民の反発を重く受け止め、外国人の増加ペースを落とすため、就労許可の発給条件の厳格化などの措置を取ったが[12]、依然として外国人は増加を続けている。政府は、国民の懸念に理解を示しながらも、労働者不足が企業活動や開発プロジェクトに影響を与えることは避けるべきと考えている[13]。シンガポール社会は、もはや外国人労働者なくしては建設工事も高齢者の介護も成り立たないし、経済成長によって国民生活の安定を実現するためにはより多く

9　http://www.singstat.gov.sg/statistics/latest-data#16（2017 年 1 月 10 日最終アクセス）。なお、永住権保有者もシンガポール国籍を持たず厳密には外国人であるが、本研究では社会的実態を考慮し統計上の「非居住者」を「外国人」という。

10　2016 年時点のシンガポールの出生率（女性一人が生む子供の数）は 1.20 であり、人口を維持できる水準の 2.1 を大幅に下回っている。出所は前に同じ。

11　"Large turnout at Speakers' Corner for protest against Population White Paper", *ST*, 16 February, 2013.

12　単純労働者を雇用する際の外国人雇用税の引き上げ、企業が幹部を採用する際のシンガポール人に対する求人広告の義務づけなどの措置が取られている（「外国人幹部・専門職の就労許可証審査を一層厳格に（シンガポール）」『世界のビジネスニュース（通商弘報）』、日本貿易振興機構（JETRO）、2016 年 4 月 21 日）。

13　"NDR 2015: No easy choices on immigration and foreigners, says PM Lee", *Channel News Asia*, 23 August, 2015.

の外国人労働者が必要であるが、雇用への影響に懸念を持つ国民は外国人労働者の増加に反対するというジレンマに直面しているのである（岩崎, 2015）。

外国人単純労働者の社会的包摂・排除の問題については、別途詳細に論じる（1.5.2.）。

2011 年総選挙の結果に話題を戻すと、マレー人（ムスリム）の投票行動も、PAP の後退につながったとみられている。WP が躍進したのは、都心の東に位置するアルジュニード（Aljunied）・グループ代表選挙区（GRC）で勝利し一気に 5 議席を獲得できたからであるが、同選挙区はかつてのマレー人集住地区を含むため、マレー人の有権者が約 20% と、国全体のマレー人比率約 13% に比べ高い割合を占める。2011 年の総選挙では、特にマレー人の PAP への批判票の比率が高かったために、同選挙区で PAP が負けたと推測されている（Chong, 2012）。マレー人の PAP 批判票が増加した背景には、選挙の前にリー・クアンユー顧問相（当時）が出版した著書の内容にマレー人が強く反発した（3.2.2.2.）ことがあると言われ、そのことを PAP のマレー人議員も認めている[15]。しかし、現地のマレー人政治学者のフシン（Hussin Mutalib）は、マレー人の投票行動には、リー顧問相の著書の問題に限らない様々な不満が反映されていたと論じる（Hussin, 2012: 133）。

総選挙後、政府は、住宅問題を担当する国家開発大臣を含む 3 名の大臣を更迭し、政府の政策の失敗の責任を明確にした。また、1990 年、2004 年にそれぞれ首相を退任した後も閣内に残り続けていたリー・クアンユー顧問相、ゴー・チョクトン上級相の 2 名を閣僚から外し、イメージの刷新を図った[16]。

リー・シェンロン首相は、翌年 2012 年のナショナルデイ・ラリーで、社会的セーフティ・ネットの整備などにより弱者、高齢者、障害者も含めすべての人が発展の成果を享受できる「包摂的な社会（inclusive society）」を目指すことを強調した。また、今後あるべき国家像を考えるための国民対話を行うことを表明した（Lee Hsien Loong, 2012）。

この首相の表明を受け、2012 年から 2013 年にかけて、社会政策、教育政策など国民生活に直接関わる分野において国民の声を聴いて政策運営に反映させ

14　グループ代表選挙区（GRC）では、3〜6 名のチームを組んで戦い、多数票を獲得した政党がその区の定数を総取りする（1.3.1.3.）。

15　"MM Lee remarks hurt Malays: Zainul Abidin Rasheed", *Yahoo! News Singapore*, 12 May, 2011.

16　リー・クアンユーは 1965 年からこの時点まで約 46 年間閣僚であったことになる。

るための国民対話「Our Singapore Conversation（OSC）」が実施された。OSC は、大小様々な規模の 600 回以上の対話を全国で開催し、5 万人以上の国民の意見を聴くという大規模なものとなった。OSC を通じ、国民が過度に競争的な教育システムの見直しを望んでいることが分かると、政府は子供に強いストレスを与えているとされる小学校卒業試験（Primary School Leaving Examination: PSLE）の見直しを表明した。また、交通混雑に関する不満が多数寄せられたことを受け、OSC の報告書公表を待たずに、鉄道の混雑対策としてオフ・ピーク時の無料乗車制度の試行を開始した。このように政府は、OSC の実施を通じ、「国民の声を聴く政府」という姿勢のアピールに努めた。

　田村は、シンガポール国立大学公共政策大学院政策研究所（Institute of Policy Studies, Lee Kuan Yew School of Public Policy, National University of Singapore：IPS。以下「政策研究所」という）のアンケート調査（Institute of Policy Studies, 2011）の結果を踏まえ、若い世代や高学歴層が言論の自由を重んじ、PAP の権威主義的な統治よりも民主主義的な統治を求めるようになったことを指摘し、この選挙を「シンガポール政治史の転換点」と位置づける（田村, 2013）。ただし、民主的な政治よりも経済的な満足を選好し、強い指導者を求める国民の意識も強いことを認め、国民は PAP 体制が大きく変化することを望んでおらず、抑圧的な政治体制の変革にはまだ時間がかかるだろうと総括している。

　この 4 年後の 2015 年に次の総選挙が実施され、事前には野党がさらに躍進するのではないかとの予想もあったが、PAP は前回の 60.1％ から 69.9％ へと約 10％ も得票率を伸ばし、野党 WP の議席数は 89 議席（前回より定数が 2 議席増加）中で前回と同じ 6 議席にとどまり、結果は PAP の勝利と受け止められた。

　PAP の勝利の要因としては、外国人労働者政策の見直し、住宅価格の抑制、鉄道網の整備促進、高齢者福祉対策の充実など、2011 年総選挙で PAP が批判を受けた問題に適切に対処したことが評価されたことが考えられる。PAP の現職大臣が「PAP が次の政権を担えるという保証はない」と発言するなど[17]、国民の不安を逆手に取り、あおる巧妙な戦略を取ったこともある。国民の多くは批判勢力として WP が国会で一定のプレゼンスを持つことは望んでも、実

17　"No guarantee PAP will be in government after polls: Khaw Boon Wan", *ST*, 8 September, 2015.

績のない WP が政権を担えるとは考えていなかった。この年の 3 月にはリー・クアンユー初代首相が死去し、8 月には建国 50 周年を迎え様々な記念イベントが開催されていた。PAP がこの機会を利用し、独立からこれまでの政府・PAP の実績を強調したことも、PAP にプラスに働いたと考えられる（田村, 2016: 39-42）。PAP はリー・クアンユーの死も利用し、選挙に「弔い合戦」としての意味を与えることで、票を伸ばしたのである。

　PAP は、2011 年総選挙でその政治姿勢を批判されたことで、国民の声に耳を傾ける姿勢を見せるようになった。また、ソーシャル・メディアの普及もあり、インターネット上での国民の政治的な発言も活発に行われている。2011 年総選挙は、シンガポールの政治環境が大きく変化する転機となった。

　しかし一方で、言論規制が強化される状況もみられる。2014 年には、中央積立基金（Central Provident Fund: CPF）[18]の運用実態が不透明であるとして自身のブログで政府を批判した病院職員の 34 歳（当時）のブロガーの男性が、リー・シェンロン首相から名誉棄損として損害賠償訴訟を起こされ、裁判の結果、15 万シンガポール・ドル（約 1,350 万円）の賠償金の支払いを命じられた[19]。野党政治家が PAP から名誉棄損で訴えられる事例はこれまでもあったが、この事例は一般市民が対象となったものであった。2015 年には、リー・クアンユー元首相が亡くなった直後に、YouTube のビデオでリーとキリスト教をまとめて悪罵した 16 歳（当時）のブロガーの少年が逮捕され、有罪になり禁固刑と罰金刑を科せられた[20]。

　また、政府は 2013 年からオンライン・ニュース・サイトを免許制の対象とし、新たに規制を行うようになった。2015 年には、民族間の摩擦を誘発する恐れのある誤った記事を掲載したとして、オンライン・ニュース・サイト「The Real Singapore」の開設者 2 名が扇動法（Sedition Act）[21]等により起訴された[22]。この 2 名は有罪の判決を受けて禁錮刑に服し、同サイトは免許を取り消され、

18　老後の生活扶助、住宅購入等のための強制貯蓄制度。

19　"Blogger Roy Ngerng to pay \$150,000 in damages to PM Lee in instalments", *ST*, 14 March, 2016.

20　"Amos Yee found guilty of both charges, sentencing on June 2 pending probation report", *ST*, 12 May, 2015; "Teen blogger Amos Yee gets 6 weeks' jail and \$2,000 fine for wounding religious feelings", *ST*, 29 September, 2016.

21　政府への敵意や不満、民族・階級間の敵意などをあおる行動、発言などを規制することなどを目的とする法律。

22　"The Real Singapore duo slapped with 7 charges under Sedition Act", *Channel News Asia*, 14 April, 2015.

閉鎖させられた[23]。

　2011 年以前のシンガポールでは、ほとんど野党が存在しないに等しく、政府に不満があっても国民がそれを選挙で表明することが難しい状況にあった。しかし 2011 年以降は、国民は野党に投票することにより政府への不満を表明できるようになった。このことから、シンガポールの政治体制は、野党がある程度存在感を発揮できる競合的権威主義体制[24]に移行しているとみることもできる（Walid, 2016a: 211-212）。こうした政治の流れを踏まえた上で、以下では、政府のエスニシティ・宗教に関わる基本的な政策方針である多人種主義の概念、具体的な政策、課題等の分析を行う。

　2015 年総選挙におけるマレー人（ムスリム）の投票行動や、政治変動がマレー人（ムスリム）の包摂・排除に与えた影響については、個別の問題に関わる部分と 9.3. で別途論じる。

1.2. 多人種主義の概念とその成立の経緯

　最初に、シンガポールの多人種主義の概念と、マレーシアからの分離・独立とその後のマレーシア・インドネシアとの対立など、多人種主義が成立した歴史的経緯について、包摂と排除の問題と関連づけながら述べる。

1.2.1. 多人種主義とは何か

　多人種主義研究の先駆けと認められる（Lian, 2016: 15-16, 鍋倉 , 2011: 97）ベンジャミン（Geoffrey Benjamin）の研究は、多人種主義を「複合社会の住民を構成するとみなされる様々な「人種」の文化やエスニック・アイデンティティに平等な地位を与えるイデオロギー」と定義し、また、多人種主義のイデオロギーが「住民を一つの特定の「人種」という配列に分割して定義することに役立っている」と述べ（Benjamin, 1976）、これは後の研究においても頻繁に引用される。

23　この処罰が適切かどうかとは別に、政府が「不適切」と考えるオンライン・メディアに対し厳しい措置を取ることができることを示すための事例として紹介した。

24　民主主義的な政治体制ではない「権威主義体制」のうち、合法的な野党、定期的な選挙や議会など民主主義の制度が存在する一方で、体制エリートが国家権限を利用して野党の活動を抑圧する権威主義体制を「競合的権威主義（competitive authoritarianism）」という（粕谷 , 2014: 88-91, 150-153）。ここでは、野党がほぼゼロの状態から、依然として野党に対する締めつけも行われるものの、野党が最低限の存在感を発揮することができる状態に移行したという文脈で用いている。

　シンガポール憲法（Constitution of the Republic of Singapore）の第12条は、公職への任用において、また、財産の取得・保有・処分、企業の設立・運営、雇用等に関する法律の適用において、宗教、人種、家系または出生地に基づく差別があってはならない旨を定める。

　一方で憲法は、人種的・宗教的マイノリティの利益への配慮（第152条(1)）、シンガポールの先住者（indigenous people）であるマレー人の特別な地位（special position）の承認、マレー人の政治・教育・宗教・経済・社会・文化に関する利益とマレー語に対する保護、支援等が政府の責務であること（第152条(2)）を規定している[25]。

　このように憲法は民族、宗教等の平等とマイノリティへの配慮の両方を規定する。民族、宗教等の平等は、多様なアイデンティティを持つ人々をすべて等しく包摂するものであるが、マイノリティへの配慮は、特定の人々に対し特別な扱いをすることで彼らの包摂を図ることを含む。従って、これら二つは背反する面もあるが、後述するように、この両方を含むものが「多人種主義」として理解される。

　国民がその能力に基づいて公正に登用される「メリトクラシー（meritocracy：能力主義）」も、政府が繰り返し強調する原則である。メリトクラシーは、すべての人々を包摂する理念のはずであるが、「結果の平等」を保障するための特別な配慮を行わないものであることから、「機会の平等」が確保されない状況では、不利なスタートを切る人々を排除する方向に働く（詳細は後述）。従ってメリトクラシーは、民族、宗教等の平等という多人種主義の原則に合致するが、マイノリティに対する配慮という多人種主義の原則と背反する面がある。

　政府は、シンガポールにおいて民族・宗教間の融和が重要であり、多人種主義が守るべき原則であることを強調し続けている。建国50周年の2015年のナショナルデイ・ラリーの演説でリー・シェンロン（Lee Hsien Loong）首相は[26]、独立以降50年間の国の歩みの重要な三つの要素の一つとして、多人種主義について最初に言及した（Lee Hsien Loong, 2015a）[27]。様々な人種が混住する公団

25　このマレー人への配慮に関する規定は、マレー人が多数を占めるマレーシア（当時のマラヤ連邦）との合併に備え制定されたと既存の研究では理解されてきている。一方で板谷は、1959年の自治州への移行に至る過程で、議会制度が各民族の代表者の任命に基づくものから一般市民による選挙に基づくものに変更されたことに伴い、政治力が弱まることへのマレー人の懸念をやわらげるために、この規定が設けられたことを指摘している（板谷, 2009）。
26　毎年8月に行われる首相の施政方針演説。
27　他の二つの要素は、「自助と相互扶助」と「政府と国民との信頼」であった。

住宅団地の建設、社会の英語化、マイノリティの代表を確保するためのグループ代表選挙区制度（それぞれ、内容は後述）を例に挙げ、首相は、すべての集団が（国として）一つになるよう求め、同時にそれぞれの集団が独自の文化や生活様式を保つことができるようにし、その結果、国民が人種、言語、宗教にかかわらず一つの国民として建国50周年を祝うことができたと強調した。首相の発言は、政府が、多様な民族、宗教等の平等（各集団の独自の文化や生活様式の保持）とともに、マイノリティの利益にも配慮しながら（グループ代表選挙区制度）、国民としての統合を推進してきた（様々な人種が混住する公団住宅団地の建設、社会の英語化）ことを意味している。

　以上を踏まえ本研究では、多人種主義は、「多様なアイデンティティを持つ人々がいることを前提とし、これらの人々を平等に取り扱うと同時に、マイノリティに対し様々な配慮を行う国民統合の原理およびそれに基づく政策」であり、そのような民族、宗教等に関わる問題への総合的な対処の方法でもあると理解する。

　ここで、「人種」、「民族」、「エスニック・グループ」など主要な用語について整理する。

　シンガポールの国民は、「華人（Chinese）」、「マレー人（Malay）」、「インド人（Indian）」、「その他（Others）」の四つの集団に区分される。人口統計など行政上の取扱いとしては、この集団は「エスニック・グループ（ethnic group）」と呼ばれる。人口統計で「エスニック・グループ」は「その人の人種（race）を指す」と記載されているように、政府の公式の文書や政治家の発言においても、エスニック・グループの実体を指す呼称として「人種（race）」が使われることが多い。前述の憲法の規定や首相の発言でも、「エスニック・グループ」ではなく「人種」と表現されている。エスニック・グループの区分に関わる問題については、1.4.1. で詳述し、「人種」という用語の歴史的起源についても述べる。

　本研究では、これらを踏まえ、国民を構成する四つの集団を「エスニック・グループ」と言うが、公式文書や関係者の発言で「人種」が用いられる場合は、これに従う。ただし、一般的な意味の「民族融和」等については、「エスニック・グループ間の融和」等と言うのが正確であるが、煩雑さを避け、便宜上「民族」を用い、「民族融和」等と言う。

　「多人種主義」は、「multiracialism」の訳語として、日本のシンガポール研究者に用いられる（鍋倉 , 2011 など）。西洋社会で発展してきた、多様な人々の

共生を目指す運動・理念・政策としての「多文化主義（multiculturalism）」とは異なる用語が当てられ、また、西洋とは異なるシンガポール独自の社会背景を反映した概念であることから、本研究では「多文化主義」と読み替えず、「多人種主義」を用いる。

以下では、まず多人種主義が生まれてきた歴史的経緯について整理する。

1.2.2. イギリス植民地時代の民族・宗教間関係

ファーニバル（J. S. Furnivall）は、多様な民族が別々の社会を形成し相互の交流が少ない植民地社会を「複合社会（plural society）」と呼んだ（Furnivall, 1948: 303-312）。シンガポールは、イギリス植民地化により中継貿易港として発展し、島嶼部東南アジアだけでなく中国や南アジアなどからも大量の移民が流入した結果、複合社会としての様相を呈するようになった。イギリスは、民族ごとの居住地を区分し、異なる民族の連帯を抑制することで植民地支配を容易にする分割統治政策（divide and rule policy）を取っていた。[28]

1942年から45年までの日本軍政を経て、シンガポールにおいてもナショナリズムの覚醒がみられ、イギリスからの独立の機運が高まっていった。イギリス領マラヤから1957年にマレーシアが先行して独立したことから、マレーシアとの経済的・社会的一体性が強いシンガポールは、マレーシアとの併合によるイギリスからの独立を目指し、イギリス・マレーシアと交渉を行った。マレーシアとの併合を円滑に進めるため、マレー化政策が推進され、マレー語の学習が推奨されたほか、1959年にはイギリス自治領となって初の国家元首（ヤン・ディ・プルトゥアン・ネガラ：Yang di-Pertuan Negara）に、マレー人のユソフ・イシャク（Yusof Ishak）が就任した。[29] 1963年、シンガポールはマレーシアとの併合による独立を果たし、マレーシアの州の一つとなった。

1.2.3. マレーシアからの分離・独立と多人種主義の成立

シンガポールは1963年の併合後マレーシア連邦政府との対立が表面化し、

28　ただし、歴史家のターンブル（C. M. Turnbull）は、シンガポールでイギリス統治への反発が少なかったことに触れ、あまりにも民族間の言語、習慣、経済活動などの違いが大きかったために、イギリスはそれほど強力な分割統治政策を行う必要はなかったと指摘している（Turnbull, 2009: 73）。

29　ユソフ・イシャクは、1965年のマレーシアからの分離・独立後は、独立国家シンガポールの初代大統領となった。

わずか2年足らずで、マレーシアから追放される形での分離・独立を余儀なくされた。対立の要因には、連邦政府がマレーシア側の開発を優先してシンガポールの工業開発にブレーキをかけようとしたことなど経済政策面の利害衝突もあったが、民族政策をめぐる衝突がより深刻であった。マレーシアは、経済的に低い地位にあるマレー人を教育や事業活動など様々な面で優遇する政策を取っていたが、華人が多数を占めるシンガポールはマレー人優遇政策に強く反発した。当時のシンガポールの首相であったリー・クアンユーは、「マレー人のマレーシア」（マレー人が優遇されるマレーシア）ではなく、「マレーシア人のマレーシア」（マレーシア人であるすべての民族が平等であるマレーシア）であるべきだと主張し、連邦議会のマレー人政治家たちの強い反感を買った。最終的には連邦議会で「シンガポール分離決議」が採択され、1965年8月9日、シンガポールはマレーシア連邦から分離される形で独立させられた（田村 , 2000: 121-141）。

　その後国を挙げての外資誘致による工業化に成功し、今でこそ経済的繁栄を極めているシンガポールであるが、当時は、何の天然資源もなく、中継貿易を基盤とする商業以外に目立った産業もないシンガポールが国家として自立することは極めて困難であると考えられていた。マレーシアで産出されるスズや天然ゴムの輸出基地となるなど、マレーシアとの経済的な結びつきが強かったが、独立をめぐる経緯からマレーシアとの関係は冷え切ったものとなっており、経済的な協力は望むべくもなく、独立がただちに国家存亡の危機となった。また、もう一つの隣国であるインドネシアも、ボルネオ島北部を含むマレーシア連邦の独立（1963年）をイギリスの陰謀とみなしマレーシア・シンガポールを敵視する対決政策（コンフロンタシ）を取っており、マレーシアとの併合中の1965年にはインドネシアの海兵隊員がシンガポールで爆弾テロを起こす事件まで発生していた。独立国シンガポールの初代首相となったリー・クアンユーは当時、「マレー人の海に浮かぶ華人の島」であるシンガポールは「こんな華人に敵意を持っている国際環境の中でどうやって生き延びればいいのだろう」と考えていたという（リー , 2000: 10）。懸命に推進してきたマレーシアとの併合に失敗したことは、政府・与党にとって大きな政治的失策でもあった。

　独立を発表する記者会見の場で、リー首相が涙を流し、会見を一時中断させたことは、建国に関わる重要なエピソードとして語り継がれ、この場面の映像は様々な場で繰り返し流されている。リー首相はこの記者会見で、シンガポー

ルはすべての民族、宗教等が平等に扱われる「多人種主義」の国になること
を明言した。具体的な発言の内容は、以下のとおりである（黄、呉編, 1988: 76-
77）。

　　シンガポールは多人種国家になります。我々はお手本を示すのです。シン
　　ガポールはマレー人の国でも、華人の国でも、インド人の国でもありません。
　　誰もがそれぞれの所を得て、言語、文化、宗教すべてにおいて平等なのです。(中
　　略) 我々は多人種主義を信奉し、シンガポールをショービニズム〔自民族至
　　上主義〕[30]から切り離し、多人種主義へと導いた政府です。多人種主義と統合
　　をマレーシアにおいて達成できなかったことは残念です。しかし我々は、そ
　　れをシンガポールで達成します。我々は皆、教訓を得たのですから。

　このような独立の経緯から、すべての民族の平等を唱える「多人種主義」
は、シンガポールの「建国神話」に関わるものとしての意味も持たされてきた
（Benjamin, 1976: 116）。リー・シェンロン現首相も、建国 50 周年の 2015 年の
ナショナルデイ・ラリーで、「我々は、この多人種社会の理想を信じるがゆえに、
マレーシアから分離した」と語っている（Lee Hsien Loong, 2015a）[31]。
　シンガポールは、マレーシアからの分離により華人が多数を占める国となっ
たが、マレーシア・インドネシアへの配慮から、華人優遇政策を避け、多人種
主義に基づく国家建設を推進した（Chan, 1971: 49）。これは、マレーシア併合
時代の「マレーシア人のマレーシア」（すべての民族の平等）という主張を貫徹
させることでもあった。言語政策については、マレーシアが多数者であるマレ
ー人の言語・マレー語を優先する政策を進めていったのに対し[32]、シンガポー
ルは、華語の地位向上を求める華人の要求を拒み、どの民族の母語でもなく中
立的な英語を中心とする政策を取った。独立後、華人社会は憲法への華語併記
を継続するよう要望したが、リー・クアンユー首相は（当時）これを断固拒否
した（Ibid.: 49-50）。

30　訳者の田中恭子は、「ショービニズム（chauvinism）」を「自民族至上主義」と訳している。これ
　　については、チュアの説明（1.5.1.）および 2000 年のゴー首相の発言（3.2.2.2. および 3.3.2.）を参照。
31　ただし、リー・クアンユー首相がマレーシア併合時代に「すべての民族の平等」を唱えたのは、
　　華人等の民族意識に訴えてマレーシア側で支持を拡大しようとする政治的な意図に基づくものでも
　　あったことも指摘されている（Rahim, 2009: 33-34）。
32　例えば、現在のマレーシアでは、中学校以上の公立学校の教育はマレー語で行われる。

チャンとエヴァースは、新興独立国においては、植民地化以前からの伝統的な文化を復興する「回帰的アイデンティティ」と、社会主義・共産主義を目指す「前進的アイデンティティ」とのどちらかの形でナショナル・アイデンティティの形成が進められたという。しかし、シンガポールにおいては、「回帰的アイデンティティ」の形成は、多数者の華人の影響を強く受け、多数者のマレー系民族と少数者の華人との対立を抱えるマレーシア・インドネシアから「第三の中国」とみなされるため、取り得ない道であった。与党・人民行動党（PAP）は、社会主義的な志向が強かったが、「前進的アイデンティティ」の形成は、外資の導入による経済開発の道を閉ざすため、不可能であった。従って、「非イデオロギー的、プラグマティックな価値」として、多人種主義と多言語主義に基づくアイデンティティ形成が選ばれたのである（チャン、エヴァース, 1988）。[33]

　多人種主義の起源を PAP の政治哲学に求める議論もある。ヒルとリェンによれば、植民地時代の 1956 年に、PAP を含む全党が参加する教育問題に関する委員会が、シンガポールが「多人種社会」であることを認識し、四つの言語（マレー語、華語、英語、タミル語）による教育を平等に扱う原則を勧告したのが、政府の政策に多人種主義が取り入れられた最初の事例である。多人種主義の起源は、PAP の主流をなす英語教育を受けた中流層の政治家たちの政治哲学にあったとヒルとリェンは指摘する（Hill and Lian, 1995: 91-93）。

　ブラウンは、シンガポールの多人種主義の時代による変遷について論じ、民族に関わる問題への政府の対応について、三つの期間に分けて特徴を整理した（Brown, 1994: 66-111）。

　第一の期間は 1959 年から 65 年まで、つまり、イギリス自治領とマレーシア併合の期間で「民族のモザイク」政治の時代である。シンガポールは一体性が壊れやすい複合社会とみなされ、四言語教育のように、政策の方向性は「多人種主義」や「多様性の中の統一」であった。エスニシティへの配慮が重視され、特に最も経済的に低い地位にあったマレー人に配慮し、国語としてマレー語の振興が図られ、マレー人に対する教育の無償化が行われた。これらは、マレーシアとの併合を視野に入れたものでもあった。

　第二の期間は、1970 年代の「中立的メリトクラシー」政治の時代である。国家の生き残りのために、工業化による開発に向けて国民を動員することを目

33　この和訳された論文では、「多種族主義」という日本語が当てられている。

指し、規律、自立、実用主義、競争などの価値が推奨され、ナショナル・アイデンティティは、文化ではなく、国家開発の哲学に基づくものとなった。メリトクラシー（能力主義）の原則を基本とし、民族に対し中立な政策が推進された。

　第三の期間は、1980年代から90年代初めの「包摂的なコーポラティズム」の時代である。選挙に敗れた野党議員の中から任命される「非選挙区議員（Non-Constituency Member of Parliament: NCMP）」や社会各層の意見を聴くために有識者等の中から任命される「任命議員（Nominated Member of Parliament: NMP）」の制度が導入されるなど、政府の管理の下ではあるものの、国民の政治参加が促された。国民の間に国家への忠誠心が育ち、もはやエスニシティや起源の地への紐帯が問題にならないとみなされ、民族の文化は、西洋的価値の浸透に対抗する「アジア的価値（Asian values）」の構成要素として利用された。エスニック・グループが団体を通じて利益を主張する「コーポラティズム」が実践される形で（1.4.3.）、エスニック・グループの差異が承認されるようになった。

　ブラウンによれば、このように多人種主義は、エスニシティに基づく差異を積極的に承認し、政策面で配慮する方向性と、差異を捨象して単一の国民として統合する方向性の二つがあり、どちらの面が重視されるかは、時代によって異なっている。

　鍋倉は、ヒルとリェンの研究（Hill and Lian, 1995: 97）などを引き、多人種主義が、ブラウンの言うように「統合したメルティングポット型の文化モデル」から「分離して発展する型の文化モデル」に単純に移行したわけではないと論じる。鍋倉は、前者を「各人種を解体し標準化を進める政策」、後者を「各人種別の差異を強化する政策」と考え、シンガポールの多人種主義は相反する二つの政策が併存するものであると論じる（鍋倉, 2011: 59-64）。

　以上のように、多人種主義は「差異の承認」と「統合」の二面性を持ち、どちらの面が重視されるかは文脈によって異なるのである。

1.3. 多人種主義の具体的な政策

　多人種主義に基づいて展開される政策は国民生活の非常に広い範囲をカバーし、国民は「人種（エスニック・グループ）」を意識せずに生活することはできない。以下では、先に論じた「差異の承認」（民族・宗教間の平等およびマイノリティへの配慮）と「統合」という多人種主義の二つの面に沿って、関連する政策の具体的な内容について整理する。

1.3.1. 差異を承認する多人種主義に基づく政策

まず、多人種主義の一つの側面である「差異の承認」に関わる政策について整理する。これらは、民族・宗教間の平等およびマイノリティへの配慮を図るものであり、民族・宗教間の差異を積極的に承認し、多様なアイデンティティを包摂する方向性を持つ。このうち、1.3.1.1.の言語政策、1.3.1.2.の文化政策は民族・宗教間の平等、1.3.1.3.の選挙制度、1.3.1.4.の少数者の権利のための大統領諮問会議は、マイノリティへの配慮のための政策である。

1.3.1.1. 言語政策

現在、シンガポールで最も広く使われる言語は英語であるが、憲法はシンガポールの国語（national language）はマレー語であると定める。この規定は、イギリス自治領化を翌年に控え、また、マレーシアとの併合を目指していた1958年の憲法制定時に定められたものである。マレー人の先住者としての特別な地位や、マレー人の利益およびマレー語に対する保護、支援等について定めた規定とあわせ、シンボル的ではあるが、マレー人への配慮を示すものとして重要な意味を持つ。また、マレー系民族が多数を占めるマレーシア・インドネシアから「華人の国」とみられないための配慮でもある。なお、国歌はマレー語の歌「マジュラ・シンガプーラ：Majulah Singapura」[34]であり、国軍における号令にはマレー語が用いられ、こうしたところにもマレー人への配慮と華人色を薄めようとする意図がみられる。

現在のリー・シェンロン首相は、ナショナルデイ・ラリーの演説を、英語に加え、華人向きに華語で、マレー人向きにマレー語で（それぞれ、華人・マレー人に対する施策を盛り込んだメッセージとして）、計3回行う。2015年のマレー語演説では、英語で前置きをしたあと、英語とマレー語で「国語で始めましょう」と言い、後は最後までマレー語で話し続けた[35]。こうしたところにも、政府のマレー人に対する気遣いが感じられる。

34　タイトルはマレー語で、日本語では一般に「進めシンガポール」と訳されているが、意味は「シンガポールに繁栄あれ」の方が近い。マレー人以外の多くの国民は歌詞の内容を理解していないとの指摘もある（Chua, 2017: 135）。
35　リー・シェンロン首相は、マレー語は家庭教師について習得しており、流暢に話すことができる。

　憲法では、マレー語に英語、華語、タミル語[36]を加えた四つの言語を公用語とする「多言語政策」が定められている。行政サービスは四つの公用語で受けることができ、例えば、自動車運転免許の学科試験は四つの公用語のいずれでも受験することができる。公共交通機関の案内表示にも四つの公用語が使われる。国会でも同時通訳が導入され四つの公用語が使用可能であり、例えばマレー人議員が、マレー人の有権者にアピールするために、質疑の途中で英語からマレー語に切り替える場面も珍しくない。

　マレーシアとの併合による独立が視野に入ってきた1956年には、『1956年教育白書』により、マレー語が重視されるようになったが（中村都, 2009: 64-66）、1965年の分離・独立後は実質的に英語中心の国づくりが進められた。華人の中で福建人が最大の方言集団であったことから、独立の時点では最も話者人口が多い言語は福建語であった。しかし、対立関係にあるマレーシア・インドネシアから「華人の国」とみられるのを避けなければならなかったこと、外国資本の誘致、先進技術の導入を進める上で英語化が有利であったこと、英語が三大エスニック・グループ（華人、マレー人、インド人）のいずれの母語でもないという意味で中立的であることなどから、英語が事実上の共通語として位置づけられた。

　イギリス植民地時代には、英語を話せるのは、一定水準以上の教育を受け、植民地政府とつながりを持つ一部の階層だけであった。従って、英語の共通語化は、多数の英語ができない国民に新たに英語で教育を行うことを意味していた。独立の翌年の1966年には公立学校で英語を必修化し、教授語として英語を、第二言語として華語、マレー語、タミル語のうち「母語」に当たる言語を学ぶ「二言語教育」が導入された（Ibid.: 68）。当初は華語、マレー語、タミル語を教授言語とする学校も併設されていたが、外国企業の進出が進み、英語が就職に有利な状況になるにつれ、国民はすすんで英語による学校を選択するようになった。英語以外を教授語とする学校は、生徒が減少したことで順次廃止され、1987年には英語による小学校への完全移行が実現した。

　社会の英語化への抵抗も少なからずあった。中国とその文化への愛着が強い華語派の華人たちは、1956年に中国と台湾以外で唯一の華語を教授語とする

36　シンガポールのインド人の多数が話す言語。南アジア（インド南部、スリランカ）で使われている。家庭で最もよくインド系の言語を話す人々のうち、75.9%がタミル語話者である（Department of Statistics, Singapore, 2016a）。

大学「南洋大学」を設立した。しかし、南洋大学は、華語の排除を徹底しよう
とする政府から抑圧され続け、また、社会が英語化する中で卒業生の就職が困
難になり、最終的に1980年に英語を教授語とするシンガポール国立大学に統
合させられた（田村, 2000: 192-198）。

　多言語政策と二言語教育は、三大エスニック・グループの文化への配慮、英
語による国民統合、経済開発のいずれの要請をも満たす現実主義的な政策であ
った。しかし、英語と「母語」の両方を学ぶ二言語教育は、国民にとって大き
な負担となった。特に問題になるのは、「母語」とされた言語が、実際に使用
される言語と異なる場合であった。華人は一律に「母語」とされた華語を第
二言語として学ぶこととなったが、中国南部からの移民の子孫が大部分であ
る彼らの本当の意味での母語は福建語、潮州語、広東語、客家語などの中国語
方言であった。[37]ほとんどの華人が、いずれも自分の母語ではない英語と華語
の二言語を学校で学ぶこととなった。二言語教育の導入前に教育を受けた華人
や、二言語のどちらも十分に習得できなかった華人は、中国語方言のモノリン
ガルであり、シンガポールの公用語のどれも使えないため、職業機会を制約さ
れ、社会的に低い地位にとどまっている（1.5.2.）。

　言語政策は、各「母語」に配慮することで、エスニック・グループの差異を
積極的に承認するものであるが、公的に定められた「母語」と実際の母語とが
異なる場合は、公定の「母語」への同化が迫られる。なお、マレー語は島嶼部
東南アジアで商業用語として用いられるリンガ・フランカであったことから、
マレー人には華人のような「母語」に関わる問題はそれほど生じていない。

1.3.1.2. 文化政策

　各エスニック・グループの文化の振興も、多人種主義の重要な要素である。
振興の対象となる文化には、エスニック・グループの「母語」も含まれる。社
会全体で英語の使用が広まるとともに、[38]第二言語として学習する「母語」の
使用は少なくなっている。そこで政府は、教育省の下に、華語、マレー語、タ
ミル語についてそれぞれ、言語教育の充実や文化的なイベントを通じた「母語」

---

[37]　1980年時点でも、全人口の30%の母語が福建語、17%が潮州語などとなっており、華語を母語
　　とする人々は1%以下であった（Ang and Stratton, 1995: 82）。
[38]　英語を話せる人の比率は上昇を続け、2010年では70.9%であったが、2010年では79.9%に達し
　　ている（Department of Statistics, Singapore, 2011）。

や文化の維持・発展を推進する機関を設置している。

　そのような機関の一つである「シンガポール・マレー語センター（Malay Language Centre of Singapore: MLCS）」は、マレー語教育の質の向上のためのマレー語教師の研修、マレー文化に関する文物の収集・展示、マレー・ムスリム関係団体が連携して毎年実施するイベント「マレー語月間（Bulan Bahasa）」への協力などの事業を展開している[39]。教師の研修には、マレーシアやブルネイのカンポン（kampong）[40]を訪問して「本来のマレー文化を体験する」交流プログラムが含まれる。華語・タミル語のセンターでも類似の事業が実施されているという。政府は、言語と文化の一体的な振興、都市化の中で消滅していく伝統的な文化の保存を通じ、エスニック・グループの「本来の」アイデンティティの維持を図っている。

　各エスニック・グループの集住地区の保存・整備も、多人種主義の文脈でとらえることができる。三大エスニック・グループのそれぞれに、チャイナタウン、カンポングラム、リトル・インディアというかつての集住地区が存在するが、それぞれ、ショップハウス[41]が建ち並ぶ古い町並みが保存されている。各地区には、エスニック・グループの歴史や文化、社会の発展過程を伝える博物館が、それぞれ整備されている[42]。これらの地区は、観光客向けに「多文化が共生する国・シンガポール」を見せるショー・ウィンドーにもなる。

　国民の祝日も、各エスニック・グループに配慮しバランスを考慮して設定されている。華人、マレー人、インド人の文化や宗教に関する祝日は、それぞれ、3日間、2日間、1日間が設定されている。

　毎年8月9日に国を挙げて開催される独立記念日の式典（ナショナルデイ・パレード）その他の公的なイベントでは、中華風、マレー風、インド風、ヨーロッパ風のダンス・パフォーマンスが一連の流れとして演じられるなど、各エスニック・グループの文化の「ユニークさ」、一方で、「多文化の共生」をことさらに強調する演出が行われることが多い。

　これらの文化に関わる政策は、エスニック・グループの差異を積極的に承認

39　2014年8月14日、MLCSの責任者から聴き取り【No. 65】。
40　マレー語で、田舎の集落のこと。国土全体で再開発・都市化が進んだシンガポールでは、離島を除きほとんど現存しない。
41　間口が狭く奥行きが極端に長い植民地時代の建築様式の商家。
42　チャイナタウン・ヘリテージ・センター、マレー・ヘリテージ・センター、インディアン・ヘリテージ・センターの三つがある。

するものとなっていると言える。

1.3.1.3. 選挙制度

　国会議員を選出する選挙制度の中で、マイノリティへの配慮をうたい、多人種主義の観点から特記すべきものが、1988 年に導入されたグループ代表選挙区（Group Representation Constituency: GRC）の制度である。直近の総選挙が行われた 2015 年 9 月の時点では、国会（一院制）の議席数は 89 であるが、複数の候補者が立候補する 16 の GRC と、1 名の候補者が立候補する 13 の単独代表選挙区（Single Representation Constituency: SRC）があり、GRC からは 76 名、SRC からは 13 名の国会議員が選出されている。GRC は、3〜6 名の候補者がチームとして戦うもので、チームには必ずマイノリティ（少数者）のエスニック・グループ（すなわち華人以外）の候補者を 1 名以上入れなければならない。GRC は、国会におけるマイノリティ・エスニック・グループの代表の確保を目的とした制度と説明される。

　GRC の制度の下では、人材が少ない中で複数の候補者を立てなければならない野党が不利であり、また、マスメディアに登場する機会が多い大臣を各選挙区に配置できる与党が有利である。また、野党が強い選挙区を統合し消滅させる一種のゲリマンダリングにも利用される（田村 , 2000: 233-234）。GRC は、勝った政党がその選挙区の定数を総取りすることから、野党の死票が多くなる点でも与党に有利な制度である。例えば 2011 年総選挙では、与党 PAP は 60.1% の得票率で 93.1% の議席を獲得している。マイノリティへの配慮という名目の下に、与党に圧倒的に有利な選挙制度が実施されているとみることもできる。

　2017 年 1 月末時点でのエスニック・グループ別の国会議員数をみると、89 名のうち、華人 64 名（71.9%）、マレー人 13 名（14.6%）、インド人 9 名（10.1%）、その他 3 名（3.4%）となっており、2015 年の人口比（それぞれ 74.3%、13.3%、9.1%、3.2%）に概ね等しい。GRC の制度は、国会における議席数からみれば、少数者の代表確保につながっており、少数者への配慮という多人種主義の一側面を表したものになっている。ただし、これが本当にマイノリティの利益につ

43　国会のウェブサイトでは、議員総数に占める各エスニック・グループの比率や個々の議員が所属するエスニック・グループは公表されていないため、各議員の氏名および顔写真から所属するエスニック・グループを推測した。

ながっているかについては、議論がある（2.2.2.4.）。

　2016年からは、公選大統領制度にもマイノリティへの配慮が取り入れられた。国家元首である大統領は国民による直接選挙で選出されるが、2016年に憲法が改訂され、公選大統領制度導入後5期（大統領の任期は6年間）連続で大統領を輩出していないエスニック・グループがある場合、次の選挙ではそのエスニック・グループに立候補権が留保されることになった。[44] 2017年には変更後の制度が初めて適用され、マレー人だけが立候補できる大統領選挙が9月に実施されたが、立候補の届け出をした3名のうち2名が事前の資格審査で不適格となり、残ったハリマー・ヤコブ（Halimah Yacob）（同年8月まで国会の議長。女性。）が無投票で大統領に選出された。[45] 47年ぶりのマレー人の大統領であった。この制度変更は、マイノリティへの配慮が理由とされるが、「前回の大統領選挙で僅差で敗退し、今回も立候補が予想された華人男性の当選を阻み、PAP寄りの候補者を当選させるためであった」との見方が広まり、大きな論議になった。

1.3.1.4. 少数者の権利のための大統領諮問会議

　「少数者の権利のための大統領諮問会議（Presidential Council for Minority Rights: PCMR）」は、憲法第69条に基づき設置されており、同76条に基づき、いずれかの人種または宗教集団に影響を及ぼす事項について検討および国会への報告を行うことを任務としている。諮問会議のメンバーは、内閣の助言に基づき大統領が任命する。政府は、PCMRによって、特定のエスニック・グループや宗教集団に不利になるような法律の制定等がチェックされ、少数者の権利保護が実現していると説明する。

　しかし、PCMRは、現職の首相や法務大臣がメンバーに含まれ、政府から独立して自由に活動できる体制にはなっていない。[46] PCMRは、多人種主義の理念を実現するための制度として説明されるが、1970年の設立以来、法律や政策に対しマイノリティ・エスニック・グループの権利に影響を及ぼす可能性

44　"Parliament: 2017 presidential election will be reserved for Malay candidates, says PM Lee", *ST*, 8 November, 2016.

45　"Halimah Yacob set to be next president", *ST*, 12 September, 2017.

46　大統領府のウェブサイトより。http://www.istana.gov.sg/roles-and-responsibilities/presidents-office/other-presidential-councils（2017年1月30日最終アクセス）

があるとの反対意見を提出したことがなく[47]、その実質的効果については疑問をさしはさまざるを得ない。

1.3.2. 統合のための多人種主義に基づく政策

多人種主義のもう一つの側面である「統合」に関わる政策について、以下で整理する。

これらは、民族・宗教間の差異を抑制し、国民の統合を図るものであり、統合の要請から多様なアイデンティティが承認されない場合、一部の人々の排除につながる可能性がある。

1.3.2.1. 英語の共通語化

独立後、英語が事実上の共通語として位置づけられ、公立学校において英語を教授語とする二言語教育が実施された（1.3.1.1.）。2010年時点では国民の約80%が英語を話せるようになり（Department of Statistics, Singapore, 2011）、もとは異なる言語を持っていた多様な集団が英語でコミュニケーションを取れるようになった。その意味では、英語の共通語化は、国民の一体化を促進しており、統合のための政策として位置づけることができる。

英語は三大エスニック・グループのいずれの母語でもないという意味では「中立的」な言語であった。しかし、植民地時代には英語は植民地当局で働く社会的に上層部の人々の共通語であり、英語は「階級性」を有する言語であった。独立後も1970年代初頭まで英語による公立学校の教育が十分に普及しなかったため、多数者である華人の中でも英語を習得できなかった人々は低い経済的地位に追い込まれて「マイノリティ化」し、一方で英語を使う家庭が多かったインド人は独立後に社会進出を果たす人々が多かった。実質的には英語はエスニック・グループに対し「中立的」な言語ではなかった（Chua, 2003a: 71-73）。英語の共通語化は、多様な国民をシンガポール社会に包摂した一方で、英語を習得できなかった人々にとっては、社会進出の機会を制約し、排除的に働くものでもあった。

47　例えば2016年8月24日に国会に提出されたPCMRの年次報告書では、過去1年間の活動として、5回の会合を開催し、19の法律と355の他の法令を検討したが、これらについて反対意見は提出しなかったことが述べられている（"Presidential Council for Minority Rights: Annual Report (for the period from 1 August 2015 to 31 July 2016)"）。

写真 1　様々な民族・宗教に属する人々が一緒に暮らす公団住宅団地（1.3.2.2 参照）。

1.3.2.2. 公団住宅団地における民族混住政策

　独立当時は、人口の集中によって居住環境は劣悪を極め、国民への快適な住宅の提供が急務であった。また、移民とその子孫からなる社会で、国民に持ち家を与えることが国家への愛着・帰属意識を持たせることにつながると考えられた（中村都, 2009: 17）。このため政府は、住宅開発局（Housing and Development Board: HDB）を通じ、小規模家屋が密集する市街地の再開発、公団住宅団地の建設を強力に推進してきた。土地所有者が政府による土地買収を拒否できないものとする土地収用法が 1966 年に制定されたことにより（田村, 2000: 207-208）、事業は迅速に進められた。2015 年では、HDB が建設した公団住宅（ほとんどが分譲）[48]に国民の 80.1% が居住している（Department of Statistics, Singapore, 2016a）（写真 1）。

　公団住宅の建設の過程では、再開発によって民族集住地区が解体され、様々なエスニック・グループに属する人々が混住する地域社会が新たに造られていった。公団住宅団地では、国全体の人口比率をもとに、エスニック・グループごとのクォータ（団地棟および街区ごとに入居可能な戸数の比率）を設定することによる「民族統合政策（Ethnic Integration Policy）」と呼ばれる混住化が進められた（鍋倉, 2011: 80-85）。このように住宅建設は、国民統合政策としての役

48　HDB は特別の法律に基づいて設立され、政府の政策に沿って事業を実施する法定機関（statutory board）であり、日本で高度成長期に「公団住宅」として住宅の大量供給を担った住宅・都市整備公団（現在の都市再生機構）と法的位置づけ・政策目的が似ている。このため、HDB が供給する住宅については、現地では「public housing」、通称「HDB」と呼ばれるが、本研究では日本で広く通用する「公団住宅」を呼称として用いる。

割も担うものであった。公団住宅の廊下を歩くと、赤い提灯を飾る華人の家の横には、モスクの絵をあしらった緑色の暖簾状の飾りが下がっているマレー人の家があるなど、実際に様々なエスニック・グループの人々が交じり合って暮らしていることがよく分かる。

公団住宅団地の社会においては、PAPの影響下にある人民協会（Peoples' Association）の出先機関であるコミュニティ・センター（Community Centre）やコミュニティ・クラブ（Community Club）が、様々な社会・文化・娯楽活動などを提供し、住民間の交流を促している（8.1.1.）。こうした活動に住民が参加することで、エスニック・グループを越えた交流が生まれ、シンガポール人としての一体感が育まれることが期待されている。

1.3.2.3. 紛争の未然防止のための言論統制

独立後は、国家の生き残りをかけて経済開発を推進するため、国会でPAPが議席のほぼすべてを占める事実上の一党支配体制が確立され、権威主義体制が維持されてきた。野党、労働組合やマスメディアの活動は抑圧され、国民の政治的発言は厳しく規制されてきた（1.1.1.）。

特に、民族や宗教に関わることについては、「微妙な問題（sensitive issue）」として取り扱われ、現在も厳しい言論統制が行われている。特定のエスニック・グループを誹謗中傷する発言については、たとえそれが一個人のブログ上のものであっても、発言者が扇動法（Sedition Act）に基づき禁固刑に処せられるなど、厳しい対応が取られてきた。2005年には、20代の2名の華人男性がネット上でマレー人を中傷したとして、それぞれ1日、1か月の禁錮刑に処せられた。2012年には、オーストラリア国籍の華人女性が自分のフェイスブック・ページでマレー人を中傷したとして、刑法の規定に関連し警察から警告を受けた（3.2.5.）。2015年の16歳のブロガーの少年の事案（1.1.2.）では、少年は「キリスト教徒の宗教的感情を傷つけた」として「ハラスメント防止法（Protection from Harassment Act）」に基づき起訴され、禁錮刑に処せられている。

このように、民族や宗教に関わる発言は扇動法などの法令により規制され、処罰の対象にまでなる。関係法令が適用されるかどうかの基準はゴルフの用語

---

49 緑はイスラームのシンボル・カラーである。
50 "Bloggers jailed for racist comments", *Financial Times*, 8 October, 2005.
51 "Racist rant: Amy Cheong gets stern warning from police", *ST*, 25 March, 2013.

「国民の誓い（National Pledge）」

Our Pledge	私たちの誓い
We, the citizens of Singapore, pledge ourselves as one united people, regardless of race, language or religion, to build a democratic society based on justice and equality so as to achieve happiness, prosperity and progress for our nation.	私たちシンガポール国民は、 一つの統合された国民として、 人種、言語、宗教にかかわらず、 幸福と繁栄、そして私たちの国の発展 を達成するために、 正義と平等に基づく 民主的な国家を築くことを誓います。

「OB」（out-of-bounds：境界線から出た）から「OBマーカー」と呼ばれるが、具体的許容範囲が明確ではなく、政府が処罰などの行動を起こして初めて明らかになる（岩崎 , 2005: 263）。自分の発言がどのように取り扱われるのか予測が不可能であるため、国民は民族や宗教の問題について議論することを一層逡巡することになる。

1.3.2.4. その他社会統合のための施策

その他、多様な文化的背景を持つ人々を国民として統合するための政策について、どこまで多人種主義政策の範疇に含むのかという議論はあろうが、全体像を整理しておく。

教育は国民形成において極めて重要な役割を果たす。シンガポールにおいても、学校教育の場で国民の一体感を醸成するための取組みが行われている。

1965 年の独立後すぐに、「国民の誓い（National Pledge）」が制定された。「国民の誓い」は、1950～60 年代の民族・宗教間の対立と「人種暴動」を念頭に、多様な民族・宗教に属する国民に共通のアイデンティティと帰属意識をはぐくむために発案され、1966 年から学校での唱和が始まった（中村都 , 2008: 51）。国民を分断しかねない三つの要素である「人種、言語、宗教」を乗り越えて国民が一つになるべきことを強調する内容で、その全文は本ページの上に示すとおりである（和訳は筆者による）[52]。

毎日の学校の始業前には、国旗掲揚、国歌斉唱とあわせ「国民の誓い」が唱

52　国家遺産局（National Heritage Board）のウェブサイトより。(http://www.nhb.gov.sg/resources/national-symbols/national-pledge, 2017 年 9 月 14 日最終アクセス)

和される。「国民の誓い」は、「ナショナルデイ・パレード」など重要な国家的行事においても唱和される。

　毎年8月9日のナショナル・デイ（独立記念日）に行われる式典「ナショナルデイ・パレード（National Day Parade: NDP）」は、国民の愛国心や帰属意識をかきたてるようなプログラムが企画されており、空軍による航空ショー、軍用車両のパレード、市民各層の参加による様々なダンス・パフォーマンスなど多彩なアトラクションが夕方から約4時間にわたり続く壮大なイベントである（中村都, 2007: 166-178）。最後は参加者が全員で「国民の誓い」を唱和し、国歌を斉唱し、大規模な花火のショーが展開してクライマックスとなる。

　「人種融和の日（Racial Harmony Day）」は、1997年以降、毎年7月21日に設定され、1964年の同日に起こった大規模な「人種暴動（racial riot）」を思い起こし、「人種融和」の重要性を再確認する日である。学校では、児童・生徒がそれぞれの民族の伝統的な衣装、食文化、子供の遊び、踊りや音楽を紹介しあったり、他の宗教の寺院等を訪問したりすることで、互いの文化について理解を深める活動が行われる。地域社会や各エスニック・グループの団体なども様々な交流イベントを開催する。毎年この時期には、思い思いの華やかな民族衣装に身を包んだ子供たちが学校で一緒に行事に参加している様子が報道される。

　以上のように、多様なアイデンティティを持つ人々がいることを前提に、多様な人々をシンガポール人という共通の意識を持つ国民として統合するための意識的な取組みが様々な形で展開している。

1.4. 多人種主義が持つ意味

　1.2.1. では、多人種主義を「多様なアイデンティティを持つ人々がいることを前提とし、これらの人々を平等に取り扱うと同時に、マイノリティに対し様々な配慮を行う国民形成の原理及びそれに基づく政策」と規定した。以下では、多人種主義が持つ意味、シンガポール社会に及ぼす影響、特に、国民の包摂と排除との関わりについて掘り下げて考察する。

1.4.1. エスニック・グループの区分
　シンガポールの国民は、行政上、華人、マレー人、インド人、その他の四つ

人口統計における各エスニック・グループの定義

エスニック ・グループ	定　　　義
華人	福建人、潮州人、広東人、客家人、海南人、福清人、福州人、興化人、上海人など中国に起源を有する者。
マレー人	ジャワ人、バウェアン人、ブギス人などマレーまたはインドネシアに起源を有する者。
インド人	タミル人、マラヤーリ人、パンジャブ人、ベンガル人、シンハリ人などインド、パキスタン、バングラデシュまたはスリランカに起源を有する者。
その他	華人、マレー人、インド人以外のすべての者。ユーラシア人[53]、アラブ人、日本人などを含む。

の「エスニック・グループ」または「人種（race）」に区分される。この四区分は、各グループの英語名（Chinese, Malay, Indian, Others）の頭文字を取って「CMIOモデル」とも言う。多人種主義は、各エスニック・グループが固有の文化やアイデンティティを持ち、他の集団と質的に異なる存在であり、相互の間に分断や摩擦が起こるリスクがあることを前提とする。

　四つのエスニック・グループの起源は、イギリス植民地時代のマラヤ（現在のマレーシアとシンガポール）の人口統計における住民の区分としての「race」にさかのぼる（Hirschman, 1987）。マラヤの人口統計における人口区分は時代により変遷がみられるが、現在の人口統計における各エスニック・グループの定義は、基本的に1957年の人口統計における区分を踏襲しており、人口統計の凡例（Glossary）において上の表のように定められている（Department of Statistics, Singapore, 2011）。

　この定義では、現在でいう中国、島嶼部東南アジア、南アジアという出身地により、それぞれ華人、マレー人、インド人という区分が行われている。しかし、この区分が実際に共通のアイデンティティを有する集団と重なっていたわけではない。華人とインド人は、出身地によって言語が大きく異なり、さらにインド人は宗教面でも多様性が高く、一体性を有しているとはとうてい言いがたかった。マレー人は、ほとんどがムスリムであり、リンガ・フランカであるマレー語が広く通用していたものの、島嶼部東南アジアの広い範囲の出身者を含み、

53　ヨーロッパ系とアジア系両方の血を引く人々。

極めて多様な民族に属する人々からなっていた。また、マレー人はインド人ムスリム、アラブ人とムスリムとしてのアイデンティティを共有し、その意味では他の集団との境界はあいまいである（2.1.1.）。シンガポールではエスニック・グループについては人口統計上の区分が事実上あるだけで、マレーシアにおけるマレー人の定義（後述）のようなエスニック・グループの明確な定義はなかった。

　エスニック・グループの明確な定義がないことは、マイノリティへの配慮を目的とするグループ代表選挙区（GRC）（1.3.1.3.）の制度を 1988 年に導入する際に問題になった。結果として、「マレー人社会に属する人」の定義は、国会選挙法第 27 条 A 第 8 項[54]において「人種（race）がマレーであるかどうかにかかわらず、マレー人社会の一員であると自認し、マレー人社会によってマレー人社会の一員と一般に認められている者」と定められるにとどまり、マレー人の明確な定義はなされなかった。そして、同条第 6 項に基づき設立される「マレー人社会委員会」が、立候補者がマレー人であることをその都度認定することが定められた。「インド人」および「その他」のエスニック・グループの定義についても同様である。2016 年に憲法が修正され、マイノリティから優先的に大統領を選出する制度が創設された（1.3.1.3.）際も、マレー人の定義については同じ扱いが取られた（憲法第 19 条 B 第 6 項）。2017 年にこの制度変更後の規定が初めて適用され、マレー人だけが立候補できる大統領選挙が実施されたが、立候補の意思を表明した「マレー人」と自認する三人がいずれも南アジアを起源とすることが判明し、「彼らは本当にマレー人なのか」が議論になった[55]。しかし、憲法の規定上は、人種（race）が「インド人」でも「マレー人社会に属する人」と認められることは可能なのである。「マレー人」という区分のあいまいさが改めて認識された出来事であった。

　このように、「エスニック・グループ」の区分は必ずしも明確な実態を持つものではないが、広範にわたるエスニック・グループに基づく政策が実施されているために、国民は自らの所属するエスニック・グループを常に意識し続けることになる。国民が常時携帯を求められる身分証明証（Identity Card: IC）には、所属する「race」が記載されている[56]。公立学校では、エスニック・グループの「母

54　Parliamentary Elections Act, Revised Edition 2011 (Singapore).
55　"Doubts about presidential hopefuls not being Malay enough are off track", *ST*, 20 July, 2017.
56　この「race」は、「ジャワ人」、「ユーラシア人」など、四つのエスニック・グループの区分の下位の区分が記載されることがある。

語」とされる言語を第二言語として学び、第二言語の時間はエスニック・グループ別の授業になる[57]。公団住宅を購入する際には、自分のエスニック・グループに対する配分枠が余っているかをまず確認しなければならない。人口統計では、エスニック・グループ別に最終学歴、所得水準、住居の種類、職業構成などに関するデータが公表され、グループ間の比較が可能である[58]。

　低所得家庭の子供への安価な学習指導（tuition）の提供による教育支援などの社会改善対策事業を行う団体は、エスニック・グループ別に設立されている。これらの団体は、それぞれのエスニック・グループのメンバーが役職員として運営に当たり、グループ内からの寄付等による資金拠出を基本としながら、政府の財政支援を受けてグループのメンバーにサービスを提供することで、各[59]グループにおける教育水準の向上、家庭問題の解決、雇用促進等を目的とする事業を推進しており、自助団体（self-help organization: SHO）と呼ばれる。自助団体は、華人社会では華人発展支援評議会（Chinese Development Assistance Council: CDAC、1992 年設立）、マレー人社会ではシンガポール・マレー・ムスリム社会発展評議会（MENDAKI: ムンダキ、1982 年設立）およびムスリム知識人協会（Association of Muslim Professionals: AMP、1991 年設立）、インド人社会ではシンガポール・インド人発展協会（Singapore Indian Development Association: SINDA、1992 年設立）がそれぞれ存在する。このようなエスニック・グループによる縦割りシステムは、シンガポール人としての共通のアイデンティティ形成に逆行するとの批判もある（Rahim, 1998: 234-235）。筆者が参加した民族・宗教間対話（8.2.2.3.）では、「エスニック・グループ別の自助団体ができる前は、エスニック・グループの区別など、全然話題にもならなかった」という意見もあった[60]。エスニック・グループ別の社会改善対策は、国民への財政的・人的支援を伴う制度によって区分を固定化するものであり、国民の意識に与え

57　個別に許可を得ることで、「母語」以外の第二言語を選択することも可能であるが、実際にそのような選択をする児童・生徒は少ないという（比率については非公表）。教育制度を専門とする現地研究者による（2013 年 8 月 5 日聴き取り【No. 62】）。
58　これについては、社会的に低い階層にあるエスニック・グループ（マレー人）に対するステレオタイプを固定化するとの批判もある。
59　他のエスニック・グループのメンバーに開放する方針の団体もあり、また、一部では学習指導サービスを提供するセンターを異なるエスニック・グループの団体間で共通運用する（例えば、華人の子供が近隣にあるインド人団体のセンターに通えるようにする）事例もあるが、基本的には、団体のサービス提供はエスニック・グループ別である。
60　「人種差別（racial discrimination）」に関する分科会で、参加者のインド人女性の発言から（2016 年 11 月 15 日）。

る影響が大きいと考えられる。政府関係者が、自助団体の仕組みが有効に機能する理由として「民族に基づく紐帯[61]」を強調し、さらにそれを奨励してきた状況の下では、なおさらそうであろう。

どのエスニック・グループでも英語使用者が増加し、「母語」が衰退する傾向がみられるが、政府は「母語」とエスニック・グループの文化の維持に力を入れている。政府は、マレー人の教員がシンガポールで失われた「マレー人の文化」を学び、維持できるよう、彼らをマレーシアやブルネイに派遣してマレー人のカンポン（田舎）を見学させている（1.3.1.2.）。国家的なイベントにおけるパフォーマンスや観光宣伝での表現は、例えば、インド人の女性であればサリー、マレー人の女性であればヒジャブ[62]など、「典型的」とされるエスニック・グループのイメージが常に反映される。各グループのアイデンティティはステレオタイプ化され、固有・不変のものとして構築される。

多人種主義に関する研究の先駆けとなったベンジャミンの研究は、「多人種主義の下では、華人はより華人らしく、マレー人はマレー人らしく、インド人はインド人らしく行動するよう常に圧力をかけられる」と指摘しており（Benjamin, 1976: 124）、これは現在でも研究者にたびたび引用される。エスニック・グループの「母語」が、実際に家庭で話している言語ではない場合でも、学校教育の中で制度上第二言語として指定されることで、各エスニック・グループの側からも「自分たちの文化」とみられるようになる。華人にとって華語は本当の意味での母語ではなかったが、現在では、「自分たちの文化が衰退してしまう」との理由から華語教育の充実を求める華人社会の声も強くなっている（4.4.6.）。

政府は、エスニック・グループ間の差異を強調し続けている。1999年にゴー・チョクトン首相は、シンガポールの多人種主義を、四つのエスニック・グループがそれぞれの言語や文化を維持しながら、共生する部分を持ち互いに重なり合う「四つの互いに重なる円（four overlapping circles）」と表現した。このイメージは、四つの円は境界が確定した固定的なものであり、なくならないことが前提となっている（Tan, Eugene K. B., 2004b）。

クラマーは、エスニック・グループの境界が交流を抑制すること、各グループをそれぞれに付与されるイメージ通りに振る舞わせる圧力が働くことなどか

61 1999年のリー・クアンユー上級相（当時）の発言など（3.3.3.）。
62 ムスリム女性が宗教上の理由で髪を隠すために頭部に着ける布（4.1.1.）。

ら、「多人種主義は、国民を均質な社会に同化しようとするものではなく、多人種主義を意図的に永続させようとするものである」と指摘する（Clammer, 1998: 71-87）。また、バスは、近年の地域社会や学校での民族・宗教間融和への取組みが、エスニック・グループの違いを取り除くのではなく、違いを強調しながら相互の融和を図るものであると指摘する（Vasu, 2012: 750-752）。

　以上のように、シンガポールにおけるエスニック・グループの区分は、もともとは民族、宗教、言語等の共通性に基づく本源的感情に基づくものというよりも、植民地時代に構築された区分が独立後の国家に引き継がれ、多人種主義の政策に支えられて社会的実体を与えられ、本質化・固定化されて人々の意識に根付き、さらに構築が続けられているものと考えられる。

　バルト（F. Barth）は、エスニック・グループを規定するものは、その文化的特性ではなく、社会的に構築された境界であると主張した（バルト, 1996）。シンガポールのエスニック・グループの境界は、バルトが言う社会的に構築されたものとしての性格が強い（Vasu, 2012: 742）。政府が現在も「race」という用語を用いるのは、CMIO の区分を生来の自然な区分であると思わせ、正当化するねらいがあると考えられる（田村, 2000: 21）。鍋倉は、四つの「人種」の区分は、「政府公認の人種としてその生成を政府自らが積極的に推進し、これら四人種の調和を政府自らが演出し、住民に四人種のいずれかに属することを強制することによって、国家形成を実現しようとしている」ものであり、「人種という語を用いることで、住民をこれら四人種別により明示的に分け隔てている」と指摘する（鍋倉, 2011: 9）。

　なお、マレーシアにおいては、人口統計などによる公的な国民の区分として「エスニック・グループ」が用いられる。マレーシアでは、マレー人の経済的な遅れを改善するために、マレー人および先住民をまとめて「ブミプトラ（bumiputera）[63]」というエスニック・グループを設定し、これに特別な地位を認め優遇する政策を取っている。このために、集団の境界は厳格なものとされる必要があり、ブミプトラを構成する「マレー人」について、「イスラームを信仰し、日常的にマレー語を話し、マレーの慣習に従う者」と憲法第 160 条(2)で定義している[64]。しかし Nakamura は、政治家、研究者、メディアなどが「エスニック・グループ」を「race」に頻繁に言い換えることを指摘している。「エスニック・

63　マレー語で「土地の子」の意味。
64　Federal Constitution, as at 1 November 2010. (Malaysia)

グループ」の「race」への言い換えは、異なるエスニック・グループに属する人々の違いを本質化しようとする政治的な意図が含まれていると Nakamura は論じる（Nakamura, 2015）[65]。

　シンガポールのマレー人からみれば、構築されたエスニック・グループの区分が固定化し、特にマレーシアでマレー人と華人が厳格に区分されたことは、マレーシアのマレー人と華人の対立がシンガポールに持ち込まれ、また、シンガポールにおけるマレー人の他者化の助長につながる。その意味では、シンガポールのマレー人は、エスニック・グループの区分の構築の犠牲者であると言える。

1.4.2 差異の承認と統合

　多人種主義が、多様なエスニシティ・宗教の差異を承認する面と、多様な人々を国民として統合する面との両面を有することを先に述べた。差異の承認と統合とは競合する面があるが、両者はどのような関係にあるのかについて整理を試みることにする。

　西洋諸国において 1970 年代以降提唱されるようになった「多文化主義」の概念は、アイデンティティの差異を積極的に承認し、マイノリティの文化の振興や権利の保護を図ろうとするものであった。シンガポールの「多人種主義」は、言語や文化の領域においては、各エスニック・グループのアイデンティティを承認し、積極的に支援する。しかし、エスニシティや宗教が政治の領域に進出することについては、厳しく抑圧するものである。

　エスニシティや宗教を「微妙な問題（sensitive issue）」すなわち「脅威」とみなす根拠としては、多数の死者を出した 1950〜60 年代の「人種暴動（racial riots）[66]」が繰り返し言及されてきた。近年でも政府は、「人種や宗教の問題は、宗教意識の高まりによって 20 年前と比べ一層複雑で扱いにくいものになっている[67]」と、国民の一層の宗教意識の高まりや国際的な過激主義の動向を引きな

65　しかし、そうであるならば、社会的なカテゴリーである「ブミプトラ」という「エスニック・グループ」を作ることによって「マレー人」という「race」を消したにもかかわらず、公的言説の世界で「race」が復活しているという皮肉な帰結になっていると言える。

66　①マレー人に育てられたオランダ人少女の親権をめぐる裁判が契機となった 1950 年の暴動（「マリア・ヘルトフ暴動」）（8.2.1.）、②マレーシア併合時代の連邦政府との対立を背景とした 1964 年の華人とマレー人との衝突、③マレーシアでの大規模な「人種暴動」（5 月 13 日事件）が波及した 1969 年の華人とマレー人との衝突の三つがある。

67　2015 年 8 月 23 日のナショナルデイ・ラリーのリー・シェンロン首相の演説（Lee Hsien Loong, 2015a）。

から「脅威」を強調している。

特に 1980 年代は世界的に宗教の復興がみられ、キリスト教の福音派（エバンジェリカル）、イスラーム復興（2.1.2.2.）やイスラーム主義（いわゆるイスラーム原理主義）（2.1.2.1.）がシンガポールに及ぼす影響に、政府は大いに懸念を持っていた。特に懸念されていたのは、宗教間の激しい改宗競争が国民の融和に及ぼす影響や、宗教関係者が政治的な活動に関わってくることであった。[68]

1987 年には、外国人労働者の権利擁護運動に関わっていたキリスト教関係者、弁護士などが、「国家転覆を謀ったマルクス主義者」として国内治安法（6.3.2.）に基づき拘束された。現在では、この事件は政府による創作であったというのが一般的な見方になっている（Turnbull, 2009: 339）。拘束された人々は後に、拷問や脅迫を受けたことを明らかにした（Tan, Fong Har, 2012: 124-127）。この前年の 1986 年には、フィリピンで「ピープル・パワー革命」が起こり、マルコス政権が倒されていた。「マルクス主義者」の拘束は、エスニシティや宗教が政治に動員されることを極度に警戒する政府が、政治変動をも招くようなキリスト教系の市民運動を脅威とみなしたことによるものと考えられる（Rahim, 2009: 174-176）。

1990 年には、宗教融和維持法（Maintenance of Religious Harmony Act: MRHA）が制定され、宗教関係者が政治活動に関わることが禁止されるとともに、宗教間の憎悪や敵意を招く行為に対し政府が抑止命令（restraining order）を発出することが可能になった。チュアが指摘するように、同法は、宗教に対し、社会活動に関わることは政府に代わって福祉サービスを行う以外には認めず、私的な信仰の領域に追いやるものである（0.3.）。

エスニック・グループを基盤とする団体や、宗教を基盤とする団体は多数存在する。政府は、グローバルな経済競争に対応するための競争的な経済政策を取り、福祉政策への資源の配分を抑制している。エスニック・グループの自助団体は、政府の不十分な福祉政策を補完する社会政策的な事業を中心に活動しており、宗教関係団体も同様に、福祉・慈善事業に力を入れている。こうした団体は、政府に認知され、財政支援を受けることができるが、政治の領域に踏み込むことは厳しく規制される。2013 年には、マレー人（ムスリム）の自助団

68　モスクやヒンドゥー教寺院の前でエバンジェリカルが布教を行うなど、敵対的な改宗活動も行われており、治安当局が関係者を呼び出して指導する事態にまで至っていた（White Paper on The Maintenance of Religious Harmony, 1989: 13-14）。

体であるムスリム知識人協会（AMP）の役員が、政府の対マレー人政策や積極的な外国人労働者導入政策を厳しく批判していると、同協会が政府から財政支援を削減すると脅され、この役員が辞任するという出来事があった（3.3.2.）[69]。

　近年、政府は、エスニシティや宗教の表出を抑制する理由として、「ギブ・アンド・テイク」を強調している。背景には、2011年の総選挙で与党PAPが後退して以来、言論の自由が拡大し、民族、宗教、性的志向などに関する様々な主張が活発化していることがある。具体的に話題にされるものとしては、華人からの特別補助計画校（Special Assistance Plan School: SAP School）の増設の要望（4.4.6.）、マレー人からのヒジャブの着用規制見直しに関する要望、インド人からのヒンドゥー教の祭礼タイプーサムの行進中の楽器の演奏の容認に関する要望[70]、LGBT（性的少数者）の権利保護を求める要望、逆にLGBTの権利保護に反対する運動などである。

　リー・シェンロン首相はこうした多様な要望が寄せられていることを意図的に強調し[71]、その上で、様々な要望の高まりに対しては、「すべての民族が平和かつ融和的に暮らせる」よう「妥協し、譲り合う（ギブ・アンド・テイクする）」ことが必要だと言う。ムスリム問題担当大臣のマサゴス・ズルキフリ（Masagos Zulkifli）も、ムスリムからのヒジャブに関する要望に対し、「LGBTの権利保護運動の関係者も要望が実現せず我慢している。ムスリムは、自分たちの要望だけではなく、他の集団のことも考えないといけない」と発言している[72]。マサゴスの発言から分かるように様々な要望は必ずしも競合するものではないが、政府は、多様な集団からの要望の活発化を逆手に取り、「アイデンティティ・ポリティクスの競合」というシナリオを構築し、巧妙にアイデンティティの表出を抑制している。多人種主義は、民族・宗教間のバランスが最も重要とされる「みんなが我慢する多文化主義」になってしまっているのである（市岡, 2016b）。多人種主義は、アイデンティティの差異を「資源」とみなして称揚し、積極的に承認するというよりは、社会の安定に対する「脅威」とみなして抑制

69　"AMP director quits, alleging official pressure", *ST*, 26 April, 2013.
70　毎年2月に開催されるヒンドゥー教の祭礼。2015年に行進中の楽器の演奏を認める要望が盛り上がり、主催団体のヒンドゥー・エンドウメンツ・ボード（Hindu Endowments Board）が警察と交渉した結果、2016年から楽器の演奏が認められるようになった。
71　Lee Hsien Loong (2013) "People's Action Party Convention 2013: Speech by PM Lee Hsien Loong".
72　"Religion must be practised based on local context: Masagos", *Channel News Asia*, 11 February, 2016.

するものであることが分かる。[73]

　政治・社会の領域におけるマイノリティの権利保護に関しては、グループ代表選挙区（GRC）や公選大統領制度（1.3.1.3.）以外では、マイノリティの地位向上のための積極的支援措置（アファーマティブ・アクションなど）は行われていない。これは、すべての国民が能力により公平に評価される「メリトクラシー（meritocracy）」の原則を貫徹させるためである。唯一の例外は、マレー人に対する公立学校の授業料の無償化である。しかしこれも1991年に見直され、大学については所得要件がかかることになった（3.3.1.）。メリトクラシーは、エスニシティや宗教によって国民を差別せず、公平な競争条件を確保するという点では、多人種主義の理念に沿ったものであるが、少数者に対する配慮の面では、多人種主義の実施を制約するのである。

　マレー人の低い社会的地位を引き上げるための積極的な対策が取られてこなかった背景には、マレー人の教育水準の低さをマレー人の能力の低さや文化の問題とみる文化劣等論（cultural deficit thesis）があったことも指摘される（3.2.2.1.）。低い社会的地位の原因をマレー人の能力や文化に帰することになれば、それはマレー人側の問題であって政府の責任ではなく、従って、メリトクラシーの原則を曲げてマレー人に対する特別な配慮を行う必要はないことになる（Rahim, 1998: 184-188）。

　以上を踏まえると、多人種主義は、差異の承認やマイノリティの権利保護といったリベラル・デモクラシーに基づく価値を志向する西洋の多文化主義の概念とは異なり、権威主義国家による国民管理の手法としての面が強いと考えられる。チュアは、シンガポールは独立時点で、多様な集団から構成され、また、「マレー人の海」で唯一の華人優位の国家という地政学的状況の中で、「統治のための道具」として多人種主義を導入したと指摘する（Chua, 2003a: 59-60）。ただ、差異を積極的に承認する西洋の「リベラル多文化主義」も結局は「多様性の管理」の手段に過ぎないという見方（米山, 2003: 24-28）からすれば、西洋の多文化主義とシンガポールの多人種主義との違いは程度の差にすぎないという議論もあろう。

　多人種主義は、1959年から65年までの多様性が強調された時代、1970年代の中立的なメリトクラシーが強調された時代、1980年代以降の包摂性が重視

73　フシン（Hussin, 2012）およびワリド（Walid, 2016a）も指摘している。

される時代と、時代による変遷を経てきている（1.2.3.）。華人の華語への愛着は、1970年代には南洋大学の抑圧という形で抑制されたが、1980年代以降は、「スピーク・マンダリン・キャンペーン（華語を話そう運動）」（1979年から）や特別補助計画校（SAP School）の設立（1980年から）という形で積極的に承認されている。華語に対する政府の姿勢が変化した背景には、1978年から改革開放が始まった中国経済にシンガポールが注目するようになったことがあるとみられる。

　また、多人種主義の民族・宗教間の平等の原則は、必要に応じ柔軟な例外的取扱いが行われる。イスラームに関しては、建国の翌年にムスリム法施行法（Administration of Muslim Law Act: AMLA）が制定され、様々な宗教の中でも唯一、国家による包括的な支援が行われることとなった（2.2.1.1.）。2017年には、前年の憲法改正を受け、マレー人だけが立候補できる大統領選挙が実施された（1.3.1.3.）。これについては、メリトクラシーの原則に反するという議論がマレー人社会の中からさえもあり、そのような反対論を政府に近い研究者が「形ばかりの格差是正措置かも知れないが必要なこと（necessary tokenism）だ」と火消しに回る状況もみられた。[74]　しかし、マレー人の支持獲得という政治的な思惑から、マイノリティへの配慮をメリトクラシーに優先させる極めて弾力的な対応が取られたのだった（9.3.）。

　もともと多人種主義を国の政策に採用したのが現実主義的な理由であったように、シンガポール国家は結局のところ状況に応じて現実的な選択をする実用主義的な国家である。経済開発、民族・宗教間融和、社会の安定といった基本的な国家の要請に応じ、多人種主義はその都度最も適切と考えられる運用が行われていると考えられる。多人種主義はときにはある集団を包摂する政策となって現れ、ときにはある集団を排除する政策となって現れる。そして、その時々の国家が望ましいとする文脈に沿ったものであるかどうかによって多様なアイデンティティを承認するか抑制するかがその都度判断される点では、包摂と排除は表裏一体になっている。

1.4.3. 団体を通じた管理
シンガポールの多人種主義の特徴として、団体を通じた国民の管理として実

74　"Elected Presidency changes: Necessary tokenism to boost long-term multiracialism", *ST*, 15 November, 2016.

践されることが指摘できる。このことは、「コーポラティズム」という政治学
上の概念を用いて説明することができる。「コーポラティズム」は、「重要な利
益団体を国家が認知し、政策決定プロセスに組み込むこと」とされる[75]。経済
団体と労働団体が国家とともに協議体を構成し、経済政策の分野、特に所得政
策や労働市場政策に関する決定に参画するものがその典型である。しかし、労
使代表以外の様々な利益団体が参加するものや、福祉政策や保険、教育といっ
た社会政策の領域において機能するものもコーポラティズムとして理解される。

　ブラウン（David Brown）は、多人種主義をコーポラティズムの概念により
説明する（Brown, 1993）。ブラウンは、コーポラティズムを「国家エリートが、
社会における多様な利益団体を、彼らの利益を国家の中に取り込むことができ
るよう編成すること」と規定する（Brown, 1993: 16）。独立後はエスニシティや
宗教に中立的なメリトクラシーが強調されたが、1980 年代以降は政治におけ
る包摂的なコーポラティズムの傾向が強まった。その中で、エスニック・グル
ープを正当に代表する団体が国家から認知され、団体を通じて利益の主張が行
われ、団体を通じて国の政策の実施が促進される仕組みが整備された。

　具体的には、エスニック・グループごとの自助団体が、政府に対し各集団の
利益を代表する正当なチャンネルとして認知され、各集団と政府との仲介者と
しての地位を与えられ、集団としての不満や批判を表明することが認められた。
1980 年代後半には、マレー人に対する公立学校の無償教育の一部廃止（3.3.1.）
の発表など様々な問題から、政府とマレー人との間でたびたび摩擦が生じた。
そこで政府は、マレー・ムスリム関係団体からの不満や批判の表明を容認した
（Brown, 1993: 29-31）。華人に対しては、1980 年代から 90 年代にかけて、華語
や儒教の振興、出産の奨励などの政策について、不満を聴くチャンネルを設け、
同時にこのチャンネルを通じてこれらの政策を促進し、華人の管理を強めたと
ブラウンは説明する（Brown, 1993: 27-29）。

　コーポラティズムの一般的理論においては、団体による利益媒介システムと
してのとらえ方（シュミッター, 1984）と、利益団体と政府機関との協調による
政策執行システムとしてのとらえ方（レームブルッフ, 1984）がある。ブラウン
は、シンガポールにおいては、エスニック・グループの団体が政府に利益の主
張を行い、同時に政策執行にも利用されていることを指摘し、このようなコー

75　「コーポラティズム」の概念については、加藤（2010）、阪野（1986）および篠原（1983）を参照した。

ポラティズムの両面をとらえている。

　コーポラティズムに組み込まれる団体は、エスニック・グループの自助団体だけではなく、宗教に基づくものもある。例えば、ムイス（イスラーム評議会）はイスラームに関わる問題についてムスリムを代表して政府に提言等を行う役割を担い、また逆に、政府の意を体してイスラームに関する業務を実施し、コーポラティズム的なムスリムの管理の重要な部分を担う（2.2.1.2. および2.2.2.2.）。

　あるインド人ムスリムの団体の事例からは、コーポラティズム的な管理に組み込まれる団体が政府との関係でどのような機能を担っているのかが理解できる。[76]この団体は、インド人ムスリムの諸団体をとりまとめる役割を担い、また、インド人ムスリムに対し雇用支援、教育支援などの社会改善のためのプログラムを実施している。政府に対しインド人ムスリムを代表する立場にもあり、声明の発表や非公開の対話を通じて政府に意見を伝える。また、政府側の考え方をインド人ムスリム社会に伝え、広める役割も果たす。国民が直接投票する大統領選挙の前には、政府がこの団体の代表者にインド人ムスリム社会の雰囲気について尋ねてきたこともあった。「インド人ムスリムの間に過激な動きがあり、社会融和を損なうと考えられる場合」には、政府に伝えることもあると言う。以上のように、この団体は、政府から認知されて意見表明ルートとなり、政府の政策推進に協力し、さらには、政府に代わり集団内を監視する役割までも担っているのである。

　このように、多人種主義は、エスニシティおよび宗教の両面から、関係する団体を政策決定過程に取り込むコーポラティズム的な管理として実践される。団体は、関心を有する経済・社会問題について、多くの場合PAPの議員や政府関係者との非公式な協議を通じて政府に要望を行う。団体の多くは、PAPの議員や大臣の兼任または政府からの任命による役員が配置されているため、実質的に政府との一体性が強く、基本的に政府と対決することはない。政府は、政府との関係を慮り無理な要求をしない各団体から要望を聴き、逆にこれら団体を通じて政府の意思を各集団に伝え、政策の普及・推進に団体を利用する。

　以上を踏まえると、エスニシティ・宗教と政治との関わりについて分析する上で、エスニック・グループや宗教に基づく団体、さらに、そこで中心的な役割を担うリーダーたち（役員や幹部職員）の動向に注目することが極めて重要

76　2016年10月12日、この団体の代表者から聴き取り【No. 31】。

であることが分かる。

　以下では、シンガポールにおいてこうした団体を通じたコーポラティズム的な管理が成立する条件について考察してみたい。ここでは、三つの条件を指摘する。

　第一に、集団間の明確な境界が存在することである。政府は、集団の構成員に自然な紐帯をもたらすエスニシティや宗教が国民の分断を招く可能性があると強調することで、多様な集団を国家に統合するための集団への介入を正当性し、コーポラティズムによる管理を維持すると、バスは指摘する（Vasu, 2012）。そうだとすれば、多人種主義は、華人、マレー人といった各集団の差異を本質化し、ステレオタイプ化し、維持することで、コーポラティズム的な管理を可能にしていることになる。

　第二の条件は、集団の構成員が固有の利害を共有するという意味で集団内の均質性が認められることである。多人種主義は、華人は華人らしく、マレー人はマレー人らしくなることを求めるなど各集団の文化をステレオタイプ化し固定化することで、集団内部の均質性を維持する。この面でも、多人種主義はコーポラティズム的な管理の維持に寄与する。

　第三の条件は、集団を代表する団体が、集団の構成員から正当性を認知されることである。団体が、政府に対し集団の利益を主張しないばかりか、政府の代弁者となって政府の意思をグループに伝えるだけであるとみられれば、構成員の信任を失い、グループを正当に代表するものとして認知されないであろう。また、集団間の境界が明確でなくなる場合や、集団内の均質性が失われる場合にも、集団の固有の・共通の・団体によって代表されるべき利害が見出だせないことで、団体の正当性は失われると考えられる。

　このように、多人種主義によるエスニシティ・宗教の管理がコーポラティズムの手法により実践される一方で、多人種主義によってコーポラティズムが機能する条件が整備されるという多人種主義とコーポラティズムの相互依存関係が認められる。

　コーポラティズムの形を取る多人種主義は、エスニシティ・宗教に沿って国民を集団に分断することで、国民の管理の手法として成立する。シンガポールでは、植民地時代に構築されたエスニック・グループの境界が独立後の国家に引き継がれ、さらにその構築が続けられる（1.4.1.）。多人種主義は、植民地時代の分割統治政策の一部をなす「民族本質論」を一層強化しているとアンは指

摘する（Ang, 1995: 77）。シンガポールでは、エスニック・グループの区分が固定化・強化され、この区分による分断を前提とした国民の管理が行われる点では、植民地時代より一層徹底した分割統治政策が行われているという見方もできよう。

1.5. 多人種主義の課題

本研究は、多人種主義を「多様なアイデンティティを持つ人々がいることを前提とし、これらの人々を平等に取り扱うと同時に、マイノリティに対し様々な配慮を行う国民形成の原理及びそれに基づく政策」と規定する（1.2.1.）。多人種主義は、その内実はエスニシティ・宗教を脅威とみなし、それらを抑制する国民管理の手段であるとしても、独立から現在に至るまでシンガポールの基本的な政策であり続けているが、一方で様々な課題にも直面している。

以下では、①民族・宗教間融和および国民統合、②社会的包摂、③多人種主義そのものの限界の三つの観点から、多人種主義の課題について検討したい。

1.5.1. 民族・宗教間の融和および国民統合

政府は、多人種主義が民族・宗教間の融和と社会の安定化に果たした役割を強調する。確かに、1969年を最後に民族・宗教間の暴動は起こっておらず、これは、現在でも民族・宗教に関わる分離・独立運動、政治的対立などを抱える他の東南アジア諸国とは際立って対照的である。しかし、シンガポールにおいて真に民族・宗教間の融和が実現しているかについては、様々な見方がある。

チュア（Chua Beng Huat）は、過去の「人種暴動（racial riots）」が持ち出され、民族融和の「脆弱さ」が強調されることで、民族融和が誰も否定できない公益（public good）と認識されると指摘する。民族に関する問題は「微妙な（sensitive）」問題だと政府は繰り返し警告する。民族に関わる不満を公に表明した場合は、民族融和を脅かす「自民族至上主義者（racial chauvinist）」とみなされ抑圧される。他の民族・宗教を誹謗するとみなされる発言は、関係法令により禁錮刑を含む刑罰の対象となることさえある（1.3.2.3.）。このため、国民は、民族に関わる問題を議論することを避け、実質を伴った文化的交流や相互理解に踏み込まず、さらには、交流そのものを避ける。結果として民族間の関係は、「融和（harmony）」に至らない「差異の寛容（tolerance of difference）」にとどまる（Chua, 2003b: 104）。

リー・シェンロン首相は、2015 年のナショナルデイ・ラリーで、「人種・宗教融和はもはや問題ではないと思う人々もいるかも知れないが、それは間違いだ」「深い亀裂が開くリスクは常にあり、今の幸福な状況を決して当然と思ってはいけない」と国民に強く注意喚起し（Lee Hsien Loong, 2015a）、民族融和の「脆弱さ」を強調している。

南洋理工大学（Nanyang Technological University）S. ラジャラトナム国際研究大学院（S. Rajaratnam School of International Studies: RSIS）に設置された宗教間融和に関する研究プログラム[77]の代表であるモハマッド・アラミ・ムサ（Mohammad Alami Musa：以下「アラミ」という）[78]は、筆者に対し、様々な宗教間対話はうまくいっていると言う[79]。ただ、彼は、対話はより深いレベルに至ることが必要であり、「単に我慢するだけの寛容（tolerance）では不十分で、差異をよいものだと考える肯定（affirmation）が求められる」と語った。

政府のアピールのためもあってか、一般のシンガポール人の間でも、「シンガポール社会は、まだ「融和」に至らない「寛容」（互いに我慢すること）の状況にとどまる」といった見方が強い[80]。2016 年 10 月に筆者が参加した人種差別、テロリズムなどの問題に関する市民対話イベント[81]でも、人種差別に関するグループ討議の中で、「人種間の関係は、「寛容(tolerance)」と「受容（acceptance）」のどちらだと思うか」というコーディネーターの問いかけに対し、「寛容」にとどまると答えた参加者が多かった。

政策研究所が 2013 年に公表した国民に対するアンケート調査の結果によれば、自分と異なるエスニック・グループに属する親友がいるとの回答は 45% と半数以下にとどまった。他の民族・宗教に属する人々と出会うことに関心があるとの回答は 55%、他の人々の文化を理解することに関心があるとの回答は 50% にとどまっている。また、チャンスがあったとしても他の文化に属する人々と知り合いになろうとはしないだろうという回答も 16% に達した（Institute of Policy Studies, 2013）。この調査結果をみる範囲では、必ずしもエスニック・グ

77　Studies in Inter-Religious Relations in Plural Societies Programme (SRP)。8.2.1. で詳述。

78　AMP やムイスの役員を歴任し、政府と強いつながりを持つ重要人物で、そのコメントは、政府のスタンスを代弁するものと考えられる。アラミについては、5.2.2, 7.3.2. および 8.2.1. でも言及している。

79　2016 年 5 月 11 日聴き取り【No. 64】。その他の聴き取りの内容については 7.3.2. および 8.2.1. を参照。

80　筆者が 2013 年から 17 年の間に行った聴き取りでも、そのような答え方が多かった。

81　2016 年 10 月 15 日に開催された「CommaCon 2016」（8.2.2.3.）。

ループ間の交流は活発ではなく、交流への関心も決して高いとは言えない。

公団住宅団地では、エスニック・グループごとに入居可能な戸数の比率が設定され、民族混住が実現しているが（1.3.2.2.）、住民はドアを閉ざして家に閉じこもりがちであり、住民間の交流は活発ではないと多くのシンガポール人が考えている。再開発前のカンポン（kampong）[82]の方が、住民がゴトン・ロヨン（gotong royong）[83]の精神で助け合い、交流が密だったという声が、聴き取りではよく聞かれた。

50代くらいのマレー人女性は、カンポンでは様々な民族が一緒に暮らしていたが、団地では共同体の精神「カンポン・スピリット」は失われたと言う。住民は犯罪や宗教の勧誘を避けるためにドアを閉めて暮らしている。コミュニティ・クラブが太極拳やダンス、ハラール・クッキングなど交流の機会を提供するが、政府がスピリットを与えることは難しいのではないか、と彼女は語った[84]。50歳前後の華人女性は、かつてはカンポンで暮らし、1970年代後半に団地に移った。カンポンでは家同士でよく行き来し、食事を余分に作って持っていくなど住民同士の交流は活発だったが、現在の団地では、仕事が忙しくて帰るのが遅い人が多いことや、広い家に住み替えるために引越をする人が多いことから、住民間の交流は少ないと言う[85]。60代のインド人男性は、団地で高齢者が亡くなっても何日かたって悪臭がするまで誰も気づかない状況であり、カンポンの生活とは全く違うと言う[86]。

一人目のマレー人女性の話のように、カンポンの方が民族間の交流も盛んだったという語りはよく聞かれる。伏木は、独立後の都市開発の中で解体されていったカンポンは、人々の記憶と語りの中では、様々なエスニシティが集まり、助け合って共同生活を行う複合的な社会であったとして想起されることを指摘する（伏木, 2016: 258-260）。シンガポールがエスニック・エンクレイブ的な自生的集落を解体し、民族間の交流に乏しい「複合社会」を様々な民族が混住し交流する公団住宅団地に変容させたという公的な語りは、必ずしも国民の実感には合っていないのである。

団地での民族間交流の事例は、よくマスメディアで取り上げられる。特に、

82　ここでは「自生的な集落」の意味。マレー語だが、マレー人以外もよく使う。
83　「相互扶助」のこと。マレー語だが、マレー人以外もよく使う。
84　2014年4月1日聴き取り【No. 16】。
85　2016年5月7日聴き取り【No. 68】。
86　2017年5月7日聴き取り【No. 38】。

ムスリムの中には、ラマダーン（イスラームの断食月）中のイフタール（その日
の断食開けの夕食）に非ムスリムの近隣住民を招く人々が少なからずおり、毎
年ラマダーンの時期にはその様子が新聞等に掲載される。2015 年 7 月には、
団地のエレベーターホールにムスリム・非ムスリムを含む 5 家族が座り込んで
イフタールの食事を取っている写真がネット上で拡散し、マスメディアでも取
り上げられた。[87]ソーシャル・メディアでは、「彼らはカンポン・スピリットを
取り戻した」といったコメントも寄せられた。こうした民族間交流の様子が話
題にされ、賞賛されることからは、人々がこれを望ましいものと考えているも
のの、こうした交流が必ずしも一般的な姿ではないことが感じ取れる。また、
メディアでの取り上げられ方から、政府もこうした民族間の交流を望ましいも
のとして奨励していると考えられる。

　シンガポールにおいては、「我々はまだ『融和』には至っておらず、さらに『融和』
を目指すべきだ」と政府が訴え、国民の多くがそのような見方を受け容れて、民
族間の交流に一層努めなければならないという観念を共有していると考えられる。

1.5.2. 社会的包摂

　本研究では、多人種主義を、多様なアイデンティティを持つ人々の平等とマ
イノリティへの配慮の両面を持つ国民統合の原理・政策ととらえている（1.2.1.）。
しかし、多人種主義によって排除が生じる面もある。排除には、二つのタイプ
があると考えられる。

　一つは、集団内部での同化による排除である。多人種主義は、各エスニック・
グループ間の差異を承認する。四言語を公用語として同等に扱うことで、各集
団の「母語」は承認される。しかし、例えば華人に関しては、中国語方言を捨
て、華語話者として「華人」というエスニック・グループに同化することを求
められる。二言語教育以前に教育を受けたために、あるいは、学校で華語を十
分に習得できなかったために中国語方言しか使えない華人は、低い社会的地位
に甘んじるという形で排除されている。[88]政府による中国語方言の排除は娯楽

87　"Kampung makan at the corridor", *New Paper*, 13 July, 2015. この記事のタイトルは、英語とマレー語が混じっており、「廊下でのカンポンの食事」という意味である。

88　家族の多数が中国語方言話者である家庭は、月間家計所得額が 1,000～1,499 シンガポール・ドルである家庭が 6.0% を占め（マレー語話者の家庭と並び最も比率が高い）、1,000 シンガポール・ドル未満である家庭が 6.5% を占める（マレー語話者の家庭の比率 4.8% を上回り最も比率が高い）など、他の言語の話者の家庭と比べ、低収入層の比率が高い（Department of Statistic, 2011 より筆者が算出）。

の領域にまで及び、1980年代以降は中国語方言によるテレビドラマなどが打ち切られたり、華語に吹き替えられた（田村, 2000: 246）。マジョリティである華人の中でも、中国語方言モノリンガルの華人はマイノリティとして排除されていると言える（Chua, 2005b）。このように多人種主義は、エスニック・グループ単位の文化を承認するが、その構成員にこの承認された文化への同化を求め、同化できない者は大きな不利益を被る。

2010年代に入り、こうした状況にわずかではあるが変化が訪れた。2012年から13年にかけて実施された国民との対話「Our Singapore Conversation (OSC)」（1.1.2.）では、四つの公用語に加え、広東語、福建語、潮州語という主要な三つの中国語方言でも対話が行われた。2014年に「パイオニア世代」（独立第一世代）に対する医療費への支援措置を創設した際には、制度内容の周知を図るため、四つの公用語に加え、広東語、福建語、潮州語による解説ビデオを作成した。近年になってようやく、政府はこれまで言語政策により排除されてきた中国語方言話者に包摂的な姿勢を見せている。

もう一つは、集団間の格差による排除である。多人種主義の下では、言語や選挙制度の面でマイノリティに対する配慮が行われている。しかし、経済的・社会的格差については、政府はメリトクラシーの原則を重視し、積極的に是正措置を講じてこなかった（1.4.2.）。マレー人は教育、所得、社会的地位の各面で他のエスニック・グループから大きく格差をつけられ、しかも、格差は拡大傾向にある（3.1.1.）。政府が格差の是正に取り組む姿勢を見せないことに対しては、マレー人社会の中から不満が出ている（3.3.4.）。多人種主義は、社会的格差を積極的に是正する論理として機能しないのである。

しかし、2011年の総選挙では、マレー人の票が全体の選挙結果に大きな影響を与えたとみられ（1.1.2.）、政府はマレー人に対し包摂的な姿勢をアピールするようになった。政府は、国民との対話 OSC（1.1.2.）と並行し、2012年から2013年にかけて、マレー人社会との対話「スアラ・ムシャワラ（Suara Musyawarah）」[89]を実施した。様々な属性のグループを対象とした35回にわたるグループ別討論が開催され、タクシー運転手、シングルマザー、賃貸住宅居住者など社会の低い階層の人々も含めあらゆる階層からなる500人以上のマレー人から聴き取りを行った。このように政府がマレー人社会を対象として一般

89　「suara（スアラ）」はマレー語で「声」、「musyawarah（ムシャワラ）」はマレー語で、全員一致による合意（ムファカット）に至るための合議（水野, 2006: 150）を言う。

大衆の声を直接聴くための大規模な活動を展開したのはかつてなかったことであり、また、「タブーを設けず自由に語ってもらう」という方針で聴き取りが行われ、マレー人が公に自由に政府への不満を語ることができるという点で極めて画期的なものであった。しかし、2013 年 7 月にとりまとめられたスアラ・ムシャワラの報告書は、差別やヒジャブ規制の問題については大きく取り上げず、提言は、高等教育機関への就学に対する助成の拡充などマレー人に対する教育支援の充実が中心であった。これは、教育機会を保障することでマレー人の社会進出を支援するものであり、従来どおり「機会の平等」を保障するが結果の不平等是正には関わらないメリトクラシーの原則の中での支援となっている。

　なお、シンガポールにおける社会的排除の問題として無視できないものに、外国人単純労働者が直面する問題がある。人口に占める外国人[90]の比率は2016 年には 30% まで上昇しており、労働人口に占める外国人の比率は 39% にもなる。[91]外国人のうち約 4 割が高度技能労働者、約 6 割が単純労働者である（Department of Statistics, Singapore, 2013）。単純労働者の内訳は、女性の家事労働者（メイド）[92]が 13%、肉体労働に従事する男性の単純労働者が 46%（いずれも外国人全体に占める比率）となっている。

　家事労働者は、主にフィリピン、インドネシア、ミャンマーなどの国の出身であり、中流以上の雇用主の住居に住み込んで働き、掃除、洗濯、炊事、買い物、乳幼児の子守り、子供の学校への送り迎え、高齢者の介護などに従事する。家事労働者は労働者の休暇や労働時間について定める雇用法（Employment Act）の適用対象外で、労働条件は個別に雇用主と結ぶ契約による。住み込みという労働形態もあり、雇用主の裁量により無際限に働かされることにもなりかねない（上野 , 2011: 63-64）。家事労働者の一日の平均労働時間は 13 時間にもなる（Humanitarian Organization for Migration Economics, 2015）。2013 年からは、毎週 1 回の休暇を取得させることが雇用主に義務づけられた。しかし、雇用主は1 日分の給与を支払うことで休暇に代えることも可能であるため、40% の家事労働者は週 1 回の休暇を与えられていない。また、住み込みという労働形態は、雇用主からの暴力、虐待など様々なトラブルから身を守ることを困難にしている。

90　総人口から市民権保有者および永住権保有者を除いた非居住者のこと。（1.1.2. 参照）。

91　http://www.singstat.gov.sg/statistics/latest-data#4（2018 年 1 月 13 日最終アクセス）

92　一般に「foreign domestic worker」と呼ばれる。

一方、男性の単純労働者は、主にインド、バングラデシュなどの国の出身であり、シンガポール人がやりたがらない建設工事、清掃などのいわゆる3K業務に従事している。一年中最高気温が30度を超える中での屋外の労働は過酷である。不十分な安全対策による危険な業務への従事、賃金の遅配、過密で不衛生な宿舎の居住環境などの問題が指摘される。

　男性、女性の単純労働者とも、期限付きのビザ（就労許可：work permit）を発給されて就労しており、許可の条件上、雇用主から解雇されると在留を続けることができず帰国を迫られる立場にある。このことは、長時間勤務などの過酷な労働条件、賃金をめぐるトラブル、虐待などの問題があったとしても、適切な救済措置がないこともあり、解雇を恐れて雇用主に不満を訴えにくいことにつながる（Humanitarian Organization for Migration Economics and Transient Workers Count Too, 2010）。

　このような入国管理制度は、単純労働者はシンガポール社会に定着させないという冷徹な原則を反映している。これは、高度技能労働者について永住権や市民権の取得を奨励するのとは全く逆であり、「好ましい」外国人と「好ましくない」外国人の選別が明確に行われている。女性の家事労働者は、6か月ごとの妊娠検査が義務づけられ、妊娠が判明した場合には帰国を求められる。男性の建設労働者は、不況により建設工事が縮小し、解雇されて仕事がなくなると帰国させられる。

　2008年の世界金融危機で多くの外国人労働者が職を失い帰国を余儀なくされたことについて、リー・シェンロン首相は以下のように語った（NHKスペシャル取材班 , 2010: 405-406）。

　　外国人はバッファー（調整弁）です。彼らは経済が縮小する時には削減されます。去っていくのが自然なことです。それでシンガポール人への不況の影響が少なくてすむのです。(中略)私はシンガポールの有権者に選ばれました。自国民の利益を優先するのは当然です。

　このように、外国人単純労働者は、シンガポールの経済発展、インフラ整備や国民の日常生活の維持になくてはならない存在であるが、居住者との間に明確な線を引かれ、シンガポール社会に統合させてはならないものとして扱われている。

　2013 年には、外国人単純労働者に対する政策に変化を生じさせる事件が発生した。リトル・インディアにおける暴動である。これは、リトル・インディア地区で、インド国籍の労働者の交通事故死をきっかけに、外国人労働者たち約 400 名が暴徒化したものである[93]。政府は、暴動は偶発的なものであったと強調し、外国人労働者の不満を原因とする見方を否定したが[94]、これ以降、宿舎の改善など外国人労働者の生活改善を進めるようになった。

　外国人単純労働者に対しては、HOME（Humanitarian Organisation for Migration Economics）、TWC2（Transient Workers Count Too）、MWC（Migrant Workers Centre）などの現地 NGO が、調査に基づく報告書や提言の作成、法律面も含めた相談窓口の開設、困窮者に対する食事の提供などの支援を行っている。宿舎の生活環境や家事労働者の休暇など、一部改善がみられた部分もあるが、彼らの処遇に関わる制度的枠組には基本的に変わりはない。

　外国人単純労働者の問題は、人権に関わる問題であり、また、外国人が一定の範囲で国民と同等の権利を享受できるようにすべきであると問題提起するシティズンシップ論の観点からの問題でもある。本研究ではこれ以上論じないが、包摂・排除という枠組の中で別途詳細に検討すべき重要な課題であると考えられる。

1.5.3. 多人種主義そのものの限界

　多人種主義が、国民の区分を徹底し、団体を通じた管理として実施されること、また、団体を通じた管理が、①集団間の明確な境界が存在する、②集団の構成員が利害を共有し集団内の均質性が認められる、③集団を代表する団体が集団の構成員から正当性を認知される、という三つの条件の下で成立することを先に指摘した。以下では、これらの三つの条件が今後とも維持されうるのかを検討し、多人種主義そのものの限界について検討する。

　バスは、外国人の増加によってシンガポール人の共通のアイデンティティが強化されることから、集団間の境界が侵食され、コーポラティズムに基づく統治の正当性が脅かされると主張する（Vasu, 2012）。外国人労働者が急激に増加したことは、住宅価格の高騰や交通混雑といった副作用から、国民の間に大き

93　"Little India Riot: 27 nabbed; more expected to be arrested in 'hours and days that follow'", *ST*, 9 December, 2013.

94　"Report of the Committee of Inquiry into the Little India Riot on 8 December 2013", 27 June 2014.

な不満を生み、PAP が 2011 年総選挙で支持率を下げる一因となった（1.1.2.）。国民はエスニック・グループを問わず結集し、政府の積極的な外国人導入政策に反対する集会を開いた。バスが指摘するとおり、2000 年代の外国人の増加は、「ローカル」のシンガポール人の共通のアイデンティティの強化につながった。しかし、外国人労働者の増加抑制などの施策を打ち出したことで、PAP は 2015 年の総選挙では大幅に支持率を上げた（1.1.2.）。2011 年総選挙の前後のように、政府に不満を持つ国民がエスニック・グループを越えて連帯するムードは、現在ではやや冷めていると考えられる。

　以下では、エスニック・グループを越えた結婚の増加、新移民の増加、道徳的価値観の多元化の三つの要因が、コーポラティズムに基づく国民の管理を難しくする可能性について考察する。

　一つ目の要因は、エスニック・グループを越えた結婚の増加である。エスニック・グループを越えた結婚は、20 年以上一貫して増加傾向にあり、2015 年には 21.5% に達し、1990 年の 7.6% と比較すると比率で 3 倍近くに増加した（Department of Statistics, Singapore, 2016c）。永住権保有者を含む外国人との結婚が約 3 割まで増加したこともその一因である[95]。

　異なるエスニック・グループの夫婦から生まれた子供は、父母どちらかのエスニック・グループを選ぶが、2011 年からは、「Chinese-Indian」というようにハイフンで二つのエスニック・グループをつなげる形での登録も可能になった。ただしこの場合でも、学校での第二言語の選択や公団住宅のクォータ配分においては、最初に表記したグループによることとなっており、国民が必ずいずれか一つだけのエスニック・グループに所属する CMIO モデルは維持されている。しかし、エスニック・グループを越えた結婚の増加は、夫婦や子供のアイデンティティのあり方に変化をもたらし、グループ間の境界を侵食し、グループ内の均質性を低めることになろう。

　二つ目の要因は、新移民の増加である。ここでは新移民とは、①一時的に滞在している、②永住権を取得した、③新たに市民権を取得（帰化）した、のいずれかに該当する外国出身の高度技能労働者を指す[96]。新移民は、もとから国

95　"New marriage prep, support programmes for Singaporeans marrying foreigners", *ST*, 20 October, 2014.
96　外国人の単純労働者については、就労許可（work permit）に期限が付されており、将来にわたりシンガポールの永住権または市民権を取得して定住することは認められていないため、ここで言う「新移民」には含めない。

民であった「ローカル」のシンガポール人から異質な存在とみられ、彼らの増加は様々な摩擦を起こす。

2011年には、隣人のインド人が料理するカレーの匂いに苦情を言う中国からの新移民の存在がネットで広まると、多くの国民がこれに反発し、「多文化が共生するシンガポールの価値を祝福する」趣旨をうたう「カレーの日」の運動がネット上で広まり、6万人が賛同した。新移民が「多文化共生というシンガポール的価値」を受け容れない異質な人々であるという認識を「ローカル」が共有したのである。2012年には、中国籍の男性が赤いフェラーリで無謀運転の末に死傷者を出す衝突事故を起こすと中国人への反感が高まり、中国大使館が遺憾の意を表明し事態の沈静化を図った。中国からの新移民は、英語の発音を「ローカル」のシンガポール人にからかわれることもある[97]。彼らは、「ローカル」の華人から、言語の面でも異質な存在としてのマーカーを付されるのである。政策研究所の調査結果によれば、国民の32%は、国籍に基づく偏見の増加を感じている（Institute of Policy Studies, 2014）。シンガポール人は、先進国の国民という自尊心の裏返しで、自分たちの起源の地である中国やインドを「遅れた国」として見下しがちであるとの指摘もある（Chua, 2005b）。

リー・シェンロン首相は、2014年の演説で、「ローカル」と新移民との間に分断（fault lines）があると認め、新移民がシンガポール社会への統合に努力すること、「ローカル」が新移民を歓迎し受け容れることを求めた[98]。「ローカル」側では、新移民の統合を目的とする交流行事、情報提供などの取組みも行われている[99]。

以上のように、「異質」とみなされる新移民の急激な増加は、エスニック・グループ内の均質性を低くすることになろう。

三つ目の要因は、道徳的価値の多元化である。シンガポールにおいては、ソーシャル・メディアの普及が、LGBTに関わる問題、妊娠中絶、死刑、安楽死といった生命の尊厳の問題など道徳的価値に関わる問題についての対立的な議論を活発化させている。政策研究所はこれを「シンガポールの多元主義の新時代」と呼び、2015〜16年にこれをテーマとする研究を行った（Institute of

---

97　最近シンガポールに帰化した中国出身者の民族・宗教間対話での発言による（2016年10月15日）。
98　PM Lee Hsien Loong's speech at the NTU Ministerial Forum, 28 Jan, 2014.
99　例えば、華人のクラン（共通の血縁や地縁を持つ華人の集団である「宗郷」）の連合体である宗郷会館連合総会が積極的に活動を行っている（2016年5月9日、同団体の幹部職員から聴き取り【No. 47】）。

Policy Studies, 2016b)。特に、LGBT を支援するピンク・ドット運動は 2009 年以降毎年集会を開催し、その規模は年々増加して、第 7 回の 2015 年の集会には 2 万 8 千人が参加した。議論の焦点は、雇用上の差別是正や、男性間の性行為を違法とする刑法第 377 条 A の規定撤廃などである。一方で LGBT の権利擁護に反発する運動が、2014 年にキリスト教徒およびムスリムの間でそれぞれ起こっている。

こうした道徳的問題への立場は、同じ宗教に属していても個人の信条によって異なる。同じキリスト教徒（またはムスリム）でも、LGBT の権利擁護運動に関わる人々もいれば、宗教的信条からそうした運動に反対する人々もいる。また、反 LGBT 派のキリスト教徒とムスリムのように、宗教を超えて連帯する動きがみられる。政府は「道徳的価値に関わる問題については、他の（社会の）動向を見守る」（リー・シェンロン首相の 2007 年の国会での発言）との立場であり（Ibid.: 9）、LGBT の問題については姿勢を明確にすることを避けている。

以上のように、道徳的価値の多元化は、エスニック・グループや宗教に基づく境界を侵食し、また、エスニック・グループや宗教集団内の均質性を低くしている。

まとめると、エスニック・グループを越えた結婚の増加、新移民の増加、道徳的価値観の多元化の三つの要因は、集団間の明確な境界、集団内の均質性が成り立たなくする方向に働き、また、利益団体が集団の構成員から正当性を認知されなくなることにもつながると考えられる。これら三つの条件が成り立たなければ、コーポラティズム、すなわち集団を通じた国民の管理は難しくなり、また、集団間の分断を前提とする多人種主義の妥当性、さらには、集団を統合する役割を演じる政府の存在意義が問われることになる。

コーポラティズムによる多人種主義の限界を越えようとする取組みも一部にみられる。

一つは、政策研究所が 2015 年から 16 年まで実施した前述の研究である（Ibid.）。この研究は、LGBT の問題や生命の尊厳の問題など道徳的価値に関わる問題について対立的な議論が活発化し、従来のように政府と団体との水面下の交渉により社会問題に対処することが難しくなっている中で、価値観が異なる人々の共生のための方策を、政治学の見地から検討した。この研究は、実際に例えば LGBT 擁護派と LGBT 反対派の人々の対話を設け、そのプロセスを観察することから、異なる道徳的価値観を持つ人々が、たとえ一致に至ることはできな

いとしても、互いを敵視することなく、平和に共存できるような民主主義のあり方を模索した。そして、シャンタル・ムフ（C. Mouffe）の「闘技的民主主義」の理論を踏まえ、多様な人々が一致に至ることが困難な状況の下で、決定が常に絶対的なものでなく、少数者が異議を唱える可能性が開かれているような民主主義のあり方を提案した[100]。

　もう一つは、2008 年に設立された小規模な団体レフトライト・センター（Leftwrite Center：以下「LWC」という）が推進する市民レベルの対話である[101]。LWC は、多文化の共生や多様性に関わる様々な市民対話を開催している。民族や宗教に関わる問題の多くは、団体を通じた管理では対処できなくなっており、また、「微妙な問題」として言論規制の対象になることから、市民は自由な討論を逡巡してしまう。また、ネット空間での議論は、匿名性ゆえに無責任で、ときには攻撃的なものになり、対立をあおることになる。このような認識の下、LWC は、自由だが責任の伴った討論ができる「安全な空間」を提供しようとする試みを行っている。2014 年 1 月には、マレーシアで議論になったキリスト教徒による「アラー」という呼称の使用に関する問題を取り上げ[102]、キリスト教徒とムスリムの共生に関するフォーラムを開催した 。2016 年 3 月にはシンガポールで初めての無神論者と宗教を持つ者との対話を実施した[103]。

　LWC が微妙なテーマを積極的に扱うことで、政府との摩擦が生じることが懸念されるが、これまでに政府からの指導を受けたのは、「アラー」呼称問題のフォーラムだけであるという（この際は会場とタイトルを変更して実施した）。無神論者に関わる問題については、LWC の対話以降、政府の管理下にある主流メディアでも無神論者の声を聴くことの必要性を訴える研究者や一般の読者

100　ムフは、価値の複数性について合理的な解決は不可能であることを認めた上で、対立する相手に対し「抹殺すべき敵」として敵対するのではなく、正統な「対抗者」として扱う「闘技的民主主義」の実現が民主主義政治の課題であると考える（ムフ, 2006: 152-162）。

101　以下は 2016 年 10 月 14 日、LWC の関係者から聴き取り【No. 40】。

102　2007 年以降、マレーシアでは、イスラームにおける神の呼称（アラビア語で「神」を表す言葉）であり、マレー語でも一般的に神を指す「アラー」をキリスト教徒が使用できるかどうかについて、ムスリムとキリスト教徒の間で繰り返し争いが起こっている。2014 年には関連する訴訟があった（"Malaysia's top court dismisses Catholic Church's bid to use the word 'Allah'", *ST*, 05 March, 2014）。

103　無宗教を名乗る人々は増加傾向にあり、2000 年には 14.8% だったが、2015 年には 18.5% を占めるに至っている（Department of Statistics, Singapore, 2016a）。こうした人々がどのような道徳的な志向を持っているのかについても注目されるようになっている。

からの投稿が複数掲載されており、そのような主張が容認される環境になっている。LWC の活動は、許容される言論空間の拡大にもつながっている。

政策研究所の研究や LWC による対話は、コーポラティズム的な社会管理システムを補完または代替する新しい意見表明ルートや合意形成手法を模索するものと言える。

1.6. 小括

本章ではまず、歴史的経緯を踏まえ、多人種主義の概念や実態について整理を行った。多人種主義は、民族、宗教等の平等とマイノリティへの配慮の両方を含み、メリトクラシー（能力主義）と調整しながら運用される。多人種主義には、エスニック・グループの言語や文化の保護、振興など、差異を承認し多様なアイデンティティを持つ人々を包摂する方向性と、英語の共通語化、エスニック・グループ内部における「母語」への同化など、国民統合のために差異を抑制し多様なアイデンティティを持つ人々の一部を排除する方向性の両方がある。このような形で、多人種主義においては包摂と排除が一体となっている。

多人種主義の下では、構築されたエスニック・グループの区分が本質化され、固定化され、強化され続ける。多人種主義はまた、アイデンティティの差異を社会の安定に対する「脅威」とみなして抑制するものであり、積極的に差異を承認する西洋の多文化主義とは異なり、権威主義国家による国民管理の手法と呼ぶべきものである。また、多人種主義は、エスニシティや宗教に基づく集団を団体を通じて管理するコーポラティズム的な統治として実践される。従って、団体を代表するリーダーたちの役割が極めて重要なものになる。

さらに、多人種主義については、真に民族・宗教間の融和、国民統合につながっているのか、マイノリティの包摂につながっているのかなどの観点から議論がある。

本研究の関心事である政府によるイスラームの管理という観点からみると、以上のような多人種主義の特性は、どのような意味を持つだろうか。ムスリムが直面する社会的格差や、彼らのアイデンティティの承認という点からすれば、マイノリティである彼らに対して包摂的・排除的な政策のどちらが取られる

104　"Time to engage the non-religious in dialogue", *ST*, 15 March, 2016, "Include atheism, freethinking in discourse on religions", *ST*, 28 March, 2016 など。

かが問題となる。団体を通じた管理という点からすれば、マレー・ムスリム関係団体のリーダーたちがどのようにムスリム社会という集団に対するコーポラティズム的な管理に関わっているのか、その管理がムスリムの包摂や排除にどのように関わっているのかが問題となる。また、民族・宗教間の融和は、ムスリムが直面するステレオタイプ、差別などの問題を解決する上で重要であるが、多人種主義がその実現にどのように寄与しているのかが問題となる。

　以下の各章では、このような問題意識を踏まえ、分析を行っていく。

第2章
シンガポールのムスリムを
とりまく状況

　本章では、シンガポールのムスリムの概況、国家のイスラームへの関わりについて整理し、イスラームの実践を支援する制度が、政府によるイスラームの管理の手段でもあることを明らかにする。

2.1. シンガポールのムスリムの概況

　まず、シンガポールのムスリムの構成や宗教実践について整理し、ムスリムの宗教意識の高まりや、ムスリムが宗教志向・宗教実践の面で極めて多様であることを明らかにする。

2.1.1. ムスリムの存在とその多様性

　東南アジアでは、イスラームはアラブ商人の交易ルートを通じてインド経由で伝播し、13世紀末以降に改宗が本格化した。15世紀にマラッカの王がイスラームに改宗すると、ここを拠点として島嶼部東南アジアにイスラームが広まった。東南アジアのイスラームは、ムスリム共同体の合意を重んじるスンナ派が優勢であり、信仰・儀礼的規範としての六信五行[1]は世界と共通であるが、社会倫理的規範については地域の慣習（アダット: adat）と共存するものであり、穏健な信仰が守られてきた（中村光男, 1999）。例えば、結婚披露宴で新郎新婦が壇上に並んで座りお披露目をする慣習（ブルサンディン: bersanding）はマレーの伝統であり、新郎新婦も含め男女が別々の部屋に分かれるアラブの伝統とは異なる。マレーの料理、音楽、踊りなどの文化にもイスラーム化以前からの伝統が残る。

1　ムスリムが信じるべき六つのもの（①神、②天使、③啓典、④使徒、⑤来世、⑥定命）と五つの義務（①信仰告白、②礼拝、③喜捨、④断食、⑤巡礼）。2.1.2.4. 参照。

　東南アジアは、2億9百万人と世界最大のムスリム人口を有するインドネシアを含み、南アジアと並びムスリム人口が多い地域である（2010年）（Pew Research Center, 2015: 70-80）。東南アジアでムスリムが過半数を占める国および当該国のムスリムの比率は、比率の高い順にインドネシア（87.2%）、ブルネイ（75.1%）、マレーシア（63.7%）となっている（Ibid.: 234-245）。シンガポールは、ムスリムが多数を占める島嶼部東南アジアの国々に囲まれながら、華人の比率が高い（74.3%）ために、ムスリムがマイノリティである[2]。

　シンガポールの宗教別の人口構成は、仏教が33.2%、キリスト教が18.8%、イスラームが14.0%、道教が10.0%、ヒンドゥー教が5.0%、無宗教が18.5%などとなっており（2015年）（Department of Statistics, Singapore, 2016a）[3]、過半数を占める宗教はない[4]。華人はほぼ仏教、キリスト教、道教のいずれか、マレー人はイスラームがほとんど（99.2%）、インド人はヒンドゥー教が多数（59.9%）となっており、エスニック・グループと宗教との対応関係がみられる。イスラームは仏教、キリスト教に次いで第3位の宗教であり、シンガポールのムスリムは人口の約7人に1人を占め、それなりのプレゼンスを有している。全居住者数390万3千人に上のイスラームの比率14.0%を単純に乗じると、ムスリムの居住者は54万6千人と推計される。

　シンガポールのムスリム社会は、エスニック・グループにまたがって存在し、また、エスニック・グループ内部の様々なサブグループ[5]からなり、極めて多様性に富んでいる。エスニック・グループ別の内訳は、マレー人が83.9%と大部分を占め、インド人が12.5%、華人が1.9%、その他が1.7%を占める[6]。逆

2　マイノリティに関する政治学、社会学等の研究においては、少数者であることに加え、少数者であるために社会的に不利な状況にある、社会的に周縁化される、主流社会からの差別、排除や迫害を受けるような存在として「マイノリティ」をとらえることが多い（岩間, 2007）。しかし、本研究は、「マイノリティ」という用語を単に「少数者である」という意味で用いることを断っておく。
3　15歳以上の居住者（市民権保有者および永住権保有者）についての内訳。
4　2014年にアメリカのピュー研究所は、シンガポールが世界で最も宗教の多様性が高い国であるとする研究を発表している。ここでいう宗教多様性とは、宗教の数が多いことではなく、人口が様々な宗教に分散している（卓越する宗教がない）度合いが高いことを意味している。このことはシンガポールではよく言及される（Pew Research Centre, 2014）。
5　本研究では、エスニック・グループの下位の集団を「サブグループ」と呼ぶ。人口統計では、華人、マレー人、インド人が「方言集団（dialect group）」というサブグループに、「その他」のエスニック・グループが「エスニック・グループ」というサブグループ（フィリピン人、Caucasianと呼ばれるヨーロッパ系、ヨーロッパ系とアジア系の混血であるユーラシア人、アラブ人など）に区分される（Department of Statistics, Singapore, 2016a）。
6　15歳以上の居住者についての内訳。

に、各エスニック・グループについてみると、マレー人の99.2%、インド人の21.3%、その他の7.9%、華人の0.3%がムスリムである。

　以下では、エスニック・グループごとのムスリムの実態についてみていく。マレー人は、華人・インド人との関係では、島嶼部東南アジアの先住者とされる。現在のシンガポールを含む島嶼部東南アジアでは、マレー系の人々が各地で王国を形成してきた歴史がある[7]。植民地化以前のシンガポールの歴史については、教科書等における公的歴史での記述が少なかったが、近年、考古学上の研究の成果もあり、詳細な記述が行われるようになった。現在の教科書や博物館における公的歴史記述は、1299年のスマトラのパレンバン王国の王子サン・ニラ・ウタマ（スリ・トリ・ブアナ）の来訪[8]からシンガポールの歴史が始まることを認めている[9]。14世紀ごろには「テマセク（Temasek）」と呼ばれるマレー系民族の王国が海上交易で栄えていたが、王国の衰退に伴い、イギリス到来の時点では、シンガポールはジョホール王国の領土となっていた。

　シンガポールでは植民地化以降の中国、南アジア等からの大量の移民の到来により、マレー人はマイノリティ（少数者）となった。マレー人は、1963年のマレーシアとの併合によりマジョリティ（多数者）となるが、1965年のマレーシアからの分離・独立により、再びマイノリティとなった。分離・独立に至る過程でのシンガポール政府とマレーシアの支配層であるマレー人との対立、また、マレーシア国内のマレー人と華人との対立関係は、シンガポールにおける民族・宗教政策のあり方やマレー人の状況に決定的な影響を及ぼした。

　人口統計における区分上、マレー人は「マレーまたはインドネシアに起源を有する者」と定義され、島嶼部東南アジア各地からの移民およびその子孫からなる（1.4.1.）。エスニック・グループとしてのマレー人（約52万人）は、「マレー半島またはスマトラ島に起源を持つ民族」である狭義のマレー人（約35万人、

7　植民地化以前のマレー人による歴史がシンガポールの公的歴史記述の中で十分に取り上げられてこなかったことに対しては批判がある（Nurhidayahti, 2014ほか）。

8　シンガポールという地名は、サン・ニラ・ウタマがライオンに似た動物を目にし、そこを「シンガプーラ（ライオンの都市）」と名付けたことに由来するとされる。

9　2014年に改訂された公立中学校の歴史教科書には、新たにこのウタマの来訪のことが史実として記載されるようになった（Ministry of Education, Singapore, 2007: 31）。また、2014〜15年に国立博物館で開催された特別展「Singapura: 700 Years」では、1299年のウタマ来訪に始まるシンガポールの歴史年表が展示された（2015年8月6日見学）。

67.8%)、ジャワ人[10]（約9万人、17.5%）、バウェアン人[11]（約6万人、11.2%）のほか、ブギス人[12]、ミナンカバウ人[13]などを含むその他のマレー人（2万人弱、3.5%）というサブグループに区分される。インドネシア起源のトバ・バタック人のように、エスニック・グループでは「マレー人」に分類されるが、キリスト教徒であり、圧倒的多数のマレー人ムスリムとは異なるアイデンティティを有するサブグループも存在する（齋藤千恵, 2003）。しかし、マレー人のほとんどはムスリムであり、「マレー人」と「ムスリム」とは古くから同一視されてきた。「イスラームに改宗する」ことが「masuk Melayu」（マレー語で「マレーに入る」の意味）と言い習わされてきたことは、このことを端的に表すものである。本研究は、政府によるイスラームの管理の問題を取り扱うことから、ムスリムであるマレー人を対象として議論を進める。

　マレー人は、独自の言語、文化を有する多様な人々から構成されるが、島嶼部東南アジアのリンガ・フランカであったマレー語を共有し、イスラームを共通の宗教としており、また、シンガポールでは他のサブグループとの婚姻関係を結んだため、「マレー人」という共通のアイデンティティへの同化が進んだ。さらに独立後は、国民を四つのエスニック・グループに区分する多人種主義政策、再開発によるエスニック・エンクレイブの解体と民族混住化により、同化が加速した（Aidi, 2016）。その結果、独自の言語や生活習慣も失われるなど、サブグループ固有の文化が衰退してきた。

　一方で、伝統文化の保存や言語の学習など、サブグループのアイデンティティ復興の動きもみられ、若い世代の関心も高まっている[14]。近代化の中で人々が自分が誰なのかを問いかけるようになり、ソーシャル・メディアの普及で関心を共有する人が集まりやすくなったことがその一因であるとの指摘もある[15]。ジャワ人協会（Javanese Association of Singapore）、バウェアン人協会（Baweanese Association of Singapore）などの団体が活動の拠点となり、マレー・ヘリテージ・

10　インドネシアのジャワ島を起源とするインドネシア最大の民族。
11　ジャワ海のバウェアン島を起源とする民族。19世紀にバウェアン島がインドネシアのスラバヤとシンガポールを結ぶ航路の寄港地となったため、シンガポールへの移民が増加した。
12　インドネシアのスラウェシ島を起源とする民族。海上交易に活発に従事していた。
13　インドネシアのスマトラ島を起源とする民族。世界最大と言われる女系社会を形成し、男性が「ムランタウ：merantau」と呼ばれる出稼ぎに出る伝統がある。シンガポールの初代大統領ユソフ・イシャクはミナンカバウ人である。
14　"Tuning in to Baweanese with strains of La-A-Obe", *ST*, 12 January, 2017.
15　マレー人社会・多文化主義の研究者から。2016年5月11日聴き取り【No. 56】。

センター（Malay Heritage Centre）も 2014 年以降毎年これら団体と協力してサブグループの伝統文化を紹介する企画展を開催している[16]。

　インド人は、インド、パキスタン、バングラデシュなど南アジアの広い範囲を起源とし（1.4.1.）、言語、宗教等の面で最も豊かな多様性を有するエスニック・グループである。インド人ムスリムも、タミル系、マラヤーリ系が多いものの、インド各地の起源の地に基づく 17 の団体[17]が並立するなど、非常に多様性に富む[18]。女性がサリーを着るなど、南アジアの生活習慣を維持している[19]。タミル語話者が多いが、その他の南アジア諸言語の話者もいる。シンガポールの 70 のモスクのうち、インド人のためのモスクが 11 あり、その中にはマレー語、タミル語のほか、ウルドゥ語[20]やヒンディー語[21]でイマーム（モスクの宗教指導者）[22]が説教を行うモスクもある。タミル系インド人ムスリムであれば、普段はマレー語のモスクにも行くが、金曜日の説教の時にはタミル語のモスクに行くという。

　インド人ムスリムは、自分をインド人社会よりはムスリム社会の一部とみる面が強い。マレー語を解し、マレー人に同化しているインド人ムスリムも多い。ムイス（イスラーム評議会）、ムンダキ（シンガポール・マレー・ムスリム社会発展評議会）、AMP（ムスリム知識人協会）などイスラーム関係団体やマレー・ムスリム関係団体の役職員となるインド人ムスリムも多い。ムンダキやムスリム知識人協会に加わるインド人ムスリムは、マレー人が多数を占めるムスリム社会の改善にマレー人とともに取り組んでいるのである。

　マレー人は、植民地時代は多くが下級役人、警察官や軍人となり、あるいは

16　"Chance to get to know the Baweanese", *ST*, 18 March, 2014, "On show: Culture of local Javanese community", *ST*, 28 May, 2016.

17　それぞれ現在のインド南部のタミル・ナードゥ州、ケララ州を出身とする人々。

18　出身地を共有する集団を統合し、福祉サービスを提供するもので、華人の宗郷団体（クラン）に似ている。

19　以下の概況は、インド系ムスリム全体を代表する団体「連合インド人ムスリム協会（United Indian Muslim Association: UIMA）」の代表者からの聴き取り（2016 年 10 月 12 日）、Raja Mohamad Maiden, 2016 および Vineeta, 2015: 77-80 による。

20　パキスタンの国語。北インドでも話され、インドの連邦公用語の一つでもある。

21　インドの中部・北部で話される言語であるが、連邦公用語の一つでもあり、英語と並びインド全体の共通語でもある。

22　スンナ派におけるイマーム（imam）は、モスクの集団礼拝の指導者のことであるが、シンガポールでは信者からの悩みの相談に応じたり、宗教間交流を主導するなど、より広い指導的役割を果たす場合があるため、本研究では「宗教指導者」という。なお、かつては地域のムスリム社会の中から選任されることが一般的であったが、現在は外国のイスラーム大学でイスラームの専門知識を学んだ「ウラマ」（2.1.2.5.）がモスクに雇用されることが一般的である。

農業に重視しており、事業家は少なかったが、インド人ムスリムは多くが商業に従事していた。現在も家業を継ぎ、事業を続けている者が多い。特定の商工業分野では独占的な地位を占めており、例えば、街中至るところに見られる両替商のほとんどすべてはインド人ムスリムが経営している。統計上は明らかではないが、インド人ムスリムはマレー人より教育水準も所得水準も高いとみられる。

　アラブ人は、「その他」のエスニック・グループに属し、その人口は約8千6百人である（2015年）（Department of Statistics, Singapore, 2016a）。

　シンガポールも含めた東南アジアのアラブ人の大部分は、現在のイエメンのハドラマウト地方を起源とする「ハドラミー」である（新井, 2012: 54）[23]。アラブ人の中には、預言者ムハンマドの子孫の一族もおり、男性は「サイド（Syed）」、女性は「シャリファー（Sharifah）」といった称号で呼ばれる。宗教指導者、政治家、研究者などを多く輩出しており、東南アジアの先住者に対するステレオタイプが植民地時代に起源を有することを論じた（Alatas, 1977）社会学者・政治家のサイド・フセイン・アラタス（Syed Hussein Alatas）[24]や、シンガポールで1972年から2011年まで40年近くムフティ[25]を務めたサイド・イサ・スマイト（Syed Isa Semait）も預言者の一族出身である。

　植民地時代にはアラブ人は富裕層を形成し、アルジュニード家、アフサゴフ家、アルカフ家などアラブ人の数家族でシンガポールの土地の2～3割を保有していたと言われる。現在も残る「アルジュニード」や「アルサゴフ」の名を冠するマドラサ（イスラーム学校）は、これらの一族が20世紀初頭に設立したものである。しかし、第二次世界大戦以降、アラブ人は影響力を失ってしまった。現在ではビジネスに従事するアラブ人は少なく、ほとんどは給与労働者であり、アラブ人は富裕層であるという状況にはない。

　アラブ協会（Al-Wehdah Arab Association）が伝統的な音楽やダンスなど文化の保存に努めているが、アラブ文化もアラビア語も継承は難しい。アラビア語話者は減っており、公立学校の第二言語はマレー語を選択する子供が多い。ア

23　以下の概況は、アラブ人社会を代表する団体「アラブ協会（Al-Wehdah Arab Association of Singapore）」の代表者からの聴き取り（2016年10月14日【No. 32】）、Al-Wehdah Arab Association of Singapore (2016), "Arab trader's role in S'pore landmark", *ST*, 24 September, 2015, "An ancient language that is still spoken here", *ST*, 9 Feb, 2017. による。
24　マレーシア人だが、シンガポール国立大学でも教鞭をとった。3.2.2.1. を参照。
25　ムイス（イスラーム評議会）に置かれる宗教上の最高指導者（2.2.1.2.1.）。

ラブ人は、同じムスリムであるマレー人との親近性が強く、マレー人との結婚も多い。インド人ムスリムと同様に、マレー・ムスリム関係団体の役職員となり、マレー人とともにムスリム社会の改善に取り組むアラブ人も多い。

　以上のように、マレー人、インド人ムスリム、アラブ人は、それぞれに独自の文化を有しながらも、ムスリムとしてのアイデンティティを共有し、通婚が多く[26]、マレー文化への同化も見られ、協力してムスリム社会の改善対策を推進している。これら三つの集団は、異なるエスニック・グループに属するが、実質的にはムスリム社会という一体性・連帯意識の強い集団を形成している。エスニック・グループの区分が実際のアイデンティティを共有する集団に合っていない最も分かりやすい事例である[27]。

　本研究では、マレー人、インド人ムスリム、アラブ人を含むムスリム社会に関わる問題を論じる。問題となる事柄については、ムスリム全体に関わる問題と主としてマレー人に関わる問題の両方がある。しかし、研究者の間でも、「マレー人」と「ムスリム」がほぼ同義に使用される場合が多い（Rahim, 2012: 171）。実際に、マレー人がムスリムの大半を占めており、マレー人社会の問題をムスリム社会の問題と読み替えても大きな問題は生じない場合も多い。これらを踏まえ、本研究では、「マレー人」と「ムスリム」の違いに十分留意しつつも、先行研究における「マレー人」が実質的に「ムスリム」を指している場合は、「ムスリム」と読み替えて理解するなど、その都度柔軟に対応する。

2.1.2. ムスリムの宗教志向と宗教実践

　以下では、シンガポールのムスリムの宗教志向と宗教実践について述べる。これに関連し、世界のムスリムの宗教実践、シンガポールにおけるイスラーム復興、ムスリムに対する宗教教育についても整理しておく。

2.1.2.1. 世界のムスリムの宗教実践

　イスラームは現在のサウジアラビアで7世紀に生まれ、アジア、中東およびアフリカを中心に広範囲に分布する世界宗教である。ムスリムはヨーロッパの

26　異なるエスニック・グループ間での通婚は、非ムスリム同士では 18.4% であるが、ムスリム同士では 33.8% である（2015 年）（Department of Statistics Singapore, 2016c）。

27　早くから中国または南アジアから東南アジアに移住して現地化し、マレー語や英語を母語としてきた「プラナカン」と呼ばれる人々も、四つのエスニック・グループの区分と実際のアイデンティティの区分とが一致しない事例に挙げられることが多い。

主要国においても、フランスで人口の 7.5%、ドイツでは 5.8%、イギリスでは 4.8% を占めるなど、マイノリティではあるが一定のプレゼンスを有する（Pew Research Center, 2015: 234-245）。

イスラームは、預言者ムハンマドが伝えた神の啓示である聖典クルアーン、預言者の言行録ハディースなどに基づく世界共通、単一の教義を有する。世界中のムスリムが、毎日 5 回の礼拝を行い、ラマダーン（断食月）には日の出から日没まで飲食を断つなど、共通の宗教行為を行うことで、世界規模の宗教共同体「ウンマ（ummah）」が想像され、強い連帯感が生まれる。

一方で、イスラームは、多数派のスンナ派と少数派のシーア派の二つの宗派に分かれ、それぞれの宗派がさらに多くの学派（神学派・法学派）に分かれる。シンガポールのムスリムは、他の島嶼部東南アジアと同様に、宗派ではスンナ派がほとんどであり、シーア派は 1% 以下に過ぎない[28]。法学派ではシャーフィー派[29]の影響が強い。イスラームにはカトリック教会のように世界規模の教会組織はなく、また、ローマ法皇のように信徒を指導する最高権威もない。宗派や学派とは別に、宗教志向についても、神の存在を直接感じるために心身の鍛錬や特別の儀礼に努めるスーフィズム（イスラーム神秘主義）、イスラームの理念を掲げる政治・社会運動としてのイスラーム主義[30]、ムハンマドの時代の初期イスラームに回帰しようとするサラフィー主義（7.3.1.）などと様々である。

ムスリムの宗教実践は、政治体制や国の政策に大きく左右される。両極端な例であるが、サウジアラビアは、イスラームを極めて厳格に解釈するワッハーブ派（7.3.1.）が王家のサウード家と結びついているため、極めて厳格なイスラームが実践されており、外国人が宿泊するホテル等でも飲酒が禁じられ、女性は外出時には黒いニカブ[31]を着けることが義務付けられる。一方、宗教勢力の影響を排して国家建設を進めてきた経緯から、世俗主義（ライクリッキ）が強力に推進されてきたトルコでは、ムスリムも飲酒することが普通であり、ムス

28　"Singapore Muslim leaders must tackle rise of anti-Shi'ism hate speech", *ST*, 26 August, 2017.
29　イスラーム法の解釈に関するスンナ派内の四つの正統な学派の一つ。
30　「Islamism」の訳語。「政治的イスラーム（Political Islam）」とも言う。政治・社会イデオロギーとしてのイスラーム復興主義・運動のこと。1979 年のイラン革命以降、これを「イスラーム原理主義（Islamic Fundamentalism）」と呼ぶことが西洋で広まったが、すべてのムスリムは「原理主義者」であることになってしまうとの批判、否定的な意味を含むとの批判などから、現在は「イスラーム原理主義」という表現は使われない傾向にある（臼杵 , 2002, エスポジト , 2009: 105-108）。
31　目以外の体全体を覆う女性の衣服（4.1.1.）。

リムの女性もほとんどヒジャブやニカブで髪を隠していない[32]。

　また、ムスリムの宗教実践は、ムスリムが置かれている社会に適応する中で様々な形を取る。クルアーンは飲酒を禁止するが、西欧のムスリムの若者の中には、ムスリムとしてのアイデンティティを意識しながらも、西洋文化に適応するための選択として飲酒する者もいる（安達，2012: 367-370）。

　ムスリムの社会では、女性は慎ましい服装をすることが必要であり、髪を隠すことが宗教上の義務であるという考え方が広まっている場合が多い。しかし、髪を隠すかどうか、髪以外にどの程度まで体を隠すかは、地域や国によって、また、同じ国でも個々の女性の宗教実践の考え方によって、大きな違いがある（4.1.3.）。

　このように、イスラームは世界的な一体性とともに、高い多様性も有する。宗教実践も、地域や国により、また、個人の宗教志向により、非常に多様である。エドワード・W・サイードは、9・11テロ以降イスラームが単一のものとして議論される傾向に異議を唱え、「イスラームは、多くの歴史、多くの民族、多くの言語、伝統、解釈の学派、布教の経過、論争、文化、国からなる一つの世界である」と述べ、「イスラームについては、単数形の「Islam」ではなく複数形の「Islams」ととらえ、どの様な種類の、どの特定の時期のイスラームかを特定して議論すべきだ」と指摘する（Said, 2002: 69-70）。

2.1.2.2. シンガポールにおけるイスラーム復興

　1970 年代以降は、ムスリムの宗教意識が活性化し、「本来の純粋な」イスラームを求めるようになる「イスラーム復興」が世界的に広がった。シンガポールのイスラーム復興は、「ダッワ（dakwa）」と呼ばれる運動として広がった。ダッワは「布教」を意味し、ムスリムをより「イスラーム的」にすることと、他の宗教の人々をイスラームに改宗することと、両方の意味があった。シンガポールはマレーシアの同様の運動の影響を受け、両国の推進組織間の結びつきも強かった[33]。マレーシアと同様、イスラーム復興の中心的な担い手は大

32　トルコのムスリムの宗教実践については、2011 年 9 月の筆者のイスタンブール訪問時の観察による。現地の市民によれば、国際都市イスタンブールと地方部とでは実態はかなり異なるともいう。

33　シンガポール側の組織は「ダルル・アルカム（Darul Arqam）」、マレーシア側の組織は「マレーシア・イスラーム青年同盟（Angkatan Belia Islam Malaysia: ABIM）」が中心であった。ABIM の会長を務めていたのが、後に副首相となり、その後マハティール（Mahathir bin Mohamad）首相により更迭されたアンワル・イブラヒム（Anwar Ibrahim）である。

学生であった。英語の普及が進み、外国のテキストの導入が容易であったことが、シンガポールのイスラーム復興を促進した（Azhar, 2008: 109-113, Mohamed Imran, 2012）。

イスラーム復興前（1950年代）のシンガポールでは、ムスリムはそれほど熱心にイスラームに基づく義務である礼拝、断食、喜捨などを行わず、また、ヒジャブを着ける女性は例外的であった（Djamour, 1959: 6, 15-16）。ヒジャブの着用は、1970年代以降のイスラーム復興により広まり、現在では多くの女性が実践している。シンガポール国立大学のムスリム学生の団体（National University of Singapore Muslim Society: NUSMS）は、「正しいイスラームの信仰」を模索する中で、ヒジャブの着用は「よりよいムスリムになる」ために必要なものと考え、女子学生がこれを実践し、ヒジャブの普及に大きな役割を果たした（Suriani, 2011: 172-174）。当時は、大学でヒジャブを着けないムスリムの女子学生が他のムスリム学生から排除されたり、マレーのダンスを踊ると「イスラーム的ではない」と白眼視されたりするような雰囲気さえあった。[34]このような動きは、当時の世界的な潮流であり、西洋諸国のムスリム女性の間でも活発であった。シディク（Sharon Siddique）は、当時のムスリム女性がヒジャブを含め「イスラーム的」な服装をしていた理由として、①信心深い良きムスリムであることの表明、②西洋のファッションの拒絶、③文化・民族に縛られた伝統的なファッションの拒絶によるムスリムとしての世界的な連帯の強調の三つがあったことを指摘する。[35]

2.1.2.3. シンガポールのムスリムの宗教志向の分類

アズハー・イブラヒム（Azhar Ibrahim）は、シンガポールのムスリムの宗教志向は、①伝統主義者（traditionalist）、②復興主義者（revivalist）、③リベラル派（liberal）の三つに分かれると指摘する（Azhar, 2014: 98）。これは、公式の分類や唯一の分類ではなく、明確な境界もないが、シンガポールのムスリムの実態をよく表しており、以下ではアズハーのこの分類に基づいて議論を進める。なお、それぞれの分類に属すると考えられるムスリムが、必ずしも上記のような名称を自分で名乗るわけではないことにも、注意が必要である。

34　当時ダルル・アルカムに加わり、イスラーム復興運動を推進していた人物から聴き取り（2016年5月9日【No. 4】）。

35　"Islamic dress put in perspective", *Sharon Siddique*, *ST*, 20 February, 2002.

伝統主義者（traditionalist）は、東南アジアの伝統的なイスラームの信仰を守ろうとする保守的な志向を持つ人々であり、スーフィズム（2.1.2.1.）を信奉するスーフィーと呼ばれる人々も含まれる。イスラーム学者や宗教教師など宗教エリートの多くがこれに当たる。多くがムイス（イスラーム評議会）またはプルガス（シンガポール・イスラーム学者・宗教教師協会）の役職員になるなど、宗教リーダーとして力を持つ。政治との対立は避け、イスラーム過激主義を非難するとともに、政府の意向を受けて過激主義対策に積極的に協力するなど、政府との関係においては「穏健派」として振る舞う。リベラル派に対しては、世俗主義[36]や宗教的多元主義[37]を唱道するものとして反発する傾向がある。ノール・アイシャ（Noor Aisha Abdul Rahman）は、これら保守的な宗教エリートたちが、1988年まで15年間にわたりムスリムの遺体からの臓器移植を認めなかったことなどを例に挙げ、彼らが時代の変化に適切に対応せず、また、現実の政治問題に関心を持たず、彼ら自身の地位の維持だけに関心を寄せていると、批判的に論じている（Noor Aisha, 2008）。

　復興主義者（revivalist）は、1970年代以降のイスラーム復興の流れをくみ、「預言者ムハンマドの時代の本来の純粋なイスラーム」と彼らが考えるものを追求する人々である。聖典クルアーンや預言者の言行録ハディースの字句にできる限り忠実であろうとする志向が強い。彼らの中には、ダンスや音楽などのマレー文化を「イスラーム的ではない」として排除しようとする者もいる。筆者が聴き取りを行った復興主義者のムスリムは、毎日5回の礼拝などの儀礼を実践しない世俗的なムスリムを「信仰が薄められている」と非難する。LGBTを容認するなど自由・民主主義の理念を重視する「リベラル」は、「単に世界の流れに従っているだけ」であり、「宗教的に強固な基盤がない」、「ゆがめられたイスラーム」だと彼は主張する。自分のようなムスリムは「中世に住んでいるなどと言われる」が、「真実や良きものに従うのが我々の立場だ」と彼は主張

36　イスラーム法に基づく国家（イスラーム国家）ではない政治体制を積極的に認めること。保守的なムスリムの中には、イスラーム国家の樹立はイスラームの信仰の一部であるとして、これに反発する人々もいる（5.2.1. および5.2.3.）。ただし、このような信仰のあり方と、武装闘争によってそれを実現しようとすることとはまた別である。

37　イスラームと他宗教との平等を積極的に認めること。保守的なムスリムはこれに反発する（5.2.3.）。例えば、非常に保守的な復興主義者のムスリムは、「キリスト教でも仏教でも同じように天国に行ける」という考え方はムスリムとして受け容れられないと述べている（後述の復興主義者とみられるムスリムから2016年8月23日聴き取り【No. 13】）。

する[38]。こうした復興主義者のムスリムは、イスラームの信仰や道徳の問題を重視するあまり、現実社会の問題解決に目を向けようとしないと、アズハーは指摘する。

　リベラル派（liberal）[39]は、柔軟なイスラームの解釈・実践によって、ムスリム社会が直面する現代的な課題に取り組もうとする人々である。かつてシンガポール国立大学（NUS）で教鞭をとっていたサイド・フセイン・アラタス教授[40]や、その流れをくむ研究者、大学卒の若いムスリムの知識人のグループがこれに当たる。彼らは、伝統主義者、復興主義者を、クルアーンやハディースの章句を字句通り解釈することに固執し、現代の社会問題に対応できないとして批判する。例えば、リベラル派のムスリムの多くは、ハッド刑[41]を積極的に支持する復興主義的な志向に対し、「人間的・人道的な方向ではない」と批判的である。また、前述のように、ムスリムの遺体からの臓器移植を認めなかった保守的な宗教エリートの態度を批判するノール・アイシャの姿勢は、リベラル派のものと言える。

　伝統主義者と復興主義者とでは方向性は異なるが、このどちらも保守的な傾向がある点は共通している。シンガポールでは、リベラル派の議論はあまり一般大衆の関心を引かず、ムスリムは全体に保守的な傾向が強い。隣接する二か国のムスリムの宗教志向についてみると、インドネシアはリベラル・保守の両方がそれぞれに力を持っているが、マレーシアでは保守が圧倒的に強い。シンガポールは、近接しており同じ言語的・文化的アイデンティティを共有するマレーシアの影響を受けやすい（Azhar, 2014: 93）。

　イスラームの教義については、ウラマ（ulama）（0.3.）と呼ばれる宗教学者たち[42]が、自分の知識を動員し、文脈に応じ理性を行使して解釈を行う。これを「イジュティハード（ijtihad））という（7.2.2.）。ウラマの間でイスラームの解釈が異なることは普通であり、あるシンガポールのウラマは、冗談をこめて「ウラマが10人いると、12の意見がある」と言う[43]。このような多様性は、むしろ、イスラームの寛容さを示し、望ましいものとされる。宗教学者・宗教教師の団

38　2016年8月23日、10月11日聴き取り【No. 13】。
39　「リベラル」は、「イスラーム的でない」として非難する際の表現でもあるため、「リベラル派」は、「reformist（改革主義者）」、「modernist（近代主義者）」などと自称することが多い（Azhar, 2014: 198）。
40　本章のアラブ人に関する解説の部分で言及した（2.1.1.）。
41　鞭打ち、手足の切断などの体刑を含む刑罰（5.2.1.）。
42　シンガポールのウラマは、中東等のイスラーム大学で学位を取得してムイスなどのイスラーム関係団体等に勤務するか宗教教師の職に就く人々である。
43　2016年5月3日聴き取り【No.2】。

体プルガスは、「イジュティハードに関わる問題（イスラームに解釈の余地がある問題）については、ウラマは自分の意見だけが正しくて他の意見は間違っていると主張してはならない」と述べ、多様なイスラームの解釈が容認されるべきとの考え方を示している（PERGAS, 2004: 321）。ムスリムの宗教志向が多様性を有することから、様々な問題を巡ってムスリムの間で論争が起こり、非難の応酬となることもある。宗教上の最高指導者であるムフティ（2.2.1.2.1.）のファトリス・バカラム（Fatris Bakaram）は、宗教指導者たちに「自分と違う世界観を持つムスリムに対しても、非難したり、不信仰者だと考えたりしてはならない」と注意を喚起している[44]。

2.1.2.4. 現在のシンガポールのムスリムの宗教実践の実態

　現在のシンガポールでは、ムスリムの宗教実践は、保守化・リベラル化両方の方向性があり、人によって差が大きい。イスラームでは、ムスリムが信じるべき六つのもの（①神、②天使、③啓典、④使徒、⑤来世、⑥定命）と五つの義務（①信仰告白、②礼拝、③喜捨、④断食、⑤巡礼）を定めており、日本語では「六信五行」と呼ばれる。以下では、具体的な行為となって表れる「五行」のうち、①の信仰告白以外について、シンガポールのムスリムの実践がどのようになっているかみていくこととする。

　②の礼拝は、毎日決まった時間に5回の礼拝を行う義務である[45]（写真2）。マク（Mak Lau-Fong）の1998〜99年の調査では、聴き取りを行った10名のムスリムのうち、一日に5回礼拝を行う者は3名だけであった（Mak, 2000: 38）。筆者が2013〜17年に聴き取りを行ったムスリムのうち、聴き取りが3〜4時間に及んだ際、先方が礼拝のために聴き取りの中断を申し出たのは、非常に保守的な復興主義者とみられる宗教教師だけだった。礼拝の時間までに聴き取りを終わらせるよう申し出るムスリムもいたが、その多くはモスクのイマームやマドラサ（イスラーム学校）の教師など、宗教指導者であった。筆者が聴き取りを行ったムスリムの半数以上は、少なくとも、決まった時間に一日5回の礼拝を行うというルールを厳格には守っていないと言える。マクの研究と筆者の観察を踏まえると、シンガポールでは礼拝を必ず一日5回決まった時間に行うム

44　" 'Reject views at odds with S'pore society' ", *ST*, 29 July, 2016.
45　毎日少しずつ時間が変わる。指定された時刻から次の礼拝の時刻までの間にできるだけ早く礼拝を行うのがよいとされる。

写真2　モスクで集団礼拝を行うムスリム（102ページ参照）。

スリムは少数派であると言える。

　③の喜捨については、ムスリム法施行法（AMLA）において、ムスリムがム
イスに対し喜捨を納めるべきことが規定されている。ムスリムの多くは、銀行
口座からの自動引き落としなどの方法により、毎年決まった額の喜捨を行う。
前述のマクの調査によれば、10名のうち8名と高い割合のムスリムが喜捨を
行っている。

　④のラマダーン[46]中の断食については、前述のマクの調査（1998〜99年）によ
れば、10名中5名が行っている。筆者は、現在ではもっと高い率のムスリム
が行っているように感じているが、最近のデータがなく実態は不明である。

　⑤のメッカへの巡礼（ハッジ：haj）については、ムスリムのうち何割くらい
が巡礼を行ったか、また、希望しているかについては、データがない。巡礼を
すませたムスリムは、男性はハジ（Haji: 省略形は Hj）、女性はハジャー（Hajjah:
省略形は Hjh）の称号を冠せられる（名刺等にも記載する）。特に宗教指導者や
宗教関係団体の役員・幹部職員で中高年の人々は巡礼を経験している率が高い。
サウジアラビアは、受入れ態勢の制約から各国の人口に応じ巡礼者の数に枠を
設定しており、シンガポールは50万人以上のムスリムがいるが、毎年680人
の枠しか割り当てられていない。希望者が多いため2016年時点で最大15年待
ちの状態であり[47]、約1万人が順番を待っていることになる。

46　ムスリムが断食を行うことが義務とされる、ヒジュラ歴（イスラーム暦）の第9の月。
47　"Yaacob Ibrahim hopeful that Singapore's haj quota will increase in 'the years to come'", *ST*,
　5 September, 2016.

カマルディーン（Kamaludeen Mohamed Nasir）らは、2007～08 年に 30 名の
「宗教心が強い（pious）」と自認するミドルクラス層のムスリムに聴き取りを行い、
「主流社会」から「距離を置こうとする」とみなされる様々なムスリムの宗教
実践について、本当に「距離を置こうとする」性質のものなのかを検証した
（Kamaludeen, Pereira and Bryan, 2010）。この研究の背景には、ムスリムが常に「主
流社会」（3.2.2.2.）から距離を置き、社会に統合しない集団とみなされ、特に 9・
11 以降一層その傾向が強まったことが背景にあった。
　まず、食事の際にハラールをどこまで意識するかについては、調査対象者た
ちの全員が、普段は、ハラールとノン・ハラール両方を提供するフードコート
などで、非ムスリムとも同じテーブルに着くことを受け容れていた。彼らは、
ハラールに厳格になることで距離を置くのではなく、非ムスリムと混じり合う
ことをいとわないのである。
　ヒジャブについては、宗教心が強いと自認する 20 名の女性の調査対象者の
うち、半数がヒジャブを常時着けていた。ヒジャブを着ける女性たちは、宗教
への関心がより高いヒジャブを着ける女性と付き合うことが多いが、着けない
女性にも特段反感は持たない（Ibid.: 92-96）。また、ヒジャブを着けていること
で非ムスリムと付き合うことに支障はない。むしろ、ヒジャブを着けているこ
とで、信仰心が強い人物として理解され、そのことに配慮したつきあい方をさ
れ、非ムスリムとの人間関係を円滑にできる面がある。
　ハラールやヒジャブに関するムスリムの宗教実践は、ムスリムが社会から距
離を置こうとするものではなく、非ムスリムとの交流を円滑にする戦略として
機能すると、カマルディーンらは結論づけている。また、この研究からは、信
仰心が強いと自認するムスリムの間でも宗教実践は多様であることが明らかで
ある。食に関わるハラールに関しては、アルコールや豚のにおいを避けるかは、
人によって違いが見られた。また、信仰心が強いと自認する女性の間でも、ヒ
ジャブを着ける女性、着けない女性が概ね半数ずつであった。
　カマルディーンらの研究にもあるように、食事や服装など生活面でどこまで
イスラームに則った厳格さを求めるかは、個人によって大きな差がある。以下
に、筆者自身の観察を踏まえ、補足する。
　食事に関しては、イスラームでは、ムスリムが食べることができるものが「ハ
ラール」という範疇として定められている。これに厳格に従うと、肉について
は、豚肉を避けるほかに、鶏肉や羊肉も、ムスリムが所定の方法に則って屠殺

したものの肉しか食べてはいけないことになる。しかし、シンガポールのムスリムがこれをどこまで厳格に守るかは、人によって違いが大きい。豚肉を避けることは筆者がこれまでに接触したすべてのムスリムに共通しているが、ハラールでない鶏肉や羊肉を食べるかどうかは、人によって違う。また、イスラームでは飲酒は禁止されており、シンガポールのムスリムも一般に飲酒はしないが、宗教の儀礼・形式面にこだわらないリベラル派のムスリムの中には、外国旅行中などに飲酒する者もいる。あるムスリムは、酩酊して人に迷惑をかけるのはいけないが、リゾートなどで誰にも迷惑をかけない状況でロマンチックな気分になるために一杯だけアルコールを口にするのはイスラームの教えに反しないと筆者に説明した。[48] 一方で、醤油がアルコール由来の原料を含む可能性があることを嫌い、ハラール以外の日本料理を食べないムスリムもいる。

　服装に関しては、女性はヒジャブを着用することがイスラームに基づく義務であるという考え方が広まっているが、カマルディーンらの研究にもあるように、自分の判断としてヒジャブを着ける女性、着けない女性の両方がいる。女性の服装については、ヒジャブを着け、体の線が目立たないようなマレー服を「イスラーム的」と考えて着る女性がいる一方で、Tシャツにジーンズで街を歩く女性もおり、人によって違いが大きい。近年では、わずかではあるが、目以外すべて体を覆う黒いニカブを着ける女性も見られるようになった。

　男性の服装に関しては、宗教儀礼の時などを除き普段は洋装で過ごす人が多いが、アラブ風の白いワンピース状の服を着て、頭にはやはりアラブ風のスカル・キャップ（丸く平たい帽子）を着ける「イスラーム的」と考えられる服装をする人も増えている。筆者の聴き取りの中では、儀礼や形式にこだわらないリベラル派のムスリムから、そのようなアラブ風の服装をすることが果たして「イスラーム的」なのか、単なるアラブの民族服ではないか、という意見もあった。[49]

2.1.2.5. シンガポールのムスリムに対する宗教教育

　シンガポールのムスリムが受ける宗教教育についても、触れておく。ムスリムの一部は、公立学校に行く代わりに、宗教指導者の育成を目的とするマドラサに通う。「マドラサ（madrasah）」は、アラビア語で「学校」を指すが、シン

48　2017年5月3日聴き取り【No. 34】。
49　2016年5月9日聴き取り【No. 4】。

ガポールではイスラーム法学などイスラームに関する専門知識を学ぶ私立の宗教学校を言い、小学校から高校に相当するレベルまでがある。小学校は義務教育であるが、小学校レベルからマドラサに行く児童はその例外扱いとなる。マドラサの入学者は6校のマドラサ全体で年間400人の枠内に抑えられており、同年代の子供のうち約1%に過ぎない。

　マドラサの卒業生の多くは、シンガポールに大学レベルのイスラーム教育機関がないため、エジプトのアズハル（Al-Azhar）大学[50]やマレーシアのマレーシア国際イスラーム大学をはじめとする外国のイスラーム大学に留学する。こうして外国の大学でイスラームを学んできた人々が、ムイス（イスラーム評議会）、シャリーア裁判所などの機関やモスクで働き、あるいは、マドラサや民間の宗教学校でのイスラーム教育に従事する[51]。彼らは、「イスラームを学び知識を習得した人々」を意味する「ウラマ」（ulama：宗教学者）と呼ばれる（O.3.）。その中でも特に宗教教育に従事する人びとは、宗教教師を意味する「アサティザ（asatizah）」または「ウスタズ（ustaz）」と呼ばれる[52]。本研究では、宗教教師その他の宗教学者の全体を「宗教指導者（宗教界のリーダー）」と位置づけ、彼らが政府によるイスラームの管理の枠組の中で果たす役割に注目する。

　公立学校に通う子供にイスラームを学ばせたい親は、学校の休日や放課後に、「週末のマドラサ（weekend madrasah）」とも呼ばれるイスラーム関係団体の宗教教室、民間の宗教学校などに子供を通わせる。2015年時点で、7歳から16歳までの子供のうち週末のマドラサで学ぶ子供は約50%に達する[53]。

　週末のマドラサの教育の内容は多様である（Chew, 2014）。歴史のあるイスラーム関係団体が開設する伝統的なタイプのものでは、男女でグループを分け、女子生徒や女性教師は白いヒジャブを着け、顔と手以外をすべて覆うなど、服装面でより厳格である。また、クルアーンの朗誦や暗記を中心とする昔ながらの教授法を守り、クルアーンの意味を理解するよりも、アラビア語で正しく発

50　エジプト・カイロにある、10世紀に設立され現存する最古のイスラーム大学で、スンナ派では最も格が高い教育機関である（飯森, 2002）。世界各地からの留学生を受け入れ、シンガポールからも多数のムスリムが留学している（2013年には約250名）。前任と現職のムフティ（宗教上の最高指導者。2.2.1.2.1. 参照）もアズハル大学への留学を経験している（Norshahril, 2015: 39-40）。

51　公立の学校教育を代替する「フルタイム」のマドラサ以外に、学校の放課後や休日に短時間の宗教教育を提供する「パートタイム」の宗教学校もあり、どちらも私立学校である。後者は、「private madrasah」などと呼ばれることもあり、本研究ではマドラサと対比し「民間の宗教学校」と表現した。

52　ウラマ、アサティザ、ウスタズの用法については、ノーシャーリル（Norshahril, 2015: 7-8）による。

53　"Updates on the Suara Musyawarah exercise", Minister Yaacob Ibrahim's response to Parliamentary question, 9 January, 2017.

音することに重点が置かれる。教師は生徒に知識を伝える権威として位置づけられる。リベラルなムスリムは、こうした伝統的な週末のマドラサの中に保守的な宗教志向を持つものがあり、男女差別的な教えを広めるものもある、と眉をひそめる[54]。

　一方の極にあるのが、ムイスの指導を受けてモスクで開設される「週末のマドラサ」である。女子生徒や女性教師は色や形がよりファッショナブルなヒジャブを着け、授業では、聖典の全体を理解することに重点が置かれ、宗教的な問題について生徒と教師、または、生徒同士で議論を行う。伝統的なタイプと異なり、教授言語は英語またはマレー語が中心である。宗教の儀礼的な面よりも倫理的な面を、来世の問題よりも現実世界の問題を、教条主義よりも普遍的な価値を、より重視した宗教教育を提供するプログラムである。

　このように、ムスリムが受ける宗教教育は、伝統的な宗教教育と、宗教当局のムイスが推進する「進歩的な（progressive）」宗教教育とで大きな路線の違いがあり、どちらを受けるかは宗教志向を大きく左右すると考えられる。アラビア語を中心とする伝統的な宗教教育を提供する週末のマドラサを好む親もいる。宗教教育の状況も含め、依然として保守的な環境が強いことがムスリムの保守化に重要な役割を果たしていることが指摘される[55]。

2.1.2.6. 保守的な宗教実践の広がり

　1970年代以降のシンガポールのムスリムの宗教意識の高まりについてはすでに述べたが（2.1.2.2.）、近年ムスリムの間では、マレーシアの影響も受け、一層保守的な宗教実践が広まっていると言われる。しかし、ムスリム全体が保守化しているわけではなく、極端に保守的な宗教志向の一方で、リベラルと呼ばれる改革志向もみられ、ムスリムの志向は多様化している（Association of Muslim Professionals, 2012: 109）。

　宗教意識の高まりは、女性がヒジャブを着用する、男性があごひげを伸ばしたりアラブ風の服を着る、男女に共通するものとして、男女間で握手など身体的接触を避ける、食べ物のハラールを厳格に解釈する、マレー語の単語をアラ

54　2016年8月16日、イスラーム・マレー問題研究所（RIMA）で、若いムスリム女性の研究員から聴き取り【No. 28】。
55　2016年8月16日、イスラーム・マレー問題研究所（RIMA）で研究者等との意見交換から【No. 26, No. 27, No. 28】。

ビア語に置き換えるなどの形で現れる。近年は、ヒジャブを着けるムスリム女性が増えたと言われる。目以外をすべて覆うニカブ（4.1.1.）の着用は 10 年前は皆無であったが、最近は一部で見られるようになった。アラビア語への置き換えの例としては、挨拶にマレー語の「スラマッ・パギ（Selamat pagi）」（おはようございます）などの代わりにアラビア語の「アッサラームアレイクム（Assalamualaikum）」（あなたに平安あれ）を使う、断食明けの日を指す言葉としてマレー語の「ハリ・ラヤ・プアサ（Hari Raya Puasa)」の代わりにアラビア語の「アイドルフィトリ（Eidulfitri）[56]」を使うといったものがある。

　ムスリムの宗教意識の高まりは、以上のように、クルアーンやハディース（預言者の言行録）をより厳格に解釈する宗教実践を行ったり、アラブの慣習を「イスラーム的」なものと考えて取り入れる形で現れる。2000 年以降においては、アラブの影響を受けた宗教実践の変化、いわゆる「アラブ化（Arabisation)」が進んでいると言われる。2004 年にはムスリム問題担当大臣（当時）のヤコブ・イブラヒム（Yaacob Ibrahim）が、「ムスリムがアラブ風の服装をするのは、過激化とは違う」と発言した[57]。ヤコブの発言は、9・11 や JI 事件（3.2.2.3.）の記憶もまだ新しい中で、ムスリムの保守的な宗教実践を過激化に結びつく危険な兆候とする見方が広まっていることを踏まえ、国民の懸念を払拭しようとするものであった。ヤコブは同時に、ムスリムに対しては、「アラブ風の服装をすることでよりイスラーム的になれると考えるとすれば、我々は懸念しなければならない」と、注意喚起した。

2.2. ムスリムの宗教実践の支援とイスラームの管理

　シンガポールでは、広範にわたるムスリムの宗教実践の支援のための制度が整備されている。ここでは、ムスリムの宗教実践を支援する諸制度の成立の経緯、具体的な内容等について整理し、その上で、これら諸制度がどのようにイスラームの管理につながり、ムスリムの間にどのような不満を招いているのか、検討を行う。

2.2.1. ムスリムの宗教実践を支援する諸制度
　まず、ムスリムの宗教実践を支援する諸制度（法制や関連する機関）の成立

56　アルファベット表記は、ムイスが公式のイスラーム歴で用いるものによる。
57　"Arabisation doesn't mean more extreme", *ST*, 20 November, 2004.

の経緯、支援の内容等を整理する。まず、ムスリム法施行法（Administration of Muslim Law Act: AMLA。「アムラ」と読む）と同法に基づき設置される機関、その役割、課題等について述べる。

2.2.1.1. ムスリム法施行法の制定経緯と概要

ムスリム法施行法は、独立の翌年の 1966 年に制定され、68 年に施行された。ムイス（イスラーム評議会）やシャリーア裁判所、ムスリム結婚登録所の三つのイスラーム関係団体の役割のほか、ザカート（喜捨）、ワカフ（宗教上の目的で寄進された財産）、モスク、マドラサ、ハラール（宗教上許される食物等）の認証、ハッジ（巡礼）、ムスリムの結婚と離婚等イスラームに関わる幅広い事柄について定めている。

シンガポール憲法第 152 条は、政府が民族・宗教マイノリティの利益に配慮すべきこと、特に、シンガポールの先住者であるマレー人の特別な地位を認め、その利益に配慮すべきことを定める。また、同第 153 条は、イスラームに関わる問題について規制（regulate）し、大統領に助言する評議会を設立する法律を制定すべきことを定める。ムスリム法施行法および同法に基づくムイスの設置は、これらの憲法の規定を受けたものである。

イギリス植民地時代の 1880 年には、海峡植民地[58]においてムスリム婚姻条例（Mahomedan Marriage Ordinance）が制定され、ムスリムの結婚と離婚をイスラーム法に基づき登録する役職であるカーディ（Kadi）が任命された。これがイスラームに関する植民地時代最初の法制であった（Lindsey and Steiner, 2012: 25-30）。1957 年にはムスリム条例（Muslim Ordinance）が成立し、翌 1958 年には同条例に基づきシャリーア裁判所が設置された。これは、ムスリムの離婚率が 50% にも達し、大きな社会問題になっていたため、婚姻や離婚に関するイスラーム法の適正な運用により問題に対処することを目的としていた（Ibid.: 35-36）。

1915 年には、ムスリムの声を行政に反映させるため、マホメダン諮問委員会（Mahomedan Advisory Board）が設置され、植民地政府がムスリムに関わる問題について決定する際に助言を行う役割を与えられた（Ibid.: 43-46）。同委員

58　イギリス領マラヤのうち、サルタン（宗教指導者である王）を通じ間接統治を行ったマレー諸州と異なり、イギリスが直接統治した植民地で、現在のペナン、マラッカ、シンガポールが含まれる。

会は第二次世界大戦によって機能を停止したが、1947年にムスリム諮問委員会（Muslim Advisory Board）として活動を再開した。

人民行動党（PAP）がマラヤ（現在のマレーシア）との統合による独立を目指していた1960年には、マラヤにならい評議会を設置してイスラーム行政の仕組みを整備するため、ムスリム法施行条例（Administration of Muslim Law Ordinance）が議会に提出されたが、イスラーム関係団体の意見が集約できず、廃案となった（光成, 2015: 117-132）。マレーシアからの分離・独立後の1965年12月にムスリム法施行法案が国会に提出され、翌年に成立したことで、新たに設置されるムイスを中心とし、シャリーア裁判所やムスリムの婚姻登録の制度など既存の制度を取り込んだ包括的なイスラーム行政の仕組みが確立された（Ibid.: 161-181）。

以下では、ムスリム法施行法に基づくイスラームの管理の仕組みと、同法に基づいて設置されたムイス、シャリーア裁判所、ムスリム結婚登録所について順に整理する。

2.2.1.2. ムイス（イスラーム評議会）

最初に、ムスリム法施行法に基づき設置されるムイス（イスラーム評議会）の概要について述べる。ムイスは、正式名称を「Majlis Ugama Ialam Singapura」という。マレー語で「シンガポール・イスラーム評議会」の意味である。[59]マレー語のアクロニムのMUIS（「ムイス」と読む）で呼ばれるのが一般的であり、本研究では「ムイス」と呼ぶ。ムイスは、特別の法律に基づき設立される「法定機関（statutory board）」、すなわち、政府関係機関として位置づけられる。トップである会長（President）は大統領が任命し、理事会（Council）は、ムスリム問題担当大臣の推薦に基づき大統領が任命する7名以内の役員（member）と、イスラーム関係団体の推薦に基づき大統領が任命する7名以上の役員から構成される。役職員はムスリムであり、マレー人のほかインド人ムスリムもアラブ人もいる。多くの幹部職員は、マドラサを卒業後、中東などのイスラーム大学への留学を経験している。ムイスを監督する省庁は文化コミュニティ青年省（Ministry of Culture, Community and Youth: MCCY）であり、担当する大臣はムスリム問題担当大臣（Minister in Charge of Muslim Affairs）である。

---

59 英語では「Islamic Religious Council of Singapore」と表記される。

　財政面についてみると、収入の約 6% は政府からの助成で、幹部職員の報酬に充てられる。残りの 90% 以上の収入は、ザカートと呼ばれるムスリム社会からの喜捨であり、その総額は 2015 年には 3,530 万シンガポール・ドル（約 31 億円）にもなる[60]。ムイスは政府が設立した団体であるが、財源の大半はムスリムからの喜捨という形での資金拠出に頼っている。

　ムイスの個別の具体的な業務内容について、以下に述べる。

2.2.1.2.1. ファトワ

　ファトワ（fatwa）とは、イスラーム法上の判断・解釈に関する布告である。クルアーンやハディースを法源とするイスラーム法は、儀礼的な領域だけではなく、社会生活の領域をもカバーするものであるため、ムスリムは日々の社会生活において何がイスラーム法に基づき正しいのかの判断・解釈を必要とする。世界の多くのムスリム社会では、ムフティ（Mufti）と呼ばれる宗教上の最高指導者がファトワを発出することでムスリムを指導する。

　シンガポールでは、ムフティはムスリム法施行法に基づきムイスに置かれる（第 7 条(1)(c)）。すなわち、ムフティは、宗教上の最高指導者であるが、政府の指導を受ける法定機関ムイスに所属する。ムフティは、ムイスと協議の上、大統領が任命する（第 30 条(1)）。ムイスには、ムフティ、ムイスの役員 2 名、ムイスの役員以外のムスリム 2 名以内からなる法律委員会（Legal Committee）が設置され（第 31 条(1)）、委員会での検討を経てファトワが発出される（第 32 条(3)および(4)）。

　ファトワは、個人、政府機関、団体など様々な主体からの質問に回答する形で発出される。ムスリム社会全体に関わる重要なものについては、公表され、ムイスのムフティ事務局（Office of Mufti）のウェブサイトにも掲載される[61]。ここには例えば、ムスリムが移植のために人に臓器を提供することはイスラームにおいて容認されるとのファトワ[62]、受精後 14 日以内のヒトの幹細胞を科学的研究に使用することはイスラームにおいて容認されるとのファトワ[63]

60　ムイスの幹部職員からの聴き取りによる（2013 年 8 月 22 日【No. 1】）。ザカートの総額は、2015 年のムイスの年次報告書による（Majlis Ugama Islam Singapura, 2016）。

61　http://www.muis.gov.sg/officeofthemufti/Fatwa/index.html（2017 年 8 月 27 日最終アクセス）

62　https://www.muis.gov.sg/officeofthemufti/Fatwa/hota(2007)(eng).html（2017 年 9 月 14 日最終アクセス）

63　https://www.muis.gov.sg/officeofthemufti/Fatwa/stem-cell-research.html（2017 年 9 月 14 日 最終アクセス）

などが掲載されている。ファトワは、政府がこれに合わせて立法を行うことはないため、法的拘束力はないが、ムスリム一般に対する指導・助言としての性格を有し、ムスリムの生活に与える影響は大きい。

2.2.1.2.2. ワカフとザカート

ワカフ（wakaf）は、イスラームに則り専ら慈善の目的に活用されるよう寄付された土地、建物その他の財産である。モスクやマドラサのほか、商業施設として利用される土地や建物もある。ムスリム法施行法により、ワカフはムイスが管理を行う（第58条(2)）。2015年には、ムイスはワカフから279万シンガポール・ドル（約2億5千万円）の収益を得て、これをモスク、マドラサ、イスラーム関係団体のほか、困窮者に配分した（Majlis Ugama Islam Singapura, 2016）。

ザカート（zakat）は、イスラームに基づく義務としての喜捨であるが、ムイスはムスリム法施行法によってザカートの徴収権限を与えられている（第68条(1)）。イスラームに基づく宗教的行為であるザカートが、国家によって制度化され、政府が設立したムイスの運営システムに組み込まれているのである。ザカートはムイスの財源の90%以上を占め（2.2.1.2.）、ムイスはこれを原資として、社会開発および貧困層への支援、マドラサおよび宗教教師への支援、宗教教育プログラムおよびモスクの管理その他幅広い業務を行っている（Majlis Ugama Islam Singapura, 2016）。

2.2.1.2.3. モスクの管理と新設・改良

ムスリム法施行法は、ムイスがシンガポールのすべてのモスク（70か所）を管理する（administer）ことを定めている（第74条(1)）。モスクは、礼拝の場であるだけではなく、宗教教育、社会福祉プログラムの実施など様々な機能を持つムスリム社会の重要なインフラである。また、モスクは多くのムスリムが訪れる毎週金曜午後の礼拝で、イマームの説教を通じ、直接多くのムスリムにメッセージを伝える。従って、ムイスはモスクを指導することでムスリム社会に対し大きな影響力を持つことができる。

ムイスは、ムスリム法施行法に基づきモスクの管理委員会（management board）のメンバーを指名することで、モスクの運営に関与することができる。また、ムイスは、毎週金曜午後の礼拝の説教の原稿を作成し、全国のモスクに配布する。イマームは自分の好きなことを話してもよいが、多くのイマームはムイスの原稿を使って説教を行う。

　モスク建設・ムンダキ基金（Mosque Building MENDAKI Fund: MBMF）の財源を活用し、モスクの建設や改良を行うのも、ムスリム法施行法に基づくムイスの任務である（第76条(2)および第77条(1)(a)）。MBMFは、ムスリムが毎月の給与から天引きで徴収される拠出金を原資としている。MBMFは、1975年にモスク建設基金(Mosque Building Fund: MBF)として設置されたもので、リー・クアンユー首相（当時）が、再開発によってモスクが取り壊され、経済力の弱いムスリム社会がニュータウンで新しいモスクを建設する資金を集められないことを憂慮し、発案したとされる（Abdul Razak, 2016）。

　モスク建設基金は、1981年にモスク建設・ムンダキ基金へと拡充され、1982年に設立されたムンダキへの資金支援を通じ、ムスリムの低所得家庭の子弟への教育支援の役割も担うようになった（3.3.1.）。現在、基金からムンダキに提供される資金は、教育支援のほか、問題を抱える家庭への支援、雇用対策などにも充てられる。また、1991年のムスリム知識人協会（AMP）設立以降は、AMPが行う同様の事業にも充当されている（3.3.2.）。

　この基金は、一般のムスリムが拠出するものであり、政府は資金拠出を行わないが、事実上これら団体への配分は、政府が決定している。基金はモスクの建設、改良やムスリム社会の改善に貢献し、また、ムイス、ムンダキなどの団体に存在意義を与えているが、政府はその配分を通じこれらの団体を管理することができるのである。

2.2.1.2.4. マドラサの管理

　現在、シンガポールには6校のマドラサ(私立のイスラーム学校)があり、ムイス、シャリーア裁判所などのイスラーム関係団体やモスクの運営、一般大衆への宗教教育などを担う将来の宗教リーダーを育成する役割を担う。ムイスは、ムスリム法施行法によって、マドラサを管理（control）することとなっており（第87条(1)）、マドラサに対する監査を行ったり（第87条(4)）、不適切なマドラサの閉鎖を命じたりすることができる（第87条(7)）。

　ムイスは、教育カリキュラムの開発、教師の研修などを通じ、マドラサの教育を支援している。2008年以降、マドラサの小学校の生徒が「小学校修了試験（Primary School Leaving Examination: PSLE）」で公立学校と同等の成績を取ることが、マドラサの存続の条件となったため、ムイスはマドラサの「世俗科

64　既設のモスクにおけるバリアフリー化(エレベーター設置等)などの改良も基金によって行われる。
65　マレー・ムスリム関係団体の幹部職員からの聴き取り（2013年8月16日【No. 23】）。

目」の学力の向上に力を入れている（5.1.3.）。

2.2.1.2.5. ハラール認証

　シンガポールはムスリムと非ムスリムとが様々な空間を共有して暮らす社会であり、ムスリムにとっては、イスラームに則った食事を安心して選択できるハラール認証制度が不可欠である。ムスリム法施行法は、製品やサービスについてハラール認証を行う権限をムイスに独占的に与えている（第88条A⑴および⑸）。

2.2.1.2.6. ハッジに関する支援

　ハッジ（聖地メッカへの巡礼）は、ムスリムが行うべき五つの義務（五行）の一つである。ハッジに参加するムスリムの旅行の安全を確保するため、ムスリム法施行法は、ハッジに関連するサービスを提供する仲介業者を規制する権限をムイスに与えている（第88条）。そのほかムイスは、ハッジ参加者のための医師、看護師、支援スタッフからなる支援チーム（Singapore Pilgrims' Affairs Office: SPAO）の設置、巡礼者数の枠の増加に向けてのサウジアラビア当局との交渉など関連する業務を行っている。

2.2.1.2.7. イスラームに関する教育、普及等

　ムイスは、ムスリムの子供・大人それぞれに向けた宗教教室の開催、宗教教師に対する研修など、教育、普及等に関する事業を実施している。

　9・11 および2001〜02年のシンガポールにおけるテロ未遂犯拘束以降は、政府の意向を受けて、「穏健なイスラーム」の普及や宗教間融和の促進に力を入れている。

　「穏健なイスラーム」の普及に関しては、2005年に「シンガポール・ムスリム・アイデンティティ（SMI）・プロジェクト」において、世俗国家、かつ、多宗教社会であるシンガポールにムスリムが良き市民として国家に参画するイスラームのあり方を提言した（5.2.2.）。また、過激主義につながる偏った教義から青少年を守り、また、民族・宗教間融和について青少年に理解を深めさせる宗教教育プログラムを開発し、教室を開講している（Tan, Eugne K. B., 2007: 452-453）。

　宗教間融和については、2006年にハーモニー・センター（Harmony Centre）を設置し、シンガポールの多様な宗教に関する展示ギャラリーを設けて普及活動を行うほか、宗教間対話や宗教間融和に関する研修を実施している（8.2.2.2.）。

2.2.1.3. シャリーア裁判所

シャリーア裁判所（Syariah Court）は、1957年のムスリム条例（Muslim Ordinance）に基づいて1958年に設置されたものが始まりであり、現在の制度もこれを踏襲している。ムスリム法施行法に基づき設立され（第34条）、裁判長（senior president）と裁判官（president）は、大統領が任命する。ムスリムの結婚、離婚、離婚に伴う財産の分配、死亡に伴う財産の相続等に関する係争について管轄権を有する（第35条(2)）。実際に扱う事案は、離婚関連の係争がほとんどであるという。民事の中でも家族法に関わる限定された範囲ではあるが、ムスリムが当事者となる事案についてはシャリーア裁判所が排他的管轄権を有しており、ムスリムと非ムスリムとで法の適用が異なる二元法制が実施されている。

シャリーア裁判所は、民事の中の限られた範囲ではあるが、イスラーム法（シャリーア）に基づく社会秩序の実現というムスリムの希望をかなえるものである。しかし一部では、シャリーア裁判所によるイスラーム法の実施のあり方に対する異論もある。一例を挙げると、ムスリムの夫婦の離婚については、男性は3回離婚の意思表示（これを「タラーク（talak）」という）をするだけで離婚ができ、一方で女性は、離婚に至る十分な理由（夫の落ち度）があることを証明しなければ離婚ができない。このようなイスラーム法の運用について、男女の権利平等に反するとして異論を唱え、現代社会の要請により適切に応えることができるイスラーム法の実施を求める意見もある（Noor Aisha, 2009: 113-114）。しかし、1970年代のイスラーム復興により復興主義的な宗教志向が優勢になっている中で、現代のニーズに合ったイスラーム法の改革は困難であるという（Noor Aisha, 2016）。

2.2.1.4. ムスリム結婚登録所

ムスリム結婚登録所（Registry of Muslim Marriages）は、ムスリム同士の結婚について、イスラーム法の規定に基づき登録を行う機関であり、文化コミュニティ青年省（MCCY）の下に置かれる。両方がムスリムである夫婦以外の結婚の登録は、女性憲章（Women's Charter）に基づき一般の結婚登録所（Registry

---

66　裁判長（Senior President）を務める人物（ムイスの元幹部職員）からの聴き取り（2016年10月14日【No. 2】）。
67　夫が妻を養育しない、収監された、結婚時の誓約に違反する、性的に不能であるなど。

of Marriages）が行う。ムスリム結婚登録所においては、大統領が任命（第 91 条(1)）するカーディ（Kadi）と副カーディが、イスラーム法の要件に合致していることを確認の上、結婚の登録事務を行う。ここでもシャリーア裁判所の場合と同様に、イスラーム法に基づくムスリムの法体系と、世俗法に基づく非ムスリムの法体系が並立する二元法制が実施されている。例えば、ムスリムの男性はイスラーム法に則り 4 人までの女性との結婚が認められており、2015 年には 2 人目以降の女性と結婚したムスリム男性は、結婚したムスリム男性の 0.3% であった（Department of Statistics, Singapore, 2016c）。

2.2.1.5. ムスリム問題担当大臣

ムスリム問題担当大臣（Minister in Charge of Muslim Affairs：以下「担当大臣」という）は、1977 年以降内閣に 1 名置かれており、いずれかの省庁を担務するムスリムの大臣が兼務する。[68] 2002 年 3 月から 2018 年 4 月までは、ヤコブ・イブラヒムが担当大臣に任命され、退任前は通信情報大臣（Minister for Communications and Information）を兼務していた。ムイス、シャリーア裁判所、ムスリム結婚登録所の三つの組織は、文化コミュニティ青年省が管轄し、大臣レベルでは担当大臣が管轄する。担当大臣は、ムスリム法施行法に基づき、ムイスの役員任命に当たり大統領への推薦を行う、ムイスの業務上の行為に承認を与えるなど、これら三つの組織に関与する。また、ムスリムに関わる問題について政府とムスリム社会の調整役となるほか、毎年の断食明けの演説などを通じ、ムスリム社会のビジョンを示す役割も果たす。

2.2.1.6. イスラーム関連産業の振興

イスラーム金融、ハラール食品、イスラーム・ファッションなどイスラームに関する知識や経験を生かせる産業の振興は、ムスリム人材の活用を通じムスリムの社会的地位の向上につながる効果が期待されるもので、ムスリムに対し包摂的な政策であると言える。

イスラーム金融とは、利子を取らない、アルコール、豚肉等を取り扱う事業に融資しないなどの点でイスラームに則った金融である。マレーシアでは、自

68　"How did the post of "Minister in Charge of Muslim Affairs" come about?" (2016), *Majulah!: 50 Years of Malay/Muslim Community in Singapore*, Zianul Abidin Rasheed and Norshahril Saat eds., Singapore: World Scientific.

動車や住宅を購入するためのイスラーム金融による個人向けローンが発達しており、イスラーム銀行による融資の58.6%にも及ぶ（福島, 2012: 381）。シンガポールでは、イスラーム銀行は個人向けの融資サービスは提供していないため、ムスリムも住宅購入等の際には利子がつく通常のローンを利用し、モスクも利子がつく通常の銀行口座を持つなど、現実的に対応している[69]。

　シンガポール金融管理局（Monetary Authority of Singapore: MAS）は、シンガポールが国際的な金融のハブであることを強みに、イスラーム金融の振興に取り組んでおり、中東の投資家をターゲットとし、利子を伴わない債権であるスクーク（sukuk）の市場形成を目指している[70]。しかし、2015年には最大の金融機関であるDBSグループがイスラーム金融子会社の廃業を決めるなど、イスラーム金融の成長に陰りがみえてきている。マレーシアのような思い切った優遇策の不足や、イスラーム金融に関心のある現地投資家の不足が、成長の阻害要因であるとの指摘もある[71]。

　ハラール食品やイスラーム・ファッションについては、マレー人商工会議所（Singapore Malay Chamber of Commerce and Industry: SMCCI）が海外へのプロモーションに取り組んでいる。SMCCIは、2016年11月には傘下の中小企業10社を率いて日本への第2回のミッションを実施し、同12月には、東京・浅草で開催された日本で3回目のハラール・エクスポ・ジャパン（Halal Expo Japan 2016）に参加した。このエクスポでは、日本初のムスリム・ファッション・ショーが開催されたが、シンガポールのファッション関連企業5社も参加した[72]。

　シンガポールは、2015年から3年連続で、「イスラーム協力機構（OIC）加盟国以外でムスリムが最も旅行しやすい国」に選ばれた（0.1.）。ムスリムの旅行者を受け入れる上で、ハラール認証は重要と考えられている。世界的にもムスリムの旅行者を引きつける戦略として、ハラール認証が注目されている。ムイスは、国外でのニーズもにらみ認証業務の拡大に取り組んでおり、2014年にはハラール認証関連業務を専門に行う会社「ワリーズ・ハラール（Warees

---

69　利子の問題へのシンガポールのムスリムの対応については、ムイスの幹部職員から聴き取り（2016年5月3日【No. 2】）。

70　"The rise of Islamic finance in Singapore", *ST*, 4 June, 2015.

71　"Singapore's Islamic Hub Dream Fading as DBS Closes Shariah Bank", *Bloomberg*, 16 September, 2015.

72　"Singapore Muslim businesses out to tempt Japanese", *ST*, 11 December, 2016.

Halal Limited: WHL)」を設立した。[73] WHL は、認証の審査、認証事業者の監査、認証事業者に対する研修のほか、国外での認証業務にも取り組んでいる。[74]

2.2.2. イスラームの管理

　ここまで、ムスリムの宗教実践を支援する諸制度について述べたが、以下では、これらの制度がイスラームの管理の手段ともなっていることを明らかにする。

2.2.2.1. 管理の制度としてのムスリム法施行法

　ムスリム法施行法に基づく諸制度は、ムスリムの宗教実践を支援するものであり、ムスリムを包摂するものであるが、国家によるイスラームの管理の仕組みでもある。

　特に、ムイス（イスラーム評議会）については、そのような性格が強い。モスクとの関係で言えば、ムイスはモスクの管理委員会（management board）のメンバーについて人事権を持ち、また、イマームが金曜日に行う説教に対し指導を行うことで、一般のムスリムに対し影響力を行使できる。一方で、ムイスの会長及び役員は大統領が任命し、一部の役員はムスリム問題担当大臣が推薦する。このように、政府がムイスを通じ間接的にムスリムを管理する仕組みになっている。

　ムスリム法施行法は、植民地時代末期にマレーシアとの併合をにらみ、マレーシアと同等のイスラーム行政を整備する観点から検討され、ムイスの設置もその中核をなすものであった。法案が提案された際、会長や役員の人事を通じた政府のムイスへの関与が、ムスリム社会の中で大きな議論になった。政府は、ムイスへの政府の関与の仕組みはマレーシアのそれと変わらないと説明したが、いくつかのイスラーム関係団体は、マレーシアは「イスラーム国家」[75]だがシンガポールは世俗国家であり、状況が違うと反論した（Ismail, 1974: 48-50）。ムイス自身も、ムスリム社会に「ムイスの業務への政治介入の可能性」への懸念があったことを認めている（Green, 2009: 26-28）。イスラーム関係団体からは、ムスリム社会から選ばれるメンバーでムイスが構成されるのでなければ、ムイス

73　"Booming halal sector opens global path for local firms", *Business Times*, 18 January, 2016.
74　WHL 社のウェブサイトより。(http://www.wareeshalal.sg, 2017 年 2 月 19 日最終アクセス)
75　ムスリムが多数者で政治的実権を握っていることを指して言ったと考えられる。

はムスリム社会の意思を適切に反映できないという意見が寄せられた。これに対して、ムスリムであるオスマン・ウォク（Othman Wok）文化・社会問題大臣（当時）は、宗教に関わる問題が国民を分裂させるために悪用される恐れもある以上、何らかの管理・監督は必要だと主張した（Lindsey and Steiner, 2012: 54-55）。最終的には、政府の主張が通る形で法案が議決された。

　法案が議論された独立直後の時点では、マレーシア・インドネシアとの対立から、イスラームは、政治的な、脅威を招く力とみなされていたため（Ibid.: 51-52）、政府は、ムスリム法施行法を通じたイスラームの厳格な管理を行うこととしたのだった（Ibid.: 54-55）。

2.2.2.2. ムイスによるイスラームの管理

　以下では、ムイス（イスラーム評議会）がムスリム社会からイスラームの管理の主体としてみられる問題について論じる。

　ムイスは、ムスリムからは政府の政策を実行するだけだとみられてきた（Hussin, 2012: 91-93）。ムスリム法施行法は、ムイスがイスラームに関わる問題について大統領に助言することを定めるが（第3条(2)(a)）、ムスリムが政府の政策に不満を持った時にも、ムイスが政府に反対を表明することはなかった。1999年には、義務教育の導入に伴うマドラサの小学校の廃止が提案され、ムスリム社会から強い反対論が起こったが、マドラサを統括する役割を担うムイスは何も行動を起こさなかった（5.1.2.）。2002年に小学校におけるヒジャブ規制が論議になった際も、ムイスは政府の方針を追認する役割に回った（4.2.1.）。

　ムイスによるモスクへの指導は、しばしば政治による宗教への介入とみなされる。ムイスは全国のモスクでの金曜日の礼拝の説教を作成するが（2.2.1.2.3.）[76]、ムスリムの間では、政治的な意図を含む説教が行われる場合があるとの認識がある。2015年3月23日にリー・クアンユー初代首相が亡くなった際は、同27日にリーをたたえる説教がモスクで行われたことに対し[77]、近く総選挙が行われることが予想されていたため、政治による宗教への介入ではないかという議論が起こった[78]。同年9月の総選挙を控えた7月から8月にかけては、3回

76　ムイスが作成したモスクでの説教の原稿は、ムイスのウェブサイトの以下のアドレスからダウンロードできる。（http://www.muis.gov.sg/officeofthemufti/khutbah.html.）

77　Majlis Ugama Islam Singapura, *Friday Sermon*, 27 March, 2015.

78　"Praise of Lee Kuan Yew during Friday sermons anger some in Muslim community", *Coconuts Singapore*, March 27, 2015.

にわたり、「ムスリムは、イスラームの原理により運営される国家でなくても、イスラームが求めるような普遍的な価値を実践する世俗国家を受け容れるべきである」という趣旨の説教があり[79]、ムスリムの間からは、政治によるモスクの悪用だとの非難があった[80]。宗教的に保守的ではないムスリムからも、こうしたことを政府の宗教への介入として問題視する立場からのムイスへの批判はある[81]。

そもそもムイスが政府の政策に異議を唱えることは難しいとの議論もある。

あるムイスの幹部は筆者に対し、「ムスリムはムイスは自分たちのものだと思っているが、ムイスは法定機関なので政府のために業務を行わないといけない」と説明した[82]。ムイスは法律に基づき設置された機関であり、政府と一体として業務を行うものとされる。この幹部は、外国からの訪問者との意見交換では、「ムスリムの過激化をどのようにして防ぐのか」と尋ねられて、「ムイスにはイスラームをコントロール（control）する権限がある（から大丈夫だ）」と答えた[83]。政府や政府に近い機関は、民族や宗教への関与については、「control」という言葉を避け、一般によりソフトな表現である「manage」や「administer」を使うが、この幹部は、ムスリムを統制・管理するムイスの立場を強調していた。別のムイスの幹部は筆者に対し、「シンガポールでは、政府がイスラームをすべて管理（administer）している」と、政府がムイスを通じてイスラームを管理していることを認め、また、「ムイスはムスリムから政府の代弁者だと思われている」と率直に語った[84]。ムイスを退職してマドラサの校長を務めている人物は、「ムイスは、政府と同じだ。ムイスが政府に対してムスリムの声を代弁してくれると期待するのは、ばかげた考えだ」と話した[85]。

以上のように、ムイスに関わった人々の間でも、ムイスは政府と一体であり、ムイスが政府に対してムスリムの声を代弁することは難しいという見方が共通していた。

ムスリムはムイスの活動資金を負担しているにもかかわらず、会長や役員の

79　Majlis Ugama Islam Singapura, *Friday Sermon*: 17 July, 2015, 21 August, 2015, 28 August, 2015.
80　ムイスに対し批判的なフェイスブック・ページ「Singapore Muslims for an Independent MUIS」の 2015 年 9 月 1 日および 2 日の投稿。
81　リベラル派のビジネスマンのムスリムから、2016 年 8 月 19 日聴き取り【No. 21】。
82　2013 年 8 月 22 日聴き取り【No. 1】。
83　2015 年 8 月 12 日立ち会い。
84　2016 年 5 月 3 日聴き取り【No. 2】。
85　2016 年 8 月 22 日聴き取り【No. 10】。

選任権は政府にあり、一般のムスリムは選任に関与できないとの指摘もある。[86]
ムイスは法定機関であり、政府がトップの人事を掌握し影響力を行使するが、
一方でムスリムが拠出した財源によって運営されている。ムイスに対する助成
として重要なモスク建設・ムンダキ基金（MBMF）も、ムスリムが拠出するも
のであるが、その配分は政府が行っている。その点では、ムイスは政府関係機
関であるから、ムスリム社会の意向に沿って運営するものではないと言われれ
ば、ムスリムの中から反発が出るのは無理からぬ面もある。

　以上のように、ムスリム社会からは、ムイスはムスリム社会を代表して政府
の政策に異議を唱えることはない、さらには、政府の代弁者であるという不満
が唱えられることが多い。

2.2.2.3. ムフティの独立性の問題

　ムイスに所属するムフティの独立性も、問題にされることが多い。ムフティ
はイスラーム法の解釈を示す布告である「ファトワ（fatwa）」を作成・公表す
る宗教上の最高指導者であるが（2.2.1.2.1.）、大統領から任命を受けて法定機関
であるムイスに所属する準公務員的な存在でもある。ムスリムの間では、政府
から独立して中立的にイスラームに関する判断を行うことはできないとみられ
ることが多い。

　2002年のヒジャブ規制の論議の際のムフティの対応は、繰り返し象徴的に
語られる。当時ムフティであったサイド・イサ・スマイト（Syed Isa Semait）
は、ヒジャブを着けて公立学校に通っていた女児たちが停学処分を受けると、
停学処分を受けてまで着用にこだわるべきではないとの判断を示し、政府の方
針を追認した（4.2.1.）。サイド・イサ・スマイトは、「政府は決して自分の業務
に介入したり何か指示をしたりしたことはない」と述べているが（Syed Zakir,
2012: 89）、「政府がその都度明示的に介入しないとしても、ムフティは常に政
府を慮った判断をしている」との見方が強い。ワリドは、2008年にカジノ解
禁にムスリム社会が反発した時も、ムフティが沈黙を守ったことなども指摘し、
政府がムフティの決定に影響を及ぼさないとは考えにくいと主張する（Walid,
2015）。

86　ムイスに対し批判的なフェイスブック・ページ「Singapore Muslims for an Independent
　　MUIS」の2014年12月4日の投稿（2017年2月21日最終アクセス）。

2010 年からは、モハメッド・ファトリス・バカラム（Mohamed Fatris Bakaram）がムフティを務めている。保守的な民間のイスラーム学校の教師は、「自分は今のムフティは好きだ。しかし、彼をムフティとは認めていない。（政府から）独立して判断ができなければ、ムフティとは言えない」と筆者に語った[87]。また、あるリベラル派のムスリムは、「今のムフティは好ましい人物だが、立場に制約されている」と筆者に語った[88]。その他のムスリムからの聴き取りでも、総じて現職のムフティの人柄に対する評価は高かったが、ムフティは立場に縛られて自由に行動できていないとの認識が多く聞かれた。問題の所在はムフティ自身のパーソナリティではなく、ムフティが政府の機構の一部であるための制度的な制約であると考えられているのである。

2.2.2.4.「政府の側」とみられるムスリム問題担当大臣とムスリム議員

ムスリム問題担当大臣とムスリムの国会議員の役割の問題についても、整理しておく。

ムスリム問題担当大臣は、ムスリム社会の問題について、ムスリムの意見を政府に伝えていく役割を期待されるが、ムスリム社会からは、期待される役割を十分に果たしていないとみられる場合が多い。これは、ムスリムの国会議員についても同様である。むしろ、担当大臣を含むムスリムの議員は、政府の政策をムスリム社会に伝える役割を担っているとみなされてきた。

1989 年にゴー・チョクトン（Goh Chok Tong）副首相（当時）が、マレー人に先住者としての特別な地位に基づき認めてきた授業料の無償化の一部廃止を提案した際、マレー人社会は強く反発した（3.3.1.）。しかし、ムスリム（マレー人）議員はこれに反対せず、むしろ、見返りにマレー人から新たに徴収する大学の授業料を原資としてマレー人の自助団体であるムンダキへの支援が拡充されることを歓迎した。1999 年に義務教育の導入に伴うマドラサの小学校の廃止が提案された際にも、ムスリム社会から強い反発があったが、ムスリム議員は政府の方針に異を唱えなかった。2002 年のヒジャブ規制の論議の際も、ムスリム議員は、「ムスリム社会はヒジャブの問題に気を取られず、雇用、経済、教育などもっと差し迫った問題に取り組むべきだ」と述べ、政府の方針を追認した。与党 PAP は 2011 年まで国会のほとんどの議席を占めてきたため、ムスリム（マ

---

87 2016 年 8 月 23 日聴き取り【No. 13】。
88 リベラル派のビジネスマンのムスリムから、2016 年 8 月 19 日聴き取り【No. 21】。

レー人）が野党議員として政府を批判する道は事実上閉ざされてきた。2017年8月末現在、ムスリムの野党議員は労働者党（Workers' Party）に所属する1名のみで、それ以外のムスリムの議員十数名はすべてPAPに所属している。PAPが選挙で擁立するマレー人の候補者は、必ずしもマレー人社会で人望がある人物ではなく、また、マレー人社会よりも国家への志向が強く、マレー人社会の利益を主張しないとフシンは指摘する（Hussin, 2005: 65-67, 2012: 85-86）。

　かつてのマレー人集住地区は再開発によって解体され、新たに整備された公団住宅団地では民族混住政策が取られるために、マレー人が集住し政治力を持つ選挙区はなくなっていった。民族混住政策はマレー人（ムスリム）の政治力をそぐものでもある（Rahim, 2009: 48）。

　また、マイノリティの代表確保をうたい導入されたグループ代表選挙区（GRC）の制度の下では、マイノリティの候補者は他の候補者とチームを組んで戦うために、民族的・宗教的な主張を抑制する。また、現職の大臣など有力な候補者を含むチームに入って当選することで、自分の実力で当選したのではないというスティグマを負う（Ibid.: 89-90）。

　以上のように、ムスリム問題担当大臣やムスリム議員は、強力にムスリムの利益を主張することは非常に難しく、むしろ政府に取り込まれ、イスラームを管理する側に回っているとムスリム社会からみられている。このような「リーダーシップの欠如」は、1990年ごろのマレー（ムスリム）知識人たちの異議申立てをもたらしたものでもあった（Ibid.: 86-88）（3.3.2.）。

2.2.3. イスラームが管理される文脈と団体を通じた管理

　マレーシアでは、ムスリムが61.3%を占め（Department of Statistics, Malaysia, 2011）、また、イスラームが「連邦の宗教」とされていることから、首相府に国の行政機関としての「マレーシア・イスラーム発展局（Jabatan Kemajuan Islam Malaysia: JAKIM）」が設置されるなど、イスラームへの制度的配慮がなされるのは不思議ではない。ところがシンガポールでは、ムスリムがマイノリティであるにもかかわらず、法定機関としてのムイス（イスラーム評議会）を設置するなど、イスラームへの制度的配慮が行われている。

　シンガポールにおけるムスリムへの制度的配慮には歴史的な背景がある。1965年のマレーシアからの分離・独立後、突然マイノリティとなってしまったマレー人は、大いに不安を感じていた。リー・クアンユー首相（当時）は、

マレー人の不安を解消するため、独立の記者会見で以下のように発言した（黄、呉編 , 1988: 76-77。1.2.3. で示したものと一部重複）。

　また我々は、UMNO〔統一マレー人国民組織〕[89]に対抗してマレー人援助を約束しましたが、これは今後も続けます。（中略）マレー人の皆さんにお願いします。心配しないで下さい。我々は多人種主義を信奉し、シンガポールをショービニズム〔自民族至上主義〕[90]から切り離し、多人種主義へと導いた政府です。

　それでも、独立後にはマレーシアのアブドル・ラーマン首相の呼びかけに応じ、知識層を中心とする少なからぬマレー人たちがマレーシアに移住した。政府は、マレー人の処遇に配慮しなければならなかった(Mohamad Nawab, 2012: 4)。マレーシアと同等のイスラーム行政を実現するムイスの設立など、ムスリムに配慮した制度の整備は特に重要であった。

　マレー人（ムスリム）への配慮は、彼らが不満を持つことで、隣国（特にマレーシア）が民族的・宗教的紐帯につけこんで政治的に介入することを避けるためでもあった（Walid, 2013: 1190）。シンガポールのマレー人（ムスリム）の問題にマレーシアが介入してくることは実際にあった。1987 年には、リー・シェンロン第二防衛大臣（当時）が国軍におけるマレー人（ムスリム）への処遇差別の存在を公に認めると（3.2.4.）、マレーシアの与野党の政治家がこれを批判した[91]。2002 年のヒジャブ論議の際には、マレーシアの与野党の政治家がシンガポール政府を非難した（4.2.1.）。

　イスラームの実践を支援する制度はムスリムを管理する手段でもある。ムイスに対し、政府は会長や役員の人事を掌握することで影響力を行使できる（2.2.2.1.）。ムイスは、モスクにおける礼拝の説教への指導により、モスクを通じてムスリムに影響を及ぼすことができる。ムイスはまた、マドラサを指導するほか、宗教教室の開催、宗教教師に対する研修などを通じ、ムスリムに影響を及ぼすこともできる。従って、政府はムイスを管理することで、ムイスを通

89　当時から現在までマレーシアの与党連合を構成し、マレー人の利益を擁護する政党。

90　訳者の田中恭子は、「ショービニズム（chauvinism）」を「自民族至上主義」と訳している。これについては、チュアの説明（1.4.1.）および 2000 年のゴー首相の発言（3.3.2.）を参照。

91　"Abdullah Badawi regrets BG Lee's statement", *ST*, 1 March, 1987, "PAP leaders chauvinists, says PSRM leader", *ST*, 1 March, 1987.

じ間接的にムスリム社会を管理することができる。また、政府はムスリム問題担当大臣やムスリムの議員を通じムスリム社会を管理することもできる。

　多人種主義は、民族や宗教に基づくアイデンティティの差異を社会の安定に対する脅威とみなし、抑制するものである（1.4.2.）。多人種主義はアイデンティティの承認と抑制、すなわち包摂と排除の両方の面を併せ持つが、それはイスラームに関しても例外ではない。イスラームへの支援の仕組みは、宗教実践への支援を受けることでムスリムが包摂される面と、政府の統制によるイスラームの管理強化に不満を持つムスリムは要求が聞き入れられず、排除される面との両面がある。

　多人種主義の下で民族的・宗教的アイデンティティが管理・抑制されるのはイスラームに限ったことではないが、特にムスリムは、独立後のマレーシア・インドネシアとの対立を背景に、敵対的な二つの隣国の多数者の人々と民族的・宗教的紐帯を持つ「内なる他者」であり、適切に管理すべき「脅威」であるとみなされた（2.2.2.1.）。「マレー人の海に浮かぶ華人の島」という地政学的環境によって、ムスリムは「最も顕著な他者（the most significant other）」とみなされ、管理の対象とされた（Rahil, 2014: 222, 227）。その最たるものが、ナショナル・サービス（兵役）からのムスリムの除外であった（3.1.2. および 3.2.4.）。

2.3. 小括

　本章では、シンガポールのムスリムが、1970 年代以降のイスラーム復興により宗教意識が高まったこと、現在は、宗教実践・宗教志向の面で①伝統主義者、②復興主義者、③リベラル派と多様であることなどを整理した。

　ムイス、シャリーア裁判所の設置など特別な制度上の配慮が行われる点では、シンガポールはムスリムに対し包摂的な社会である。しかし、民族や宗教に基づくアイデンティティの差異を脅威とみなし抑制する多人種主義の下で、特にムスリムは、「他者化」され、管理される存在であった。ムイス、ムスリム問題担当大臣などムスリムを支援する制度は、政府によるイスラームの管理の手段でもあり、ムスリムの包摂・排除の両面を有する。

　以下の第 3 章〜第 7 章では、上記のようなシンガポールのムスリムをとりまく状況を踏まえ、ムスリムが直面する社会的地位や宗教的アイデンティティをめぐる個別の問題について、特に政府によるイスラームの管理へのムスリムのリーダーたちの対応に注目し、包摂と排除の視点から分析を行う。

第Ⅱ部

社会的格差、差別、ムスリムとしての
アイデンティティに関わる問題

マドラサ（イスラーム学校）に通う女子学生。

第3章
社会的格差と差別

　政府は、すべての民族・宗教を平等に扱う多人種主義と、国民を能力に応じ公正に登用するメリトクラシー（能力主義）を掲げるが、これらは結果の平等を保障するものではない。ムスリム社会は、その80％以上を占めるマレー人が、教育、所得、職業のすべての面で他のエスニック・グループとの間での大きな格差に直面し、ムスリム社会全体が対策に取り組んでいる。格差の問題は、ステレオタイプ・差別と相互に関連すると考えられる。格差と差別の問題はまた、イスラームの管理の問題とも密接に関連し、ムスリムの包摂・排除に関わる重要な問題でもあるため、本研究において一つの章を割いて論じる。

3.1. 社会的格差

　最初に、社会的格差の実態についてデータから明らかにする。続いて、政府のマレー人（ムスリム）に対する政策の影響も含め、格差を招いた原因に関する議論を整理する。

3.1.1. 社会的格差の状況

　マレー人の他のエスニック・グループとの格差の状況について、シンガポール統計局（Department of Statistics, Singapore）のデータから明らかにしていく。最初に、教育面の格差についてみる。15歳以上の居住者人口（就学者を除く）[1]に占める大学卒業者の比率をエスニック・グループ別にみると、図1のとおりである。2010年では、大卒者比率は全体で22.8%、華人では22.6%、インド人

1　「居住者（residents）」は、市民権保有者（citizens）と永住権保有者（permanent residents）からなる。

では35.0%に達するが[2]、マレー人ではわずか5.1%と、大きな格差がある。マレー人も大卒者比率は上がってきているが、比率の差でみると華人、インド人との格差は拡大している。

　次に、所得の格差について確認する。月間平均家計所得（シンガポール・ドル）の推移をエスニック・グループ別にみると、図2のとおりである。マレー人の所得は1980年から2010年までの30年間で約5倍に増加したが、この間に華人は約6倍、インド人は約7倍に増加している。特にインド人の所得の増加は著しく、2010年には華人のそれを上回った。所得格差を比率で表したものが、図3である。2010年では、華人、インド人の所得はマレー人の1.6〜1.7倍にもなり、しかも、この比率は過去30年間で拡大している。

　最後に、職業面の格差についてみる。エスニック・グループ別の職業分布は、図4のとおりである。2010年では、「経営・管理職」、「専門・技術職」への就労比率は、華人、インド人では合計で50%を超えているのに対し、マレー人では30%にも満たない。特に、マレー人の「経営・管理職」への就労率の低さが目立つ。逆に、マレー人は華人、インド人と比較して「販売・サービス」、「生産関連」の職業への就労比率が高い。マレー人は高所得で地位の高い職業への就労が少なく、職業面からみてもマレー人の社会的地位は低い。

　マレー人の社会的地位の低さは、シンガポールで生活していると見て分かるほど歴然としている。筆者は2004年から2007年までシンガポールに駐在し、最大のビジネス街シティ（City）の事務所に勤務しており、その後も毎年シンガポールを訪問し街の様子を観察している。シティでは、オフィス労働者に占めるマレー人の比率は、明らかに人口比である7分の1（約13%）を下回る。シティで目にするマレー人は、ほとんどが企業の運転手や運送会社のスタッフである。また、最大のショッピング街オーチャード・ロード（Orchard Road）でも、マレー人の比率は人口比を下回っていることがみてとれる。タカシマヤ（Takashimaya）など高級百貨店では、華人の客がほとんどで、マレー人を見る

2　インド人の大卒者比率・所得が急速に上昇しているのは、外国人労働者を積極的に受け入れる近年の人口政策（0.2.）により、インドからの高度技能労働者が大量に流入し、彼らの多くが市民権または永住権を取得しているからだと言われる。2000年から2010年までの10年間で、インド人居住者は25万8千人から34万8千人へと35%も増加し、居住者に占める比率は7.9%から9.2%まで上昇している（Department of Statistics, Singapore, 2011）。インド人社会の全体にわたり教育・所得水準が向上したわけではなく、統計上の数字は割り引いて考えるべきだとも言われている。複数のマレー人自助団体の関係者から聴き取り（2014年8月25日【No. 24】および同29日【No. 19】）。

図1 エスニック・グループ別の大学卒業者比率（%）

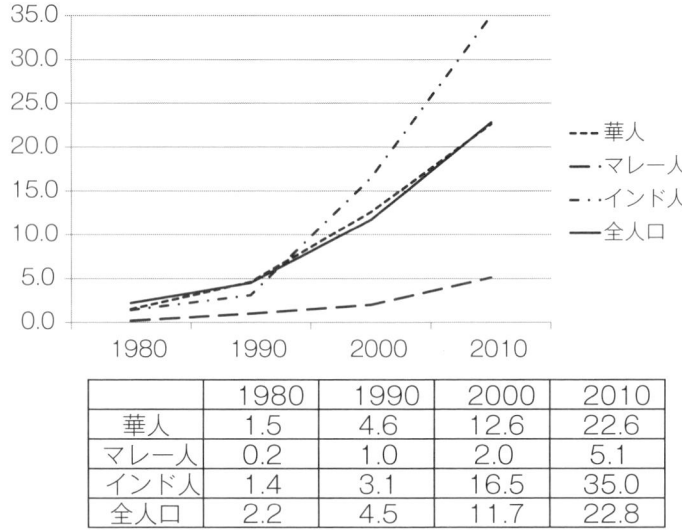

	1980	1990	2000	2010
華人	1.5	4.6	12.6	22.6
マレー人	0.2	1.0	2.0	5.1
インド人	1.4	3.1	16.5	35.0
全人口	2.2	4.5	11.7	22.8

"Census of Population 2010" ほかより。15歳以上人口に占める比率。

図2 エスニック・グループ別の平均家計所得（月間／シンガポール・ドル）の比較

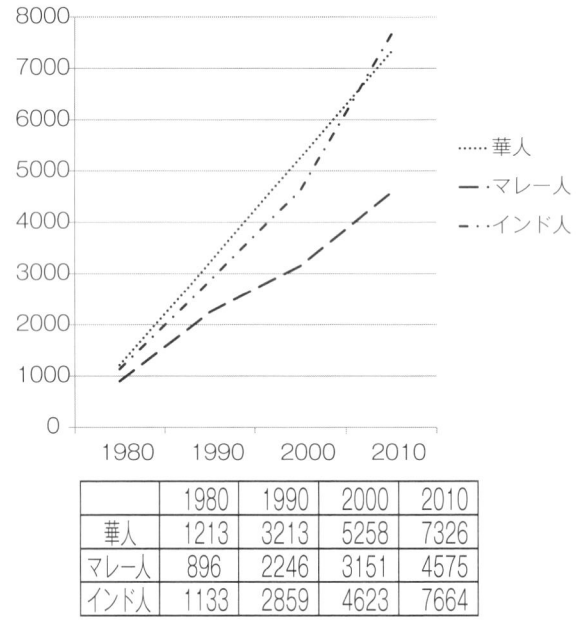

	1980	1990	2000	2010
華人	1213	3213	5258	7326
マレー人	896	2246	3151	4575
インド人	1133	2859	4623	7664

"Census of Population 2010" ほかより

図 3　エスニック・グループ別の平均家計所得（マレー人を 1 としたときの比率）

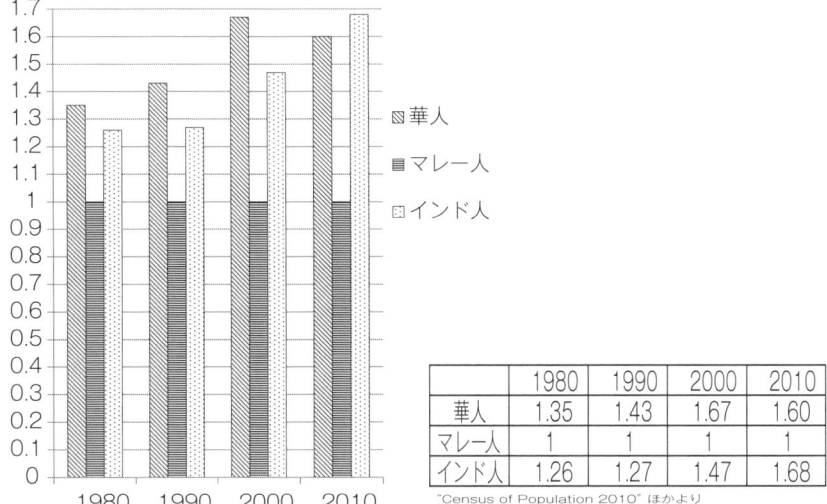

	1980	1990	2000	2010
華人	1.35	1.43	1.67	1.60
マレー人	1	1	1	1
インド人	1.26	1.27	1.47	1.68

"Census of Population 2010" ほかより

図 4　エスニック・グループ別の職業分布（%）

職　業	華人		マレー人		インド人		その他	
	2000	2010	2000	2010	2000	2010	2000	2010
経営・管理職	15.9	14.3	2.9	2.6	12.5	14.1	27.0	19.6
専門・技術職	30.3	37.5	20.4	25.2	30.7	43.1	36.5	55.4
事務職	13.5	12.4	20.0	17.5	15.4	11.4	12.5	7.9
販売・サービス	11.7	12.5	16.2	20.1	13.7	12.6	12.2	9.9
生産関連※ 1	18.7	13.3	27.6	20.0	15.4	10.1	6.7	3.8
清掃・人夫※ 2	6.2	6.6	10.7	11.1	8.0	5.7	3.0	2.0
その他	3.7	3.3	2.2	3.4	4.2	2.9	2.2	1.3

※ 1　元の区分「Agricultural & Fishery Workers」、「Production
　　　Craftsman & Related Workers」及び「Plant & Machine Operators
　　　and Assemblers」の合計。
※ 2　元の区分では「Cleaners, Labourers & Related Workers」
"Census of Population 2010" ほかより

ことは少ない。

　マレー人は、教育、所得、職業のいずれの面を取っても他のエスニック・グループに対し大きな遅れを取っている。これらの三つの面は、相互に深い関係がある。シンガポールは極端な学歴社会であり、また、職種による所得の格差が大きいため、学歴によって就ける職種がはっきり分かれ、それによって大きな所得格差も生まれるのである。

　その他のマレー人が直面する社会問題としてよく議論になるのは、離婚、青少年の学校中退や非行、薬物乱用、生活習慣病といった問題である。

　マレー人は他のエスニック・グループに比べ離婚率が高く[3]、このことが、シングルマザーが支える家庭の貧困、ひいては子供の教育問題につながると考えられている。離婚率の高さは、低学歴の若いカップルの結婚が多いことが原因の一つとされる（Association of Muslim Professionals: AMP, 2012: 69-71）。

　青少年の非行については、2003 年には、16 歳未満の少年の触法事案[4]の 40%がマレー人であり、2006 年には妊娠中絶をした 3 人に 1 人が十代のマレー人であった（Hussin, 2012: 59）。2012 年には、逮捕された違法薬物使用者の 51%がマレー人であった（Suara Musyawarah Committee, 2013: 64）。2017 年 4 月時点では、刑務所への収監者の 55% がマレー人であった[5]。これらは、マレー人の人口比率約 13% と比較するとアンバランスに高い数字である。

　生活習慣病に関しては、2010 年のデータによれば、マレー人は、高血圧、肥満、高コレステロールのいずれの比率も、華人、インド人と比較して高い（Suara Musyawarah Committee, 2013: 65-66）。その原因については、マレー人社会の食習慣や、高い喫煙率、運動不足などがあると説明されている（Suara Musyawarah Committee, 2013: 65）。

　マレー人の他のエスニック・グループとの社会的格差は極めて大きい。格差の継続・拡大は、マレー人が社会に十分に包摂されていない、または、排除されている状態ととらえることができる。

3　2010 年の結婚 1,000 件に対する離婚の件数は、マレー人が 485.1、インド人が 472.8、華人が 323.5であった（Saw, 2012: 136-138）。

4　親の申請に基づき、親が監督不可能な子供を更生するための拘留措置を行う「Beyond Parental Control」の処分を裁判所が下した事案。

5　"Malay-Muslim groups urged to tackle challenges", ST, 2 April, 2017.

3.1.2. 社会的格差の原因

　政府は、民族、宗教にかかわらず誰もが努力すれば社会的に成功を収めることができる「メリトクラシー（能力主義）」を標榜する（1.2.1.）。シンガポールは、高い学歴が得られれば、政府や外資企業に就職して高い地位・収入が得られる社会であり、学業の成績が社会的地位に直結するという意味でのメリトクラシーは貫徹している。教育制度は極めて競争的で、早い段階で振り分けが行われ、敗者復活の機会が少ない。「小学校修了試験（Primary School Leaving Examination：PSLE）」の成績に基づいて中学校から成績別のストリーミング（クラス分け）があり、これによって将来大学に進学できるか、職業訓練に進むかなど、進路がかなりの程度決まる。官僚として国家の運営に参画する人材をできる限り早い段階から選別し、高い教育を施すことを主眼としており、「人間は生まれつき能力に差があり、政府は高い能力（学業面の能力）を持った人材を選別し、育成する必要がある」というリー・クアンユー初代首相の思想を反映している。

　メリトクラシーの下では、高い社会的地位・収入が得られないのは、本人の能力または努力が不足しているためであることにされる。マレー人の社会的地位の低さは、能力あるいは努力の問題に帰せられることとなるのである。

　問題は、メリトクラシーの前提である、誰もが同じ条件で学業に取り組める「機会の平等（イコール・フッティング）」が確保されているかどうかである。実際には、子供に家庭教師をつけたり学習塾に通わせたりする経済力のある家庭の子供や、親が有名な学校にコネクションがある子供が学業面で優位に立つ傾向がみられる（Hussin, 2012: 121）。小学校は学校によって学力レベルに差があり、富裕層が多い地区の小学校はレベルが高い。

　また、小学校入学時点で、すでに基本レベルの英語、第二言語、数学の能力を身に着けていることを前提として学習が始まるため、準備ができていない生徒は小学校の最初の段階で落ちこぼれる（Barr and Skrbis, 2008: 134-137）。高い学歴を獲得するためには、小学校で一歩先んじたスタートを切ることが必要であり、高い学費を払って詰め込み学習に重点を置く有名幼稚園に通える子供が有利となる。

　このように、メリトクラシーは親の所得や社会的地位が子供の学歴に影響す

6　ストリーミングは、1979年に導入された時点では小学校4年生から行われていた。

る「ペアレントクラシー（parentocracy）」に変質しており、機会の平等は確保されていない。これは、所得の格差が子供の学歴にも影響し、ひいては子供の職業や所得にも影響する「負のサイクル」につながる。マレー人社会は、このような「負のサイクル」にとらわれ、低い地位から脱却することが難しい（Suara Musyawarah Committee, 2013: 23-24）。

　マレー人が低い社会的地位に置かれるようになった理由については、様々な説明がある。文化決定論的な説明もあれば、植民地化以前からの伝統的なマレー社会の支配体制に原因を求める説明、植民地時代の分割統治政策やマレー人に対するステレオタイプに原因を求める説明、独立後の政府の政策に原因を求める説明もある（Hussin, 2012）。

　植民地時代以前に、サルタンが臣民であるマレー人たちに十分な教育を与えなかったことが、社会的格差の原因の一つとする見方があり、マレー人のリーダーとの意見交換の中で話題になることもあった[8]。また、1950年代に植民地政府がマレー語学校に英語による教育を導入しようとしたにもかかわらず、マレー文化の衰退を懸念するマレー人社会がこれを拒否し、結果として英語の普及が遅れたことを原因とする議論もある（Kamaludeen, 2007）。これらは、マレー人社会内部の問題により経済的発展が阻害されたとする議論である。

　一方で、イギリス植民地政府および独立後のシンガポール政府の政策がマレー人の社会的地位に大きな影響を与えたことが指摘される。

　植民地時代の分割統治政策は、マレー人社会の状況に決定的な影響を与えた。華人やインド人の移民は、スズ鉱山やゴムのプランテーションの労働力として利用されたり、都市部で商業に従事したりしていた。一方で、この地の先住者であるマレー人については、地方部にとどまって農業や漁業に従事し続けるべきものと考えられたこと、また、教育を受けたマレー人が抵抗勢力となることが恐れられたことから、植民地政府は彼らに農民・漁民になるために必要とされる以上の教育を与えなかった（Roff, 1994: 127-142）。主として都市部のキリスト教系の学校が英語による中等以上の教育を提供していたことも、改宗を恐れる農村部のマレー人を、社会進出のための教育から遠ざけた（杉本, 1989）。結果として、マレー人は近代的な経済セクターから排除され、華人やインド人との経済的格差が開いた。

7　マレー人のイスラーム系王朝の宗教指導者でもある王の称号。
8　マレー人自助団体の元役員から聴き取り（2013年8月24日【No. 21】）。

　植民地時代からマレー人の社会的地位が低かったとする議論がある一方で、タニア・リ（Tania Li）は、マレー人の社会的地位が低下したのは植民地時代末期以降であると論じる。

　植民地時代末期のマレー人の経済的地位は、1958 年に当時の社会福祉省が公表した報告書から知ることができる（Goh, 1958）。これによると、地元生まれの平均的な階層のマレー人の所得は、全体の平均を上回り、地元生まれの平均的な階層の華人と同程度であり、移民の華人よりは高かった。報告書は、「マレー人が経済的に停滞しているという一般的な印象とは違い、マレー人の経済的地位の低さは、最も高収入の職業に就ける者が少ないという点に限って正しい」と分析している（Ibid.: 19-20, 100）。

　リは、この 1958 年の報告書を引きながら、マレー人の経済的地位は必ずしも華人に対し大きく劣っていなかったと述べる（Li, 1989: 100-102）。リによれば、華人社会と比較したマレー人社会の相対的地位は、1959 年以降、所得、職業のどちらの面でも低下した（Ibid.: 102-104）。リは、マレー人の間では華人の雇用主から差別されているという認識が一般的であると述べた上で、特に 1959 年のイギリス自治領化以降、政治・経済両面で華人がイギリスにとって代わり主導権を握ったために、華人による差別がマレー人の経済的地位の低下を招いたと指摘している（Ibid.: 109-111）。

　リは、マレー人の相対的地位の低下に大きな影響を与えた要因に、独立後の政府の対マレー人政策があることを指摘する。植民地時代には、マレー人の多くが軍や警察、消防機関に勤め、1957 年にはその比率はほぼ 20% にも達していた。しかし、独立後の政府は、「マレー人が華人主導の政府に対して忠誠を誓うかどうか」が問題であると考え、国防、治安をマレー人の手にゆだねることに懸念を持っていた。リー・クアンユー首相（当時）は、軍や警察における民族バランスを是正するため、1969 年の「人種暴動」[10]の後、数年間で「主として非マレー人の採用を増やすことでマレー人の比率を減らした」と言う（リー, 2000: 12, 18）。1970 年代にイギリス軍が撤退すると、政府はマレー人を継続して国軍で雇用しなかった。こうして不況の中で軍や警察での勤務以外に知識

9　インドネシアからの移民ではなく、シンガポールまたはマレーシアの生まれとの意味。

10　マレーシアで数百名の死者を出した華人とマレー人との「人種暴動」（いわゆる「5 月 13 日事件」）がシンガポールに波及した華人とマレー人との紛争で、死者 4 名、負傷者 80 名を出した（Conceicao, 2007: 117）。

や経験のないマレー人が労働市場に放出された。リは、これが1970年代にマレー人の社会的地位が低下した大きな要因であったと主張する（Li, 1989: 108）。

1967年からは、国防体制を整備するために、ナショナル・サービス（兵役）が導入されたが、「仮想敵国」はマレーシア・インドネシアであった（Rahim, 2009: 91-93）。政府は、マレー人の国家に対する忠誠心への疑いから、彼らを召集しなかった[11]。リー・クアンユー首相は、シンガポール国軍がイスラエルから軍事顧問を招き技術支援を受け、一方で中東でイスラエルとムスリムとの紛争が起こっている中で、マレー人がイスラエル人の指導を受けることが問題になる恐れがあったことも理由であったと、後に語っている[12]。マレー人を召集しない方針が公に明らかにされるわけではなく、若いマレー人男性は、事実上ナショナル・サービスに召集されないだけで、免除する旨の通知も得られなかった。雇用主は、いつ召集されるか分からない者を雇用しようとせず、マレー人の多くは定職に就くことができなかった。その中には、薬物の乱用やその他の犯罪に走った者もいた。経済的地位への影響だけではなく、同じ国民でありながら国家から信頼されず、差別的な扱いを受けることは、マレー人たちに深い失望感と疎外感をもたらした。ナショナル・サービスからの除外は1985年まで20年近く続き、マレー人社会に大きな打撃を与えた（Li, 1989: 108-109）。

ナショナル・サービスに召集されなかったのはマレー人だけではなく、アラブ人など他のムスリムも同様であった[13]。また、マドラサの卒業生は現在でも召集されない場合が多い（5.1.4.）。ナショナル・サービスにおける差別は、先行研究等ではマレー人を対象としたものと理解されていることが多いが、実態は、マレー人以外のムスリムも対象としたものであった。

国軍における差別の問題は、3.2.4.でも改めて論じる。

3.1.3. ムスリム社会としての格差問題への対応

マレー人はムスリムの83.9%と大きな割合を占めており、マレー人の社会的地位の低さは、ムスリム社会の問題としてとらえられている。15歳以上のムスリムの居住者に占める大卒者の比率は6.8%であり、居住者全体に占める大

11　ごくわずかではあるが、英語教育を受けたマレー人の中には徴用される者もいた（Ismail, 1974: 58-60）。

12　"Integration has brought benefits to all", *ST*, 4 March, 2001.

13　自身が徴用されなかったというアラブ人から聴き取り（2016年8月22日【No. 10】）。

卒者の比率 22.8% と比較すると非常に低く、マレー人の低い大卒者比率（5.1%）
に影響されていることが明らかである（Department of Statistics, Singapore,
2011）。宗教別に所得や教育水準の格差を示すデータは公表されていないが、
ムスリム社会は全体として所得や教育の面で低い地位にあるとみられる。

　ムスリムの間にはエスニック・グループを越えた連帯がみられる（2.1.1.）。
低所得家庭の子供への教育支援など社会改善のための事業を行う自助団体（self-
help organization：SHO）は、エスニック・グループ単位で設立されている（1.4.1.）。
ところが、マレー人社会における自助団体としては、ムンダキ（シンガポール・
マレー・ムスリム社会発展評議会）および AMP（ムスリム知識人協会）が設立され、
インド人やアラブ人も役職員として運営に参画している（1.4.1.）。社会的格差
の問題はマレー人が直面する問題ではあるが、ムスリム社会全体が自らの問題
ととらえ、エスニック・グループを越えて対処しているのである。

3.2. ステレオタイプ・差別とその影響

　以下では、マレー人に対する差別の実態、ステレオタイプ、国内外のイスラー
ム過激主義の動向を受けた差別の悪化、政府による国軍での処遇差別の問題
について、順に論じる。

3.2.1. 差別の実態

　マレー人の社会的格差の問題は、差別の問題と相互に関連がある。マレー人
に対する「経済的成功を追求しない」（より直截的には「怠惰だ」とか「能力が低い」）
というステレオタイプは、雇用・昇進面での差別となって表れ、マレー人の社
会的地位を低下させる。さらに、低いマレー人の社会的地位が一層ステレオタ
イプを助長する負の循環が存在すると考えられる。多数者であり、大企業グル
ープを有し、経営者層が厚く、管理職への就労比率が高い華人の側からの労働
市場での差別は、マレー人にとっては影響が大きい。労働市場での差別は新し
い問題ではなく、タニア・リ（Tania Li）は、1989 年の研究で、華人による差
別がマレー人の経済的地位の低下の原因の一つであると論じている（3.1.2.）。

　2012 年に AMP が公表したアンケート調査結果によれば、マレー人（ムスリム）
は、彼らがが直面する最も大きな問題として、14 項目の選択肢のうち、「生活費」、
「若者の社会的行動」、「住宅価格」、「家庭崩壊」、「雇用機会」に次いで、「他の
シンガポール人による差別」を 6 番目、「政府の差別的な政策」を 8 番目に挙

げている（AMP, 2012: 167-168）。また、2014年に政策研究所（1.5.1.）が公表したアンケート調査結果では、就職または昇進に際して民族に基づく差別を感じたことがあるとの回答は、華人では5.7%であったが、マレー人では26.4%にも上った（Institute of Policy Studies, 2014）[14]。これらのデータからは、差別されているというマレー人（ムスリム）の側の意識は強いと言える。

2012年から13年にかけて行われたマレー人社会との対話プロジェクト「スアラ・ムシャワラ（Suara Musyawarah）」（1.5.2.）の聴き取りでは、就職差別を体験したマレー人の声が多数寄せられた[15]。就職差別を体験した2名の法律家によれば、1名は採用担当者から「わが社はマレー人は雇わない」と言われ、もう1名は誤って送信された採用担当者あてのメールに「華人を採用してほしい」と書いてあるのを見たという。

マレー人が求人に応募すると、華語が話せないことを理由に断られることがある。バーとスクルビスは、「華人」または「華語話者」という条件での求人で、華語が条件になる理由が分からない場合がよくみられると指摘する（Barr and Skrbis, 2008: 103-108）。スアラ・ムシャワラの聴き取りでも、配達の仕事に応募したところ、仕事には必要ないはずの華語の能力を求められ、採用されなかったという話が出た。筆者が2016年10月に参加した民族・宗教間対話でも、言語を理由にしたマレー人への雇用差別があることを華人の参加者が認めていた[16]。これは、採用の条件という形を取った実質的なマレー人への差別に当たると考えられる。

ヒジャブを着けるムスリム女性への差別は特に顕著である。スアラ・ムシャワラに寄せられた声には、ヒジャブを着用するムスリム女性への差別に関わるものが多かった。公立病院の看護師、入国審査官など公的部門で制服を着用する職業に従事する女性は、制服に関する規則の運用としてヒジャブの着用が認められないが（4.1.3.）、一部の私立の病院でも看護師がヒジャブの着用を認められず、また、制服を着用する職種ではない看護学の講師に応募したムスリム女性が、ヒジャブ着用が認められない事例があった。スアラ・ムシャワラの委員会のメンバーは、以下のように、ヒジャブの着用規制の不合理性を訴えてい

---

14 ただし、インド人も24.2%、「その他」のエスニック・グループでも22.3%が同様に回答している。

15 "How Malays feel: Panel takes the pulse of the community", *ST*, 18 August, 2013.

16 「CommaCon 2016」という対話イベント（2016年10月15日開催）（8.2.2.3.）。

[17]
る。

　マドラサを卒業した多くのムスリム女性が、看護師になりたがるが、ヒジャブを着けられないためにあきらめている。なぜ、制服（のルール）にそんなにこだわるのか。ちょっと（ルールを）変えることで、人手不足の分野に多くの人を呼び込むことができるのに。[18]

　国内外のイスラーム過激主義の動向から、2002 年以降はムスリムの就職が難しくなったが（3.2.3.）、特にヒジャブを着けた女性の就職が非常に難しくなった。2002 年 9 月に開催されたムスリム問題担当大臣との対話で、ムスリムの女子学生は、企業の面接を受けるたびにヒジャブを取るように言われたと訴えている[19]。しかし、政府はこの状況を改善しようとする意識が希薄であった。2003 年には、ヒジャブを着けるムスリム女性に対する就職差別について、リー・クアンユー上級相（当時）が「多人種社会で生きることの現実だ」と発言している[20]。このような政府の姿勢を、「政府が雇用差別を支持しているに等しい」と、バーとスクルビスは厳しく批判している（Barr and Skrbis, 2008: 103-104）。

3.2.2. 負のイメージとステレオタイプ
　マレー人に対しては、①マレー人が低い社会的地位に甘んじていることと関連する「経済的成功を追求しない」という見方、②ムスリムとしての宗教意識の高まりと関連する「宗教意識が強い」、「地域社会よりもモスクの活動に参加する」あるいは、「主流社会から距離を置く」という見方、③ 2000 年以降のイスラーム過激主義の台頭と関連する「安全への脅威」という見方など、様々なイメージが外部から付されてきた。
　スリアーニ・スラートマン（Suriani Suratman）は、マレー人に対するイメージの歴史的な変遷について論じている（Suriani, 2004）。要約すれば、1959 年のシンガポールの自治領化以降の工業化と都市再開発の中で、マレー人は社会

17　"How Malays feel: Panel takes the pulse of the community", *ST*, 18 August, 2013.
18　公立病院での規制に限らず、私立病院での差別の問題も含めて語っていると考えられる。
19　2001 年 12 月の 15 名に続き、2002 年 8 月の 21 名のテロ未遂犯の拘束が公表された（3.2.2.3.）直後のタイミングであった。
20　"Muslim grads worried about jobs in wake of JI arrests", *ST*, 29 September, 2002.
21　"More Malays laid off? That's not true", *ST*, 25 July, 2003.

の近代化、経済発展から遅れを取ってきたと見られていた。1980年代以降は
これに、「団地で他の住民と交流しない」など、「主流社会からの分離」という
見方が加わった。そして2000年代以降は、「国家への忠誠が疑われる」という
見方が強まった。スリアーニは、マレー人に対するイメージは、いずれにせよ「問
題視すべき（problematic）マレー人」というものであり続けてきていると指摘
する。

　政府からみたムスリムの「課題」としては、①社会的格差、②社会からの分離、
③過激化の三つが挙げられる（0.4.）。マレー人に与えられるイメージは、政府
の考える「課題」にそれぞれ対応している。シンガポール社会においてマレー
人（ムスリム）がどのようにみられているかは、政府の政策に反映され、また、
政府の政策がシンガポール社会のマレー人に対するイメージに影響するという
相互関係があると考えられる。例えば、シンガポール社会においてマレー人の
宗教意識の高まりを社会からの分離あるいは過激主義と結びつけて懸念する声
が強まれば、政府はマレー人の宗教的表出を抑制しようとする。また、政府が
マレー人の宗教的表出を抑制することで、マレー人の宗教意識の高まりを好ま
しくないものとしてとらえるイメージが社会に広まることもあろう。

　ここでは、スリアーニの議論と政府のマレー人に対する見方も踏まえながら、
①経済的成功を追求しない、②主流社会からの分離、③安全への脅威、の三つ
のマレー人に対するイメージと、それがマレー人社会にもたらす影響について
論じる。

3.2.2.1.「経済的成功を追求しない」というイメージ

　最初に、「経済的成功を追求しない」というイメージについて述べる。スリ
アーニは、マレー人については、「フレンドリーだ」が、「あくせくせず、一
生懸命に物事をやらない」という評価が寄せられると述べる（Suriani, 2004: 1）。
1960年代のことであるが、リー・クアンユー首相（当時）は、「華人は経済的
成功に重点を置くが、マレー人は安易で楽しい生活に重点を置く」と発言して
おり、これも同じ類の議論である。これらは一種の文化決定論[22]と言える。「怠
惰」と言うと否定的になり、「価値観の違い」と言うと容認するニュアンスに
なるが、いずれにせよ、この文化決定論からは、マレー人は高い学歴を獲得し、

22　リリー・ラヒム・ズバイダーはこれを「文化劣等論（cultural deficit thesis）」と呼んでいる（Rahim,
　　1998: 184-188）。

経済的に成功することは難しいという見通しが導かれることになる。すなわち、マレー人が低い社会的地位にあることの責めをマレー人自身に負わせるとともに、メリトクラシーの原則を貫徹させ、マレー人に対し格差解消のための積極的な対策を行わないことにつながる（1.4.2.）。

　怠惰である、あるいは、「主流社会」と異なる勤労観や人生観を持つ人々というマレー人のステレオタイプは、植民地時代の負の遺産として継承された「怠惰な原住民」のステレオタイプ（後述）と、低い社会的地位に甘んじていることからくるステレオタイプとが合成されたものではないかと推測される。

　筆者がある高学歴の華人に対し、「マレー人と他のエスニック・グループの社会的格差は是正されるべきではないか」と問いかけた際、以下のような回答があった。あくまでも一人の華人の発言に過ぎないが、そのまま引用する。[23]

　　自分は、マレー人はとても好きだ。とてもいい人たちだ。休日は海岸でピクニックして、のんびりしていたりする。でも、これだけ教育への支援をして、格差があるというのは、どうにもならない。教育に対する考え方の違いがあるのではないか。でも彼らは、所得格差があっても幸せに暮らしているのではないか。華人とは人生の楽しみ方が違う。来世があると思っているから、現世の幸せにはこだわらないのではないか。

　筆者が別の華人に対し、「華人でもマレー人でも、子供がいい学校に行ってほしいとか、給料がいい仕事がしたいとか、シンガポール人としての共通の基盤はあるのではないか」と尋ねたところ、即座に「そうではない」と打ち消され、以下のように説明された。[24]

　　華人はより子供の学校のことにとらわれている。マレー人はより家族を大事にする。何を成功と考えるかが違う。（中略）マレー人は信仰と深く関わっている。経済的な価値より精神的な価値を重視する。

　マレー人自身からも「独自の価値観を持つマレー人像」が語られる。以下に、筆者が聴き取った二人のマレー人のリーダーたちの語りを紹介する。

23　教育政策に関する研究者の華人男性から聴き取り（2013年8月5日【No. 62】）。
24　地域の住民活動に関わる華人男性から聴き取り（2017年5月5日【No. 45】）。

マレー人は家族の世話をするため、残業をしない。家族のために低収入を受け容れる。怠惰だからではない。自分の幸福の方を選択している。成功の考え方の違いだ。シンガポールは成功を経済的価値で計る社会だ。富を得られない者は敗者とみなされる。(中略)マレー人は、幸福を金で計るのではない。マレー人は1か月の収入4千シンガポール・ドル（約32万円）で4人の子供を育てられると考えるが、華人は塾や水泳教室に金がかかるから無理だと言う。[25]

シンガポール人は一般に競争的でリスクを取りに行くが、マレー人は競争を好まず、融和的だ。遺伝的なものだとか文化だとか言われるが、いずれにしても事実としてそうだ。(中略)マハティールの「マレー・ジレンマ」（筆者注：後述）は洞察に満ちている。マレー半島は食料が豊富で、飢えることがなかった。また、サルタン制の下で盲目的にサルタンに従うしかなかった。このような環境でマレー人の精神が育まれた。[26]

本研究では、こうしたマレー人のイメージが真実を反映しているのかどうかを判断しない。しかし、こうしたマレー人像は、発話者はマレー人の「違い」を肯定的に受け容れているとしても、ステレオタイプや差別に転じる恐れがあろう。また、「マレー人は経済的成功を重視しない」と言えば、マレー人が直面する社会的格差は、社会構造の問題や政策の不備によるものではなく、マレー人自身の「文化」に原因が帰せられてしまう。さらに、「マレー人は貧しくても幸せなのだ」と言えば、格差を政策的に是正する必要もなくなる。

1970年代にマレーシアでフィールドワークを行った平戸幹夫は、マレー人に対するステレオタイプが、現地で働く日本人駐在員にも内面化されていると指摘する。日本人のビジネスマンはマレー人と親しく付き合うことが少なく、華人と一緒に仕事をする機会が多いために、華人の持つマレー人観に影響される（平戸, 1979: 44-46）。筆者もシンガポール駐在時に、日本人駐在員が日本からの出張者に次のように説明するのを聴いたことがある。[27]

25　NGOの運営に携わるマレー人女性から聴き取り（2014年8月16日【No. 33】）。
26　自助団体の元幹部職員のマレー人男性から聴き取り（2014年8月25日【No. 24】）。
27　2006年〜07年ごろ、中華料理店の隣のテーブルでの会話から。

マレー人は、向上心がないんです。だから、運転手みたいな職種には向いているんです。

最近では、筆者は親しくなった日本人駐在員から、以下のような話を聴いた。[28]

民族によって efficiency（筆者注：仕事がよくできるという意味）が違うということになれば、会社としてはマレー人は採用しません。

平戸の指摘から約 30 年が過ぎても、シンガポールでビジネスに携わる日本人が華人を中心とする「主流社会」のマレー人観を内面化する状況は変わっていないと言える。

ステレオタイプは、「ときどき、君がマレー人だってことを忘れてしまうよ」、「大丈夫、君はあまりムスリムっぽくないよ」など、本人に対し直接に否定的な言及をする以外の形でも現れる。これらは一見すると聞き手のマレー人を「仲間」と認め、包摂しているようであるが、マレー人を他者化・排除するものであり、差別の一表現である（Rahil, 2014: 227）。

マレー人に関する公的言説とステレオタイプとの間には関連が認められる。学歴、所得、職業分布に始まり、薬物関連犯罪の件数、主要な生活習慣病の罹患率まで、エスニック・グループ別の様々な統計データがステレオタイプに結びつくと考えられる。例えば、様々な生活習慣病への罹患率の高さは「マレー人社会の問題」とみなされており、リー・シェンロン首相もそのように説明している。[29] しかし、生活習慣病の多さは貧困と密接な関係がある社会問題であり、これを「マレー人の文化」に起因するエスニック・グループ固有の問題とみなすことは適切ではないと、マレー人のイメージについて論じた前述のスリアーニは指摘する。[30] マレー人に関する報道の仕方にも問題があるとの指摘がある。これについては、筆者が参加した民族・宗教間対話イベントで、シンガポール国立大学のマレー人学生から発言があった。[31]

28　2016 年 8 月聴き取り。
29　2014 年のナショナルデイ・ラリーのマレー語の演説で、リー・シェンロン首相は、生活習慣病の問題を、マレー人の食生活に起因するマレー人社会の課題として挙げた（Lee Hsien Loong, 2014）。
30　2014 年 8 月 28 日聴き取り【No. 53】。
31　「CommaCon 2016」という対話イベント（2016 年 10 月 15 日開催）（8.2.2.3.）。

マレー人で何か業績を上げた人物が出ると、すぐにニュースで「マレー人で初めての何々」という取り上げ方をされる。これはかえってステレオタイプにつながると思う。

　マレー人へのステレオタイプは、マレー人の社会的地位の低さが要因の一つになっていると考えられるが、これが労働市場での差別につながり、ひいてはさらにマレー人の社会的地位の低下につながるという悪循環になっていると考えられる。

　バーとロウ（Michael D. Barr and Jevon Low）は、マレー人の文化と相容れないメリトクラシーが、マレー人の社会的周縁化を招くと批判する（Barr and Low, 2005）。シンガポールの華人の典型的な人物像は、キアス（kiasu）であると言われる。キアスとは福建語で「負けず嫌い」のことと一般に説明されるが、バーとロウは、「何かを失うこと、あるいは、誰かに負けることに対する狂乱的な恐れ（a manic fear of losing out on something or to someone）」と分かりやすく解説している。キアスな華人が支配的なシンガポール社会のメリトクラシーは、子供の学習塾に多額の金をかけ、幼稚園から早期教育を施す際限のない学力競争を招く。マレー人の親は、人間性の涵養を軽視する詰め込み教育型の幼稚園には子供をやりたがらない。マレー人は、自分たちの価値を守り、子供を幼稚園の早期教育から遠ざけ、子供の将来の社会進出を犠牲にするか、自分たちの価値を妥協して華人優位社会に同化するかの選択を迫られる。このように、バーとロウは、マレー人が華人のキアス文化への同化を強要されていると指摘する。ただし、この議論も、マレー人が華人と異なる文化を持つことが前提となっている点は注意を要する。

　文化決定論に対する批判を提示するのが、サイド・フセイン・アラタス（Syed Hussein Alatas）[32]の有名な著作『怠惰な原住民の神話』（Alatas, 1977）である。アラタスは、フィリピン、ジャワ、マラヤの先住者を「怠惰」とみなすステレオタイプが、被支配民族を劣った人間とみなす植民地資本主義イデオロギーの下で支配層のヨーロッパ人の間に広まったと主張する。マラヤのマレー人は、イギリス人から怠惰とみなされていたが、ヨーロッパ人の到来以前は商業、貿

32　第2章のアラブ人に関する解説の部分で言及した（2.1.1.）。

易の分野で活躍し、植民地時代も農業や漁業などの生業に従事するほか、公務
や警察、運転、造園などの分野で辛抱強く働いていた。鉱山やプランテーショ
ンで華人のクーリー（苦力：肉体労働者）のように奴隷的な肉体労働に従事し
ないのは、ほかに選択の余地がない移民のクーリーと違い、農村・漁村での生
業がもともとあったからだった。アラタスは、文化決定論的（文化劣等論的）
なステレオタイプは、独立国家の成立後も、現地民の支配階層によって内面化
され、続くことになったと言う。

　アラタスは、現地民の支配階層に内面化された文化劣等論の典型として、マ
レーシアで1981年から2003年まで首相を務め、2018年5月に首相に返り咲
いたマハティール・ビン・モハマド（Mahathir bin Mohamad）の著書『マレー・
ジレンマ』（マハティール, 1983）を挙げる。1970年[33]に発行された同書は、マ
レーシアにおけるマレー人の経済的地位の低さの原因を「マレー人の価値体系と
倫理基準」といった文化的要因に求めた（Ibid.: 211-237）。また、マレー人は近
親結婚が多く、異人種との結婚がなかったために「劣等形質」が遺伝してきた
などと、非科学的な主張も展開した（Ibid.: 23-42）。このような議論は、マレー
シアにおいて、マレー人に対する優遇政策（いわゆる「ブミプトラ政策」）を講
じることを正当化するものであった。アラタスは、植民地時代のステレオタイ
プを無批判に継承したとして、同書を厳しく批判した。

　シンガポールのマレー人のリーダーたちにも文化決定論は内面化されている。
前述のように、筆者は彼らと意見交換を行う中で、文化決定論的な説明を聞く
ことが多かった。

3.2.2.2.「主流社会からの分離」というイメージ

　次に、「主流社会からの分離」というイメージについては、1970～80年代に
なって、政府関係者などが発言するようになった（Suriani, 2004）。具体的には、
マレー人はモスクには熱心に通うが、団地社会の交流イベントなどに参加して
他のエスニック・グループと交流せず、シンガポール社会に統合されないとい
うイメージが語られるようになった。マレー人に対し、他のエスニック・グル
ープからは、特に宗教意識が強いというイメージが強く、筆者も複数の華人か

33　マレーシアで数百名に及ぶ犠牲者を出した「人種暴動」（いわゆる「5月13日事件」）が起こっ
　　た1969年の翌年に当たる。民族間の経済的格差の存在がこの事件の背景にあったとする考え方が、
　　マレー人を優遇する「ブミプトラ政策」導入の論拠となった。

らの聴き取りでそのような話を聞かされた。2014 年に政策研究所が公表した[34]アンケート調査結果では、自分のアイデンティティにおいて宗教が非常に重要であると回答したのは、華人では 15.6%、インド人では 36.9% に過ぎなかったが、マレー人では 70.1% にも上った（Institute of Policy Studies, 2014）。

　これに対しマレー人からは、キリスト教徒も宗教意識が高まって教会の活動に熱心に参加するようになったのは同じであり、なぜムスリムだけがことさらに分離的だと言われるのか、という反発もある[35]。ムスリムが他宗教の施設を訪れることはほとんどないが（8.2.2.2.）、逆に例えば一部のキリスト教徒が仏教や道教の寺院に立ち入ることを避けることも指摘される（8.1.2.）。また、多数者である華人の側が他のエスニック・グループとの交流に関心が低いとの議論もある（8.3.2.）。

　1980 年代後半には、マレー人は政府（すなわち与党 PAP）を支持しないとか、「主流社会に統合されていない」などと政府が指摘することがたびたびあった。1988 年の総選挙で与党 PAP の支持率が下がると、ゴー・チョクトン副首相（当時）は、「マレー人は PAP を支持しなかった」と非難した[36]。ゴーは「選挙中に自分にブーイングした者の中に若いマレー人が多かった」と述べ、また、PAP の世論調査でマレー人の PAP 支持率が華人のそれを 5〜10% 下回っていたことを明らかにした。ゴーは、「マレー人は社会の主流に加わりたくないのか」と厳しく問いかけ、当時検討が進められていたムンダキの業務拡充計画を支援しない可能性を示唆した。「マレー人が PAP を支持しない」ことについて、PAP の努力が足りないと考えるのではなく、支持しないマレー人の側に非があると主張したのである。

　PAP は、有権者から支持されない場合、支持しない有権者が問題だという態度を取り、支持しない有権者への報復さえ行ってきた。選挙前には、野党を当選させた選挙区では公団住宅改修事業は行わないと脅し、実際に、野党が当選した選挙区では同事業への財政支援を削減した（1.1.1.）。このような「原則」は、ゴーから非難されたマレー人にも適用されたのである。

　翌 1989 年に、ゴーはマレー人に対する公立学校の授業料の無償化を見直して、大学レベルの高等教育には所得要件を課すことを「提案」し、1991 年から実

34　2013 年 8 月 5 日聴き取り【No. 62】、2017 年 5 月 5 日聴き取り【No. 45】など。
35　マレー人の社会学者のコメントから（2016 年 10 月 12 日聴き取り【No. 50】）。
36　"'Malays must decide who can best meet their need'", *ST*, 11 September, 1988.

施した。マレー人社会はこれをゴーの報復と受け止め、また、マレー人の先住者としての「特別な地位」を損なうものとしてシンボル的にとらえ、強く反発した（3.3.1.）。

2000年にAMPが「コンベンション」を開催し、ムスリム問題担当大臣やマレー人議員とは別の意見表明ルートとしての「集団的リーダーシップ（collective leadership）」を提案した際には、政府は強く反発し、AMPに提案の撤回を求めた（3.3.2.）。翌2001年、リー・クアンユー上級相（当時）はマレー人社会のリーダーたちに、「マレー人はシンガポール社会に統合されたいのか」、「マレー人が主流社会（mainstream society）からの分離を望むならそのように対応するだけだ」と脅すように迫り、AMPの提案を撤回させた。この後、政府はAMPに対し、懲罰的な助成金の削減を行った（3.3.2.）。

1980年代後半以降は、マレー人社会と政府との様々な摩擦が表面化し、また、リー・クアンユーからゴー・チョクトンへの政権移行に伴い、政治的な発言を含む市民活動がある程度容認されるようになった。こうした背景の下で、マレー人社会における政府への異議申立てが活発化したが、政府・与党は、既存の政治システムの否定につながりかねないマレー人の動きについては厳しく規制した。この時期の「主流社会から距離を置く」マレー人のイメージは、政府が歓迎しない動きを見せるマレー人に対し政府が付与した否定的なレッテルという面が多分にある。マレー人（ムスリム）社会を除くシンガポール社会を「主流社会」と呼ぶ言い方は、現在でもよくみられるが、マレー人（ムスリム）が他者化され、「分離的」とみなされていることが、この表現からみてとれる。

ムスリムが、パレスチナのムスリムのように紛争に苦しむ同胞に強い同情を寄せるなど、世界規模の宗教共同体として想像する「ウンマ（ummah）」（2.1.2.1.）の一員として世界のムスリムに共感を持つことへの警戒もあった。1986年のイスラエルのヘルツォグ大統領の訪問にムスリム社会が大きな反発をみせた（Rahim, 2009: 95）ことについて、リー・クアンユー首相（当時）は、「シンガポールのマレー人は、状況によってはシンガポール人としてよりも、マレー人・ムスリムとして反応する」と述べた（Hussin, 2012: 125）。このムスリムの反応は、ムスリムの「分裂した忠誠心」の証拠とみなされた（Rahim, 1998: 100, 2009: 57）。

37　"Chok Tong offers a package to help Malay community", *ST*, 20 May, 1989.

38　「2nd National Convention of Malay/Muslim Professionals」という。

39　この際、マレーシアとインドネシアはシンガポールを厳しく非難した（Rahim, 2009: 95）。

リー・シェンロン第二防衛大臣（当時）が国軍でのムスリムの処遇差別を正当化する発言を行ったのは、翌年の 1987 年のことである（3.2.4.）。

　リー・クアンユー顧問相（当時）は、2011 年に出版した著書（Lee, Kuan Yew, 2011）で、「イスラームは排他的だ」、「イスラーム以外の宗教はみな（シンガポール社会に）統合できる」などと述べ、大いにムスリムの反発を買った。これも政府のマレー人（ムスリム）に対する「主流社会からの分離」というイメージの表れと言える。リーは、マレー人（ムスリム）は、かつては一緒にビールを飲んだりしたものだが、今は厳格になり、食べ物もハラールにこだわり、別のものを食べるため、交流することが難しいと言う。「マレー人は宗教面であまり厳格にならず、もっと国家に統合されるべきだ」と同書でリーは述べている（Ibid.: 228-230）。このリー・クアンユーの著書は、影響があまりにも大きく、マレー・ムスリム関係団体からこれを非難する声明が出され（3.3.2.）、息子で第 3 代首相のリー・シェンロンが「政府の見解ではない」と釈明を迫られた。

3.2.2.3.「安全への脅威」というイメージ

　最後に、「安全への脅威」というイメージについては、独立後マレーシア・インドネシアとの対立が続く中でマレー人（ムスリム）が「内なる他者」とみられたもの、イスラーム復興により宗教意識が強まる中で「分離的」とみなされたもの、2001 年以降の国際的なイスラーム過激主義の動向によるものと様々な要素があると考えられる。

　独立後の政府は、マレー人の国家への忠誠心への疑いから、マレー人を国防、治安の分野から排除してきた。これは、現在もなおナショナル・サービス（兵役）における差別として続いている（3.2.4.）。

　2001 年以降は、9・11 の影響により、世界各地でムスリムをテロと関連づけるステレオタイプや、それに基づくイスラモフォビアが広がった。シンガポールにおいても、9・11 がムスリムに対する偏見や恐れを生み、民族・宗教間の分断を招くことが懸念された。このときの状況について、当時 15 歳だったムスリム女性は筆者に以下のように語った。[40]

　9・11 の後、学校では、マレー人の子供は特別な集会に集められ、民族融

40　イスラーム・マレー問題研究所（RIMA）の研究員から（2015 年 8 月 18 日聴き取り【No. 27】）。

和について話をされた。全民族での集会と、マレー人だけの集会と、別にあった。(中略) 9・11 以前は、自分は特にエスニシティについて意識したことはなかった。しかし、9・11 以後、強くエスニック・アイデンティティを感じるようになった。マレー・ムスリムはみな、少なくとも何か一つはテロリストがらみのジョークを言われたものだ。

　民族融和の取組みが進められてきたシンガポールにおいても、9・11 によって、ムスリムがいわば「テロリスト予備軍」としてみられるようになった。

　2001〜2002 年のシンガポールでのテロ未遂犯の拘束は、社会にさらに大きな影響を与えた。これは、2001 年 12 月に 15 名、2002 年 8 月に 21 名、合計 36 名が、国内での爆弾テロを計画していた疑いで国内治安法（Internal Security Act: ISA）[41] に基づき拘束された事件（以下「JI 事件」という）で、拘束者のほとんどは「ジュマ・イスラミーヤ（Jemaah Islamiyah: JI）」のメンバーであった。JI は、島嶼部東南アジアで国境を越えて活動するイスラーム過激主義組織で、テロ要員の訓練などでアルカイダとつながりがあり、後に 200 人以上の犠牲者を出した 2002 年 10 月のバリ島爆弾テロ事件にもかかわったとされる。

　JI 事件に関わる事実関係については、内務省が 2003 年に公表した報告書（Ministry of Home Affairs, 2003：以下「JI 白書」という）に、ほどなく釈放された 5 名を除く 31 名の拘束者の氏名、国籍（マレーシア人 1 名を除き全員がシンガポール人）、年齢、エスニック・グループ（21 名がマレー人、9 名がインド人、1 名がアラブ人）、宗教（キリスト教 1 名を除き全員がイスラーム）、職業、学歴等のプロフィール、押収された文書などの証拠物件の写真、JI の組織図などを含め、詳細に記述されている。政府の発表をもとにした報道と JI 白書以外の参照可能な資料はほとんど存在しない。国内治安法に基づく拘束であるため、裁判による記録も存在しない。また、JI の活動に参加してインドネシアで拘束され、後に治安当局に協力するようになったナシル・アバス（Nasir Abbas）のように、拘束後に公の場で発言している人物はシンガポールにはいない。[42] 現地の

41　シンガポールの安全保障や公共の秩序維持を妨げるとみなされる人物を令状なしに、また、裁判も受けさせずに拘束することができる法律である。拘束期限は 2 年間とされているが、何度でも延長が可能であり、事実上無期限に拘束ができる（6.3.2.）。

42　拘束者の再教育・社会復帰支援に関わった団体が出版した本などに、拘束者が自身の体験を語った内容が記述されているが、話者は常に仮名または匿名である。

研究者の間では、拘束者が過激主義に感化された背景については議論があるが（6.3.1.）、その他の事実関係を疑う声は聞かれない。

　日本の東南アジア研究者の間では、JI事件に関わる事実関係については十分な検証が必要との意見も聞かれるが[43]、政府が情報を厳しく管理している中で、そうした検証を行うことは難しい。従って以下では、政府、国民一般、ムスリム社会がそれぞれ、JI白書に記述された事実を前提に議論し、行動している状況を事実として認識した上で、そのような状況について分析し、論じていく。

　9・11はシンガポール社会に大きな衝撃を与えたが、それでもなお、遠い外国の出来事であった面は否定できない。JI事件は、シンガポール人のムスリムが暴力的過激主義思想に感化され、国内でのテロ攻撃を企てていたということで、社会により深刻な影響を与えた。前述のムスリム女性は、筆者に続けて次のように語った[44]。

　　JIの拘束者は具体的なマレー人の顔をしていた。「自分の隣人がテロリストかも知れない」とシンガポール人は思わされた。より深刻な心理的影響があった。

　JIメンバー拘束を伝える新聞紙面では、1面に拘束者全員の顔写真が大きく掲載された[45]。こうした報道は、国民にテロの脅威を現実のものとして感じさせたであろう。JIのシンガポール支部のリーダーであったイブラヒム・マイデン（Ibrahim Maiden）が、コンドミニアム（高級マンション）の管理人であり、住民からはまじめで礼儀正しい人物とみられていたことも伝えられた[46]。ほかの多くの拘束者たちも、友人や同僚たちからは、きちんと仕事をし、人柄もよい人物とみられていた[47]。近隣のごく普通の善人にみえる人物がテロリストであったという事実は、国民により強い恐怖心を与えたと考えられる。

　拘束者たちが爆弾テロの対象として候補にしていたのは、米軍施設やその関係者、アメリカ、オーストラリアの大使館等であったが、米軍関係者用の送迎バスが発着するイーシュン（Yishun）駅も候補に含まれていた。市民が日常生

43　筆者が複数の日本の研究者と意見交換した際のやりとりから。
44　2015年8月18日聴き取り【No. 27】。
45　"Yishun target in group's plans", *ST*, 12 January, 2002.
46　"Manager's ISD arrest shocks residents", *ST*, 13 January, 2002.
47　"Cell leader described as 'very quiet guy'", *ST*, 19 January, 2002.

活で利用する郊外のニュータウンの駅がテロ攻撃のターゲットとして検討されていたことも、国民の恐怖をかきたてた。

　JI 事件の後、ムスリムをテロと関連づけるステレオタイプが広まった。民族衣装であるサロン[48]を着けたマレー人男性が疑いの目で見られる、公団住宅のエレベーターで華人女性がマレー人と一緒に乗ることを避けるなど、マレー人（ムスリム）が恐れられたり忌避されたりした事例が報道された[49]。

　このような事態を国民統合上の危機ととらえた政府は、国民一般に対し、この事件は本来イスラームとは関係のないことだと語りかけた[50]。また、2002 年以降、「民族間信頼サークル（Inter-Racial Confidence Circle: IRCC）」を全国に設置し、地域社会における宗教間の交流・対話を促進した（8.1.1.）[51]。

　一方でムスリム社会は、イスラーム過激主義に対処することを求められた。JI 白書では、過激主義のイデオロギーの広がりを防ぐため、ムスリム社会が宗教教育を監視する自己規制的なシステムを設けることが提言された（Ministry of Home Affairs, 2003: 22）。これを受け、ムイス（イスラーム評議会）がプルガスと協力して新たに宗教教師の認定制度を設けた（2005 年）。またムイスは、「穏健なイスラーム」に関する提言を公表し、その普及に取り組んだ（同）（5.2.2.）。宗教教師たちは協力して、拘束された JI メンバーの再教育・社会復帰支援に取り組んだ（2003 年）（6.2.1.）。

　9・11 以降は、世界各地でイスラーム過激主義による大規模なテロ事件が起こっている。ヨーロッパでは 2004 年 3 月にスペイン・マドリッドで、2005 年7 月にはイギリス・ロンドンで大規模な爆弾テロ事件が発生し、東南アジアでも 2002 年 10 月にインドネシア・バリ島で 200 名以上が死亡する爆弾テロ事件が発生した。これらの事件は、ムスリムのイメージを悪化させ、ムスリムがマイノリティである社会で「主流社会」とムスリムとの共生を困難にする方向に働いている。しかし、とりわけムスリムの立場を厳しいものにしたのは、2014年以降の「イスラーム国」(Islamic State of Iraq and Syria: ISIS)[52]の台頭であろう。

48　マレー人の男性がつけるスカート状の衣服。
49　"New push to strengthen racial ties", *ST*, 30 January, 2002.
50　"Carry on as usual: PM Goh", *ST*, 13 January, 2002.
51　2007 年には、IRCC は「民族・宗教間信頼サークル（Inter-Racial and Religious Confidence Circle: IRCC）」に改称された（8.1.1.）。
52　ISIS については、当事者たちは単に「イスラーム国（Islamic State: IS）」と自称し、そのほかにも様々な呼称があるが、本研究では、シンガポールで用いられることが多く、国際的なメディアも広く使用する「ISIS（アイスィス）」を用いる。

ISIS は、アメリカのイラク進攻以降の混乱の中で、シーア派とスンナ派の対立図式を背景に生まれてきた、イスラーム国家の樹立を目指すスンナ派系の武装集団である。2014 年 6 月にイラク第二の都市モスルの占領に成功してから、イラク・シリア両国にまたがる領域を「イスラーム国家」を標榜して実効支配し、異教徒や捕虜、外国人の人質などに対する残虐行為やイスラームの極端な解釈に基づく支配により、国際社会を深く憂慮させた。当初、ISIS は中東における勢力拡大に専ら関心を有していたが、欧米諸国から攻撃を受けると反欧米的な傾向を強め、共鳴者に欧米へのテロを呼びかけるようになった。2015 年以降はパリ、ブリュッセルなどヨーロッパの都市で、また、2016 年に入ってからはインドネシア、マレーシアでも ISIS に関連するテロ事件が発生している。ISIS はインターネットを巧みに利用して宣伝を行い、世界中のムスリムに参加を募った。東南アジアではインドネシア・マレーシアから多数のムスリムが中東に渡航して ISIS の活動に参加した。シンガポールからも数名が現地で ISIS に参加し、また、渡航計画が発覚して治安当局に拘束された者もいる（Lee Hsien Loong, 2016）。ISIS は、各国からの戦闘員たちに対し、自国でのテロ実行を呼びかけており、東南アジアでも戦闘員たちの帰還によるテロの脅威が高まっていると指摘される[53]。

　シンガポールでは、2015 年 11 月以降、ISIS に共鳴するバングラデシュ人労働者が相次いでテロ未遂犯として拘束され、また、2016 年 8 月にはシンガポール海峡対岸のインドネシア・バタム島でシンガポールへのロケット砲攻撃を計画した容疑者が拘束された。政府は国民に繰り返しテロの脅威について注意を喚起しており、国民もテロの脅威を差し迫ったものとして受け止めている。2015 年 11 月に行われたアンケートでは、回答者の約 4 割が「5 年以内にシンガポールでテロ事件が起こると思う」と回答した[54]。ISIS が台頭してきた 2014 年以降は、2001〜02 年の JI 事件後に続き、再びムスリムに対する「安全への脅威」というイメージが強まっている。その中で、ムスリムに対する就職差別やヘイト事案が増加しており、「イスラモフォビア」の広がりが懸念されている（3.2.3.）。

53　"New ISIS threats: Scenarios for South-east Asia", *ST*, 8 July, 2016.
54　"The Big Read: Gunfire on Paris streets sends a jolt halfway around the world", *Today*, 21 November, 2015. ただし、これは同月のパリでのテロ事件の直後の回答であることを割り引いて考える必要がある。

3.2.3. 国内外の過激主義の動向を受けた差別の悪化

　9・11 と JI 事件の後は、ムスリムへの就職差別が極めて厳しくなり、大学やポリテクニックの卒業生でさえ就職が困難になった[55]。ムスリムの学生たちからは、自分がムスリムだと分かると急に企業の面接担当者の態度が変わるといった事例が報告された。しかし、ムスリム問題担当大臣（当時）のヤコブ・イブラヒムは、「能力不足なのを言い訳する人たちもいるだろう」と留保をつけ、差別の問題について積極的に問題提起しなかった。

　2014 年の ISIS の台頭以降は、ムスリム、中でも特にヒジャブを着けたムスリム女性に対するヘイト事案や就職差別が増加している。

　ヘイトや嫌がらせの事案としては、2016 年 4 月にマドラサの中学校に通う 3 名の女子生徒が、華人男性から、けられるなどの暴行を受けた[56]。この事件では、容疑者が「精神的に不安定な状態にあった」ことから、「必ずしも差別に基づくものとは言い切れない」との見方が広まったが、差別でないとも言い切れないとの見方もムスリムの間にはある[57]。2015 年には、ムスリム女性が Uber の運転手からヒジャブを着けていることを理由に乗車を拒否された[58]。2016 年 4 月には、モールで衣服の販売スペースを借りようとしたムスリムの女性が「主なターゲットは華人の客なので、マレー人の出店は認めない」と拒否された事案があった（後にモールの責任者は謝罪した）[59]。複数の駅での落書きや暴言等の事案もあった。2017 年 6 月には、鉄道の工事現場の板囲いに描かれたムスリム女性のイラストの上に「テロリスト」と落書きされているのが見つかった[60]。

　就職差別の事案も増えている。2017 年 1 月には、家庭教師の仕事を探す優秀な成績で華語も話せるマレー人の女子大学生が、「華人にしか頼みたくない」という華人の親が多く、仕事を得られないことがニュース・サイトで伝えら

55　"Muslim grads worried about jobs in wake of JI arrests", *ST*, 29 September, 2002.

56　"Three madrasah students reportedly attacked; Shanmugam vows to ensure that justice is done", *ST*, 2 April, 2016.

57　2016 年 8 月に開催された「イスラモフォビアに関する対話」（後述）におけるコーディネーターの発言から。

58　"Uber Driver Sees Customer Wearing a Tudung and Cancels Pickup", *RedWire Times*, 18 August, 2015.

59　"Woman files police report against Tampines 1 for alleged racial discrimination; mall issues apology", *ST*, 8 April, 2016.

60　"Guard against rise of anti-Muslim sentiment in Singapore: K. Shanmugam", *ST*, 5 June, 2017.

れた[61]。もともとヒジャブを着けた女性に対する差別は顕著であったが（3.2.1.）、最近は特に多くの事例が伝えられる。2014 年には、日系の百貨店のパートタイムの職に応募したムスリム女性が、ヒジャブを着けて働くことも、また、店に立ち入ることさえもできないと言われ、手荷物を調べられた上で店から追い出された[62]。2015 年には、日系の小売店のパートタイムの職に応募したムスリム女性が、販売やレジの仕事ではヒジャブは認められないと言われた[63]。2016 年 2 月には、国際的な教育サービス企業グループが経営する幼稚園の事務職に応募したムスリム女性が「華人の親や子供が怖がるのでヒジャブをはずしてほしい」と言われた[64]。この事例は、非ムスリム側にヒジャブを恐れるべきものとみる認識があることを示している。

　こうした事例は、ソーシャル・メディアを通じネット上で拡散するとともに主流メディアでも報道され、広く国民が知る場合が多い[65]。また、上記の日系小売店の事案では、当該企業は事後に差別された当事者に謝罪し、職員の教育を徹底するなど必要な対応を取っており、ネットで情報が広まることで問題解決につながる場合もある。政府は、こうした差別事案については、差別的な労働慣行の是正を担う政府・経済界・労働界三者の連携組織 TAFEP（Tripartite Alliance for Fair and Progressive Employment Practices）が適切に対処すべきとのスタンスである。しかし TAFEP は、上記の幼稚園の事案に関し、「企業は、採用時には予め服装に関する勤務条件を明示すべき」とコメントし、差別を容認してしまっており、問題解決にはつながっていない。

　このように差別事案が増加する中で、シンガポールにおいても「イスラモフォビア」が生まれているという認識が広まってきた[66]。

　2016 年 8 月にハーモニー・センター（Harmony Centre）[67]が開催した「イスラ

61　"Undergrad part-time tutor rejected by tuition agency due to parents' 'racial preferences'", *mothership*, 7 January, 2017.

62　"Part-Time Sales Muslimah Discriminated Due to Hijab", *Rilek1Corner*, 11 July, 2014.

63　"Daiso Japan Rejected Local Muslimah For Weekend Part-Time Job Because She Dons A Hijab", *Rilek1Corner*, 23 September, 2015.

64　"Employers should list dress code policies clearly, says TAFEP", *Today*, 26 February, 2016.

65　ソーシャル・メディアの普及によって従来からあった差別事案が表面化するようになり、事案が増加したようにみえる効果がある可能性があるが、この点は検証できていない。

66　西洋における「イスラモフォビア」は、移民のムスリムを対象とし、また、帝国主義、植民地主義に由来することが指摘される（Tahil Abbas, 2014: 41）。シンガポールにおいて「イスラモフォビア」と呼ばれる現象は、これとは社会的文脈を異にするため、本研究では引用符付きで言及する。

67　ムイスに設置された、宗教間融和を推進する組織（8.2.2.2.）。

モフォビア」に関する民族・宗教間対話[68]では、コーディネーターが参加者に対し、過去2〜3年の間に報道やソーシャル・メディアで取り上げられた「イスラモフォビア」の事案を挙げるように促すと、前述のものを含め、十数件のヘイトやいやがらせ、就職差別の事案が挙げられた。また、コーディネーターが、知人のムスリムが嫌がらせなどを受けたことがあるかと尋ねると約50名の参加者の約半数が「ある」と回答し、自分自身が嫌がらせなどを受けたことがあるかと尋ねると5〜6名が「ある」と回答し、その全員がヒジャブを着けた女性だった。ムスリムへの差別行為等が増えているという認識が市民の間で広まっていること、また、ヒジャブを着けた女性が特に対象になっていることが推測される結果であった。

　2016年1月には、K. シャンムガム（K. Shanmugam）内務大臣兼法務大臣が、「イスラモフォビア」の広がりについて、いやがらせや落書きの事案を具体的に挙げながら説明し、国民一般にその防止を訴えた。政府もムスリムに対する差別行為等が増加しているという認識を公にしているのである。同年5月には、AMP（ムスリム知識人協会）が差別事案の増加を懸念する声明を出し、差別の解決・仲裁、差別事案の記録と検討、データ収集などを行う機関を設置することを政府に要望した（Association of Muslim Professionals, 2016）。

　以上のように、ステレオタイプに起因するとみられるムスリムへの差別は、世界のイスラーム過激主義、テロの動向を背景にした偏見が加わり、一層深刻化していると考えられる。

3.2.4. 国軍における差別

　政府による国軍でのマレー人への差別について論じる。国軍における差別は、先行研究などではマレー人を対象とするものとされている場合が多いが、マレー人以外のムスリムも対象であり（3.1.2）、「ムスリムへの差別」と読み替えることができる。以下では、①ナショナル・サービスからの除外、②ナショナル・サービスの配属先の差別、③国軍における昇進や配属先の差別の三つに分けて整理する。

　第一に、ナショナル・サービスからの除外である。1967年から1985年まで、

68　Conversation Circle "What is Islamophobia?"（8.2.2.2.）。2016年8月24日開催。様々な民族・宗教に属する約50名の市民が参加した。筆者は参加し観察を行った。

マレー人はナショナル・サービスに召集されず、このことは、マレー人の社会的地位を低下させるとともに、マレー人に深い疎外感を与えた（3.1.2.）。ラヒム（Lily Zubaidah Rahim）は、華人に徴兵をいやがる伝統があるのに対し、マレー人は植民地化以前の王国の時代から勇敢さや国のために命を懸けて戦うことを高く評価する伝統があったと指摘する（Rahim, 2009: 92）。自助団体の役員であるマレー人Aは、筆者に対し「マレー人は軍や警察で国家のために働く志向が強いのに、そこで差別されたことで尊厳を失った」と語った。[69]

第二に、ナショナル・サービスの配属先の差別である。ナショナル・サービスでは、召集されると国軍（Singapore Armed Forces: SAF）、警察（Singapore Police Force: SPF）、市民防衛隊（Singapore Civil Defense Force: SCDF。消防機関のこと。）のいずれかに配属される。しかし、マレー人は国軍への配属が少なく、特に市民防衛隊に配属される率がアンバランスに高く、マレー人はこのことを政府による差別と受け止めている。公表されているデータはないが、上記のマレー人Aは、「警察官の25％以上、市民防衛隊員の50％はマレー人ではないか」と言う。[70]自助団体の元役員であるマレー人Bは、息子が学校で優秀な成績を修めたにもかかわらず市民防衛隊に配備されたのはおかしいと感じており、[71]息子の入隊式の写真をフェイスブックで公表し、明らかにマレー人の比率が高いことを示している。彼は、「警察は60～70％、市民防衛隊は70％くらいがマレー人だ」と語った。[72]いずれの数字も彼らが観察した印象によるものであり、大きな隔たりがあるが、少ない方を取ったとしても、マレー人の人口比率約13％に比べるとアンバランスに高い数字である。

マレー人A、Bは、それぞれ以下のように語った。

ナショナル・サービスの問題は、ずっと前から続いている。いつになったら解決するのか。怒りというよりも、ただただ失望だ。自尊心の問題は重要だ。（中略）シンガポールでは、みんな混じり合い、差別は少ないが、ナショナル・サービスに行く時に初めて差別の存在を知る。他の若者は配属先の希望を聞

---

69   2014年8月29日聴き取り【No. 19】。
70   前脚注に同じ。
71   ナショナル・サービスでは、学校で優秀な成績を修めた若者が国軍の枢要な部門に配属されると、国民の間では考えられている。
72   マレー系自助団体の元役員から。2016年8月19日聴き取り【No. 21】。

かれるのに、マレー人は面接されない。今年、○○氏（この人物と筆者の共
通の知人であるマレー人）の息子が実際にそれを経験し、ショックを受けていた。
軍は最も人種の壁をなくすべきところだ。そこでの差別は影響が大きい（マ
レー人A）。[73]

　　ナショナル・サービスでの差別が国民一般に与える影響は大きいのではな
いか。（中略）自分は軍の枢要な部門に配属されたが、そこではただ一人の
マレー人だった。[74]（中略）差別の問題に気づいた。ショックだった。（中略）
息子の一人は警察、一人は市民防衛隊に配属された。自分の息子たちが国か
ら信頼されないのには、憤慨させられる（マレー人B）。[75]

　マレー人（ムスリム）たちは、自分自身や息子の実体験を通し、ナショナル・
サービスにおける差別の存在を知る。多感な青年時代に国家による差別を認識
することの影響は大きいであろう。ナショナル・サービスは、独立後早急に国
防体制を整備するために考え出された制度であるが、国民に国への帰属意識を
植え付ける効果も期待されている（Fook, 2012: 142-144）。しかし、そこで差別
が行われれば、差別される一部の国民の間に大きな不満をもたらし、かえって
国民統合の障害となってしまう恐れさえあろう。
　第三に、国軍における処遇差別についてである。マレーシア・インドネシア
を仮想敵国として国防力の増強を進めてきた政府は、これらの国々とのマレー
人の民族的・宗教的紐帯を警戒し、敵と直接対峙する空軍のパイロットなどの
職種（「センシティブなポスト」と言う）に長くマレー人を配属してこなかった。
また、高いランクの幹部職へのマレー人の登用も少ない。
　1987年にはリー・シェンロン第二防衛大臣（当時。現在は首相。）が、「国に
対する感情と宗教的な感情が衝突するような困難な状況に兵士を置きたくな
い」ためにマレー人を空軍のパイロットにしないと説明することで、国軍にお
ける処遇差別の存在を公言し、かつ、正当化した。[76]この前年（1986年）のイ
スラエル大統領の訪問にマレー人が強く反発したことが、マレー人の「分裂し

73　2014年8月29日聴き取り【No. 19】。
74　この人物は、シンガポール国立大学に入れるほど学業の成績が良かったために、マレー人（ムス
　リム）でも枢要な部門に配属されたものと推測される。
75　2016年8月19日聴き取り【No. 21】。
76　"Singapore: A matter of trust", *Economist*, 28 March 1987.

た忠誠心」の証拠とみなされ、国軍での処遇差別の正当化につながった（3.2.2.2.）。1999年にはリー・クアンユー上級相（当時）が、「非常に信心深く、マレーシアに家族的な結びつきを持つマレー人をマシンガン部隊に配属するのは、大変厄介な問題（a very tricky business）だ」と発言した[77]。リー上級相は2001年にも「安全保障の問題については、我々の置かれた文脈を考えると、民族や宗教の問題は無視できない」と主張し、「国軍においてはポストのセンシティビティや民族・宗教の構成を考慮しなければならない」とマレー人の処遇差別を改めて正当化した[78]。初めてマレー人が戦闘機のパイロットになったのは2003年（Rahim, 2009: 92）、初めてマレー人が准将（Brigadier-General）になったのは2009年（Hussin, 2012: 123）と、いずれも近年のことである。

　最近では政府は、「マレー人の国家への忠誠心」には言及せず、単に「マレー人は国軍で一層活躍している」、「処遇改善が進んでいる」と説明している。2015年には、ン・エンヘン（Ng Eng Hen）防衛大臣が、「国軍は誰も差別はしないし、能力に応じて昇進させる」と述べ、マレー人に対する差別を否定している[79]。2015年のナショナルデイ・ラリー[80]のマレー語の演説で、リー・シェンロン首相は2名のマレー人の空軍パイロットを写真で紹介し、マレー人が国軍で適切に登用されていることをアピールした（Lee Hsien Loong, 2015b）。政府はたびたび高い階級やパイロットなど「センシティブなポスト」に登用されたマレー人を紹介するが、そのようなマレー人はごく少数であり、差別はないと宣伝するための「イメージキャラクター」に過ぎないという見方も根強い[81]。

　2015年には、マレー人が海軍の艦船への乗務を認められないのは差別だとの議論があった。政府は、艦内のスペースの制約上ハラール・キッチンを設置できないためにマレー人の乗務を認めていなかったが、現在はメニューが選べるようになり、本人が希望すれば乗務が認められていると説明した[82]。しかし、ハラールに厳格にこだわらないムスリムもいるのに、マレー人が一律に乗務を認められなかったのは、ハラールの問題を口実とした差別であったとの見

---

[77]　"Reality is race bonds exist: SM", *ST*, 19 September, 1999.
[78]　"Integration has brought benefits to all", *ST*, 4 March, 2001.
[79]　"Netizen accuses RSN sailors of making derogatory comments about Muslim boyfriend", *ST*, 19 August, 2015.
[80]　毎年8月に行われる首相の施政方針演説。現在のリー・シェンロン首相は、英語、マレー語、華語の異なる内容の三つの演説を同日に行う。
[81]　"How Malays feel: Panel takes the pulse of the community", *ST*, 18 August, 2013.
[82]　"Malays deployed in the SAF as sailors: Ng Eng Hen", *ST*, 16 February, 2015.

方もある[83]。国会では、ムスリムに配慮して艦船のハラール対応を進めるべきとの議論があったが、ン防衛大臣は、「ムスリムだけの利益を主張する議論だ」、「国軍の運用上の利益が優先する」と否定的な見解であった[84]。このような政府の見解に対し「技術的にそんなに難しい問題ではない。ハラールの問題を持ち出して差別を正当化しているだけだ」と反論するフェイスブック上の投稿には、多くの賛同が寄せられた[85]。

　政府は、国軍におけるマレー人への差別的取扱いについて、安全保障分野に限定されるもので、民間での雇用等におけるメリトクラシーの原則は変わらないと主張してきた（前述の 2001 年のリー上級相（当時）の発言でも、そのように説明された）。しかし、政府がマレー人の国家への忠誠心に疑念を持っていることを目に見える形で表すことが、国民一般の心理に影響を与え、民間での差別を助長してきたのではないかとの懸念も聞かれる[86]。

3.2.5. 差別の表れ方とその影響

　マレー人（ムスリム）に対する政府またはシンガポール社会の差別には、それを言動や態度で示すことと、不利益な取扱いをすることとの二つの表れ方がありうると考えられる。

　しかし、シンガポールでは、そもそもメディアへの規制などにより言論の自由が大きく制約されている上に、特に民族や宗教に関わる差別的な発言は、刑法（Penal Code）[87]、扇動法（Sedition Act）[88]、宗教融和維持法（Maintenance of Religious Harmony Act）（1.4.2.）[89] など関連する法律により特に厳しく規制される。2012 年には、オーストラリア国籍の華人女性が、公団住宅団地のボイドデック（void deck：1 階の公共スペース）[90] でのマレー人の結婚式の音に腹を立て、自

83　現地の社会学者から聴き取り（2016 年 5 月 8 日【No. 51】）。

84　"Halal ship kitchens difficult but SAF offers food options", *ST*, 8 April, 2016; Workers' Party (2016), Navy Vessels, Delivered in Parliament on 7 April 2016.

85　フェイスブックのグループ"Suara Melayu Singapura" への 2016 年 4 月 7 日付の投稿。

86　前述のマレー人 B（2016 年 8 月 19 日【No. 21】）のほか、AMP の元幹部職員のマレー人（2015 年 8 月 11 日【No. 24】）からも聴き取り。

87　刑法第 298 条 A(b) は、民族・宗教間融和を害する行為を行った者に対し、3 年以内の懲役刑または罰金もしくはそれらの両方を課すことを定めている。

88　政府への敵意や不満、民族・階級間の敵意などをあおる行動、発言などを規制することなどを目的とする法律。

89　宗教間の敵意や憎悪をあおる行動を規制することなどを目的とする法律。

90　マレー人は結婚式に利用することが多い。50 シンガポール・ドル（2017 年時点で約 4 千円）という安い利用料で借りることができる。

身のフェイスブックのサイトで「どうしてわずか50シンガポール・ドルの結婚式を認めるのか」、「金を払ってちゃんとした結婚式をしないから、すぐに離婚するんだ」と悪罵した書込みが、マレー人への差別的発言[91]とされてネット上で拡散し、警察の調査を受けた。この女性は訴追はされず、刑法の規定に関連し警告を受けただけですんだが、「差別主義者」として一般国民だけでなく首相、大臣、議員たちからも非難され、勤めていた団体から解雇されるという社会的制裁を受け、オーストラリアに帰った[92]。

　こうした事例を目の当たりにする国民は自己規制を働かせ、民族や宗教に関わる発言を控える。従って、マレー人（ムスリム）を表立って悪しざまに言う目に見える差別事案は少なく、多くの場合、潜行するステレオタイプや差別が労働市場における差別という不利益な取扱いとして表れる。ムスリム女性が求職の際に「華人の親や子供が怖がるのでヒジャブをはずしてほしい」と言われるように、個別の事案を通して差別が表面化する（3.2.3.）。

　なお、マレー人（ムスリム）に対する差別はない（あるいは、自分は経験していない）と主張するマレー人（ムスリム）もいる。ここでは筆者が聴き取りを行った3人の事例を挙げる。一人は、教育省マレー語センター（Malay Language Centre of Singapore: MLCS）の幹部職員のインド人ムスリム男性である。彼はもとマレー語教師で、政府の手厚い支援を受け、やりがいを感じながらマレー語・マレー文化の振興の業務に携わっており、「シンガポールではマレー人に対する差別はない」と語った[93]。もと教師で、ムンダキの幹部職員のマレー人女性も、「自分は教師として働いてきた中で特に差別を感じたことはない」と語った[94]。また、スアラ・ムシャワラ委員会のメンバーで、長く市民活動に携わってきたマレー人女性は、「自身は差別を経験したことはないが、スアラ・ムシャワラの対話の中で話を聴くと、現実に差別があることが分かった」と語った[95]。

　この3名は、公務員あるいは自助団体の職員として公平性が確保される安定した職に就くか、自分で設立した団体で活動しており、民間企業のパートタイムの職に応募するような弱い立場での求職活動を行った経験がない。同じマレー人でも、労働市場での差別の影響を受けにくい場合には、差別を経験しなか

91　マレー人の貧困層の多さや離婚率の高さを揶揄したものである。
92　"Racist rant: Amy Cheong gets stern warning from police", *ST*, 25 March, 2013.
93　2014年8月14日聴き取り【No. 65】。
94　2014年4月1日聴き取り【No. 16】。
95　2014年8月16日聴き取り【No. 33】。

ったり、差別はないと認識すると考えられる。

　民間部門および国軍におけるマレー人への差別は、それ自体がマレー人の自尊心を傷つけ、アイデンティティの承認を妨げ、疎外感を生む。差別が労働市場に及ぶ場合には、マレー人の職業機会を奪い、経済的地位に大きな悪影響を及ぼすことになる。差別は、彼らの文化の承認の問題にとどまらず、社会的周縁化に関わる問題ともなる。差別はマレー人の複合的な排除を招き、国民統合上も看過できない問題であることから、差別を是正し、マレー人の包摂を図ることは、マレー人社会のみならずシンガポール社会にとっても重要な課題であると考えられる。

3.3. 問題解決への取組みと課題

　以下では、マレー人（ムスリム）社会が直面する社会的格差と差別の問題について、マレー人社会による取組みを整理し、その課題を明らかにする。

3.3.1. ムンダキによる社会改善対策

　政府は、結果の平等を保障しないメリトクラシーの原則から、マレー人（ムスリム）社会が直面する社会的格差の問題について、マレー人に対しアファーマティブ・アクションのような積極的な支援措置を講じることにより対応することはなかった（1.4.2.）。

　憲法上は先住者としての「特別な地位」（1.2.1.）が認められるマレー人への特別な措置は公立学校の授業料の無償化のみであり、それも1991年から大学については所得要件が課されるようになった。マレー人社会はこれを、マレー人の「特別な地位」を損なうものとみなし、強く反発した（Rahim, 1998: 102）。1989年にゴー副首相（当時）が授業料の無償化の見直しを「提案」した際、意見を表明した20のマレー人関係団体のうち半数は反対したが、マレー人の大臣が受け容れを表明し、見直しが決まった。ただ、この大臣も、この見直しがマレー人社会にとって「社会・経済的な意味だけでなく、歴史的・象徴的に重要なもの」であると訴えた[96]。政府は、授業料の無償化の見直しによって、特定のエスニック・グループに対する特別な措置を取らないことを改めて明らかにしたとも考えられる。

　マレー人社会のリーダーたちは、アファーマティブ・アクションなど格差縮

---

[96]　"Mendaki backs proposal to enhance self-help aim", *ST*, 6 June, 1990.

小のための特別な措置を要望していない。2014 年に政策研究所が公表したア
ンケート調査によれば、マレー人の 40.8% が政府によるマイノリティへの優先
的または特別な措置を望んでいるが、大学卒のマレー人ではこの割合は 28.8%
に下がる (Institute of Policy Studies, 2014)。マレー人は、マレーシアからの分離・
独立の結果、マレーシアのマレー人のような優遇措置を受けることは望めなく
なった。マレーシアの状況を横目に見る中で、特に教育水準の低い低所得層の
マレー人たちが彼らの地位改善のための特別な措置を望み、一方で、高学歴
のリーダーたちはメリトクラシーの原則を受け容れる状況が想定される。2012
年に開催した「コンベンション」で、AMP は政府に対し格差縮小への取組み
を求めたが、議論をリードした AMP の元役員も、何らかの特別な措置を、エ
スニック・グループ別にではなく、社会階層別に実施すべきだと考えている。[97]

　低い社会的地位にある集団を特別扱いしないという前提の下で、政府は教育
水準向上のための対策を推進することにより、マレー人の社会的地位の改善に
取り組んできた。徹底した学歴社会であり、高学歴が高い社会的地位と高収入
に直結するシンガポールでは、このような進め方は、社会の文脈に合ったもの
であった。対策は、低所得家庭の子供に対し放課後の学習指導（tuition）への
経済的支援を行うことにより、自助努力を側面的に支援するものであるととも
に、マレー人社会の各層に学歴獲得による社会進出のチャンスを提供する、す
なわち、機会の平等を確保しようとするものであった。

　具体的には、政府が、マレー人社会のための自助団体ムンダキを通じ、低所
得家庭への教育支援に対し財政支援を行うこととされた。ムンダキは、1982
年に設立され、当初は低所得家庭への教育支援を主な事業としたが、1989 年
からは青少年の育成、問題を抱える家庭へのカウンセリングなどの支援、職業
訓練を通じた就労支援など幅広い事業を行うようになった。

　「ムンダキ（MENDAKI）」の名称は設立当初のマレー語名称「Majlis
Pendidikan Anak-anak Islam（ムスリム子弟教育評議会）」のアクロニムで、現
在の正式名称は「Yayasan MENDAKI（ムンダキ財団）」である。「mendaki」
はマレー語で「登る」を意味し、ムンダキがマレー人社会の改善・向上を目指
すことを示唆している。1989 年の事業拡充により、英文名称は「Council for
the Education of Muslim Children」から「Council for the Development of

---

97　2013 年 8 月 24 日聴き取り【No. 21】。

Singapore Malay/Muslim Community（シンガポール・マレー・ムスリム社会発展協議会）」に変更されたが、「ムンダキ（MENDAKI）」の名称に変更はない。

　ムンダキは、マレー人を含むムスリム社会をターゲットとする。インド人ムスリムやアラブ人も受益者となるし、役職員として運営に参加する。役職員はムスリムで、資金もムスリム社会が拠出し、ムスリムが自らの手でムスリム社会を改善するための組織である。ただし、政府主導で設立されたものであり、会長をムスリム問題担当大臣が、役員をマレー人の政治家が兼務しており、政府との一体性が強い。

　財務状況を2015年の財務報告書（2015年1月〜12月）（MENDAKI, 2016）でみると、青少年、家庭、就労支援関連の事業の勘定では、1,142万シンガポール・ドル（約10億円）の収入の約34%に当たる387万シンガポール・ドル（約3億4千万円）が政府からの補助金である。この補助金は、マッチング・グラント（matching grant）といい、同額以上の自己資金を団体が調達することを前提として政府（文化コミュニティ青年省）が団体に交付するもので、ムンダキその他の自助団体にとって重要な財源である。同勘定の他の主要な財源は、モスク建設・ムンダキ基金（2.2.1.2.3.）からの繰り入れで、524万シンガポール・ドル（約4億6千万円）と収入の約46%を占める。別勘定で、低所得家庭の子供への学習支援について政府から3,446万シンガポール・ドル（約30億円）の補助金を受け、これにより1時間当たり40セント（約30円）と非常に安価な授業料でサービスを提供している。

　ムンダキは、政府から多額の財政支援を受けており、政府からの財政支援なしには事業の継続は困難である。政府はムンダキに限らず各エスニック・グループの自助団体にこのようにマッチング・グラントと学習支援サービスの授業料への補助金を組み合わせて財政支援を行っており、これを通じて各団体を管理することができる。また、モスク建設・ムンダキ基金は、ムスリムが毎月の給与の中から天引きで支払う拠出金を原資とするが、団体への配分は政府が決定しており、これも政府がムンダキを管理する手段となる（2.2.1.2.3.）。

　1982年の時点では、ムンダキが唯一のエスニック・グループ単位の自助団体であり、ムンダキの存在は、マレー人（ムスリム）に対する特例としての意義を有していた。しかしその後、他のエスニック・グループからの要

98　Malay/Muslim Community Development Fund という。

写真3　イスラーム・マレー問題研究所（RIMA）が開催したシンポジウムで、ムスリムの教育水準の向上のための方策について議論するムスリムたち。RIMAは、ムスリム知識人協会（AMP）（3.3.2. 参照）の傘下の団体である。

望に応え、1991年にはシンガポール・インド人発展協会（Singapore Indian Development Association: SINDA）が、1992年には華人発展支援評議会（Chinese Development Assistance Council: CDAC）が設立され、それぞれインド人、華人の自助団体として、政府の財政支援を受けて教育支援等の事業を行うことになった。つまり、1990年代には三つのエスニック・グループが同じように政府の支援を受けて社会改善に取り組む状況になり、マレー人に対する特例としてのムンダキの意義は失われた。

3.3.2. ムスリム知識人協会（AMP）による異議申立て

　1991年には、マレー人（ムスリム）のための第二の自助団体として、ムスリム知識人協会（Association of Muslim Professionals: AMP）が設立された。

　1980年代には、イスラエル大統領のシンガポール訪問（1986年）、リー・シェンロン第二防衛大臣（当時）による国軍でのマレー人差別の正当化（1987年）、ゴー・チョクトン副首相（当時）によるマレー人に対する公立学校の授業料の無償化の見直しの「提案」（1989年）などがあり、マレー人社会の中に政府への不満が蓄積されていた（AMP, 2011: 23-24）。マレー人議員やムンダキが授業料の無償化の見直しに反対しなかったことなどから、マレー人社会の中では、既存のリーダーたちはマレー人社会の声を代表して問題に対処していないとの

認識が強まった（Hussin, 2012:83-88）。

　そうした中で、高い教育を受け、企業の役員・幹部、法律家、研究者、ジャーナリストなど、経営・管理職、専門・技術職として活躍するマレー知識人[99]が結集し、「コンベンション」と称するシンポジウムを開催し提言を行うことにより既存のリーダーたちに代わって意見表明を行おうとする動きが出てきた。しかし、マレー知識人の動きをPAPのマレー人議員を通じた政治システムへの挑戦ととらえた政府は、コンベンションの開催に反対した。マレー知識人は治安当局から監視され、中には拘束される者もおり、逮捕されることも覚悟でコンベンション開催に向けて準備を進めた（AMP, 2011: 24-27）。マレー知識人は、事態の打開を図るため、首相への就任が内定していたゴー・チョクトン副首相（当時）に接触し、コンベンションの開催に対する了承をとりつけることに成功した。政府を批判することが多い研究者だけでなくビジネスマン、法律家など、実社会で活躍するマレー知識人たちが500名もコンベンションに参加する見込みになり、政府もこうした動きを無視できなくなったのだった。[100]

　1990年からのゴー政権の初期には市民活動が容認され、ラウンドテーブル（Roundtable）やシンクセンター（Think Centre）のように政策提言や政治批判を行うものも含め、NGOの設立が相次いだ（岩崎, 2005: 254-259）。AMPの設立はこれらのNGOに先行しており、政策提言型市民団体の先駆けとして、シンガポールの市民社会運動史上も重要な意義を有する。マレー知識人たちは、リー・クアンユーからゴーへの体制移行によるチャンスをいち早くとらえ、市民活動の展開に先鞭をつけたのであった。[101]

　マレー知識人たちによるコンベンション[102]は、1990年10月6日〜7日の二日間開催され、そこでは、マレー人がシンガポールの主流社会から周縁化されている、政府がマレー人の問題に適切に対処していないなど、政府に対する痛烈な批判が展開された（National Convention of Singapore Malay/Muslim Professionals, 1990）。

99　"Malay professionals" あるいは "Muslim professionals" と呼ばれる人々。特に、ここで述べる異議申立ての主体となり、その後AMPに関わった人々。宗教界ではなく、世俗世界で成功を収めたリーダーたちである。本研究では日本語では「マレー知識人」という。
100　コンベンションの開催、AMP設立に関わった人物から2013年8月20日聴き取り【No. 48】。
101　コンベンションの開催、AMP設立に関わった前脚注と別の人物から2014年8月19日聴き取り【No. 22】。
102　「National Convention of Singapore Malay/Muslim Professionals」という。

コンベンションに参加したゴー副首相は、その場で、マレー知識人がムンダキのような自助団体を設立すれば政府は財政支援を行う用意があると提案した。政府の支援を受ければ、自由な発言が制約される恐れがある。また、すでにムンダキがある中で、新たに別の自助団体を設立するのはむだだという議論もあった（AMP, 2011: 32-34)。マレー知識人たちは熟慮の末にこの提案を受け容れ、1991年にAMPを設立した。

　AMPの事業活動の大部分を占めるのは、教育支援、家族への支援、青少年育成、就労支援を柱としたマレー人（ムスリム）社会の改善対策である。就労支援の分野では菓子や手工芸品の製造販売といったマイクロビジネスの起業支援を行うなど、独自のユニークなプログラムも実施しているが、事業の大きな枠組はムンダキと基本的に変わらず、ムンダキと同様に、マッチング・グラントや学習支援サービスの授業料に対する補助金の交付、モスク建設・ムンダキ基金の配分による政府の財政支援を受けて事業を実施している。

　AMPの初代会長は、政府の影響を排して引き続き政策提言に取り組む意向を持っていたが、1993年には「内部抗争」によって突然更迭された[103]。初代会長の更迭後ただちに、AMPは政府と協調する姿勢に転換し[104]、政府への痛烈な批判を行うことはなくなった。AMPが政府に異議申立てを行うこともあったが、政府はAMPの主張が「政治的領域に踏み込んでおり、行き過ぎたものである」とみると容赦なく介入した。

　2000年には、AMPは第2回のコンベンション[105]を開催し、マレー人社会の新しい意見表明ルートを作る「集団的リーダーシップ（collective leadership)」の提案を行った（Association of Muslim Professionals, 2000: 19-20)。これは、ムスリム問題担当大臣やマレー人議員など既存のリーダーたちに代わる異議申立てのルートを作るもので、AMPの設立当初からの問題意識に沿うものであった。政府はこの提案を、マレー人政治家を通じてマレー人社会を管理する既存の政治システムを否定するものとみなし、容認しなかった。ゴー首相（当時）は、AMPの提案は、マレー人の特別扱いを求めるショービニズム（自民族至上主

103　"Hussin replaced as AMP chief in 'power struggle' : Lecturer say petty rift with his deputy is behind move", *ST*, 23 June, 1993.
104　"Mundaki and AMP should work together: Abdullah", *ST*, 2 July, 1993.
105　「2nd National Convention of Malay/Muslim Professionals」という。

義）[106] であり、国民の分断を招くとして、AMP を厳しく叱責し、提案の撤回を求めた。[107] 翌 2001 年、リー・クアンユー上級相（当時）から、「マレー人はシンガポール社会への統合を望んでいるのか」、「マレー人が主流社会からの分離を望むなら、そのように対応するだけだ」と脅されたことで（3.2.2.2.）、AMP は[108]「我々はシンガポール社会への統合を望んでいる」と言明し、「集団的リーダーシップ」の提案を完全に撤回した。

　2001 年からは AMP に対する政府の補助金が大幅に減額され、AMP は本部のスペースの縮小を余儀なくされるなど活動に大きな制約を受けた。[109] AMP に関わる関係者は、これを政府が AMP に与えた懲罰と受け止めている。[110]

　2013 年には AMP の役員が政府の圧力によって辞任を余儀なくされた。AMP は政府から財政支援の削減をほのめかされていたとの報道があり、[111] 関係者も筆者に対しそれが事実であることを認めている。[112] AMP は 2012 年に第 3 回のコンベンション[113]を開催し、エスニック・グループ間の格差解消を強く訴えるとともに（3.3.4.）、マレー人社会の問題を議論するための新しいプラットフォームである「コミュニティ・フォーラム（Community Forum: ComFor）」の設置を提案していた（AMP, 2012: 60-65）。コミュニティ・フォーラムは、マレー人社会の新しい意見表明ルートを作るという AMP が設立以来問題意識を持ち続けてきた課題に対応するものとして、政府に拒否された 2000 年の「集団的リーダーシップ」の提案に代え、提案されたものであった。こうしたコンベンションの議論をリードしていたのが、辞任した役員であった。この役員は、AMP の職務以外でも、自身のブログでの発信や市民集会への参加により、政府のマレー人政策のほか、積極的な外国人労働者導入政策を厳しく批判してい

106　「ショービニズム（chauvinism）」は、普通は「狂信的愛国主義」または「排外主義」と訳すべきであろうが、シンガポールの文脈では、民族や宗教に関わる主張を「民族・宗教間の融和を損なうもの」として非難する際に用いられるため（Chua, 2003b: 104。1.5.1. も参照）、「自民族至上主義」と訳した。1965 年当時のリー・クアンユー首相の発言（黄、呉編 , 1988: 76-77）も、このように訳されている（1.2.3. および 2.2.3.）。

107　"Racial politics will undermine S'pore: PM", *ST*, 6 November, 2000.

108　"Integrate or separate: Malays' pick", *ST*, 4 March, 2001.

109　"Less money for AMP, but more money for community", *ST*, 29 March, 2001.

110　複数のマレー人のリーダーたちからの聴き取り（2013 年 8 月 24 日【No. 21】、2014 年 8 月 19 日【No. 22】、同 22 日【No. 25】など）。

111　"AMP director quits, alleging official pressure", *ST*, 26 April, 2013.

112　2013 年 8 月 16 日聴き取り【No. 23】、同 20 日聴き取り【No. 48】など。

113　「3rd National Convention of Singapore Muslim Professionals」という。

た。政府は、この役員がコミュニティ・フォーラムを提案していたことについて、マレー人だけの利益を主張することで国民を分断する恐れがあったとして非難している[114]。しかし、関係者は、政府がAMPに対しこの役員が辞任するよう圧力をかけたのは、彼が政府を声高に批判し、また、野党が主催するフォーラムにパネリストとして参加していたことが決定的な理由だったのではないかと受け止めている[115]。

2000年と2013年の二つの事例からは、AMPが政府による財政支援を受けながら異議申立てを行っていくことがいかに困難であるかが理解できる。

AMPは、2000年代に入り、イスラーム過激主義対策の分野で政府と密接な協力関係を築いている。2002年1月には、前年12月に国内で拘束されたテロ未遂犯の家族を支援するためにアフターケア・グループ（Inter-Agency Aftercare Group: ACG）が設立されたが、AMPはこれにメンバー団体の一つとして参加している（6.2.2.）。2016年以降は、AMPは政府の支援を得て民族・宗教間対話プロジェクト「CommaCon」を実施している（8.2.2.3.）。これらはいずれも内務省（Ministry of Home Affairs: MHA）との密接な連携の下に進められている。AMPの役員は筆者に対し、例えばACGとしてのイベントの開催計画は内務省が決定していることを明かしている[116]。内務省は治安対策を担当する国内治安部（Internal Security Department: ISD）を擁し、ムスリムを監視する役割を担うが（6.3.2.）、AMPはこうした国の組織とも密接な関係を持っており、設立時点とは大きく状況が異なっている。

先行研究の多くは、政府がAMPに財政支援を行うことにより、政府に批判的であったマレー知識人たちを取り込むことに成功したと指摘する（Barr and Low, 2005: 182, Brown, 1997: 262, Chua and Kwok, 2001: 100-101など）。しかしここでは、AMPが現在でもなお異議申立ての主体としての役割を維持していることを指摘しておく。

AMPは、設立時のように痛烈な政府批判を行うことはないが、近年でも様々な形で意見表明を続けている。2011年にリー・クアンユー顧問相（当時）が自身の著書で、「イスラームは排他的だ」などと述べ（Lee Kuan Yew, 2011: 228-230）、マレー人の強い反発を買った（3.2.2.2.）際には、AMPがリー顧問相の発

114　"Ex-AMP director's proposal a repackaging of earlier idea", *ST*, 2 May, 2013.
115　2015年8月14日聴き取り【No. 55】。
116　2016年5月7日聴き取り【No. 20】。

言を非難する声明を発表し、「顧問相の発言は個人のものであり、政府の見解
とは異なる」というリー・シェンロン首相の釈明を引き出した[117]。2013 年には
AMP は、マレー人社会との対話「スアラ・ムシャワラ」の報告書の内容が不
十分であるとの認識の下、報告書を受けた行動計画を策定し施策の具体化を図
ることなどを求める意見を発表した（Association of Muslim Professionals, 2013）。
2016 年には、「イスラモフォビア」の広がりへの懸念から、政府にムスリムへ
の差別の対策強化を求める意見を公表した（Association of Muslim Professionals,
2016）（3.2.3.）。AMP の元役員は、「AMP は公に発言するだけではなく、水面
下での協議に参加するなど、対決的でないやり方も取っている[118]」と筆者に語った。
また、AMP の設立に関わった人物は、政府に積極的に意見表明を行うマレー
人（ムスリム）関係団体がほかにない（特に、政府と一体性の強いムンダキが政府
に異議を唱えることは決してない）中で、AMP は、様々な制約はあるが、積極
的に意見表明を行っていると、思いを込めて筆者に語っている[119]。

3.3.3. エスニック・グループ単位での社会改善対策の問題点

　マレー人と他のエスニック・グループとの社会的格差は縮小せず、むしろ拡
大傾向にある（3.1.1.）。

　エスニック・グループ別の自助団体を通じて社会改善対策を進める縦割りシ
ステムが、格差を拡大するという議論もある。政府の財政支援の中で大きな割
合を占めるマッチング・グラントは、自助団体の自己資金を超えない額を助成
するものであり、エスニック・グループ内部でまず資金調達に努力することが
支援の前提となる。華人の自助団体は、金融、不動産関連の財閥企業を有し、
経営・管理職も多く、強い経済的基盤を持つ華人社会の資金を期待できるのに
対し、企業家層が薄いマレー人の自助団体は資金の獲得が容易ではない。また、
事業の実施に向けるべき労力を資金調達に割いてしまう点で、活動に大きなマ
イナスである（Rahim, 1998: 237-239）。加えて、高学歴者の少ないマレー人社会
は、教育支援に当たるチューターが不足するなど、人材面でも困難を抱えると、
AMP の元役員は指摘する[120]。このような資金・人材両面の格差が自助団体の生
産性に差を生み、縦割りシステムがエスニック・グループ間の格差の一層の拡

117　"MM's views on Muslims not Govt's", *Asiaone News*, 31 January, 2011.
118　2014 年 8 月 29 日聴き取り【No. 19】。
119　2013 年 8 月 20 日聴き取り【No. 48】。
120　2014 年 3 月 30 日聴き取り【No. 21】。

大につながることが懸念される。

　こうした縦割りシステムを改めるべきだという主張がある。前述の AMP の元役員は、「例えば家族の問題について助言を行うカウンセラーに関して言えば、専門的な知識・スキルがあれば民族や宗教は関係ない。国全体として人材を活用すべきだ」と言う。貧困や家族の問題など自助団体が対応している社会問題は、エスニック・グループの枠を越え、「ナショナルな問題」として対処すべきだと彼は主張する。縦割りシステムの下で、本来は国の責任であるはずの国民の教育水準の向上は各エスニック・グループの責任にされてしまっているという研究者の指摘もある[121]。貧困などの社会問題についても、政府は責任を免れ、各エスニック・グループが問題解決の責任を負わされてしまう（Vasu, 2012: 744-745）。

　政府関係者や自助団体のリーダーたち（役員や幹部職員）の多くは一般に、「カウンセラーが民族や宗教に関わる微妙な事情を理解しながら効果的に対応できるなど、サービスの提供者と受益者が文化的背景を共有することで事業が円滑に進められる」という理由から、縦割りシステムを支持する[122]。1999 年に、リー・クアンユー上級相（当時）は、「（筆者注：民族に基づく）感情的な紐帯は本能的なものであり、すぐになくなるものではない」と述べ、「動機づけ、共感、信頼がある以上、エスニック・グループに基づく自助団体がもっともうまくいく」と、縦割りシステムを擁護した[123]。リーは、「もし華人の地域社会のリーダー（筆者注：自助団体の役職員）がマレー人の親に『子供の勉強が遅れているから、学習支援を受けたらどうか』と言ったら、マレー人は反発するだろう」と主張した。このようにエスニシティに基づく本源的紐帯の動員を積極的に支持することに対しては、シンガポール人としての共通のアイデンティティ形成の観点からの批判もある（1.4.1.）。

　自助団体のリーダーたちは、自助団体がエスニック・グループごとに設立され、政府の財政支援を受けて事業を行うことにより、彼らのポスト、収入、社会的地位が保障されるという意味では、縦割りシステムに守られている。シャロン・シディク（Sharon Siddique）は、政府を持株会社、自助団体を細分化さ

121　2014 年 8 月 21 日聴き取り【No. 50】。
122　インド人自助団体の幹部職員（2013 年 8 月 21 日聴き取り【No. 46】）、マレー人自助団体の役員（2015 年 8 月 17 日聴き取り【No. 19】）などから。
123　"Reality is race bonds exist, SM", *ST*, 19 September, 1999.

れた顧客向けに独自のサービスを提供する傘下の企業になぞらえ、自助団体は細分化された市場が失われるような社会の均質化に抵抗すると論じる（Siddique, 2001: 179-180）。

　マレー人の自助団体に関わるリーダーたちは、縦割りシステムを前提として、政府の財政支援を確保し、教育支援対策を推進することで、マレー人社会の改善を図るというシナリオを実現することに彼らの役割を見出している。しかしそれは、以下で論じるように、彼らがマレー人の低い社会的地位を憂慮しており、政府の支持を得られるシナリオに乗っていかなければマレー人社会の地位改善は望めないと考えているからでもある。

3.3.4. 格差と差別の解消に向けた議論

　政府は、エスニック・グループ間の社会的格差を解消されるべきものとは考えていない。機会の平等は確保するが、結果は個人の努力次第であり保証されるものではないというメリトクラシーの原理は、個人レベルだけでなく、マレー人という集団にも適用されている。

　政府は、「マレー人は、他のエスニック・グループと比較するのでなく、過去と比較して自分たちの生活・地位が向上したことに目を向けるべき」と説明し、格差の問題に触れることを避けてきた。2010 年に政府は、1980 年から 2005 年の間にマレー人社会の教育レベルや所得が大幅に向上したとする報告書を公表した（Ministry of Culture, Community and Youth, 2010）。この報告書は、マレー人は 25 年間で所得が 3 倍になったと強調するが、華人はこの間に所得が約 5 倍に増加し、華人との格差が拡大したことに触れていない。

　リー・シェンロン首相は 2015 年のナショナルデイ・ラリーのマレー語の演説で、「独立以来マレー人社会は、大変大きな、非常に鼓舞させられるような発展を遂げた」と口を極めてほめそやし、「マレー人は、選挙の候補者、弁護士、銀行員、教育者、エンジニア、軍人などになり、社会のあらゆる階層に進出している」ことをその例証としている（Lee Hsien Loong, 2015b）。成功事例については語られるが、格差のことは一切触れられていない。

　AMP は 2012 年に開催した第 3 回コンベンション[124]で、シンガポールの激烈な競争環境の下では、マレー人社会の改善の度合いについては、絶対水準

124　「3rd National Convention of Singapore Muslim Professionals」という。2012 年 6 月 30 日開催。

（absolute performance）ではなく相対水準（relative performance）でみるべきと主張し、格差解消の必要性を訴えた（Association of Muslim Professionals, 2012: 16-17）。しかし、コンベンションに参加したリー・シェンロン首相は「他のエスニック・グループとの格差は「moving target」なので、それだけにとらわれるべきではない。（中略）自分たちが全力を尽くすことに専念すべきだ」と語り、格差の議論を退けたばかりでなく、将来的な格差解消の可能性まで否定した。[125]

　マレー人（ムスリム）に対する差別の問題についても、これまで述べたように、政府は積極的に対処していない。差別の問題は、マレー人との対話「スアラ・ムシャワラ」においても取り上げられた。対話の実施主体である委員会は、聴き取りを通じて具体的な差別の実態を把握した（3.2.1.）。しかし、報告書では差別に関する記述は非常に少なく、「雇用差別があまりないとは言えない」、「雇用主がマレー人以外を好む事例がある」、「女性のヒジャブ着用が認められないことがある」といったことを淡々と記述するにとどまった（Suara Musyawarah Committee, 2013: 18-19）。差別への対策については、差別の実態やその影響について徹底した調査を行うことや、企業の自主的な取組みを促すことなどが提言されたのみで、より強力な対策である差別禁止の法制化については、「万能の方策とは言えない」との理由で退けられた（Ibid.: 19）。スアラ・ムシャワラの報告書を受けてすぐに AMP は、「国軍や民間の労働市場において差別がほぼ 20 年にわたり問題とされている」ことを憂慮するとともに、差別を終わらせるためにスケジュールを定めて対策を講ずべきだとする意見を公表した（Association of Muslim Professionals, 2013）。

　スアラ・ムシャワラの委員会の 2 名の主要メンバーは、いずれもムンダキの役員であったが、筆者の聴き取りに対し、報告書については、政府や他のエスニック・グループが受け入れやすいよう、強硬なトーンにならないように配慮してとりまとめたと語っている。[126]彼らは、一般のマレー人にとって最も重要な問題は「どうやって食べていくか」だと言い、「差別の問題だけにとらわれ

125　"Malay-Muslims have done well in S'pore: PM", *ST*, 1 July, 2012; Lee Hsien long (2012) Speech by Prime Minister Lee Hsien Loong at 3rd National Convention of Singapore Muslim Professionals, 30 June 2012.「moving target」とは、マレー人の所得が上がっても、他のエスニック・グループの所得も同時に上がってしまうので、格差の解消は達成できない目標だとの趣旨（このロジックが正しいかどうかは別であるが）。

126　2014 年 3 月 26 日聴き取り【No. 14】。

ないよう」注意しながら、教育水準の向上を通じた社会改善対策を重点に報告
書をとりまとめたと筆者に説明した。2013年7月の報告書公表を受けて8月
に発表された政府の新規施策は教育支援に関わるものばかりであり、差別対策
については「さらに時間を要する課題」とされ、具体的な施策は明らかにされ
なかった。このように、政府に近いムンダキのリーダーたちは、マレー人社
会の最重要課題は「生活の問題」であると考え、政府の支持を得られるシナリ
オに沿ってマレー人社会の改善を進めるために、政府の財政支援の拡充を図り、
教育支援対策を推進することを優先し、政府が積極的ではない差別対策につい
ては要望を自制したのだった。

　社会的格差と差別は、マレー人の社会への包摂を妨げかねない問題である。
しかし、政府に近いムスリムのリーダーたちは、格差や差別の解消のための抜
本的対策については踏み込もうとしない。彼らも格差や差別は問題であると考
えているが、政府の意向を踏まえ、自助団体による教育水準向上対策を通じて、
漸進的に問題解決を図ろうとしている。

　マレー人が低い社会的地位に甘んじていることを憂慮し、また、政府との関
係を損ねることで財政支援が削減され、社会改善対策が実施できなくなること
を危惧するマレー人自助団体のリーダーたちは、格差や差別に関する要望を自
制する。これは、彼らの考えるマレー人社会の生き残りの戦略として理解する
ことも可能であろう。この戦略を取る限りにおいては、自助団体を通じた社会
改善（絶対水準のベースでの所得の向上等）という政府の対処方針に基づき支援
を受けるという形で、マレー人（ムスリム）はシンガポール社会に包摂される。
しかし、格差や差別に関わる構造的な問題が解決されないままになるという点
では、マレー人の排除の問題は残されるのである。

3.4. 小括

　本章では、マレー人（ムスリム）が直面する社会的格差と差別の問題につい
て論じた。マレー人は他のエスニック・グループとの間に教育、所得、職業の
すべての面で大きな格差がある。マレー人に対するステレオタイプ・差別の問
題が続いてきており、国内外の過激主義をめぐる状況から「イスラモフォビア」
の広まりがみられ、差別は一層深刻な問題となっている。さらに、国軍におけ
るマレー人（ムスリム）への差別が依然として存在する。

　社会的格差の問題については、自助団体による教育支援などのプログラムを

通じた社会改善対策が進められているが、エスニック・グループごとの自助団体が競争する縦割りのシステムの下で、格差の解消には目途が立たない。政府は格差の解消については、議論を避けている。差別の解消に向けた取組みについても、政府は消極的である。

2012～13 年に実施されたマレー人社会との対話「スアラ・ムシャワラ」では、マレー人に対する雇用差別の実態が改めて明らかにされた。しかし、報告書のとりまとめに当たったムンダキのリーダーたちは、マレー人の「生活の問題」が最も重要と考えることから、政府との衝突を避け、政府の財政支援を確保して教育支援などの事業を円滑に推進するため、政府が対応に消極的な格差や差別の問題については、報告書で踏み込まなかった。こうして、マレー人（ムスリム）社会のリーダーたちが足並みをそろえて格差や差別の問題について政府に異議を唱えることにはならなかった。政府に対し積極的に意見表明を行うことをねらって設立された AMP も、政府からの財政支援を受ける中で強く異議を唱え続けることは難しい。

マレー人（ムスリム）の低い社会的地位を憂慮するリーダーたちは、マレー人社会の生き残りの戦略として、格差や差別の対策に関して声を上げることを自制し、その結果として、自助団体への財政支援を通じた社会改善という政府の対処方針による支援を受ける形でのマレー人社会の包摂が実現するが、それは、格差や差別による排除の問題をマレー人社会に残すことにつながる。

マレー人の社会的格差や差別の問題は、これらの問題へのリーダーたちの認識を通じ、イスラームの管理への彼らの対応に関わってくるが、これについては第 4 章～第 7 章で論じる。

第4章
ヒジャブに対する
規制と差別

　シンガポールにおいては、1970年代以降のイスラーム復興の中で、ヒジャブを着用するムスリム女性が増加した。しかし、9・11および2001～02年のJI事件以降、政府は公立学校、公立病院等におけるヒジャブの規制を徹底させるようになった。このことはムスリム社会に不満をもたらし、2002年と2013～14年の2回にわたり、ヒジャブ規制の見直しに関する議論が盛り上がった。国内外のイスラーム過激主義の動向を背景に、ヒジャブを着用する女性への雇用市場での差別も一層問題視されるようになっている。本章においては、このようなヒジャブに対する規制と差別の問題に関し、ムスリムの包摂への影響や、ムスリム社会のリーダーたちの認識と対応について分析を行う。

4.1. シンガポールのムスリムにとってのヒジャブ

　最初に、一般的なヒジャブの概念、西欧におけるヒジャブをめぐる論議について整理し、その上で、シンガポールにおけるヒジャブの規制とムスリムの意識について論じる。

4.1.1. ヒジャブとは何か
　近年は日本でも東南アジアなどからのムスリムの観光客や留学生が増加し、大都市部や観光地ではヒジャブを着けたムスリム女性の姿がよく見られ、「ムスリム女性はスカーフ状の布で髪を覆った人たち」というイメージが定着しつつあると考えられる。しかし、ムスリムの宗教実践は彼らの社会的・文化的背景や個人の宗教志向によって多様な形を取ることから（2.1.2.）、髪を覆うという形での宗教実践は、世界のすべてのムスリム女性により時代を通じて行われてきたわけではない。
　ムスリム女性が髪を覆うための「かぶりもの」は、地域や国によって様々な

写真4　ヒジャブを着けた女性たち。

種類がある。写真4は、世界的に最もよく広まっており、東南アジアでも一般的に着用される「ヒジャブ（hijab）」で、頭髪から胸の上部までを覆うスカーフ上の布である。頭部も含め体全体を覆うガウン状の衣服で、顔を見せるようになっているものは「チャドル（chador）」と呼ばれる。チャドルと似たガウン状の衣服であるが、顔を隠して目以外の体全体を覆うものは「ニカブ（niqab）」と呼ばれる。ガウン状の衣服であり、網状のカバーで目の部分も覆うものは「ブルカ（burka）」と呼ばれる。ただし、様々な分類の仕方、地域や国による名称の違いなどがあり、以上の分類は絶対的なものではない。

　ムスリムが多数を占める国でも、それぞれの社会の文脈により、このようなかぶりものが義務づけられたり、逆に禁止されたりと、異なった扱いを受ける。宗教実践に厳格なアラブ諸国では、女性がかぶりものを着けることを国家が義務づける場合がある。極端に厳格な宗教実践を市民に強いたタリバン政権下のアフガニスタンでは、女性に対しブルカの着用が義務づけられた。逆に、宗教勢力の影響を排し、政教分離を徹底して近代化を推進したトルコでは、最近まで公的な場でのかぶりものの着用が厳しく規制されてきた。

　現在の東南アジアでは、インドネシア・アチェ州やマレーシア・クランタン州など一部を除き政府（上記の場合は地方政府）がこうしたかぶりものの着用を義務づけることはないが、イスラーム復興以降はヒジャブを着用する女性が多くなった。ただし、シンガポールのムスリム女性の間でもヒジャブに対する考え方は様々であることは先に述べたとおりである（2.1.2.4.）。本書ではヒ

ジャブを着用した女性の写真が多く掲載されているが、ヒジャブを着けないムスリム女性も多いことを再度強調しておく。なお、シンガポールとマレーシアでは、「ヒジャブ」を指す言葉として、マレー語で「包む」を意味する「トゥドゥン（tudung）」を用いることが多いが[2]、本論では、世界で広く一般的に用いられる「ヒジャブ」を呼称として用いる。

　宗教実践に厳格なアラブ諸国では、女性のかぶりものは黒い無地のもののみとなっている場合があるが、シンガポールを含む東南アジア諸国では一般に、ヒジャブは様々な色や柄のものが着用され、また、着け方も様々な工夫がされ、ムスリム女性のおしゃれのためのアイテムともなっている[3]。インドネシアでは、ヒジャブを着用し肌の露出を控えるなどイスラームの規範を守りながら美を追求したファッションを提供するムスリム・ファッション産業が発展している状況さえみられる（野中, 2015）。

4.1.2. 西欧におけるヒジャブをめぐる議論

　近年の西欧においては、経済の低迷による高い失業率、中東地域での紛争による難民の増加、各地でのイスラーム過激主義者によるテロ事件の発生などを背景に、主流社会とムスリム・マイノリティとの摩擦が深刻な問題になっている。ヒジャブの着用規制の問題も、そうした摩擦の顕著な事例として議論の対象になることが多い。

　内藤と阪口は、西欧のヒジャブ規制問題について憲法学、政治社会学等の幅広い観点から総合的に論じている（内藤、阪口編著, 2007）[4]。フランスでは、公立学校の生徒による「これ見よがしに宗教シンボルを着用する行為」を禁止する法律（いわゆる「スカーフ禁止法」）が 2004 年に成立した（Ibid.: 30-31）。ベルギーでは、各学校の裁量によって生徒のヒジャブ着用を禁止する公立学校が増加している（Ibid.: 220-224）。ドイツでは、2003 年以降、複数の州で公立学校の教師がヒジャブを着用することを禁止する法律が制定された（フランス、ベルギーと異なり、教師が規制の対象である）（Ibid.: 132）。

　同書の「序章」で内藤正典（以下、本章において「内藤」という）は、ヒジャ

2　インドネシアでは同じものを「ジルバブ」と呼ぶことが一般的である。
3　「ヒジャブのおしゃれな着け方」を紹介する動画がネット上で多数公開されている。
4　同書ではムスリム女性のかぶりものを総称して「スカーフ」と呼んでいるが、本論では「ヒジャブ」
　　で統一する。

ブをめぐる西洋の主流社会とムスリムとの対立の背景には、「人の法」である憲法に基づいて統治を行う西洋の世俗国家と、「神の法」であるイスラーム法との衝突が生じていることを指摘し、両者の和解が容易ではないと指摘している（内藤正典, 2007: 22-25）。

同書の共著者たちのヒジャブに対する説明は、少しずつ異なる。

内藤は、クルアーンは女性が身体のうちで性的部位を隠すことを求めており、頭髪を性的部位と認識するかどうかはムスリム女性によって異なるが、頭髪を性的部位だと認識する女性からすれば、「スカーフを取れ」と言われるのは、「スカートを脱げ」と言われるのと同様に女性に羞恥心を感じさせることになり、人権侵害に当たると指摘する（Ibid.: 11-14）。

阪口は、ヨーロッパでは、ヒジャブは男性が女性に強制するものと想定され、女性抑圧のシンボルととらえられがちであるが、実際には、自らの宗教的アイデンティティの表明のために、あるいは、男性の性的視線を逃れるために、自らの意思でヒジャブを着ける女性も多いと言う。従って、ヒジャブの着用は、抑圧の産物ではなく、逆に、積極的で自律的な立場表明であり、自らを解放しようとする行為ですらありうると阪口は指摘する（阪口, 2007: 37-42）。阪口は、ヒジャブを着けることが、自分たちに対する正義や平等を求める、フランス社会への積極的な異議申立てでもあることに注目する（Ibid.: 62-66）。

森は、2004年にフランスで「スカーフ禁止法」が制定された背景には、ヒジャブが女性抑圧の象徴であり、ヒジャブの禁止がムスリム女性の解放につながるという言説が広められたことが大きな要因としてあったことを指摘する（森, 2007: 162-168）。

内藤と阪口は、特にフランスにおいては、フランス革命以来の政治と宗教権力との対決の中で確立してきた政教分離原則（ライシテ）の下で、公教育の場に宗教を持ち込ませないという圧力が働くことを指摘している（内藤、阪口編著, 2007）。しかし、只野は、ライシテの原則による「非宗教的な公教育」が、ヒジャブの問題をめぐっては、ムスリムにとって不利なものであり、マイノリティに同化を強要するものであると指摘する（只野, 2007: 90-94）。また、山元は、個人がその多様性を捨象され、中間的な集団を介さず直接に国家という共同体に参加するフランス共和主義の理念は、単一文化主義に過ぎない硬直的な「普遍主義」への固執となってしまっていると主張する（山元, 2007: 121-127）。

ジョーン・W・スコット（Joan W. Scott）は、フランスのヒジャブ規制問題

の背景に、北アフリカのムスリムを劣ったものであり「文明化」すべきものと
みなす人種主義があると指摘する（スコット, 2012: 51-103）。また、「スカーフ禁
止法」が、かえってムスリムをヒジャブに固執するようにさせること、また、
公的により幅広くヒジャブを否定するものと受け止められ、ヒジャブを着けた
女性に対する差別を助長するために、ムスリムの社会統合の問題をむしろ悪化
させていると指摘する（Ibid.: 202-203）。

　安達は、イギリスでは、1976年に制定された人権関係法が服装の規則によ
りマイノリティを間接的に差別することを禁じているため、学校で生徒がヒジ
ャブを着用することそのものは自明な権利と認められ、問題になっていないと
指摘する。安達はフランスとイギリスとのヒジャブ論争を比較し、信仰の自由
への制限がどこまで認められるかは、個々の国の伝統的制度や時々の社会事情
によって左右されると述べる（安達, 2013: 315-323）。

　以上のように、西欧においては、世俗主義を旨とする社会とイスラームとの
衝突から、ムスリムによるヒジャブの着用に対する反発が起こっているが、そ
の背景には、理念上の問題以外に、差別や同化主義の問題もあることが読み取
れる。また、ムスリム女性の側からは、自らの宗教的アイデンティティ表出
のために主体的に着けるといった意味づけがなされる一方で、西洋社会の側か
らは女性の抑圧のシンボルである、「遅れた文化」を象徴するものであるなど、
異なる意味づけがなされることにも留意すべきである。

4.1.3. シンガポールにおけるヒジャブの規制とムスリムの意識

　シンガポールにおいては、小学校からジュニア・カレッジ（日本の高校レベル）
までの公立学校の生徒が校内でヒジャブを着用すること、また、公立病院の看
護師[5]、国軍、警察のほか、入国審査官[6]のように公的部門で国民と接する職種
に就く者が職務中にヒジャブを着用することが禁止されている。これらの身分・
職種の制服に関する規則の運用として、ヒジャブの着用を認めていないのであ
り、フランス（国全体）やドイツ（一部の州）のような法令等による規制では
ない。また、制服に関する規則の問題であることから、公立学校の教師や公立

5　私立病院の中にも、看護師のヒジャブ着用を禁止しているものがあり、これは政府の規制とは別
　に雇用差別の問題として論じることができる（3.2.1.）。
6　隣接するマレーシアでは、ムスリム女性の警察官、入国審査官等は、ヒジャブが付属した制服を
　着用することができる。

病院の医師のヒジャブの着用は認められている。公的空間からの宗教性の排除、国民統合を実現する場として重要な学校での一体性の涵養などが、規制の理由として説明されている[7]。ヒジャブの規制は、規則等を定めることによって近年新たに導入されたわけではない。2002 年に政府がヒジャブを着けて学校に通う小学生を登校停止処分にしたことにより、近年になって規制が徹底されたというのが事実関係である（4.2.1.）。

　シンガポールでは、1970 年代以降のイスラーム復興により、「本来の純粋な」イスラームを求める動きが活発化し、ヒジャブの着用が広まったのであり、それ以前は、ヒジャブを着ける女性は例外的な存在であった（2.1.2.2.）。従って、ムスリムがヒジャブを着けるのは、イスラーム復興という約 40 年前の変化がもたらした比較的新しい現象であると言える。論理的には、ヒジャブ規制をめぐる問題は、ムスリムがヒジャブを着けたいと考えるようになったことで生じたとも言える。しかし、宗教上の理由からヒジャブ規制に反対するムスリムは、「イスラームに関する正しい知識（筆者注：と彼らが考えるもの）が普及した現在においては、ムスリムがそれに従おうとすることを認めてほしい」と主張する。宗教学者・宗教教師の団体プルガスもこのような立場を取っている（PERGAS, 2004: 158）。ただ、イスラーム復興以前に育った世代のムスリムからは、これへの異論もある（4.5.2.2.）。

　イスラームにおける宗教上の最高指導者であるムフティは、ヒジャブの着用は思春期を迎えたムスリム女性の義務であるとのファトワ（イスラーム法の解釈）を示している（4.2.1.）[8]。しかし、ファトワはあくまでもムスリムの行動の指針となるものに過ぎず、法的拘束力はない（2.2.1.2.1.）。そもそも、ヒジャブを着けることがイスラームに基づく義務かどうかについては、解釈の余地が大きい。根拠になるとされるクルアーンの関連する章句は、第 24 章 31 節であり、その記述（関係部分のみ抜粋）は以下のとおりである（複数の日本語訳を示す）[9]。

7　なお、公立学校でも、ムスリムの女子生徒が体育の時間に長いジャージをはいて足を隠すことは認められており、この範囲まではムスリムへの配慮がなされている。このほか、公立学校におけるムスリムの生徒への配慮としては、金曜午後の礼拝への参加のための休暇の容認がある（Tan, 2008: 68）。

8　正確に言えば、思春期を迎えた女性は体の隠すべき部分である「アウラ（aurat）」を覆うことが求められ、「顔」と「手首・足首から先」以外の部分がアウラであるとされる。

9　これらのほか、最近発行された日本語訳としては、中田香織と下村によるものがあるが、当該部分の表現は他の引用したものと似ているため、抜粋は省略する。ヒジャブに直接関連する部分は、「彼女らの胸元には覆いを垂れさせ」と訳されている。中田香織、下村訳、中田考監修（2014）『日亜対訳　クルアーン』作品社。

　信者の女たちに言ってやるがいい。かの女らの視線を低くし、貞淑を守れ。外に現れるものの外<ruby>外<rt>ほか</rt></ruby>は、かの女の美（や飾り）を<ruby>目立<rt>めだ</rt></ruby>たせてはならない。それからヴェイルをその胸の上に垂れなさい。

（日本ムスリム協会, 1982: 429）

　また、女子の信者にはこう言え、「目を伏せて隠し所を守り、露出している部分のほかは、わが身の飾りとなるところをあらわしてはいけない。顔おおいを胸もとまで垂らせ。（以下略）」

（藤本勝次、伴康哉、池田修訳, 1970: 333）

　それから女の信仰者にも言っておやり、慎みぶかく目を下げて、陰部は大事に守っておき、<ruby>外部<rt>おもて</rt></ruby>に出ている部分は仕方がないが、そのほかの美しいところは人に見せぬよう。胸には蔽いをかぶせるよう。

（井筒俊彦, 1964: 194-195）

　つまり、クルアーンでは、女性が性的な部位を隠すことを求めているが、頭髪が隠すべき部位であるのかどうかは明示していないのである。従って、ムスリムの間でも、女性が髪を覆うことが宗教上の義務かどうかについては、意見が分かれる。

　以下では、シンガポールのムスリム女性たちのヒジャブに対する受け止め方について論じる。

　2002年に出版された『トゥドゥン・表面的な価値を超えて』は、ヒジャブを着用するムスリム女性たちの語りを集めている。ある宗教教師の女性は、ヒジャブは「慎み深い服装によって女性の尊厳と名誉を守る」ものである言う（Ibid.: 16）。IT企業のエンジニアの女性は、「ヒジャブは自分の慎み深さと純潔を守ってくれる」ものであるから外国への出張でも着けているが、世界中のカウンターパートは自分を仕事の内容で評価してくれ、ヒジャブはビジネスに何ら障害にならないと言う（Ibid.: 74）。社会の各方面で活躍するヒジャブを着けた十数名の女性たちの語りは、イスラームに則ったよりよい生き方を実践するために自分の意思でヒジャブを着けることを選ぶ女性たちの思いを伝えている。マレー人政治学者のフシン・ムタリブ（Hussin Mutalib）は巻頭言で、ヒジャ

ブ（原文では「トゥドゥン」。以下同じ）は、「ムスリム女性のイスラームの原則
へのコミットメントであり、慎ましさと正しい自尊心に導かれるアイデンティ
ティと尊厳とを彼女が意識的に追及することを象徴するものである」と述べて
いる。フシンは、非ムスリムがそのようなムスリム女性の強い思いを尊重す
ることを求め、「社会がイスラームに対して持つ負のイメージ、特にヒジャブに
対する偏見がなくなることを願う」と述べている。

　カマルディーン・モハメッド・ナシル（Kamaludeen Mohamed Nasir）ほか
による研究（2.1.2.4.）は、2007～08 年にムスリムの女性たち 20 名に聴き取り
を行い、彼女たちのヒジャブに対する考え方を分析した（Kamaludeen, Pereira
and Turner, 2010: 86-103）。20 名全員が宗教心が強いと自認する中流層のムスリ
ム女性たちであったが、ヒジャブを常時着用しているのは半分の 10 名だけで
あった。全員が「ヒジャブの着用は宗教上の義務」と答えたが、多くの女性が「単
に義務とされているからではなく、慎ましさとか純潔といったヒジャブの持つ
意味を理解した上で着けることが重要だ」と考えていた。また、多くの女性が、
よいムスリムになる「準備」ができ、自分で「選択する」ことが必要であると
答えた。着けていない女性は、きちんと自分の中で「準備」ができた時に着け
るようになるだろうと考えていた。ヒジャブを着けなくても、よいムスリムで
あることは可能であり、ヒジャブそのものよりも、よいムスリムであることの
方が大切だとの意見もあった。

　筆者が聴き取りを行ったムイスに勤めるヒジャブ着用女性（30 代くらい）は、
ヒジャブを着けることは「宗教上の義務」ではなく、「人生の選択の問題」だ
と言う。[10] 自分がヒジャブを着けるのは、宗教実践のあり方に関する個人とし
ての選択の一つであり、アイデンティティの一部である。自分と神との関係に
関わることであり、他人が判断できるものではない。ヒジャブの着用を認める
かどうかは人権上の問題であり、また、ヒジャブを着けることによる差別があ
ってはならない。つまり、彼女は、イスラームに基づく義務だからということ
ではなく、西洋的な意味での選択の自由とか人権の観点から、ヒジャブの規制
や差別を問題視していた。彼女は、ムイスの関係者が誰もヒジャブの問題に対
し声を上げないことを大いに不満に思っていた。

　ヒジャブを着けていない大学教員のムスリム女性（50 代くらい）は、「ムス

10　2016 年 5 月 10 日聴き取り【No. 3】。

リムは年をとると宗教意識が強くなり、ヒジャブを着ける人が増えるが、自分はあと7～8年は必要だろう。何か精神的なものがないと着けるようにはならないだろう」と述べた[11]。

　一方、ムスリム社会の中でヒジャブを着けさせようとする圧力が働く場合もある。その多くは、男性からの妻または娘に対する圧力である。スリアーニ・スラートマン（Suriani Suratman）は、ヒジャブを着けるのを途中でやめたムスリムの女子大学生たちから聴き取りを行い、彼女たちがヒジャブを取る際に親からの強い抵抗に直面する場合が多かったことを指摘している（Suriani, 2011）。

　筆者もヒジャブを着けることをやめた女性たち2名から聴き取りを行った。

　1名は、20代の大学院生の女性である[12]。彼女は、11歳で思春期を迎えると、両親からヒジャブを着けることを強制された。父は宗教心が強く保守的で、妻や娘にヒジャブを着けさせないと来世で地獄に落ちると考えている。彼女は、ヒジャブを着けているために、強く自己主張をするととがめられたり、肘から先を出す服を着ているのを注意されたりするなど、「ムスリムらしい」ふるまいを求められることが「ダブルスタンダード」であり不公平だと感じ、我慢ができなくなってヒジャブを着けるのをやめた。ただ、自分で理由を理解した上でヒジャブを着ける女性に反対するわけではないと言う。

　もう1名は、30歳くらいの公立学校の教師をしている女性である[13]。彼女は成人してからヒジャブを着けるのをやめたが、その理由は、「個人的な理由なので答えたくない」とのことであった。ヒジャブを取ったことで、同僚の女性教師から仲間はずれにされたことがある。彼女は、女性同士でヒジャブを着けさせようとする圧力が働く場合があると言う。

　このように、シンガポールのムスリムの間でも、ヒジャブに対する考え方は多種多様である。ヒジャブを着ける女性、着けない女性がおり、また、着けていない女性が宗教意識が低いとも限らない。自分の自由意思で着けるものであることが女性たち自身によって強調されるが、強制力が働く場合もある。ヒジャブを着けたいのにそれが許されないことも、着けたくないのにそれが許されないことも、選択の自由が妨げられているという意味で、同様に排除的な状況

11　2015年11月5日聴き取り【No. 56】。
12　2015年11月3日聴き取り【No. 58】。
13　2017年6月11日聴き取り【No. 35】。

であると考えられる。

　政府のヒジャブ規制に対するムスリムの考え方、対応も様々であり、2002年と2013～14年の2回にわたり政府の規制に反対する動きがあった際も、ムスリム社会全体が一丸となって異議を唱えたわけではなかった。このことが、ヒジャブ規制が政治的に大きな問題になっているにもかかわらず、規制が見直しに至らない理由の一つとして考えられるが、この点については以下で詳細に論じる。

　4.1.4. シンガポールのヒジャブ規制に関する先行研究と本研究の問題意識
　シンガポールのヒジャブ規制に関わる先行研究の多くは、政府のヒジャブ規制を、ムスリムに対し包摂的ではない政策としてとらえている。

　バーとロウは、メリトクラシーは華人に有利に働いており、多人種主義はマレー人（ムスリム）などマイノリティの華人中心社会への同化政策であると主張する。そして、2003年にリー・クアンユー上級相（当時）がヒジャブを着けたムスリム女性への就職差別について「多民族社会の現実だ」と容認する発言をした（3.2.1.）ことに言及し、ヒジャブ規制の背景には華人社会への同化圧力があると指摘する（Barr and Low, 2005: 169-172）。

　ユージン・K・B・タン（以下、本章において「タン」という）は、世界的なイスラーム主義（2.1.2.1.）やイスラーム過激主義の台頭が、政府にイスラームへの警戒を強めさせ、宗教的アイデンティティの表出に関する要求への抑制、すなわち、2002年のヒジャブ規制の徹底に結びついたと主張する。タンは、2002年6月にリー・クアンユー上級相（当時）が、「宗教意識の高まりが、ムスリムのテロ・グループをアルカイダに結びつけることになった」と語ったことに言及し（Tan, Eugene K.B., 2007: 447）、ムスリムの宗教意識の高まりを政治的イスラームと同一視するのは誤りであるにもかかわらず、ムスリムの宗教志向の変化がもたらす政治的影響を政府が懸念したと指摘する（Ibid.: 445-446）。

　フシンは、マレー人（ムスリム）のリーダーシップの不在が、社会的・経済的問題や宗教的アイデンティティに関わる問題の解決を遅らせていると主張し、ヒジャブの問題についても、ムスリムの議員や宗教リーダーが政府に十分に異議を唱えないことを指摘しており、ムスリム社会の利益を代弁するリーダーの不在を問題視する（Hussin, 2012: 74-77）。

　こうした先行研究は、正当な宗教的アイデンティティの表出であるとムスリ

ムが考えるヒジャブの着用が規制され、ムスリムが反発してきたことを論じて
いる。そして、規制が行われる原因を、バーとローは「華人中心社会への同化
政策」、タンは「イスラーム主義やイスラーム過激主義への恐れに由来するイ
スラームの管理強化」、フシンは「ムスリム社会のリーダーシップの欠如」の
観点から、それぞれ説明している。

　しかしムスリムは、2000 年代以降のヒジャブ規制の問題をめぐり、一枚岩
となって対応してきたわけでは決してなかった。ムスリム社会の中で「足並み
がそろわないこと」について、フシンは、「リーダーシップの欠如」という文
脈の中で論じた。しかし、ヒジャブの問題に関しては、必ずしも「政府側に取
り込まれた」リーダーたちが政府の意向を受けてムスリム社会の不満を抑えて
いるという図式だけではなく、さらに複雑な要素が関わっていると考えられる。
本研究では、ヒジャブをめぐる論議にムスリム社会がどのように対応したのかを、
ムスリムのリーダーたちからの聴き取り結果を中心に整理・分析し、ヒジャブ
の問題からみたムスリム社会における包摂と排除のメカニズムを明らかにする。

4.2. ヒジャブ規制の論議をめぐる経過（その 1）—2002 年のヒジャブ論議—

　以下では、2002 年と 2013～14 年の 2 回にわたるヒジャブ規制をめぐる論議
の経過を整理し、何が論点であったのか、どのように論議が収束したのか、ム
スリム社会のリーダーたちはどのように対応したのか、また、それはなぜだっ
たのかなどについて論じる。

　最初に、2002 年のヒジャブ規制の論議について述べる。

4.2.1. 2002 年のヒジャブ論議の経過

　シンガポールでは、イスラーム復興とともにヒジャブを着けるムスリム女性
が増加し、公立学校でもヒジャブを着けようとする女子生徒が出てきた。制服
の規則上ヒジャブの着用を認めない方針である公立学校の側は、これをやめさ
せようとしたが、指導に従わずヒジャブを着け続けようとする女子生徒を説得
できず、黙認する事例もあった。『トゥドゥン・表面的な価値を超えて』(4.1.3.)
では、ジュニア・カレッジでヒジャブの着用をめぐって学校長と激しいやりと
りをし、自分の意思を通した友人たちのことを語る女性がいる（Salinah, 2002:
50-51）。また、筆者が聴き取りを行ったあるムスリム男性は、1980 年代後半に

自分のジュニア・カレッジでヒジャブを着ける女子生徒がいたことを覚えているという[14]。

　2002年のヒジャブ論議を招いた事案があったのは、学校が新学期を迎えた2002年の年始であった。小学校に入学したばかりの4名の女児が学校でヒジャブを着けていたところ、着用をやめなければ登校を停止すると、それぞれの学校から伝えられたのである。女児の親たちは取材に対して、娘たちにヒジャブを着けることをやめさせる考えはないと答えた。一人の女児の両親は、「これは宗教の問題だ」、「ヒジャブは私たちのアイデンティティの一部だ」と訴えた 。前年9月にアメリカで9・11テロがあり、また、この時点ではまだ公表されていなかったが、前月（前年12月）には、シンガポールでテロ未遂犯15数名が拘束されていたというタイミングであった。

　この事案に対する政府の姿勢をめぐり、大きな論議が起こった。ヒジャブの着用によりこのような厳しい処分を受けることは、それまでになかったことであった。筆者が聴き取りを行ったムスリムの間でも、これ以前から公立学校でのヒジャブの着用は禁止されており、政府の姿勢が変わったわけではないと受け止める人々もいる。しかし前述のとおり、一部ではあるが、なし崩し的にこの規則が守られない状況があった[15]。2002年の事案では、政府が「規則違反」を容認しない方針を明確にし、規則を守らなかった女児は登校停止処分となった。政府の対応は、確かに新たな規制の導入ではなく、「規制の徹底」であったが、実質的には規制の強化であった。だからこそ、この事案をめぐっては、政府に対する反発が強まったのである。ムスリム（マレー人）の議員たちは、ヒジャブの問題だけにとらわれず、薬物依存、離婚、家庭崩壊などムスリム社会の様々な問題にまず取り組むべきだと、声をそろえて主張した。また、ヒジャブの問題を強調することで「ムスリムはヒジャブの問題だけにとらわれている」と非ムスリムから誤解されるのは好ましいことではない、との意見もあった。こうして、ムスリムの議員たちは政府の方針を追認した[16]。

　政府が公立学校でのヒジャブの着用を認めない理由について、テオ・チーヘン（Teo Chee Hean）教育大臣（当時）は、すべての民族・宗教のシンガポール

14　2015年11月5日聴き取り【No. 50】。
15　筆者が聴き取りを行ったムスリムの中でも、身の周りでそういう事例を見たことがなかった人々は、ヒジャブの着用規制は2001年以前も徹底されていたと認識していた。
16　"Malay MPs call for 'careful approach' to tudung issue", *ST*, 27 January, 2002.

人が一緒になる「共通の空間（common space）」の中で学校は最も重要なものだと述べた。さらに教育大臣の報道官はこれに補足し、「学校の制服が宗教や慣習によって変えられてしまうと、団結や一体感について学ぶ重要な場としての学校の価値が失われてしまう」と述べた[17]。

ゴー・チョクトン首相（当時）は、女児たちがヒジャブを取らなければ登校停止処分になると明言し、譲歩しない姿勢を強調した。ゴーは、親たちをファテハ（後述）というグループが支援していることを指摘し、真に宗教的信念に動機づけられている親もいるが、その他の親は政治的な動機で行動していると述べた。

2月に入り、女児たちは実際に登校停止処分となった（登校停止になる前に娘を退学させた親もいた[18]）。後に、女児のうち1名の親はヒジャブ着用をあきらめ娘を公立学校に行かせたが、残り3名の親は娘がヒジャブを着用できるよう、2名は娘をマドラサに転校させ、1名は家族でオーストラリアに移住した。

ムイスは沈黙を守っていたが、女児たちに対する登校停止処分を受けてようやく立場を明らかにした。ムフティのサイド・イサ・スマイト（Syed Isa Semait）は、「ヒジャブの着用はムスリム女性の義務だが、教育を受けることもムスリムの義務である。ヒジャブを着けられないのは、学校にいる数時間の間だけだ。ヒジャブよりも教育を優先すべきだ」という見解を示し、娘たちに学校でヒジャブを取らせるよう親たちに促した[19]。こうして、政府の方針が宗教上の最高指導者によって追認された。ムイスの発表を受けて、あるムスリムの議員は、「ムフティが説明した見解をそのまま受け入れる」のが理に適っていると述べ、親たちに「女児たちの教育を犠牲にしないよう」呼びかけた。

あるイスラーム関係団体の代表者は、非ムスリムがヒジャブを恐れていることが問題の根本的な原因であると指摘し、「非ムスリムは、ヒジャブが過激で暴力的なイスラームの台頭を意味するものではないことを理解してほしい」と訴える一方で、「政府に訴えても意味がない。他の民族が学校でもヒジャブを着けても問題ないと声高に叫んでくれれば、問題は解決する」と述べた[20]。

宗教学者・宗教教師の団体プルガス（5.2.1.）は、ムイスやムスリムの議員の

17　"Uniform reminds students of common ties", *ST*, 2 February, 2002.

18　"Two schoolgirls suspended for wearing tudung", *ST*, 5 February, 2002.

19　"Mufty puts school first", *ST*, 6 February 2002.

20　"Parents should heed Mufti's advice and move on", *ST*, 7 February, 2002.

動きを受け、声明を発表した。声明では、思春期に達したムスリム女性がヒジャブを着用することはイスラームに基づく義務であることを確認し、女児たちの親に対しては、早いうちから慎ましい服装のあり方を教えようとしているとして理解を示した。その上で、ムフティの見解を受けて議論を収束させることに反対し、さらにヒジャブの問題について議論を続けることを提案した（PERGAS, 2002）。プルガスは、ムスリムの宗教上の利益の擁護者と自認し、宗教上の最高指導者であるムフティの見解には従わないことを明言したのだった。

　ムスリム社会の外からも、ヒジャブ規制の見直しの要求を支持する声があった。野党政治家である華人男性のチー・スンジュアン（Chee Soon Juan）は、「女子生徒がヒジャブを着けることが民族間の不和をもたらすという証拠があるのか。むしろ、学校でヒジャブを着けられるようにすることで、早いうちから子供たちが多様な文化習慣に接することができるのではないか」と発言した（Hussin, 2002: 76）。また、現地紙では、華人女性の記者が、ムスリムのリーダーたちの一部がこれまで非公式に規制の見直しを政府に働きかけていたことを明かし、なぜ彼らはムスリム社会の要望を受けて自分の意見を言わないのかと、問題提起した[21]。

　マレーシアの与党連合である BN（Barisan National：国民戦線）の青年部と野党の PAS（Parti Islam SeMalaysia：全マレーシア・イスラーム党）は、シンガポールにおけるヒジャブ規制について異議を唱えた[22]。マレーシアの与党連合を構成し、マレー人の利益を擁護する政党、UMNO（United Malay National Organization：統一マレー人国民組織）の青年部の政治家たちは、シンガポールのヒジャブ規制の問題について、隣国のマレー人・ムスリムに関わる問題である以上、自分たちは発言する権利があると述べた。また、PAS のリーダーは、無力なシンガポールのムスリムたちが利益を主張するのを助けるべきだと発言している。

　2002 年のヒジャブの論議では、約 20 名のムスリムからなるファテハ（Fateha）というグループが、女児たちにヒジャブを着けさせようとする親に対し、親と学校側との相談に同席するなど支援していた。ファテハの代表は、ムスリムの市民活動家であるズルフィカル・モハマッド・シャリフ（Zulfikar Mohamad

---

21　"Muslim leaders must be seen to speak their minds", *ST*, 6 February, 2002.
22　"Umno Youth claims right to speak on tudung issue", *ST*, 2 February, 2002.; "Tudung issue: More PAS criticism of Singapore", *ST*, 4 February, 2002.

Shariff：以下「ズルフィカル」という）であった。ファテハはヒジャブの論議が起こる前に結成され、ウェブサイトを開設して、政府の対マレー人政策を批判していた。ファテハは、この議論の前から公立学校の生徒に対するヒジャブ規制を問題視しており、ウェブ上で規制の見直しを求める署名活動を行って、約3,300名の賛同を得ていた。1月5日にテロ未遂犯の拘束が公表されると、ズルフィカルはBBCのインタビューに対し、2001年の欧米によるアフガニスタンへの攻撃はムスリムへの攻撃であり、これに協力したシンガポール政府への不満が、一部のムスリムを過激主義に駆り立てたと答えた。[23] また、（9・11を計画した）オサマ・ビン・ラディンの方が、ムスリムの利益を主張しないシンガポールのムスリムのリーダーたちよりましなムスリムだと発言していた。

　政府とマレー・ムスリム関係団体のリーダーたちは、政府の政策が過激主義を助長したというファテハの主張を、シンガポール社会を分断する有害なものであると声をそろえて徹底的に非難した。[24] マレー・ムスリム関係団体は、ファテハについて、「ムスリム社会の考えを反映するものではない」と言明した。[25] ファテハは政府の「敵」とみなされ、政治家、宗教指導者、マレー・ムスリム関係団体の代表者などムスリム社会のリーダーたちは政府に同調し、ファテハと距離を置こうとした。

　こうした状況の中、ファテハ側では、代表者のズルフィカルが「精神的に消耗した」としてヒジャブ論議に関わらないことを表明し、[26] また、7名のメンバーが「ズルフィカルの過激な主張と距離を置きたい」として脱退した。[27] 議員たちは「ズルフィカルは問題となった発言を撤回すべきだ」などと発言し、リー・シェンロン副首相（当時）は、ファテハのような過激主義に対しては、厳しく対処すべきだとコメントした。[28] その後、ズルフィカルは、リー・クアンユー一族が政界・経済界のトップの地位を占めていることをネポティズム（縁故主義）として批判したことで、[29] 名誉棄損訴訟を起こされ、「シンガポールでは公

23　"Muslim group attacks Govt's support for US", *ST*, 19 January, 2002.
24　"Leaders warn against fringe group", *ST*, 20 January, 2002.
25　"Muslim groups slam Fateha", *ST*, 22 January, 2002.
26　"Ex-Fateha chief gets out of headscarf debate", *ST*, 28 January, 2002.
27　"Fateha founders as chiefs go", *ST*, 26 January, 2002.
28　"Fatena breakup shows extremism not supported", *ST*, 27 January, 2002.
29　リー・クアンユーの息子であるシェンロンは、第一副首相を務め、次期首相候補と目されていた（実際に2004年に首相になった）。また、シェンロンの妻、ホー・チンは、シンガポール航空、シンガポール・テレコム（SingTel）など主要な政府系企業を保有する持株会社「テマセク・ホールディングス」のCEOに就任していた。

正な裁判は期待できない」として、オーストラリアに出国した（Rahim, 2009:
38）。なお、2016年7月、ズルフィカルは、シンガポールに帰国していたところ、インターネットでISISを支援する主張を行い、他のシンガポールのムスリムを過激主義思想に感化させたとして、国内治安法に基づき拘束されている（6.3.2.）。

　2002年1月に始まったヒジャブ規制の論議は、規制反対を声高に訴えていたファテハが1月末には議論から撤退し、また、2月初旬には女児たちが登校停止処分になり、これにムスリム社会のリーダーたちも賛同することで、1か月もたたないうちに収束した。政府は、公立学校でのヒジャブの着用は国民統合の観点から認められないとの主張を貫いた。ただし、これ以前から一部でなし崩し的にヒジャブの着用が黙認されており、「公立学校でのヒジャブ着用が国民統合に支障を及ぼす」という「問題」は2002年に始まったことではなく、いわば放置されていたのである。ところが、2002年1月にJIメンバーの拘束が公表され、国民を不安に陥れると同時に、政府はこの「問題」に速やかに対処した。

　政府は、世界的なイスラーム主義（2.1.2.1.）の台頭やイスラーム過激主義の動向から、イスラーム復興以降のムスリムの宗教意識の高まりについて懸念を持ち続けてきた。ムスリムがモスクに熱心に通う一方で、地域社会の交流行事には積極的に参加しようとせず、シンガポールの「主流社会」から距離を置くようになっているという懸念も、政府関係者から語られてきた（3.2.2.2.）。こうした懸念は「ヒジャブへの恐れ」にもみられるように非ムスリム社会の中にも生まれており、政府はこれに対応する必要があった。ロダンとヒューイソン（Rodan, Garry and Kevin Hewison）は、「テロとの戦い」が与党PAPにとって、国民に脅威を与え、権威主義的な政府の存在意義を訴える「脅威のイデオロギー」を強化する好機となったと指摘する（Rodan and Hewison, 2006: 111-113）。また、バー（Barr, Michael D.）は、9・11以降のイスラームの管理（management of Islam）について論じる中で、ヒジャブの規制徹底を政府の「管理のプログラム（programme of control）」の一環とみなしている（Barr, 2013: 80）。9・11とシンガポールにおけるテロ未遂犯の拘束という「国民統合上の危機」を、逆に政府がイスラームの管理強化に巧みに利用しており、ヒジャブ規制の徹底もその一環であったとみることができよう。

4.2.2. 2002 年のヒジャブ論議に関する分析

2002 年のヒジャブ論議をめぐる先行研究では、「正当な要求」であるとムスリムが考える宗教的アイデンティティの表出が政府の政策により抑制されたことを、異なる視点から主張している。しかし、この 2002 年の論議の際は、ヒジャブ規制の見直しを「正当な要求」として訴えるムスリム社会の声は必ずしもそれほど強くなかったと考えられる。だからこそ、ファテハが議論から撤退した後は、プルガス以外には議論を続けようとする目立った動きもなく、論議が収束してしまったのである。現地紙ストレイツ・タイムズ（Straits Times）が 2002 年 2 月上旬（女児たちが登校停止処分を受けた直後）に公立学校におけるヒジャブ規制に関して行ったアンケートによれば、72% のムスリムは規制について賛成であり、この割合は、非ムスリムの 80% とあまり差がなく[30]、このデータからも規制見直しを求めるムスリムの声はあまり盛り上がらなかったことが推測される。

2002 年のヒジャブ論議で規制の見直しを求めるムスリムの声が盛り上がらなかった理由としては、以下の三点があると考えられる。

第一に、問題になったのが小学校に入ったばかりの幼い女児の事案であり、あくまでもこの事案を念頭に置いた判断として、ヒジャブの着用規制を容認する意見が多数を占めたのではないかということである。ムスリムの間でもヒジャブの着用が宗教的義務かどうかについては意見が分かれ、さらに、宗教的義務であるとするムスリムの間でも、思春期を迎えていない女性がヒジャブを着けることは義務ではないと考えるのが一般的である。ヒジャブの着用が一層進んだ現在においても、マドラサに通う女児、また、礼拝の時などは別として、思春期を迎えていない女児に常時ヒジャブを着けさせる親は多くない。プルガスも、女児たちにとってヒジャブの着用が宗教的義務であるとまでは言っていない。こうしたことから、この事例そのものについては、それほどこだわる必要はないと受け止め、女児たちの親を支持しないムスリムが多かったことが想定される。

第二に、ヒジャブ論議が起こったのが、9・11 の約 4 か月後、また、JI 事件の 1 回目のテロ未遂犯拘束の直後であり、ムスリム社会にとって最大かつ喫緊の課題が、シンガポール社会からの信頼を回復することであったことである。

30　"Races not far apart, poll shows", *ST*, 20 February, 2002.

る。JI 事件直後には、ヒジャブの着用も含めたムスリムの宗教的アイデンティティの表出自体が、過激主義と関連づけられる状況さえあった。ヒジャブを着けたムスリム女性の教師のクラスから子供を他に移してほしいと主張する親までいた（Rahil, 2006: 41）。あるイスラーム関係団体の代表者は、非ムスリムがヒジャブに対する恐れを持っていることを指摘している（4.2.1.）。また、ムスリムの議員たちは、「ムスリムはヒジャブの問題だけにとらわれている」と非ムスリムから誤解されるのは好ましいことではないと語った（4.2.1.）。つまり、ムスリムが宗教実践にこだわるとみられることは、過激主義とも関連づけられ、非ムスリムにネガティブな印象を与えるというのである。ムスリムたちはテロを非難し、過激主義と距離を置いていることを表明し、非ムスリムからの誤解を解くことに心を砕いていた。こうした中でムスリム社会は、ヒジャブ規制の見直しについて強く主張することは自制せざるを得なかったと考えられる。

　第三に、ヒジャブ規制に対する異議申立ての急先鋒に立ったのが、政府に強烈な批判を続けるアウトロー的なグループのファテハであったことである。シンガポールでは、政府・与党に敵対的な野党の政治家が典型であるが、体制に批判的とみなされた者は、名誉棄損を事由とする民事訴訟や、様々な法令の適用により、容赦なく政府から「懲らしめられる」のが常であった（1.1.1.）。ファテハは、政府への敵対的な姿勢から、国民からは「いずれ政府から懲らしめられる」とみられていたであろう。実際にズルフィカルは、その後政府から名誉棄損訴訟を起こされている。仮に正当な要求であったとしても、政府から「敵」とみなされたファテハと歩調を合わせて主張をすることは、ムスリムは避けざるを得なかった。プルガス以外に適切な異議申立ての担い手を持てなかったムスリムは、ヒジャブ規制の見直しを強く主張することを思いとどまったと考えられる。

　これら三つの理由が、ムスリムがヒジャブの規制見直しを強く主張することを自制した背景にあったと考えられる。政府がこうした背景を巧みに好機として利用し、2002 年 1 月からヒジャブ規制の徹底を図り、従来からの「懸案」であったムスリムの宗教的アイデンティティの「過度な表出」という「問題」に対処することに成功したとみることもできる。問題になった事案は、大半のムスリムが容認する、幼い女児に対するヒジャブの規制であったが、政府はこの事案への対処によって、公立学校におけるヒジャブの着用規制一般について徹底することに成功している。また、ヒジャブの規制は公立学校の生徒にとど

まらず、公立病院の看護師など公的部門の職員にも及んでいるが、2002年のヒジャブ論議での「公的空間の確保」が必要という政府の主張は、学校以外の場でのヒジャブ規制もカバーするものとなっている。さらに、ムスリム社会の中から「ヒジャブの問題だけにとらわれるべきではない」という声が出され、学校や病院での着用規制のほか、着用女性に対する差別の問題も含め、ヒジャブの問題についてムスリムが発言しにくい環境が形成されたことにも留意すべきであろう。

4.3. ヒジャブ規制の論議をめぐる経過（その2）—2013～14年のヒジャブ論議—

2002年のヒジャブ論議が収束してから10年以上たった2013年に、二度目のヒジャブ論議が起こり、支持の広がり、期間両方において、2002年の論議を大幅に上回るものとなった。その経過と論点は以下のとおりである。

4.3.1. 2013～14年のヒジャブ論議の経過

2013～14年の論議では、2002年の場合とは異なり、特に問題になった具体的な事案がないままに論議が広がっていった。

論議のきっかけは、2013年9月11日に開催された民族融和に関するフォーラム[31]で、参加者の華人男性のポリテクニック（高等専門学校）講師が「なぜ看護師はヒジャブを着けることができないのか」と発言したことであった。パネリストである華人の任命議員も、「警察官、看護師、入国審査官などの市民と接する職種がヒジャブを着けられないという国の政策についてさらに議論することが必要だ」と述べた[32]。しかし、パネリストであるムスリムの元任命議員[33]は、「（ヒジャブに対する）根深い偏見をまず取り除くことが必要であり、法律を作って終わりというわけにはいかない」と発言し、慎重な姿勢を見せた。

このフォーラムでの問題提起を受け、インターネット上を中心に、ヒジャブ規制に関する議論が拡大した。2011年の総選挙でPAPが後退した結果、発言の自由が大幅に拡大し、国民が活発にソーシャル・メディアで発言するように

31　「Forum on Indicators of Racial and Religious Harmony」という対話イベントであった。

32　"Spotlight on tudung ban and racial harmony", *ST*, 12 September, 2013.

33　任命議員（Nominated Member of Parliament）とは、選挙で国民により選出される議員とは別に、有識者等を大統領が議員として任命するもの。憲法改正や予算に関わる事項への議決に参加することはできない（1.2.3. 参照）。

図5 「シンガポール・ヒジャブ・ムーブメント」の
シンボルマーク。国旗と同様に赤地に白で月
と五つの星を描き、国民としてのアイデンティ
ティとヒジャブとが矛盾しないことを示唆
していると考えられる。

なった中でのことであった。交通混雑や所得格差の拡大などの問題に対する発
言が活発化していたことも背景にあると考えられる（Walid, 2016a: 218）。特定
のグループが担い手となった2002年のヒジャブ論議とは異なり、ヒジャブ規
制の見直しを求める複数の運動が並行してネット上を中心に展開した。

　特に、フェイスブック上のグループ「シンガポール・ヒジャブ・ムーブメ
ント（Singapore Hijab Movement）」は、2013年11月14日に突然削除される
まで、2万6千人以上の「いいね！」（支持表明）を集めた。賛同者の中には、
この運動のシンボルマーク（図5）を、自分のフェイスブック・ページのプロ
フィール写真に使う人々も現れた。

　ほかには、「ワールド・ヒジャブ・デイ・イン・シンガポール（World Hijab
Day in Singapore）」として、2014年2月1日に「ヒジャブの美しさを伝え」、「喜
びと祝福をもたらす」ためのイベントを、世界と連携して開催することをもく
ろむ運動があった。しかし、突然イベントは中止になり、運動のフェイスブッ
ク・ページも閉鎖された。主催者は、政府の圧力や脅しがあったことを認めて
いる。

　政府に近いムスリムの宗教リーダーは、こうした運動から距離を置いていた。
前職のムフティのサイド・イサ・スマイト（Syed Isa Semait：以下「サイド・イ

34　突然削除された理由は明らかになっておらず、当局から何らかの圧力があったのではないかとの
　　憶測を生んでいる。
35　"World Hijab Day Singapore Facebook page shut down by the Authorities", *All Singapore Stuff*, 2
　　February, 2014.

サ」という）は、「本当に看護師など国民と接する職業に就くすべてのムスリム
女性がヒジャブを着けたいと思っているのか」、「ネット上での要望活動は、必
ずしもすべてのムスリム女性の気持ちを代表していないのではないか」などと
発言した。これが報道されると、サイド・イサは、ネット上で口汚く罵られた。
これを受けて、現職のムフティのモハメッド・ファトリス・バカラム（Mohamed
Fatris Bakaram：以下「ファトリス」という）が自身のフェイスブック・ページ
にマレー語でコメントを投稿し、考え方を明らかにした。

　ファトリスは、様々なグループの行動は、公的部門で働くムスリム女性が慎
ましい服装ができるようにするという同じ宗教上の原則に基づくものであり、
戦略は違っても目的は同じだと述べた。そして、「ヒジャブの問題に関心を持
つ人々はみな、ムスリム女性がヒジャブを着けるか仕事を辞めるか選ぶのでは
なく、彼女たちが慎ましい服装をするのを政府が認めてくれることを望んでい
る」と述べ、「建設的な議論を続けよう」と呼びかけた。宗教上の最高指導者
であるが大統領に任命されムイスに所属するムフティは、政府の方針に反する
発言は行わないものとみられてきた（2.2.2.3.）。しかし、ファトリスは、ヒジャ
ブの着用はムスリム女性の宗教上の義務であることを再確認し、看護師等の職
業でヒジャブの着用が認められるべきという立場を明確にしたのである。

　ワリドは、ファトリスの対応に、2002 年の論議では公立学校のヒジャブ規
制を容認し、2013～14年の論議では署名などの運動と距離を置いた前職のイサ・
スマイトとは際立った違いがあることを強調し、政府に取り込まれ自由に発言
できないかにみえるムイスにも、配置される人物の個性次第で、異議申立ての
余地があると指摘する（Walid, 2015: 13-14）。ただ、ファトリスも、「議論を続
けるべき」というトーンであり、ヒジャブの規制をただちに見直すべきとは主
張していない。また、個人のフェイスブック・ページで、また、目立ちにくい
ようマレー語で発言するなど、慎重な対応を取っているように見える。

36　確かに、ヒジャブに対する考え方がムスリムによって異なる以上、「すべての」ムスリム女性の
　気持ちを代表しているわけではないという説明自体は正しいが、多様な宗教実践が認められるべき
　という主張の反論にはならないであろう。
37　ファトリスは、自身のフェイスブック・ページで、マレー語で活発に発信を行っている。このコ
　メントの内容は、以下のとおり。"Isu Tudung dan Media Sosial: Membela Maruah dengan Memi-
　jak Maruah?"（トゥドゥン問題とソーシャル・メディア：尊厳を踏みにじって尊厳を守るのか？），
　Fatris Bakaram (Facebook page), 28 October, 2013.
　（https://www.facebook.com/notes/fatris-bakaram/isu-tudung-dan-media-sosial-membela-maru-
　ah-dengan-memijak-maruah/10151948546233480, 2017 年 5 月 30 日最終アクセス）関連記事は以下
　のとおり。"Mufti criticises online vitriol over tudung issue", *ST*, 29 October, 2013.

ムスリムの政治家は、規制の見直しに慎重な姿勢を維持した。ムスリム問題担当大臣（当時）のヤコブ・イブラヒムは、制服を着用する職種でのヒジャブの着用は非常に問題だと発言している。ヤコブの説明は、すべての宗教が共有できる「共通の空間」を維持することが必要だというもので、従来からの政府の説明と同じであった[38]。

　政府首脳レベルでは、テオ・チーヘン（Teo Chee Hean）副首相が、「社会融和のために、政府は様々な（筆者注：民族・宗教の）集団（community）の要望のバランスを取らなければならない」、「すべての集団は、自分の要望を主張する時は、他の集団がそれに対しどう考えるか、よく心に留めないといけない」と発言した[39]。

　2013 年 11 月初旬には、ヤコブほかムスリムの与党議員と、プルガスをはじめとする 12 のマレー・ムスリム関係団体とが対話を持ったが、解決には至らなかった。この対話を主導したプルガスは、対話後に声明を発表し、「政府の政策が見直されることを切に希望する」、「政府は明確なスケジュール、具体的な計画を示すべき」と主張した（PERGAS, 2013）。

　最終的には、2014 年 1 月にリー・シェンロン首相がムスリム社会の代表者約 100 名と非公開での対話を行ったことで、前年 9 月から約 4 か月続いた議論がようやく収束した。ヒジャブの着用規制は見直されなかったが、首相は対話後の声明で、「ムスリムの強い思いは十分に理解できる」とムスリムに共感する姿勢を見せ、また、将来的にヒジャブの規制が見直される可能性を示唆した。いずれにしても、この首相との直接対話で、ヒジャブの規制が当面続くことについて、政府がムスリム社会の了承をとりつけた形になった。この対話における議論の内容については、後で詳細に論じる（4.5.1.）。

4.3.2. 2013～14 年のヒジャブ論議に関する分析

　ワリドは、2002 年と 2013～14 年の 2 回のヒジャブ論議での政府のアプローチの変化に注目する。2002 年の論議では、規制見直しを主張したファテハが強圧的に抑えつけられたのに対し、2013～14 年の論議では、ムフティの異議申立てを容認し、首相もムスリムたちとの直接対話に応じ、また、将来の見直

38　"Minister urges members of Malay-Muslim community to be patient and says they will continue discussions", *ST*, 1 November, 2013.
39　"DPM Teo weighs in on hijab issue", *ST*, 5 November, 2013.

しの可能性をほのめかすなど、よりソフトなアプローチが取られた。ワリドは
その理由を、2011年の総選挙で与党PAPが後退し、競合的権威主義体制（1.1.2.）
への移行が起こった結果、従来に比べマイノリティへの配慮がなされるように
なったことに求めている（Walid, 2016a; 223-224）。2013～14年のヒジャブ論議では、
ファテハのような政府に敵対的なグループではなく、政府が任命した公認の宗
教指導者であるムフティも含めムスリムが活発に発言している中で、政府が丁
寧な対応をすることが求められたとも考えられる。しかし、2011年総選挙以降、
政府が、マレー人社会との対話「スアラ・ムシャワラ（Suara Musyawarah）」（1.5.2.）
を実施するなど、マレー・ムスリムへの配慮を示すようになったのは事実であ
る（9.3.）。ワリドが指摘するように政治情勢の変化も政府のヒジャブ問題への
対応に変化をもたらした一因であろう。

　2014年1月の首相による直接対話によって幕引きが図られた後も、2016年
1月に与党PAPのムスリム女性議員ラハユ・マーザム（Rahayu Mahzam）[40]が
議会でヒジャブ規制の見直しを求める発言をすると、これに続いて複数のムス
リムの与党議員がヒジャブ規制に関し発言するようになっており、ヒジャブ規
制の問題が提起される機会が多くなってきた。しかし、一方でムスリムの大臣
が「宗教、言語、人種は大変微妙な問題」であり、それを議論することで「古
傷を開き、暴動を招くことにもなりかねない」として規制見直しを否定するな
ど[41]、政府は依然として規制見直しに慎重な姿勢を崩していない。

4.4. ヒジャブ規制問題の論点

　ヒジャブ規制は、イスラームの宗教実践の問題にとどまらず、ムスリムが直
面する社会問題や、国際的な過激主義の動向とも大きな関連を有する問題であ
る。2回のヒジャブ論議の経過や筆者がムスリム社会のリーダー等と行った意
見交換の結果を踏まえ、ヒジャブ規制問題をめぐる論点について整理する。

4.4.1. 宗教実践の自由との関係

　ヒジャブの着用という宗教実践をイスラームにおいてどう位置づけるか、また、
それと関連して、その自由な実践がどこまで認められるべきかについて、まず

40　彼女自身がヒジャブ着用者である。
41　"Religion must be practised based on local context: Masagos", *Channel News Asia*, 11 February, 2016.

議論する必要がある。シンガポールでは、宗教上の最高指導者であるムフティも、宗教学者・宗教教師の団体であるプルガスも、「思春期を迎えたムスリムの女性がヒジャブを着けることは宗教上の義務である」という見解を取っており、これが主流のイスラーム学者の見解ということになる。従って、ムフティやプルガスは、「政府は、ムスリムが宗教上の義務を履行できるようにしてほしい」と主張することになる。

　しかし、すべてのムスリムがヒジャブの着用を宗教上の義務と考えているわけではなく、ヒジャブを着けないことを選択するムスリム女性も多い。イスラーム復興以前はヒジャブの着用は一般的ではなかったが、ヒジャブの着用を宗教上の義務と考えるムスリムは、「イスラームに対する正しい知識が普及してムスリムがヒジャブを着けるようになったのであり、昔は着けなかったから着けなくてもいいということにはならない」と主張する (4.1.3.)。一方で、イスラーム復興以前に育った宗教指導者の中には、現代のムスリムがヒジャブを着けることを宗教上の義務と考えることに否定的な人物もいる (4.5.2.2.)。ヒジャブの着用が宗教的義務かどうかについては、ムスリムの間でも考え方が異なるのである。

　従って、ヒジャブ規制の問題は、宗教上の義務の履行に関わるムスリムの集団的権利の問題というよりは、「他者の権利を侵害せず、また、国民統合を妨げない範囲で、個々のムスリムが自由な宗教実践を行う権利」に関わる問題ととらえることが、より適切であろう[42]。ヒジャブの着用が宗教上の義務であるかどうかにかかわらず、ムスリムがそのような権利を要求することは、合理的かつ正当なものと考えられる。その上で、「多人種主義」の文脈の中で「公的な空間」におけるヒジャブの着用が、他者の権利を侵害しないか、また、国民統合を妨げないかが、議論されることになろう。

4.4.2. 宗教的アイデンティティ表出に対する規制の合理性

　ヒジャブの着用規制については、バランス論などからの合理性に関し様々な議論がある。

　政府は公立学校など「公的空間」においてヒジャブを規制する理由について

---

[42]　"A matter of individual choice, not communal right", Mohamed Imran Mohamed Taib, *Today*, 8 November, 2013.

二つの説明をしている。第一に、公的空間において宗教性を排除するため、第二に、制服の統一性を維持することで国民の一体感を醸成し、国民統合を促進するためである。

　第一の宗教性の排除という理由に関しては、ヒジャブの着用が、公立学校でも教師は認められること、公立病院でも医師や事務職員は認められることから、一貫した説明にならないとの議論がある。国会でムスリムの女性議員がヒジャブの着用が認められていることからも、バランスが取れていないとの議論もある[43]。2017年8月まで国会の議長を務め、同9月に大統領に就任したムスリムの女性議員ハリマー・ヤコブ（Harimah Yacob）はヒジャブを着けており、ほかにも数名のムスリムの女性議員がヒジャブを着けている。

　第二の国民の一体感の醸成という説明については、学校においても子供たちが早くから多様性になじむ方が良いのではないかとの議論もある（4.2.1.）。

　他の宗教的アイデンティティの表出に対する取扱いとの整合性については、学校では目立つ大きさの十字架や数珠も着けてはならない（小さな十字架は服の下に隠せばよい）というルールが明確にされ、宗教間で取扱いに不平等はないとされている[44]。ただ、十字架などは小さいものを目立たないように着けられるが、ヒジャブについては「目立つ」ものしかないため、一見平等なようで実質的にはムスリムには不利とみることもできよう。

　常に議論になるのが、シーク教徒が公立学校でターバンの着用を認められていることとのバランスである。2002年のヒジャブ論議でもこの点が議論になったが、テオ・チーヘン（Teo Chee Heng）教育大臣（当時）は、ターバンはイギリス植民地時代から認められている特例であり、これを先例とみなしてしまえば、それぞれの集団が様々な主張をすることになってしまうと説明した[45]。ムスリムはターバンとのバランスについて繰り返し指摘してきたが、政府は「ターバンは先例としない」と説明し続けている。

　このように、規制の合理性をめぐっては議論の余地があり、実際にこうした観点からの異議は常に唱えられてきた。

43　"Hijab issue Inconsistency is perplexing", *Today*, 2 November, 2013.
44　イスラーム・マレー研究センター（RIMA）の研究者からの聴き取り（2015年8月18日【No. 27】）。
45　"Uniforms a way to stress common ties", *ST*, 2 February, 2002.

4.4.3. ムスリムの社会的地位の低下につながるヒジャブ規制

公立病院の看護師、入国審査官など特定の職種でのヒジャブの着用規制は、ムスリム女性の就業機会を狭めることになる。例えば、マドラサを卒業した多くのムスリム女性が、ヒジャブを着けられないために看護師になることを断念しているとされる（3.2.1.）。このことは、ムスリム女性の社会進出を抑制するだけでなく、家計所得の減少により、ムスリムの社会的地位を一層低下させる方向に働くと考えられる。ヒジャブの着用規制は、宗教実践の自由の問題であるだけでなく、ムスリムの経済的利益にも関わる問題であると言える。

4.4.4. 非ムスリムのヒジャブに対する意識に配慮する政府

ムスリムは、「宗教意識が強く、自分たちだけで固まり、シンガポール社会に統合しない」と非ムスリムからみられがちであるが（3.2.2.2.）、9・11 および JI 事件以降は、過激主義やテロリズムと結びつけるステレオタイプにさらされている（3.2.2.3.）。宗教実践の一つに過ぎないヒジャブも、ムスリムに対する負のイメージを背負わされる。ヒジャブを着けるムスリム女性に対しては、2002 年以降は就職差別が厳しくなり（3.2.1.）、2014 年の ISIS の台頭以降はヘイト事案や就職差別の一層の増加がみられる（3.2.3.）。求職中のヒジャブを着けたムスリム女性が「華人の親や子供が怖がるのでヒジャブをはずしてほしい」と言われた差別事案は、一部の非ムスリムの間にヒジャブへの恐れがあることを示している（3.2.3.）。

政府がヒジャブの着用規制を行う背景には、このような非ムスリムのヒジャブに対する否定的な意識への配慮がある。このことは、2013〜14 年のヒジャブ論議の際、リー・シェンロン首相も認めているが、これについては追って詳述する（4.5.1.）。

4.4.5. ヒジャブの着用規制が差別に及ぼす影響への懸念

ヒジャブの着用規制は、政府のムスリムに対する差別やヒジャブに対する負のイメージに基づくものであるとは説明されていない。しかし、ヒジャブが、ある状況においては国民統合に支障を及ぼすために「抑制すべきもの」とされることが、非ムスリムのヒジャブに対する偏見を強め、差別を助長する効果を持つことも懸念される。先に述べたように（4.4.4.）非ムスリムのヒジャブに対する否定的な意識に政府が配慮することも、そのような意識を非ムスリムが持

つことを政府が容認することになる。「政府の役割は、包摂的な社会を目指し、ヒジャブに対する偏見がなくなるよう国民に働きかけることだ。政府が公立病院等でヒジャブを着けたい女性を排除することで、国民に与える心理的影響は大きいのではないか」と市民活動に関わってきたムスリムは懸念している[46]。

4.4.6.「政府のマレー・ムスリムに対する姿勢の問題」という見方

ムスリム社会の中には、「ムスリムが2002年の論議の前からヒジャブ規制の見直しを政府に対し働きかけてきたにもかかわらず、依然として見直しが行われないのは、政府の姿勢の問題だ」という意見もある。例えば、2013〜14年の論議の際、ムスリムの社会学者カマルディーン（Kamaludeen Mohamed Nasir）は、「ヒジャブ問題は、ムスリム社会の意見がどこまで通るかを計るリトマス試験紙だ」と主張している[47]。

バーとロウの「シンガポールは華人優遇社会であり、ヒジャブ規制のようなムスリム（マレー人）の問題は軽視される」という主張（Barr and Low, 2005）も繰り返し語られる。この際、華語・中国文化に精通したエリートを育成する「特別支援計画校（Special Assistant Plan School）」について言及されることが多い。特別支援計画校の設置は、「政策的支援がなければ「華人の文化」である華語は衰退してしまう[48]」という思いを持つ華人の支持を得て進められてきた。特別支援計画校が事実上華人だけのための施策であり[49]、かつ、優秀な教師が重点的に配置されるなど手厚い支援を受けることから、「こうした政策が華人の要望を受けて推進される一方で、マレー人が繰り返し要望するヒジャブ規制の見直しは全く実現しないのは華人優遇だ」という主張がなされる（Hussin, 2012: 116, Rahil, 2014: 225, Rahim, 2012: 169-185, 178-180）。

一方、ノール・アイシャ（Noor Aisha Abdul Rahman）は、特別支援計画校はヒジャブとは全く性格が異なる問題であり、その是非はヒジャブの問題とは別に議論されるべきであると主張する。ノール・アイシャは、華人の思い入れが強い特別支援計画校の問題を持ち出すことは、華人の反感を買うことになり、

46　マレー人自助団体の元役員からの聴き取り（2016年8月19日【No. 21】）。
47　"Hijab issue as a litmus test", *ST*, 8 November 2013.
48　華人関係団体の幹部からの聴き取り（2016年5月9日【No. 47】）。
49　これに反論する人々は、「特別支援計画校は華人以外にも門戸を開いている」と主張する。確かに制度上は華人以外も入学できるが、華語の能力の問題から、華人以外の生徒は存在するのは事実だがごく少数である。

ヒジャブの議論を進める上でかえって有害であると注意を喚起している（Noor Aisha, 2013: 354-355）。

4.5. ヒジャブ規制に対する政府の認識とムスリムのリーダーの対応

以上に整理した論点を踏まえ、ヒジャブ規制に対する政府の認識を分析し、その上で、ヒジャブ規制へのムスリム社会のリーダーたちの対応について分析し、ムスリムの包摂と排除をめぐる問題について解明する。

4.5.1. リー・シェンロン首相の対応にみる政府の認識

政府のヒジャブ規制に対する認識について、2014年1月にリー・シェンロン首相がマレー・ムスリム社会の代表者たち約100名と行った対話の内容から分析する。この対話は非公開で行われたため、限られた内容の報道のほか、対話後にリー首相が発表した声明[50]、同首相が参加者に送付した公開の礼状および対話に参加した3名のムスリム社会のリーダーたちから筆者が聴き取った内容に基づいて分析を行う。3名はそれぞれ、① AMP（ムスリム知識人協会）の役員（当時）の男性【No. 19】、②プルガスの幹部の男性【No. 5】、③ NGOの代表者の女性【No. 33】である[52][51]。

リー首相は対話後の声明で、「ヒジャブ（に関する要望）そのものについては、マレー・ムスリムの視点からみれば、全くもっともであるし、良きムスリムはヒジャブを着けたいという強い思いは十分に理解できる」とムスリムの感情に寄り添う姿勢を見せた。そして、「問題は基本的にはヒジャブそのものではないし、看護師のヒジャブという狭い問題でも全くない。それは、もっと広い問題であり、シンガポールで我々がどのような社会を築いていくかの問題だ」と述べている。性急に変化を起こすと、他のコミュニティ（民族・宗教集団）から反発を招いたり、別の要求が強まったりし、民族間の連帯を弱めることになる。この2年前には、英語が話せない高齢者の華人に配慮し、駅で英語に加え華語の案内放送を導入したところ、華人以外からの反発があり、とりやめになった。このような例を

---

50 "Reigious leaders confident tudung issue will be given appropriate attention", *ST*, 25 January, 2014; "PM Lee thanks Malay community leaders for attending tudung dialogue", *ST*, 3 February, 2014.

51 "Dialogue with the Malay/Muslim Community on 25 JAN 2014", Prime Minister Lee Hsien Loong, 29 January 2014.

52 聴き取りは2014年8月から2015年11月にかけて行った。

挙げて、リー首相は、「看護師が突然ヒジャブを着けるようになれば、ムスリムの立場からは完全に合理的でも、社会全体の観点からみれば、人々がどう反応するか分からない」と警告し、従って「一歩一歩、徐々に進めていくのが一番だ」と説く。「我々の社会は変化し、人々の態度も変化し、人々は社会の違った状況に慣れてくる」のであり、「時が経てば、我々は次第に新しいバランスに移行する」、「それが最も賢いやり方であり、多民族融和を強化するやり方だ」と、対話終了後の声明は締めくくられている。

　上記の声明からも分かるように、リー首相の説明のポイントは、民族・宗教間の「バランス」の問題ということであった。対話に参加した3名のムスリムによれば、首相の説明は、華人からの特別支援計画校の増設の要望や、LGBT（性的少数者）の権利保護に関する要望など、様々な要望が寄せられる中で、ムスリムのヒジャブに関する要望だけに配慮すれば、他の要求とのバランスを欠き、他の集団からの反発を招くというものであった。この説明は、LGBTの問題のようにヒジャブとは全く関係のない問題が持ち出されており、奇妙なロジックに聞こえる。しかし、3名のムスリムは、このような首相の説明を受け容れ、ヒジャブ規制の見直しを強く主張することは控えるべきと考えていた。この「バランス論」のロジックは、「アイデンティティ・ポリティクスの競合」というシナリオの構築による民族・宗教の管理の戦略である（1.4.2.）。その後もヒジャブ規制については、ムスリム問題担当大臣のマサゴスが「LGBTの権利保護運動に関わる関係者も要望が実現せず我慢しているのだから、ムスリムもヒジャブのことをよく考えなければならない（筆者注：我慢しなければならないとの意味）」と説明し、ヒジャブの問題とは全く競合関係にないLGBTの問題を持ち出し、ムスリムに理解を求めようとした[53]。

　しかし、首相は単にバランス論によって説明しただけではなく、看護師が突然ヒジャブを着けるようになると「人々がどのように反応するか分からない」と言い、また、「人々の態度が変化し、人々が社会の違った状況に慣れてくる」ことを待つ方がよいとも言っている。つまり、非ムスリムの側にヒジャブに対する偏見や恐れがあることを暗に指し、そのような非ムスリムの態度が変化して、ムスリムたちがヒジャブを着けている状況に「慣れてくる」、つまり、偏

53　"Religion must be practised based on local context: Masagos", *Channel News Asia*, 11 February, 2016.

見や恐れがなくなることが、ヒジャブ規制の見直しに必要な条件であるという認識を示しているのである。

　対話に参加したムスリムのリーダーたちは、このような首相の認識について理解していた。プルガスの幹部は、首相の説明について、「ヒジャブの規制は、ある日突然すべてが解禁されるようなことではなく、非ムスリム側が容認できるペースで、目立たない形で少しずつ緩和されていく」という趣旨であり、ヒジャブの問題は、「他の人種の人々がどうすれば納得するかの問題だ」と筆者に説明した。NGO の代表者は、「ヒジャブが過激主義や社会からの分離と全く関係ないことを、非ムスリム側に理解してもらわなければならない」と語った。ムスリムのリーダーたちは、非ムスリム側がヒジャブに対し負のイメージを持ち、規制見直しを歓迎しないこと、また、政府がこのような非ムスリム側の感情に配慮していることを理解し、当面はヒジャブの規制見直しが行われないことを受け容れたのである。

4.5.2. ムスリムのリーダーがヒジャブに関する要望を自制する理由

　ヒジャブ規制は、宗教実践の自由に対する制限であるだけでなく、ムスリムの社会的地位に関わる問題でもあり、ムスリムに対して包摂的でない、あるいは、排除的な政策と言える。また、ヒジャブ規制は、ムスリムに対する排除である差別を助長する恐れがある。

　にもかかわらず、ムスリム社会のリーダーたちの中には、規制の見直しや差別への対策を要求することを自制する動きがみられる。ここでは、その理由について分析し、二点を指摘する。

4.5.2.1. 優先されるムスリム社会の改善

　第一の理由は、リーダーたちが、「ヒジャブ規制の見直しよりもムスリム社会の改善を優先させるべきだ」と考えるためである。これは、「スアラ・ムシャワラ（Suara Musyawarah）」の経過（3.3.4.）からも明らかである。

　2013〜14 年のヒジャブ論議に先立って 2012〜13 年に実施されたマレー人社会との対話「スアラ・ムシャワラ」は、マレー・ムスリム社会にとっては、ヒジャブに関わる問題についても政府に声を届ける絶好の機会となりうるものであった（1.5.2.）。対話の中では、私立の病院での就職差別の問題も含め、ヒジャブに関する規制や差別への不満の声が寄せられ、とりまとめに当たった委員

会の中心メンバーも、看護師に対する着用規制などについて見直しが必要であるとの認識を持っていた（3.2.1.）。

　しかし、2013年8月にとりまとめられたスアラ・ムシャワラの報告書は、ヒジャブの問題について改善を求めるものには全くなっていない。ヒジャブについては、「（求職時に）ムスリムの女性がヒジャブを着けることは認められないと言われた」、「民間の病院では認められるのに、国立病院ではヒジャブの着用は認められない」といった現状を淡々と説明するだけである。提言も、一般的に雇用差別に関して「差別的な慣行に関し詳細な調査を行う」、「政府と大企業が、雇用慣行が差別的なものではないことを再確認する」といった対策について述べているのみであり、ヒジャブの問題には触れていない（3.3.4.）。

　委員会の中心メンバーたち2名は筆者に対し、政府や他のエスニック・グループの反応を考慮し、強硬なトーンにならないよう自己抑制しながら報告書をとりまとめたと明かした（3.3.4.）。彼らは、一般のマレー人にとっては、どうやって食べていくのかがヒジャブよりも重大な関心事であると考え、「一部のグループだけ」が強く主張していることを取り上げることは避け、マレー人社会全体の「一般的な意見」を拾うよう努めたと説明した（3.3.4.）。

　スアラ・ムシャワラの報告書では、ムスリムに対する教育助成の充実など社会改善対策に関する提言は具体的に詳細に記述され、報告書の公表を受けて、政府の新たな支援策が発表されている。とりまとめに当たった上記の2名は、ムンダキの役員であり、政府の財政支援を受けてムスリム社会の改善対策を推進する立場であった。彼らは、ヒジャブの問題を取り上げることで政府と摩擦を起こすよりは、政府と良好な関係を維持し、政府の助成を拡充してムスリムの生活をより豊かにしていくことを優先したのだった（3.3.4.）。

　あるムンダキの幹部の女性に、スアラ・ムシャワラの報告書におけるヒジャブの問題の取扱いについて考えを尋ねたところ、「本当に誰がヒジャブのことを強く主張しているのか」と逆に責めるように問いかけられた。[54] 彼女自身はヒジャブを着けているが、マレー人社会にとって最も大事なのは生活の問題であり、スアラ・ムシャワラで最も画期的なのは、報告書を受けて教育支援の充実が図られたことだと主張しており、スアラ・ムシャワラの委員会の中心メンバーたちと全く同じトーンであった。

54　2014年4月1日聴き取り【No. 16】。

4.5.2.2. ヒジャブへの否定的なイメージ

第二の理由は、リーダーたちが「非ムスリムがヒジャブに対し否定的な意識を持っている以上、ヒジャブにこだわることは得策ではない」と考えるためである。このような主張をする2名のムスリムからの聴き取り内容を紹介し、その主張の趣旨を明らかにする。

1名は、広く一般のムスリムから支持を集め、また、民族・宗教間交流に積極的なモスクのイマーム（宗教指導者）の男性である[55]。彼はイスラーム復興以前に育った世代であり、イスラーム復興の影響でシンガポールでもヒジャブを着けるムスリムが増えたことに批判的であり、「ヒジャブは宗教的義務ではないのに、90%の宗教教師が義務だと言う」、「イスラーム復興によってヒジャブが広まったことを誰も知らない」と憤慨している。彼は、「ハラールにとらわれ、食べ物を入れるレンジや冷蔵庫も別にしてほしいと要求すること」など、イスラーム復興以前にはなかった厳格な宗教実践を痛烈に批判する。

彼は、世界の過激主義をめぐる動きの中で、ムスリムがイスラモフォビアなど様々な困難に直面しているが、このような困難はムスリム自身によって増幅されていると言う。厳格な宗教実践は、他の民族・宗教との交流を制約するほか、イスラームのイメージを傷つける。ムスリムは、非ムスリムから恐れられ、政府かムスリムの経営する会社でしか雇ってもらえなくなる。ムスリムはヒジャブを着けるような宗教実践にとらわれず、より実用的な知識を身に着け、社会に進出すべきだと彼は主張している。

もう1名は、マレー人自助団体の元幹部職員の男性で、大卒者のリベラル派のムスリムである[56]。彼は、ヒジャブは宗教上の義務ではないと考えるが、ムスリム女性がヒジャブを着ける権利は支持し、ヒジャブに関わる差別についても問題視している。ただ、自分の妻や娘たちには、ヒジャブを着けないよう勧めている。「ヒジャブも含めムスリムの宗教実践は何でも否定的にみられる」ためであり、「求職の時にヒジャブを取れば採用してもらえる」が、「ヒジャブにこだわると損をする」と考えるからだ。ただ、彼の妻や娘たちは彼の言うことに従わない。彼は、本当に重要なのは宗教の形式的な面よりも、ムスリムの経済的・社会的地位の向上だと考える。ヒジャブの問題の解決には時間がかか

55　2016年5月5日、同8月19日に聴き取り【No. 11】。
56　2016年8月25日に聴き取り【No. 24】。

ることから、当面は経済的な問題、生活のことを優先せざるを得ない。マイノリティであるムスリムは、自分を魅力的にする必要がある。インド人がマイクロソフトのCEOになるなど、インド人が経済・技術分野で活躍することで、誰もインド人の肌の色を見て差別することはなくなった。同じように、ムスリムが社会進出を果たし、誰もヒジャブのことなど気にしなくなるようにしていくことが先決だ、というのが、彼の主張であった。

　これら両者とも、宗教の形式面を重視しすぎることに反対の立場であるが、ヒジャブに関する規制や差別の問題に抑制的に対応するのは、彼らの宗教志向だけが理由ではない。彼らは、非ムスリムがヒジャブに対し否定的な意識を持っているため、ヒジャブにこだわることが、就職差別などを通じ、ただでさえ低い経済的・社会的地位にあるムスリムを一層厳しい状況に追い込むことを懸念する。世界の過激主義の動きがイスラモフォビアを招き、その影響がシンガポールにも及ぶ中で、こうした状況がさらに深刻なものになることを彼らは懸念する。そのため彼らは、現実的な対応として、ムスリムのイメージをさらに悪化させかねないと彼らが考えるヒジャブに関わる要求を自制するのである。

4.5.3. リーダーの対応が生む課題

　第一に、教育支援の充実などムスリム社会の改善につながる施策を優先して要望すべきと考えること、第二に、非ムスリムから否定的にみられるヒジャブにこだわるべきではないと考えることの二つの理由から、ムスリム社会のリーダーたちの間にヒジャブに関わる要求を自制する動きが出てくることを論じてきた。結果として、ムスリム社会が一枚岩となってヒジャブに関する問題について提起することにはならない。

　政府からみたムスリムに関わる三つの「課題」（0.4.）に即して言えば、ヒジャブに関する問題は、まず、「社会からの分離」という「課題」としてとらえられる。政府からみれば、公立学校等におけるヒジャブの着用は、多民族・多宗教が交流する「共通の空間」を損い、国民統合に悪影響を及ぼすものであり、また、ムスリムと非ムスリムとの間に新たな摩擦を生みかねないものである。すなわち、ヒジャブの規制は、分離的な宗教実践（と政府が考えるもの）を抑制しムスリムをシンガポール社会に包摂するものである。また、「過激化」という「課題」としてみれば、ヒジャブの規制は、過激主義につながりかねない保守的な宗教実践（と政府が考えるもの）を抑制しムスリムを包摂するもの

ということになる。

　ヒジャブの問題に自制的に対応するリーダーたちの動きは、政府のやり方で
ムスリムを社会に包摂しようとするものである。これは、政府の財政支援を確
保して社会改善を進めることで、中長期的にムスリムの地位向上を目指し、ヒ
ジャブに対する偏見を解消する戦略と解することもできよう。しかし、こうし
たリーダーたちの動きは、少なくとも現時点においてはヒジャブに関する規制
や差別が解消されないために、ヒジャブを着ける（着けたい）ムスリム女性が、
ヒジャブを着けるのを我慢することで自由な宗教実践が妨げられる、または、
着けることで雇用機会を失うなどの形で、排除的な状況を招く。

　一方、2回にわたるヒジャブ規制をめぐる論議は、ムスリム社会の宗教リー
ダーの排除を招いた。2002 年の論議では、プルガスが宗教上の最高指導者で
あるムフティの指導に従わず異議申立てを続けることを公言した。2013～14
年の論議では、前職のムフティとなった同じ人物が、ヒジャブの規制見直しの
要望を否定する発言をしたことで、ネット上で非難を集めた。これは、宗教リ
ーダーがムスリムから非難され、さらには、ムスリムの意見を代表するもので
はないとされ、政府への異議申立てのルートからはずされたものであり、ムス
リム社会の中でリーダーが排除される動きとみることができる。

　ヒジャブの問題に関しては、非ムスリムの認識のあり方が鍵となる。ヒジャ
ブはムスリムの宗教実践の一つにすぎないが、それを着ける女性たちの意図を
はなれ、他者から様々な意味を付与される。ヒジャブに関わる問題の解決のた
めには、非ムスリムの間でヒジャブの着用も含めムスリムの宗教実践の意味や、
宗教実践と過激主義との関係（がないとムスリムは主張する）について理解が深
まることが重要であろう。様々な形で実践される民族・宗教間の交流・対話が
真に相互理解につながっているかどうかが問われることになる。

4.6. 小括

　政府が 2002 年 1 月からヒジャブの規制の徹底を図ったことはムスリム社会
に不満をもたらし、2 回の規制見直しの論議につながった。政府は、9・11 と
JI 事件という国内外のテロをめぐる情勢を巧みに利用することでイスラーム
の管理強化を図ったのであり、ヒジャブ規制の徹底もその一環であったとみる
ことができる。また、政府は、非ムスリムの間にヒジャブに対し過激主義との
関連づけによる恐れも含めた否定的な見方があることを認識し、規制を行って

いると考えられる。

　ムスリムの中には、教育支援など社会改善対策を通じたムスリムの社会的地位の向上を優先すべきという考え方や、現に非ムスリムが否定的な認識を持っている以上ヒジャブにこだわるべきではないという考え方から、ヒジャブの規制見直しや差別への対策について異議を申し立てることを自制しようとする動きもみられる。その結果、ムスリム社会が一丸となって規制や差別の問題に対応することにはならない。

　政府は、ヒジャブの規制を通じて、ムスリムの「社会からの分離」という課題や「過激化」という課題に対応し、ムスリムのシンガポール社会への包摂を目論んでいるとみることができる。ヒジャブに関する規制と差別の問題に自制的に対応するリーダーたちの動きは、政府が考えるムスリムの包摂の手法を受け容れ、さらには積極的に支持するものである。このようなリーダーたちの対応は、長い目でみて社会的地位の向上によりムスリムの包摂を図る戦略ととらえることもできようが、現時点ではムスリムにとっては、宗教実践の自由が保障されない、雇用機会を失う、規制が差別を助長するなどの形で排除的な状況を招くことになる。2回にわたるヒジャブ規制の論議では、一般のムスリムが、政府の方針に追従しているとみなす宗教リーダーを排除する動きもみられた。ヒジャブの問題をめぐっては、このように包摂と排除が錯綜する状況がある。

第5章
イスラームの教育・普及を
めぐる問題

　本章では、イスラームの信仰に直接に関わる問題として、マドラサの教育の管理の問題と「穏健なイスラーム」の普及に関する問題について論じ、イスラームが国家の介入を受け、自由な宗教実践が妨げられていると感じるムスリムがいるために、ムスリムの包摂に関わる問題が生じることを明らかにする。

5.1. マドラサをめぐる問題

　まず、マドラサをめぐる問題について、1999 年に起こった義務教育の導入に伴うマドラサの小学校廃止の論議の問題と、2000 年代以降のムスリムの社会統合、過激主義の防止の文脈におけるマドラサの位置づけの問題との二つに分けて論じる。

5.1.1. マドラサの概況

　マドラサ（madrasah）は、イスラーム法学などイスラームに関する専門知識を教え、将来の宗教リーダーを育成する学校である。私立の教育機関（private school）であり、政府が運営する公立学校（national school）とは別の体系となっている（2.1.2.5.）。小学校（primary）、中学校（secondary）、高校レベル（pre-university）があり、高校レベルまで公立学校に行かずにマドラサで一貫して教育を受け続けることも可能である。高校レベルのマドラサを修了した後、中東やマレーシアのイスラーム大学に留学したムスリムが、ムイス（イスラーム評議会）のようなイスラーム関係団体やモスクで働き、あるいは、マドラサ等での宗教教育に従事する（2.1.2.5.）。従ってマドラサは、宗教界で活躍する人材を輩出する教育機関として、ムスリムの宗教実践を支える上で大きな役割を果たす。

　シンガポールのマドラサの歴史は、最も古いものは 1905 年にさかのぼ

写真5　現存する最古のマドラサであるマドラサ・アルサゴフ。裕福なアラブ人の
　　　　一族が1912年に設立した。

り、現存する最も古いマドラサは1912年に設立されたマドラサ・アルサゴフ
（Madrasah Alsagoff Al-Arabiah）である（Chee, 2006: 7-11）。第二次世界大戦ま
ではマドラサが多く設立され、宗教教育に対する植民地政府の不介入政策もあ
り、シンガポールは東南アジアのイスラーム教育の中心地として栄えたが、日
本占領期（1942～45年）を経て、その地位を失った。その後、再びマドラサは
増加し、1966年時点では50～60校（ほとんどが小学校レベル）のマドラサが存
在し、5～6千人の生徒が通っていた。1965年の独立後は、世俗教育が選好さ
れる傾向が強まってマドラサは衰退し、1982年までにマドラサの数は9校ま
で減少した（Ibid.: 11-16）。現在は6校のマドラサが存在し、2014年時点では
3,460名の生徒が在籍している（Ministry of Education, Singapore, 2015）。

5.1.2. 義務教育の導入に関わる論議

　1999年、政府は、すでに普及していた公立の小学校の教育を改めて制度
上義務化するという義務教育の導入に関する提案を行った。背景には、1990
年代になって、小学校を中退する子供の増加が、「知識を基盤とした経済
（knowledge-based economy）」への対応、すなわち、産業の高度化を進めること
でシンガポールが国際間の経済競争に勝ち残っていくことに障害になるという
観点から、問題視されるようになったことがあった。1993年の時点で、1985
年に小学校に入学した子供のうち1.7%に当たる650名以上が、小学校を中退
していた（Tan, Jason, 2010: 404）。1997年には、学齢期に達しながら小学校に

入学しなかった子供の率が2〜3％にもなることが明らかにされ、ゴー・チョクトン首相（当時）が教育省に義務教育の導入検討を指示していた。

　政府は、すべてのシンガポール人の子供が公立の小学校で教育を受けることが必要であると考えており、小学校の義務教育化の提案は、マドラサの小学校の廃止を伴うものであった。ゴー首相はムスリムが「フルタイム」のマドラサに通う代わりに、公立学校の時間外に「パートタイム」の宗教教育を受けることを提案した。当時、財政難や優秀な教師の不足によるマドラサの教育レベルの低下が問題視されていた。マドラサの卒業生がみなイスラーム大学に進学し、宗教指導者になれるわけではなく、卒業後に就職する人々の生活の問題が、政府の懸念の対象であった。また、1996年から98年までのマドラサの中退率は、60〜70％という高率に達していた（Hussin, 2012: 71）。政府は、マドラサが「知識を基盤とした経済」に対応できておらず、また、シンガポールの民族・宗教間融和の障害になると考えるに至っていた。リー・クアンユー上級相（当時）は、「マドラサでアラビア語とクルアーンとマレー語を勉強し、少しだけ科学と数学と英語を勉強するのでは、急速に変化するシンガポールで将来どうやって生計を立てていけるのか」と述べ、「フルタイム」のマドラサは生徒たちにもシンガポールにも深刻な問題をもたらすと懸念を表した。こうした問題も、義務教育導入の議論を促すことになった（Hussin, 2012: 72）。

　しかし、マドラサの小学校廃止を伴う義務教育の導入の提案へのムスリム社会の反発は強かった。ムスリムの宗教意識が高まるなか、イスラームの価値に基づく道徳的環境を提供できるマドラサが評価され、1980年代からマドラサの志願者は増加していた。公立学校で女子生徒のヒジャブ着用が認められないことも影響していた。また、ムスリムたちが長い歴史を持つマドラサに特別な思い入れを持っていたことも、ムスリムの反発を強めさせることになった（Hussin, 2012, 72）。ムスリム議員やマドラサを管理する立場のムイスは提案に反対しなかったが、宗教リーダーたちの反発は強く、宗教学者・宗教教師の団体であるプルガスは、「イスラーム教育は小さいころから中断することなく行わなければならない」と主張し、正式に反対を表明した。政府の視点からみれば、マドラサの義務教育への統合は、ムスリムが直面する社会的格差という課題に対応するためのものであったのだが、ムスリムの側は、宗教実践の制約に関わる問題としてとらえたのだった。

　ムスリムからの強い反対を受け、政府は当初の方針を見直し、マドラサを義

務教育から除外することを決め、マドラサの小学校が存続できることになった。マドラサの義務教育からの除外（マドラサの小学校の存続）は、ムスリムが政府に反対意見を述べたことにより政策の変更を勝ち取った数少ない事例である。ただし、これには二つの条件が付された。第一に、マドラサの小学校が新たに受け入れる生徒の数は年間 400 人（その年次のムスリムの生徒数の約 1%）に制限されることとなった。第二に、マドラサは英語、数学などの「世俗科目（secular subjects）」について公立学校と同等の学力水準を維持することを求められた。マドラサの小学 6 年生も公立小学校と同様に「小学校修了試験（Primary School Leaving Examination: PSLE）」（3.1.2.）を受験することが義務づけられ、かつ、PSLE の成績が基準[1]に達しないマドラサは新入生の入学を停止することとされた。このルールにより、マドラサの小学校 1 校が 2012 年～14 年の 3 年間、新入生の入学を停止させられた。

5.1.3.「世俗世界での成功」を期待されるマドラサ

　義務教育の導入にあわせてマドラサの小学校を廃止する政府の提案は撤回されたが、マドラサの教育の内容は「世俗科目」により重点が置かれるようになった。

　まず、マドラサに対する政府の期待について、マドラサに関する現地紙の報道内容を参照しながら検討する。マスメディアは政府の厳しい管理の下にあり（1.1.1.）、報道内容は政府の意向に沿ったものとなるため、マドラサに対する報道の内容が政府の期待する「望ましいマドラサ像」を反映すると考えられるからである。ここでは、代表的なメディアであることや検索の容易さを勘案し、英語紙「ストレイツ・タイムズ（Straits Times）」およびマレー語テレビ「ブリタ（Berita）」のインターネット版の報道に注目する。

　2017 年 3 月まで約 2 年間のマドラサをテーマとするニュースは、ストレイツ・タイムズでは 25 件中、2016 年 4 月のマドラサの女子生徒 3 名への襲撃事件（3.2.3.）に関するもの 12 件を除けば、教育の質の向上を目的とした政府やムイスによる支援に関するものが 8 件と最も多かった。[2]一方、ブリタでは 83 件中、世俗

2　それぞれ、インターネット上の公式サイト（Straits Times: http://www.straitstimes.com, Berita: http://berita.mediacorp.sg）で、「madrasah（マドラサ）」の語をタイトルに含む記事を検索した（2017 年 3 月 16 日実行）。英語紙では、2015 年 8 月 1 日から 17 年 3 月 9 日までの 25 件の記事、マレー語ニュースでは、2015 年 3 月 28 日から 17 年 3 月 14 日までの 83 件の記事を抽出することができた。

科目における成績優秀者や外部での教育関係のコンクール参加に関するものが23件と最も多く、これに襲撃事件、政府やムイスによる支援、教育体制の整備に関するものがそれぞれ16件、7件、6件と続き、マドラサの世俗科目での学力向上の実績が強調されている。特にマドラサから成績優秀者が出たというニュースは大きく取り上げられる。例えば、2016年1月12日付ブリタの記事[3]は、全国統一のGCE Oレベル試験（中学校卒業レベル）で9つの全科目で「A1」という最高の成績を取ったマドラサの女子生徒を、以下のような本人のコメントとともに紹介している。

　　マドラサの生徒が学問と宗教の両方で成功できることを証明できて、私は感激していますし、誇りに思っています。

　また、2016年2月21日付ブリタの記事[4]は、マドラサからポリテクニック（高等専門学校：ポリテク）、さらには一般の大学に進学する生徒が毎年出ていると述べている。この記事は、マドラサからポリテクを経由して難関のシンガポール国立大学薬学部に合格した女子学生を、以下のような本人のコメントとともに紹介している。

　　大学の友人は、私がマドラサ出身で、ポリテクを経て薬学部に入ったと知って驚きます。

　シンガポールでは、最も優秀な学生に与えられる大統領奨学金の授賞者のこと、自助団体から支援を受けて優秀な成績を収めた生徒のことなど、学業面の成功に関するニュースは大きく報道される。極端な学歴社会であり、メリトクラシーを標榜する政府が学業による立身を称揚し、一般の人々も学業成績への関心が高いからであろう。

　しかし、マドラサが宗教リーダーの育成を目的とした教育機関であることを考えると、一般の大学やポリテクに進学する生徒が増えることは、優秀な人

3　"Nur Masyitah catat sejarah bagi Madrasah Aljunied raih 7 A1 dalam GCE O"（ヌル・マシターは、GCE Oレベル試験で7つのA1を取り、マドラサ・アルジュニードの歴史を作る）
4　"Pelajar madrasah dalam aliran akademik – Kehilangan atau Kebaikan?"（学問の道に進むマドラサの生徒　―損失か利益か？）

材が宗教界から流出することを意味する。従って、宗教意識の強いムスリム
は、必ずしも喜ばしいことではないと受け止める可能性もある。上記のブリタ
の記事のサブタイトル「損失か利益か？」は、まさにこのことを言い表してい
る。二つのメディアでは、宗教リーダーを目指す学生や、宗教リーダーとなっ
て活躍する卒業生の姿は全く取り上げられていない。卒業生が宗教リーダーに
なるという既定路線と異なる新規な現象が報道されるとしても、あまりにもア
ンバランスに「世俗世界での成功」に報道の重点が置かれている。

　政府はマドラサに対し、世俗科目の学力向上のための財政支援を充実させて
きており、このこともたびたび報道される。マドラサは、公費で設置・運営さ
れる公立学校とは異なり、モスク建設・ムンダキ基金（2.2.1.2.3.）からの拠出も
含め、ムスリム社会の支援によって成り立っている。政府の支援は、あくまで
もマドラサの生徒の「世俗世界」での成功を支援するためのものである。宗教
教育面はムスリム社会の役割、公立学校と同等の国民としての教育の面は政府
の役割として整理が行われているとも考えられる。メディアでのマドラサの取
り上げ方は、経済発展に貢献する人材を輩出する、政府が望ましいと考えるム
スリム社会のあり方を反映していると考えることができる。

　2009 年には、マドラサの世俗科目での学力向上のため、複数のマドラサが
連携して学力向上を図るジョイント・マドラサ・システム（Joint Madrasah
System: JMS）が導入された。これは、マドラサを「小学校」または「中学校・
高校」のいずれかのレベルに機能を限定し役割分担させることで、教員などの
資源を有効活用し、教育の質の向上を図るものである。現在、全部で 6 校ある
マドラサのうち 3 校が JMS に参加しており、このうち 1 校は小学校、2 校は
中学校・高校レベルに特化している。JMS 参加校に対しては、教員の人件費
の全額に対し助成が行われるなど、ムイスの財政支援が強化される。JMS に
参加するあるマドラサの校長は、筆者に対し、「JMS は、生徒に（いい成績で）
PSLE をクリヤーさせ、マドラサの存続を確実にするためのものだ」と言い切
っている。マドラサは生徒の世俗科目の成績が落ちると存続ができなくなっ
てしまう（5.1.2.）。3 校のマドラサは、生き残りのために JMS に参加している
のである。

5　2016 年 5 月 13 日聴き取り【No. 9】。

5.1.4. シンガポール社会への統合を期待されるマドラサ

マドラサは、ムスリム社会における過激主義の広がりを防ぐ役割も期待されている。インドネシアでは、一部のプサントレン（寄宿制の宗教学校）が過激主義の温床になっていることが指摘されてきたが、シンガポールのマドラサはムイスの指導下にあり、過激主義が入り込む余地はなかった。2001年から2002年にかけてJIメンバーが拘束され、その後も過激主義に感化したとして拘束されたムスリムが出てきたが、2016年まではマドラサ出身者が拘束されることはなかった。それでも、宗教意識の高まりと過激主義を関連づけて考える政府からは、マドラサは疑いの目で見られてきた。1985年以降は、ムスリムがナショナル・サービスから除外されることはなくなったとされるが、現在もマドラサの卒業生は召集されないことが多い[6]。

9・11およびJI事件を受け、ムイスは、「シンガポール・ムスリム・アイデンティティ（SMI）・プロジェクト」を通じて「穏健なイスラーム」の普及を図ってきた（5.2.2.）。

マドラサでも、ムイスの指導により小学校レベルで「イスラミック・ソーシャル・スタディーズ（Islamic Social Studies: ISS）」という科目を新設し、SMIプロジェクトで提示された望ましいムスリムの特性について教えるようになった。ISSで使用される教科書は、ムスリムに望まれる特性として、「良いムスリムは、①良い市民である、②世俗社会の完全なメンバーとしてよく順応している、③啓発されており、他文明の豊かさを評価する、④包摂的で多元主義を実践する、⑤他宗教に対する祝福である」の5点を挙げている（Tan, Charlene, 2009: 43-47）。シャーリーン・タン（Charlene Tan）は、ISSの導入が、マドラサの生徒たちの宗教的世界観を再構築しようとするもので、表層文化（surface culture）を超えた深層文化（deep culture）の領域に踏み込むものであると指摘する（Ibid.: 47）。このように、マドラサにおいても、多民族・多文化国家であり世俗国家であるシンガポールに適応し他民族・他宗教と平和に共存するイスラームという、ムイスにより構築された「穏健なイスラーム」の普及のための教育が行われるようになっている。

2016年7月には、マドラサを卒業したばかりの17歳の男性が、ISISに感化

6　複数のマドラサの関係者からの聴き取り（2016年5月13日【No. 9】および同8月22日【No. 10】）。

され、ISIS の戦闘に加わろうと考えるようになったとして、国内治安法に基づく制限命令（restriction order）[7]を受けたことが公表された。[8]これは、マドラサ出身者から初めて過激主義に感化された者が出た事案であった。シャンムガム内務大臣兼法務大臣は、「マドラサあるいはムスリム社会に問題があると考えるべきではない」とコメントし、マドラサを擁護した。[9]マドラサの教師たちは、これはあくまでも例外的な事案であり、マドラサそのものは過激主義とは全く無縁であると強調した。国民の間に表立ってマドラサを非難するような動きはないが、マドラサは、マドラサの教育と過激主義とは関係がないことを理解してもらうための取組みを一層強化しなければならなくなっている。

　マドラサは、マドラサ以外の学校との交流を積極的に行っている。あるマドラサは 2016 年には、華語エリートを育成する特別支援計画校（Special Assistance Plan School: SAP School）である女子校の春節のイベントに参加し、逆に、断食明け（Hari Raya Puasa: ハリ・ラヤ・プアサ）と「人種融和の日」を兼ねたイベントに、この女子校の生徒を招待した。[10]また、このマドラサは、国際異文化交流事業として日本の高校生の訪問をムスリム家庭へのホームステイとセットにして受け入れている。[11]別のマドラサでも、華人学校やキリスト教の学校と交流を行い、「スティグマを取り除き、普通の学校であることを分かってもらうよう努力している」。[12]このマドラサは一般の学校との交流をアピールすることで、「過激化の温床」である「危険な学校」という「スティグマ」を取り除こうとしているのである。

5.1.5. 政府との関係についてのマドラサの認識
　マドラサへの政府の見方に対するマドラサ自身の認識について、二つのマドラサの校長 A および B からの聴き取りの内容をもとに分析する。A（マレー人）

7　拘束はされないが、治安当局の監視下に置かれ、事前に治安当局の許可を得なければ住所、職業の変更や出国が認められない。

8　Ministry of Home affairs (2016), Detention & Releases under Internal Security Act (Press Release), 29 July, 2016.

9　"Shanmugam: Saya tidak fikir ada isu dengan madrasah"（シャンムガム：私はマドラサに問題があるとは思わない）, *BH*, 30 July, 2016.

10　"Pelajar Madrasah Aljunied, Sekolah Tinggi Perempuan Nanyang berbalas kunjungan"（マドラサ・アルジュニード、南洋女子高校の生徒が返礼の訪問）, *BH*, 22 July, 2016.

11　同校の校長より聴き取り（2016 年 5 月 13 日【No. 9】）。

12　同校の校長より聴き取り（2016 年 8 月 22 日【No. 10】）。

はJMS参加校のマドラサの校長であり、本人の言によれば、JMSを円滑に実施するためにムイスから派遣されている[13]。Bは、預言者ムハンマドの子孫であり大富豪であったアラブ系一族の出身で、ムイスを早く退職して、一族の先祖が設立したJMS非参加校のマドラサで校長を務めている[14]。

　政府によるマドラサの管理については、B校長は、宗教教師の登録制度（5.2.4.）はキリスト教にも仏教にもないイスラームだけのものであり、公平ではないと言う。B校長はまた、自分も含めマドラサの卒業生が現在でもナショナル・サービスに召集されないことを、ムスリムに対する差別の例として挙げたが、これもマドラサに対する政府の管理の一つのあり方と言えよう。A校長は、マドラサが過激主義の防止に取り組んでいると自負しているが、現在でもマドラサは政府から不安視される存在だと認める。

　政府のマドラサに対する支援については、A校長は、マドラサも（公立学校と同じ世俗科目を教え）シンガポール社会全体に貢献していることから、政府の助成を受けられるべきだと考えている。ただ、課外活動に参加する生徒に資金支援を行う「エドゥセイブ[15]」の制度が2013年からマドラサも対象になる、2015年にはナショナルデイ・パレード（独立記念日の式典）（1.3.2.4.）に初めてマドラサが招待されるなど、変化もみられる。A校長は、2011年の総選挙で与党が後退して以来、政府はマレー人・ムスリムへの支援を強化する姿勢を見せており、マドラサに対しても包摂的になってきていると感じている。

　JMS非参加校のマドラサに対しては、ムイスは教育カリキュラムの開発などに関する技術的な支援を行うにとどまり、財政支援は行わない。B校長は、自分のマドラサ（JMS非参加校）にはムイスの支援もあまりないと言う。生徒の家庭に負担をかけすぎないよう、授業料を低く抑えるため、収入に占める授業料の比率は18%に過ぎない。収入の約半分は一般のムスリムからの寄付であり、運営はムスリム社会によって支えられる。しかし、ムイスからの助成がないために、かえってムスリムが熱心に支援してくれる面もあるという。

　年間の入学者数の制限も、政府のマドラサに対する一種の管理として考える

13　2016年5月13日聴き取り【No. 9】。
14　2016年8月22日聴き取り【No. 10】。
15　エドュセイブ（Edusave）という7歳から16歳までのすべての子供が対象になる政府の助成制度。従来は公立学校の児童・生徒のみが対象であったが、マドラサも対象に含めるよう何年もにわたり与党のマレー人議員が要望活動を続けてきた（"NDR 2013: Edusave extended to include madrasah students", *ST*, 18 August, 2013）。

ことができよう。6校全体で年間400人という制限のために、入学希望者数は毎年定員を超えており、入学を希望する子供の多くが試験で不合格になり、公立学校に行く。B校長のマドラサでは、倍率は約2倍とのことであった。ムスリム社会からは、400人の枠を広げてほしいという要望がある。B校長は、教員や資金は対応できるとしても施設のスペースの限界があるとの見解であった。しかし、ムイスから派遣されているA校長は、施設のスペースや教員数の制約、ムスリム社会としての資金負担、また、卒業者の宗教リーダーとしての働き口があるかどうかも勘案して慎重に考えるべきであると言う。このように、400人の枠については、ムスリムの中から不満もあるものの、マドラサ側から政府に対し見直しを要望する状況にはない。

5.1.6. マドラサをめぐる包摂と排除の問題

1999年の義務教育の導入をめぐる論議の結果、マドラサの小学校の存続が認められ、小学校からの一貫教育という形態は維持されたが、小学校については、英語、数学などの「世俗科目」について公立学校と同等の学力水準を達成することを求められるようになった。

しかし、現在もマドラサは、他の宗教の理念を背景とする学校とは大きく異なる。例えばキリスト教系の学校が、宗教教育も行うものの公立学校と同じ科目を教え、生徒たちが一般社会で活躍することが前提であるのとは異なり、マドラサは特に中学校以上ではアラビア語や宗教関連科目に重点が置かれ、将来イスラームの宗教リーダーとして活躍できる人材の育成を行っている。また、キリスト教系の学校が多様な宗教に属する生徒を受け入れるのに対し、マドラサに通うのはムスリムだけである。マドラサは、ムスリム社会の資金（ムイスを通じたモスク建設・ムンダキ基金からの支援、一般のムスリムからの寄付など）、人材によって支えられ、一義的にはムスリム社会への奉仕を目的とする。

サイド・ムハマッド（Syed Muhd Khairudin Aljunied）とダヤン（Dayang Istiaisyah Hussin）によれば、中世に中東で誕生した当初のマドラサは、クルアーンやハディース（預言者ムハンマドの言行録）よりもイスラーム法学に重点が置かれ、修了者はイスラームの原理に基づき国家を治める実践的な能力を身に着けていた。しかし東南アジアのマレー世界における宗教学校「ポンドック（pondok）」はクルアーンの朗唱や儀礼など狭い意味の「宗教」を教えるものに

なった。シンガポールでは20世紀初頭に、「カウム・ムダ（Kaum Muda）[16]」と呼ばれる改革派が、英語など非宗教的・実用的な科目をカリキュラムに含むマドラサを設立したが、保守的なムスリム社会には歓迎されず、改革派によるマドラサは姿を消してしまった。結果としてマドラサは、実用的な科目を重視しない「単なる宗教学校」となり、そのために政府から経済・社会・安全保障にとっての負担とみなされるようになったと、彼らは論じる（Syed Muhd and Dayang, 2005）。

　一部には、宗教学校としてのマドラサについて批判的な宗教指導者もいる。あるモスクのイマームは、筆者に次のように語った[17]。

　　キリスト教の学校はクリスチャン以外にも開かれているが、マドラサはムスリム以外に開かれていない。オープンではないし、他と混じり合わない。(中略) マレー人で英語の学校に行った者は法律家や医者や会計士になるなどして成功している。マドラサからそういう者は出ない。(中略) ここだけの話だが、義務教育導入の議論の時、自分は、マドラサの小学校はなくしてもいいと思っていた。

　独立後、英語を中心とする教育体系が整備されるまでの間、英語教育を提供する学校にはキリスト教系の学校が多く、英語教育を望むマレー人の親は、キリスト教系の学校に子供を通わせる場合も多かった。筆者が会った中高年以上で研究者や教師になっているムスリムの中には、キリスト教系の学校を出たという人も多かった。イマームの発言はこのような事実を踏まえたものである。しかし、義務教育の導入の議論の際に、マドラサの小学校廃止に反対する主張が盛り上がったことからも、このイマームのように「マドラサがムスリムだけのものになっていること」に批判的なムスリムは多数派ではないと考えられる。

　マドラサは政府から、国民統合上、安全保障上の観点から懸念や疑念を抱かれる。それは、教育水準の低さがムスリムの社会的地位を一層低下させるとの懸念から世俗科目の学力向上を求める、また、過激主義への疑念から、卒業生をナショナル・サービスから除外する、認定制度により宗教教師の思想をチェ

16　マレー語で「若いグループ」の意味。保守派の「カウム・トゥア（Kaum Tua）」（古いグループ）に対しこのように呼ばれる。

17　2016年5月5日聴き取り【No. 11】。

ックするといった形で表れる。政府はマドラサに対し包摂的になっている面も
あるが、政府のマドラサへの対応は、条件付きでの包摂と排除の微妙なバラン
スの下にある。それは、政府のムスリムへの対応が、条件付きでの包摂と微妙
なバランスの下にあることに対応するものである。

　マドラサは政府の要請に応え、ムイスの指導を受けて、世俗科目での学力
向上に力を入れ、また、ムイスが唱道する「穏健なイスラーム」の普及に努
めている。一方で、ムイスが特に JMS 参加校のマドラサで普及に力を入れる
「穏健なイスラーム」を、政府が考える望ましいムスリム像の反映として嫌い、
JMS 非参加校の伝統的なイスラーム教育を支持するムスリムもいる。

　JMS に参加するかどうかは、個々のマドラサの判断に任されており、6校の
うち3校は、現時点では JMS に参加する意思はない（5.1.3.）。JMS 参加校の校
長であり、以前はムイスで JMS の制度作りに携わった A によれば、JMS 非参
加校は、ムイスからの支援と引き換えに教育内容への介入を受けることを嫌っ
ている[18]。B 校長のマドラサのような JMS 非参加校のマドラサは、政府やムイ
スの支援を受けないことで、教育内容への介入を受けにくく、アラビア語やク
ルアーンの暗唱に重点を置く伝統的な教育方法を維持し、また、カリキュラム
は、「穏健なイスラーム」を前面に出したものではない。

　保守派のムスリムからは、以下のような声も聴かれた[19]。この人物は、JMS
が導入される前の A 校長のマドラサの出身で、ムスリムの宗教志向の三つの
類型（2.1.2.3.）のうち、預言者ムハンマドの時代の「伝統」に回帰すべきと考
える「復興主義者（revivalist）」に当たる。

　　自分は小学校からずっと（高校レベルまで）マドラサで伝統的な教育を受
　けた。現在の（JMS 参加校の）マドラサの教育は、世俗主義、リベラリズム、
　民主主義などが一緒になってしまっている。自分が出たマドラサは、70％く
　らいは教える内容が変わってしまった。自分は JMS 非参加校のマドラサ○
　○（B 校長のマドラサ）を支持する[20]。

彼は、シンガポールのイスラームはあまりにも「シンガポール化

18　2016年5月13日聴き取り【No. 9】。
19　2016年8月23日および同10月11日聴き取り【No. 13】。
20　括弧書きはいずれも、筆者による注である。

（Singaporenize）」されており、「宗教が国家とか融和とかの文脈で解釈されている」と言う。彼によれば、JMS 参加校のマドラサは、ムイスから「政府のムスリム」が校長やスタッフとして派遣されることで、政府が考える望ましいムスリム像を反映するものになってしまっている。

　このように、マドラサにおける「穏健なイスラーム」の普及は、シャーリーン・タンが指摘したように、ムスリムの「深い文化（deep culture）」、つまりムスリムの心の領域に踏み込むものであり（5.1.4.）、保守的なムスリムの反発を招き、微妙な問題を含んでいる。

　マドラサのあり方について、ムスリム社会には様々な意見があるが、現状では、ムイスが政府の意向を受けながら、経済発展への貢献や「穏健なイスラーム」の普及など社会全体の要請に応えるべく、マドラサの方向性についてかじ取りを行っている。そうする限りにおいて、マドラサは社会から包摂され、存続を認められるが、一部のムスリムは、そのようなマドラサのあり方に不満を持つという形で排除を感じることになる。

5.2. 過激主義の台頭を受けた「穏健なイスラーム」の普及

　9・11 および 2001〜02 年の JI 事件を受け、ムスリムの宗教指導者たちは、過激主義の問題に対処するため、拘束されたテロ未遂犯の再教育・社会復帰支援に治安当局と協力して取り組むほか（第 6 章）、「穏健な（moderate）イスラーム」の普及に取り組んだ。

　以下では、ムスリム社会の過激主義への対応としての「穏健なイスラーム」の普及の取組みについて論じる。暴力に訴えてでも目的を達成しようとする極端なイスラームの解釈が問題である、つまり、過激主義は専ら宗教の問題であると理解されたために、ムスリムが宗教面で対応することが求められた（Ministry of Home Affairs, 2003: 22）。ゴー・チョクトン首相（当時）は 2002 年のナショナルデイ・ラリーで、「過激なイスラーム」と「穏健なイスラーム」という二分法を前提し、ムスリムは、イスラームを狭く厳格に解釈・実践せず、非寛容や過激主義に反対する「穏健なイスラーム」を信奉すべきと述べている（Goh, 2002, Tan, Eugene, K. B., 2007: 451-452）。ムスリムのリーダーたちはこれに応え、政府に協力して「穏健なイスラーム」の提唱と普及を進めるとともに、宗教教師の認証制度を導入した。

　「穏健なイスラーム」の提唱、普及については、プルガス、ムイスのそれぞ

れが取組みを行った。以下では、それぞれの取組みの内容を整理し、その問題点を指摘する。

5.2.1. プルガスによる『イスラームにおける穏健』

プルガスは、独立前の 1956 年に設立され、約 800 名の宗教指導者（宗教学者・宗教教師）を会員とする民間団体であり、シンガポールにおいてイスラームの宗教指導者を代表する唯一の団体でもある。正式名称は「Persatuan Ulama dan Guru-guru Agama Islam Singapura」であり、マレー語で「シンガポール・イスラーム学者・宗教教師協会」の意味である[21]。マレー語のアクロニムの PERGAS（プルガス）で呼ばれることが一般的であり、本研究でも「プルガス」と表記する。イスラーム教育、宗教教師の育成コースの運営などを行うほか、ムスリム社会を代表しての提言、政府への意見提出なども行う。ムスリム社会からの寄付などにより運営されており、政府の財政支援を受けないため、政府から独立して意見を述べやすい立場にあり、宗教面からムスリム社会の思いを代表する役割をもって自認する[22]。1999 年の義務教育の導入の論議の際（5.1.2.）、2002 年と 2013〜14 年のヒジャブ規制の論議の際（4.2.1. および 4.3.1.）、また、2002 年にアメリカのイラク攻撃への協力をシンガポール政府が検討していた際（6.3.3.）には、ムスリム社会を代表する立場から意見表明を行った。

しかし、2000 年代以降、政府と協力して過激主義対策を推進するようになってからは、プルガスは政府に取り込まれ、批判的な姿勢は鳴りをひそめてしまったとの指摘もある（Walid, 2013: 1201-1203）。筆者が聴き取りをした多くのムスリムも、プルガスが政府に対し異議を唱えなくなったと感じている[23]。2003 年にプルガスの事務局長が薬物所持で逮捕される不祥事があり、自らの信頼回復に努めることが急務になったことが、政府との協調姿勢に転じる契機となったとの見方もある（Mohamed Nawab, 2012: 15-16）。プルガスのメンバーである宗教指導者たちはもともと、宗教儀礼の指導、喜捨や巡礼など信仰に基づく行為の管理という伝統的な彼らの役割を維持することに専ら関心が

21　英語では「Singapore Islamic Scholars and Religious Teachers Association」と表記される。
22　プルガスの幹部からの聴き取り（2015 年 11 月 6 日【No. 5】）。
23　宗教間交流に関わる市民活動家からの聴き取り（2015 年 11 月 2 日【No. 4】）、ムスリム社会に関する研究者からの聴き取り（2015 年 11 月 5 日【No. 53】）、保守的なムスリムからの聴き取り（2016 年 8 月 23 日【No. 13】）など。
24　この事件は、ムスリム社会では広く知られている。

あり、現実の政治問題に関与しようとする意識が弱く、政府と敵対することを好まなかったとみる見解もある（Noor Aisha, 2008: 265-267）。あるプルガスの幹部は、過激主義対策では政府と協力するが、ヒジャブの規制の問題では非公式対話を通じ議論するなど、方法を工夫しながら主張すべきことは主張しており、プルガスが政府に取り込まれているとの指摘は当たらないと、筆者に説明している[25]。

プルガスは、2003年9月に「ウラマ・コンベンション（Ulama Convention）[26]」を開催し、アルカイダやJIのイデオロギーを分析して、過激主義（extremism）はイスラームの誤った解釈に基づくものであるとの見解を表明した。その上で、シンガポールのムスリムが「穏健なイスラーム」を実践するための指針として「穏健の宣言（Charter of Moderation）」を発表した。議論の内容は、2004年に『シンガポールのムスリム社会の文脈に沿ったイスラームにおける穏健（*Moderation in Islam in the Context of Muslim Community in Singapore*）』（PERGAS, 2004：以下『イスラームにおける穏健』という）として出版された。現在もプルガスは『イスラームにおける穏健』を公式スタンスとして維持し、普及に努めている[27]。

『イスラームにおける穏健』では、まず、イスラームは寛容や平和を重んじており、預言者によるメディナでの布教も平和的に行われたと述べる。その上で、信仰の実践はあくまで穏健な形で行うべきであり、過激な方法を取ることはイスラームで禁じられていると述べる（PERGAS, 2004: 20-23）。『イスラームにおける穏健』は、西洋諸国およびシンガポール国家のムスリムへの期待について整理し、様々な論点を順に検討して、ムスリムへの期待のうち、ムスリムとして受け容れられないことについても、その理由を説明している。

「ジハード（jihad）」については、目的のためには暴力にも訴えるイスラーム過激主義者が「ムスリムは神のために武装闘争を行うべきである」というイデオロギーとして宣伝するため、非ムスリム側からは過激主義・テロリズムと関連づけられ、懸念される概念である。『イスラームにおける穏健』は、「ジハード」は「神のために努力する」という意味であり、信仰に基づく様々な行為を含むものであると説明する。「武力により信仰を守る」という狭い意味でのジハードは、信仰を守るためのあらゆる平和的な手段が尽きたときにのみ行使されるもので

25　プルガスの幹部からの聴き取り（2016年5月5日【No.5】）。

26　「ウラマ（ulama）」は、イスラームにおける宗教学者（O.3.）。

27　プルガスの幹部からの聴き取り（2016年5月5日【No.5】）。

あると述べ、非ムスリムの懸念を払拭しようとしている（Ibid.: 101-105）。

　政治と宗教を分離する世俗主義（secularism）については、人間生活のすべての局面を包括するイスラームと「世俗主義」とは相容れないと述べる。しかし、ムスリムは、シンガポールをイスラーム国家に変更することが現実的でないため、信仰の自由が認められる限りにおいて、世俗国家シンガポールを認めると説明する（Ibid.: 105-115）。

　「イスラーム国家の建設」は、「ジハード」と同様に、イスラーム過激主義者の宣伝に利用される概念である。『イスラームにおける穏健』は、イスラーム法に基づき統治される国家である「イスラーム国家」の建設は、ムスリムの宗教上の義務であると認める。現実的な対応として、ムスリムは世俗国家シンガポールを認めるが、ムスリムが宗教的信念としてイスラーム国家を望むこと自体は、過激主義には当たらないと説明する（Ibid.: 117-127）。

　『イスラームにおける穏健』は、ハッド刑（hudud）についても説明する。ハッド刑とは、クルアーンに明示的に規定された刑罰で、人間の意思によって免除・軽減することはできないとされる（嶋田，2002）。姦通、飲酒、窃盗等を対象とし、鞭打ち、手足の切断などの体刑を伴う。現代のムスリムが多数を占める国家・社会においても、イスラーム法を全面的に導入するのは少数派であり、ハッド刑を実施する国・地域は限られる（東南アジアでは、インドネシアのアチェ、ブルネイなどでしか実施されていない）。『イスラームにおける穏健』は、現実的にイスラーム国家ではないシンガポールでハッド刑を実施できないことは認めるが、ハッド刑の実施はムスリムにとって否定できない宗教上の義務であると説明し、ハッド刑を支持することと過激主義とは違うと主張する（PERGAS, 2004: 127-130）。

　ムスリムの信仰のあり方については、イスラーム復興によってムスリムがヒジャブを着用するなど「本来あるべき」宗教実践を行うようになったとし、それを非ムスリムが「厳格」、「社会と交わらない」、「過激主義」などとみなすことは適切ではないと主張する（Ibid.: 147-162）。

　多元主義（pluralism）については、多元性・多様性は創造主である神の意思であり、イスラームはそれを称揚すると述べる。預言者がメディナに聖遷（ヒジュラ）（6.2.3.）を果たし、信仰共同体を樹立するに際しキリスト教徒、ユダヤ人と締結し、異教徒の信仰の自由を保障したメディナ憲章（Madinah Charter）

にも、宗教共存の理念が表れていると説明する[28]。

『イスラームにおける穏健』には、以上のような議論を踏まえとりまとめられた、27項目からなる「穏健の宣言（Charter of Moderation）」を掲載している。これは、ムスリムがシンガポール社会の文脈を踏まえイスラームを実践する上で、また特に、宗教学者や宗教教師が穏健な信仰を普及する上での指針となっている。その内容は、以下のとおりである。

1　民主主義の原則を尊重する。
2　平和を護持し、攻撃されない限り武力によるジハード（狭義のジハード）は行わない。
3　差異や多様性を尊重し、平和で融和的な共存を目指す。
4　イスラームは「世俗」と「宗教」とを区別しないが、シンガポールのマイノリティであるムスリムの現実的選択として、世俗国家を受け容れる。
5　シンガポール人、マレー人、ムスリムという多重のアイデンティティが摩擦を生じることもあるが、問題は民主主義と法的手続きにより平和的に解決する。
6　布教は現にそこにある社会に害をもたらさないよう行う。
（7以下略）

『イスラームにおける穏健』は、暴力的な過激主義を否定し、ムスリムが穏健で平和的な信仰を堅持することを表明し、ムスリムに対する懸念を払拭しようとしている。一方、イスラーム国家の建設やハッド刑の実施など、非ムスリムから「保守主義」、「過激主義」と受け取られかねない概念については、信仰の一部であると述べ、支持している。『イスラームにおける穏健』は、クルアーンに規定されたイスラームの原理に忠実であるべきとする保守的なムスリムに対しては、シンガポールに生きるムスリムの現実を受け容れ、社会に適応するよう求めている。同時に、そのような信仰をムスリムが心の中に持つこと自体については、社会との関係で何ら摩擦を起こすものではないと説明しているのである。

28　「メディナ憲章」は、シンガポールのムスリムが「イスラームは宗教共存を志向する宗教である」ことを主張する際に、よく言及される。

5.2.2. ムイスによる「シンガポール・ムスリム・アイデンティティ・プロジェクト」

ムイス（イスラーム評議会）は、多民族・多宗教社会シンガポールのムスリムに望まれる宗教生活のあり方を提唱することを目的とし、2004年に「シンガポール・ムスリム・アイデンティティ（Singapore Muslim Identity）・プロジェクト（以下「SMIプロジェクト」という）」を開始した。もとはエンジニアであり、当時ムイスの会長であったモハマッド・アラミ・ムサ（Mohammad Alami Musa：以下「アラミ」という）[29]は、「イスラームは柔軟性のある強い金属材料のようにいかなる場所・時代にも文脈に合わせ適応することができる」との発想の下に、SMIプロジェクトを発案したと後に述懐している[30]。SMIプロジェクトは、アラミの会長としての10年間の任期（2003〜13年）の中で特に重要な功績として、政府から高く評価されている[31]。

SMIプロジェクトの成果は、2005年に『卓越したシンガポールのムスリム社会の建設のためのパンフレット（Risalah for Building a Singapore Muslim Community of Excellence）』（以下『リサラー』[32]という）という冊子としてとりまとめられた。『リサラー』は、シンガポールのムスリムのアイデンティティを構成すべき以下の10項目の「望まれる特性（desired attributes）」を提示している。

1　変化する文脈に適応させながら、イスラームの原則を堅持する。

2　イスラームの文明と歴史を尊重するとともに、今日の問題について理解を深める。

3　他の文明を尊重するとともに、信念を持って他の社会と交流し、そこから学ぶ。

4　現代社会の困難に対し道徳面・精神面で強い。

5　進歩的であり、形式や儀礼を超えてイスラームを実践し、近代化の波に

29　アラミについては、1.5.1.、7.3.2. および8.2.1. でも言及している。

30　Speech by Hj Mohd Alami Musa at Berita Harian Jauhari Award Ceremony (19 August, 2015).

31　Speech by Tharman Shanmugaratnam at Berita Harian Jauhari Award Ceremony (19 August, 2015).

32　「リサラー（Risalah）」は、マレー語でパンフレットの意味である。『リサラー』には英語版とマレー語版がある。本論における内容の解説は、英語版の第2版（Majlis Ugama Islam Singapura, 2006）による。

乗る。

6　多宗教社会・世俗国家に貢献するメンバーとしてうまく順応する。

7　イスラームに反することなく、包摂的で、多元主義を実践する。

8　良きムスリムは良き市民でもあることを信じる。

9　すべての人への恵みとなり、普遍的な原則と価値を広める。

10　模範となり、すべての人への刺激となる。

　以下、多文化の共生や政府による宗教の管理との関係で重要な部分について解説する。

　「1　変化する文脈に適応させながら、イスラームの原則を堅持する」（Majlis Ugama Islam Singapura, 2006: 2-19）では、ムスリムがイスラームの原則を固守しながら、世俗国家であり多元社会（plural society）であるシンガポール社会の文脈に適応し、「知識を基盤とした経済」を基本とする社会に貢献することが可能であると強調されている。例として、「他の宗教の祝祭を祝うことはイスラームで禁じられている」という考え方を否定し、「むしろ現代のイスラーム学者は、多民族社会の文脈ではむしろ他の宗教の祝祭を祝うことを推奨している」と、説明している。

　「3　他の文明を尊重するとともに、信念を持って他の（筆者注：ムスリム以外の）社会と交流し、そこから学ぶ」（Ibid.: 32-39）では、過去のイスラーム文明が他の文化と親密な関係を維持してきたことを強調し、現代のムスリムも、異文化交流や宗教間対話に積極的に参加し、異なる文化間で共通する普遍的な価値について語り合うべきだと論じる。

　「5　進歩的であり、形式や儀礼を超えてイスラームを実践し、近代化の波に乗る」（Ibid.: 54-59）では、形式や儀礼だけではなく、儀礼とその本質・精神の両方を総体的に理解すべきだと述べ、イスラームが日々の生活にどう適用されるか、現代生活にどのように位置づけられるかを理解する進歩的なムスリムであるべきだと論じる。

　「6　多宗教社会・世俗国家に貢献するメンバーとしてうまく順応する」（Ibid.: 62-67）では、ムスリムが国家建設に参画し、ムスリム社会だけにとどまらず社会全体に貢献すべきであると述べている。

　「7　イスラームに反することなく、包摂的で、多元主義を実践する」（Ibid.: 70-77）では、イスラームは、メディナ憲章からもみられるように、その発足時

から多元社会とともにあったと述べる。その上で、「多元主義」を理解・尊重し、多元社会において相互理解、共生、協力を進め、主流社会（mainstream）から孤立せず、包摂的になることを求めている。

　「8　良きムスリムは良き市民でもあることを信じる」（Ibid.: 80-85）は、ムスリムが愛国心を持つことが自然なことであると述べ、ムスリムが良き市民として多元社会・世俗国家であるシンガポールの発展に貢献することを求めている。

　「9　すべての人への恵みとなり、普遍的な原則と価値を広める」（Ibid.: 89-93）では、ムスリムが多元社会において他の民族・宗教と交流することの必要性が強調され、イスラームを信仰しない人々にも神の恵みがあると考えるべきだと論じられる。

　以上のように『リサラー』は、ムスリムがイスラームの原則を守りながら、シンガポール社会に適応し、良き市民として国家の発展に貢献すべきというトーンで一貫して記述されている。

5.2.3.「穏健なイスラーム」へのプルガスとムイスの対応の違い

　プルガスの『イスラームにおける穏健』とムイスの『リサラー』は、ムスリムが過激主義と関連づけられ、ステレオタイプや差別にさらされる状況の下でとりまとめられた。どちらも、ムスリムが他の民族・宗教と共存できること、ムスリムがイスラームの実践に努めながら世俗国家シンガポールの良き国民にもなれることを、イスラームの教義に論拠を置きながら表明し、ムスリムのための指針としている。しかし、両者はその宗教志向、より具体的には、宗教と社会との関わり方に関する志向において大きな違いがある。

　プルガスの『イスラームにおける穏健』は、政府からの独立性がより強い宗教指導者たちがとりまとめたもので、政府や非ムスリムの懸念を解消するとともに、政府による行き過ぎた信仰への介入には抵抗する意図がみられる。イスラーム復興によるムスリムの宗教実践の変化を、政府または非ムスリムが「厳格」、「社会に統合されない」、「過激主義」などと否定的にとらえる見方は適切ではないと反論している。また、イスラーム国家建設やハッド刑の導入について、それらの原則を心の中で信じることと過激主義とは異なると反論している。『イスラームにおける穏健』は、保守的な宗教志向を持つ宗教指導者にも配慮しており、その意味ではムスリム社会の中の多様性を容認しているとも言える。

2016年にムスリムがクリスマスの挨拶を避けることの是非が議論になった際、プルガスは、「挨拶をすることが認められる・認められないという両方の考え方があり、どちらも尊重されるべき」という趣旨の声明を発表した。イスラームにおいては、それぞれのウラマ（ulama: 宗教学者）が文脈に応じ理性を行使しイスラーム法の解釈を行う「イジュティハード（ijtihad）」が認められるという考え方が主流であり（2.1.2.3. および 7.2.2.）、プルガスもこのような考え方を取る。このため、プルガスが「より適切」であると考える方向性とは異なる保守的な宗教志向を持つムスリムの考え方も否定されない。

しかし、『イスラームにおける穏健』が保守的なムスリムの見解をも支持することについて、好ましくないと考えるムスリムもいる。リベラル派のムスリムの中からは、「状況が許せばイスラーム国家を建設すべき」、「ハッド刑はイスラームの信仰の一部であり、否定できない」という見解に対し苦々しく思う以下のような声も聞かれる[33]。

> プルガスの『イスラームにおける穏健』は問題だ。「シンガポールのムスリムはマイノリティなのでイスラーム国家を建設する義務は保留される」として、世俗主義を容認しているが、では、マジョリティになったら、その義務を遂行するという意味なのか？

このムスリムは、イスラーム国家の建設やハッド刑の実施は、ムスリムがマジョリティであってもやるべきではないと考えるのである。実際に、ムスリムがマジョリティであっても、イスラーム法に基づく国家体制（イスラーム国家）を取っていない国の方が多い。インドネシア、マレーシアもムスリムがマジョリティだが、その意味でのイスラーム国家ではない。

リベラル派のムスリムの間には、「イスラーム国家の議論は、ハッド刑の話ばかりで、人間的・人道的な方向性がない」という声もある[34]。リベラル派の研究者アズハー・イブラヒム（Azhar Ibrahim）は、イスラーム国家建設やハッド刑の実施はムスリムの義務とする考え方を、聖典の記述そのものにとらわれ、社会的な文脈を踏まえないものとして批判する（Azhar, 2008: 95-97）。こう

33　宗教間対話に取り組むリベラル派のムスリムから聴き取り（2016年5月9日【No. 4】）。
34　イスラーム・マレー問題研究所（RIMA）での意見交換より（2016年8月16日【No. 26】）。

したリベラル派のムスリムからすれば、『イスラームにおける穏健』は極めて保守的なイスラーム思想を許容するものであり、問題であることになる。

　一方、『リサラー』は、政府と一体性が強いムイスによるもので、政府が望ましいと考えるムスリム像を反映しており、また、2005年にこれがとりまとめられた際にトニー・タン（Tony Tan）副首相（当時）が支持を表明した経緯からも、政府公認の文書とみなすことができる[35]。このとき、ムスリム問題担当大臣（当時）のヤコブ・イブラヒムは、「副首相による支持は、歴史的な出来事だ。（中略）9・11テロとシンガポールでのJIメンバー拘束以来、ムスリム社会にとっては長い道のりだった」とコメントした。このコメントは、「穏健なイスラーム」への取組みが、国内外の過激主義をめぐる状況の下でのムスリムの厳しい立場を強く意識したものであったこと、この取組みが政府のムスリムへの信頼を回復するために不可欠であるとムスリムのリーダーたちが認識していたことを示している。

　しかし、『リサラー』は、保守的なムスリムからは、イスラームの原則との関係で問題が多いとみられる。ワリドは、特に「世俗主義（secularism）」と「多元主義（pluralism）」に関する記述が問題にされると指摘する（Walid, 2013: 1192）[36]。

　『リサラー』は、『イスラームにおける穏健』のように、世俗主義とイスラームの原則との関係についての議論に多くを割いていない。しかし、『イスラームにおける穏健』も論じているように（5.2.1.）、イスラームにおいては、イスラームは単なる儀礼や精神的な領域にとどまらず、政治・社会との関わりを含む人間生活のすべての側面を律するという考え方が基本にあり、宗教を政治生活や社会生活から切り離すことはできないと一般に理解される（エスポジト, 2009: 247-249, 粕谷, 2002）。

　シンガポール政府は、宗教を政治から切り離す「世俗主義」を常に強調している。この世俗主義は、各宗教に対し、①平等な取扱い、②公正な取扱いと承認、③宗教マイノリティの利益保護という形で配慮する「宗教にやさしい（religion

---

35　"Govt nod for Muslim identity", *ST*, 11 April, 2005.
36　ワリドは、「すべてとは言えないまでも、ほとんどのムスリムが」問題視すると述べている。筆者には、そこまで多くのシンガポールのムスリムが問題視するとは思えないが、一定数の保守的なムスリムが問題視することは事実であると考える。

friendly）世俗主義」であるとされるが[37]、宗教の政治への関与を法律（宗教融和維持法）で禁止し、宗教は政府の機能を補完する社会改善事業への参画以外は私的な信仰の領域にとどまるよう求める（1.4.2.）。宗教と政治生活や社会生活を一体のものと考えるムスリムは、このようなシンガポールの「世俗主義」を積極的に受け容れることをムスリムに促す『リサラー』に反発する。

「多元主義」については、「多元社会」（多民族・多宗教社会）において相互理解、共生、協力を進めるという意味で「多元主義」を理解・尊重することが、第7の項目で論じられている。このこと自体には一見、極端な過激主義に感化されたムスリムでない限り、異論はなさそうである。しかし、「すべての宗教は平等であり、同じ神に到達するのに多くの異なる道がある」と考えることを「多元主義」として否定する考え方のムスリムもいる（Walid, 2013: 1192）。ある保守的な宗教教師は、「多元主義」に関連して、筆者に次のように語った[38]。

　　我々はイスラームを信じている。これが正しいと思っている。これをみんなが信じるようになればいいと思うのは、当然だ。（中略）ムスリムが、「キリスト教でも仏教でも同じ天国に行ける」というようなことを言うのであれば、自分はそのムスリムを非難せざるを得ない。

『リサラー』に言う多元主義は、この人物が否定する「多元主義」を称揚しているとは言えない。しかし、『リサラー』が「多元主義」という用語を繰り返し用いることは、ムイスが政府の意向を受けて「穏健なイスラーム」の普及を図っているとみられる（Walid, 2013: 1192-1193）だけでなく、イスラームの信仰の微妙な部分に触れるとみられる可能性もあるのである。

リベラルなムスリムの間からも、『リサラー』について「ムスリムが良き市民であることをまず求める点で、ナショナリスティックな内容だ」などと評する声がある[39]。ムスリムもシンガポール国民である以上、良き市民として国家

37　南洋理工大学S.ラジャラトナム国際研究大学院（RSIS）に設置された宗教間融和に関する研究プログラム（Studies in Inter-Religious Relations in Plural Societies Programme：SRP）の代表を務めるモハマッド・アラミ・ムサ（Mohammad Alami Musa）（1.5.1.）の説明によるものであり、政府の公式見解とみなしてよいと考えられる（"Enhancing Singapore's secularism", *Mohammad Alami Musa, ST*, 4 February, 2016.）。
38　2016年8月23日聴き取り【No. 13】。
39　イスラーム・マレー問題研究所（RIMA）における意見交換より（2016年8月16日【No. 27】）。

に貢献すべきであるという主張は、それ自体合理的なものであるように思われるかも知れない。しかし、イスラームにおいては、ムスリムが多民族・多宗教社会にマイノリティとして暮らすことが適切なのか（自分が暮らす場所でイスラーム国家の建設を目指すか、それが難しければイスラーム国家に移住すべきではないか）という神学上の議論がある。だからこそ、プルガスの『イスラームにおける穏健』は、この問題への回答として「現実的な対応として世俗国家シンガポールを認める」と結論付けているが、ムスリムが心の中の信仰としてイスラーム国家を望むことは否定していない（5.2.1.）。従って、「世俗国家」への積極的参画・貢献を当然視する『リサラー』は微妙な問題をはらむのである。

　前述の保守的なムスリムは、シンガポールのイスラームは、国家への貢献や国の政策である民族・宗教間融和が前面に出てあまりにも「シンガポール化（Singaporenize）」されていると言う。『リサラー』は、（ムスリムのあるべき特性について）「進歩的」、「包摂的」などと美しい言葉を使うが、ムスリムに同化や妥協を求めているのではないかと疑ってしまうと、彼は筆者に語った。[40]

　政府と一体であるとみなされるムイスがSMIプロジェクトを通じて「穏健なイスラーム」の普及を推進することで、ムイスが政府の代弁者とみられることも問題になる。[41]背後にある政府のイスラームを管理しようとする意図が透けてみえるとムスリムが感じてしまうと、ムスリムの不信を招くことになるのである。

　『リサラー』については、ムイス自身も、一部のムスリムから反発があることを認識しており、その普及は慎重に進めているという。[42]とはいえ、『リサラー』は、「穏健なイスラーム」を主導するムイスの基本スタンスを示すものであり、モスクでの説教、マドラサの教育、宗教教師の訓練などを通じたムイスによるムスリム社会の指導原理になっている。

　2015年9月の総選挙を控えた同7～8月には、モスクでの金曜日の礼拝の際に「ムスリムは、イスラームの原理による国家でなくても、イスラームが求める普遍的な価値を実践する世俗国家を受け容れるべきである」という趣旨の説教が行われた。これは、与党PAPへの投票を促すものと受け止められ、政治による宗教への介入として問題視された（2.2.2.2.）。しかしこれは、『リサラー』

40　2016年10月11日聴き取り【No. 13】。
41　イスラーム・マレー問題研究所（RIMA）における意見交換より（2016年8月16日【No. 27】）。
42　ムイス職員から聴き取り（2016年5月9日【No. 4】）。

が提唱する「世俗国家を受け容れる」というムスリムの特性そのもので、特段新しいものではなかったとも言える。また、「世俗主義」や「イスラーム国家」をめぐる論議を招くものであることからも問題視されたと言える。

『イスラームにおける穏健』および『リサラー』は、それぞれ、保守的な志向にも配慮した宗教指導者層の考えるイスラーム像、政府公認の望ましいイスラーム像の基層をなしている。2016年に大きな議論になったクリスマスの挨拶の問題がすでに『リサラー』で触れられているように、これらの文書は現在のシンガポールにおけるイスラームをめぐる様々な議論のよりどころともなっているのである。

5.2.4. 宗教教育に対する管理の強化

以下では、9・11 および JI 事件以降の宗教教育に対する管理の強化の動きとその問題点について整理する。

2005 年には、宗教教師認証制度（Asatizah Recognition Scheme: ARS）[43]が新たに開始された。これは JI 白書が、テロ対策の一環として、ムスリム社会が「宗教教育を監視するための包括的・自己規制的な制度を創設すること」を提言したことを受けたものである（Ministry of Home Affairs, 2003: 22-23）。

ARS はムイスとプルガスが共同で実施するが、事務局はプルガスに置かれている。宗教教師は、認証を受ける前に 30 時間の研修を経ることで、十分なイスラームの知識を有しているかをチェックされる。認証は、3 年ごとの更新制であり、更新の都度 30 時間の研修を受講することが必要である[44]。マドラサの教師やモスクのイマーム（宗教指導者）になるためには、ARS による認証を受けていることが条件となる。制度のねらいは、宗教教師の過激化を防止し、一般のムスリムへの過激主義の浸透を阻止することにあり、研修では、ムスリムが世俗国家シンガポールの文脈に沿って考えるべきであるといった内容が強調される。

ARS はムスリム社会としての「自己規制的な制度」であるが、宗教指導者が内務省による JI 白書の提言に従い、国家によるテロ対策の一環として、政府の意思を受けて導入したものである。ムスリム社会の中には、ARS はイス

43　asatizah（アサティザ）とは、アラビア語が語源で、宗教教師のことである。
44　プルガスの幹部から聴き取り（2016 年 10 月 13 日【No. 5】）。

ラームに対する政府の規制だとみなす考え方が強い。それは、以下のようなムスリムの語りからも読み取ることができる。

　　ARSは、なぜムスリムだけが対象になるのか。公平ではない。仏教、道教、キリスト教はどうなのか[45]。

　　イスラームだけは自由に教義を教えてはいけないことになっている。これは管理と言うべきものだろう[46]。

　ARSは実質的には政府によるムスリムの管理の手段であるとみなされることになれば、ムスリム社会に国家が宗教に介入しているとの不満が生まれることになる。

　政府は一方で、過激な思想を広める恐れがある外国人宣教師の国内での活動を規制している。これは、JI白書が、ムスリムが「政府の支援を受けながら、外国の宣教師のゆがんだ教えのような危険な外国の影響を防ぐ手段を提案し、実施すること」を提言したことによるものである。具体的には、外国人の就労許可を担当する人材省（Ministry of Manpower）が内務省の意見を聴き、就労許可を出さないという形が取られる。例えば、インドの宣教師のザキル・ナイク（Zakir Naik）（7.1.）がこの措置の対象となり、シンガポールでの活動を禁止されている。政府は、「多文化・多民族融和に反する価値を説く者は容認できない」と強調する[47]。テロなど暴力的な行為を勧めなくても、他宗教との交流を拒むような排他的・非寛容的な思想（とみなされるもの）を広めること自体が、脅威とみなされ、排除されるべきと考えられる（7.1.）。この措置はムスリムを念頭に置いたものとみられてきたが、2017年9月には、外国のキリスト教の宣教師がイスラームや仏教を誹謗する説教を行ったことを理由に入国を禁止されたことが、内務省から明らかにされた[48]。

　外国の宣教師の規制は、JI白書の提言ではムスリムが取り組むものとされたが、

45　マドラサの関係者から（2016年8月22日聴き取り【No. 10】）。

46　マレー人社会・多文化主義の研究者から（2015年11月5日聴き取り【No. 56】）。

47　シャンムガム内務大臣兼法務大臣の演説（2016年1月19日）から。(Shanmugam, K. (2016), The 2nd SRP Distinguished Lecture and Symposium 2016, Opening Address by Mr K. Shanmugam, Minister for Home Affairs and Minister for Law, January 19, 2016.)

48　"Two foreign Christian preachers denied entry into Singapore", *ST*, 9 September, 2017.

政府が自ら実施している。イスラームの管理は、そのほとんどがムスリム社会の自己規制として行われており、外国の宣教師の規制は政府が直接行う例外的なものである。

　2016年には、宗教教育の面から過激主義対策を強化する二つの動きがあった。8月には、2017年1月からARSの認証をすべての宗教教師に義務づけることが公表された。ARSの認証を受けるかどうかは任意であったため、約20%の宗教教師は認証を受けず、認証を採用の条件としない民間の宗教学校などの教師として働いていた。ある関係者によれば、義務化以降は、民間の宗教学校でも、教育省への登録の際に教師の認証の有無をチェックできる[49]。これは、従来ムスリムの自己規制によっていた宗教教師の思想のチェックに国家が関与することを意味する。このARSの制度強化は、政府の宗教への介入と取られる恐れがあり微妙な問題だと、この関係者は筆者に明かした。

　また7月には、ムスリム問題担当大臣（当時）のヤコブ・イブラヒムが、イスラーム大学（Islamic College）の設立構想を発表した。シンガポールのイスラーム教育機関は高校レベルまでのマドラサしかないため、マドラサの卒業生でさらに大学レベルのイスラーム教育を求める者は、中東、マレーシア等の大学に留学する。中東は宗教間の紛争が多い地域であり、エジプトは1928年にムスリム同胞団[50]が生まれるなど、イスラーム主義の発祥の地の一つでもある。マレーシアも近年は保守的なイスラームの浸透が一層進んでいる。ヤコブは、イスラーム大学の必要性について、「多民族・多宗教というシンガポールの文脈に根差した「ホームグローン（home-grown）」のリーダーが必要だ」と説明している。ヨーロッパ諸国では、過激主義に感化されテロ事件を起こすムスリム移民二世・三世が「ホームグローン・テロリスト」と呼ばれる。ヤコブの「ホームグローン」という表現は、国内で管理を徹底すれば過激化の心配は少ないという想定によるものである。ヨーロッパは「ホームグローン・テロリスト」に怯えるが、シンガポール政府は「穏健」で「安全」な「ホームグローン」の宗教指導者を求めるのである。

　宗教指導者になるムスリムは、マドラサ在学中は、宗教教師認定制度によって、また、ムイスによるカリキュラムへの指導によって、「シンガポールの文

49　匿名の情報提供者（ムスリム）から聴き取り。
50　イギリス植民地時代のエジプトで生まれたイスラームに基づく政治運動で、1970年代以降の世界的なイスラーム復興にも大きな影響を与えた。

脈に合った」「穏健なイスラーム」を学ぶことで、過激主義から守られる。さらに、イスラーム大学が実現した場合には、マドラサを卒業した後も国内で安全な環境に置くことにより、将来の宗教指導者を過激主義から守る体制が一層強化される。留学から帰った宗教指導者が過激化した事例は公表されていないが、マドラサで学ぶムスリムは、懸念の対象となり、その教育はムイスの徹底した管理の下に置かれ、それでもなお彼らはナショナル・サービスから除外され、また、今後さらにその管理は強化されるのである。

5.3. イスラームの教育・普及とムスリムの包摂

　教育・普及の面からのイスラームの管理は、マドラサの教育を通じた管理、「穏健なイスラーム」の普及、宗教教師の認証、外国の宣教師の規制といった様々な形を取っている。

　イスラームの教育・普及の問題は、政府が考えるムスリム社会の三つの課題に即して言えば、主として「社会からの分離」と「過激化」という課題に関わるものであるが、マドラサの教育の問題は「社会的格差」という課題に関わるものでもあった。

　1999年の義務教育の導入の論議の中でマドラサの小学校の廃止が提案されたのは、マドラサの教育の質の低下がムスリムの社会進出を一層困難にし、ムスリムの社会への統合に悪影響を及ぼすことが懸念されたからであった。マドラサの小学校は存続を認められたが、世俗科目の学力の向上を図るという形で、マドラサの教育の面からの「社会的格差」の問題への対応が図られている。また、マドラサにおいては、ムイスの指導によって「穏健なイスラーム」に重点を置いた教育が行われることで、「社会からの分離」と「過激化」という課題への対応が図られている。

　「穏健なイスラーム」の普及は、「社会からの分離」と「過激化」という課題に関わるものである。9・11およびJI事件以降、ムイスは、シンガポール・ムスリム・アイデンティティ（SMI）・プロジェクトを推進している。その成果である『リサラー』は、「世俗主義」を積極的に受け容れ、多民族・多宗教社会シンガポールに貢献するムスリム像を提唱しており、ムイスはその普及に努めている。

51　2016年7月に拘束された17歳の男性が、マドラサの卒業生で初めて過激主義に感化された事例である（5.1.4.）。

イスラームの管理は、ヒジャブの着用規制、外国の宣教師の活動の規制など政府が直接実施するものもあるが、ほとんどはムイス、プルガスといったイスラーム関係団体が実施している。シンガポールにおけるエスニシティ・宗教の管理は、政府に認知された団体を通じたコーポラティズム的な管理として行われるが（1.4.3.）、本章では、イスラームの教育・普及においてそのような「原則」が実践される具体的な状況を論じた。イスラームの教育・普及については、政府は直接に関与せず、ムスリム社会を代表する団体がムスリム社会内部の自己規制として行う形を取る。しかし実際には、「穏健なイスラーム」の普及や宗教教師認証制度（ARS）の導入の経緯にみられるように、団体が政府の意向を受けて取り組んでおり、また、一般のムスリムも、そのように認識している状況にある。

　ムイスはそもそも制度上、法定機関として政府により設立され、また、政府が役員人事を掌握することで運営に関与できるという制度設計になっており、政府との一体性が強いことから、自然のなりゆきとして、政府の意向を受けてイスラームの教育・普及に取り組む役割を担うことになる。プルガスは、宗教指導者を会員とする団体であり、財政面で政府から自立していることもあって、政府からの独立性がより強く、かつては積極的に政府の政策を批判することも多かった。しかし、9・11 および JI 事件以降、ムスリムが政府およびシンガポール社会全体に対し信頼を回復することが強く求められる状況の中で、プルガスは過激主義防止対策を積極的に推進し（6.2.1.）、また、自ら発案して宗教教師認証制度(ARS)の実施主体となるなど、政府と協調してイスラームの教育・普及に取り組む役割を担うようになっている（Walid, 2013: 1201-1203）。

　政府がムスリムの団体を通じて行うイスラームの教育・普及への管理強化は、ムスリムの包摂にどのような影響を及ぼすだろうか。マドラサについて言えば、政府の関与によりその教育の内容が本来のイスラームからはずれたものになるとムスリムが感じる場合には、自分たちが望む宗教実践が妨げられるという不満をムスリムにもたらすことになろう。「穏健なイスラーム」の普及により、自分の宗教的信念が否定される、さらには、「過激主義のレッテルを張られる」とムスリムが感じる場合、あるいは、宗教教師認証制度（ARS）により、自分が正しいと考える宗教教育が提供できないとムスリムが感じる場合も、同様であろう。また、政府が宗教に介入するとみなされること自体も、ムスリムに不満をもたらす。こうして政府によるイスラームの教育・普及への管理強化

は、一部のムスリムの間に自分の宗教的アイデンティティが承認されないという思いを生む形で、ムスリムの排除をもたらすことになる。

　シャーリーン・タンは、マドラサにおける「穏健なイスラーム」の普及が、ムスリムの深層文化（deep culture）、つまりムスリムの心の領域に踏み込むものであることを指摘し、ムスリムが反発する理由を説明する。また、プルガスの『イスラームにおける穏健』は、「イスラーム国家の建設」といったシンガポールの現実とは相容れない信仰でも、ムスリムが自分の心の中で持ち続けること自体は否定すべきではないと訴える。イスラームの教育・普及の問題は、ムスリムの心の領域に関わる部分であるだけに、非常に微妙な要素を含んでおり、さらに、国家が宗教に介入しているとみられれば、より強い反発を買う恐れがある。

　イスラーム関係団体は、社会的格差、ステレオタイプや差別の問題を抱え、イスラーム過激主義の台頭により一層厳しい状況にある、弱いマイノリティとしてのムスリムの立場を意識し、政府の力を借りてこの苦境を乗り切らざるを得ないと考える。こうして政府の意向を受けた形でイスラーム関係団体のリーダーたちが取り組むイスラームの教育・普及に対し、あるべき宗教実践が妨げられるとしてムスリム社会から不満が生まれる場合、政府が考える形でのムスリム社会の包摂を目指す宗教リーダーたちの取組みによって、ムスリム社会の中に排除が生じる。そのような宗教リーダーたちに対し、「ムスリムの利益を代表していない」という見方が出てくれば、ムスリム社会によって宗教リーダーたちが排除される状況も生じかねない。

5.4. 小括

　本章では、イスラームの管理に関わる個別の問題の一つとして、マドラサの教育に対する管理の問題、「穏健なイスラーム」の普及の問題など、イスラームの教育・普及をめぐる問題について論じた。

　マドラサにおいては、世俗科目の学力向上に重点が置かれるようになり、また、「穏健なイスラーム」を反映した教育が行われるようになっている。

　また、「穏健なイスラーム」の普及に関しては、ムイスが「シンガポール・ムスリム・アイデンティティ（SMI）・プロジェクト」を通じて望ましいムスリムの宗教実践のあり方を提唱し、普及に努めている。

　これらはイスラームの教義に直接関わる問題であり、「世俗主義」や「多元

主義」といった特に保守的なムスリムが問題視する微妙な問題が含まれるために、ムスリムの一部は、「本来の」イスラームがゆがめられているとして、また、政府が宗教に介入しているとして、反発する。

　ムイスがこのようなイスラームの教育・普及を積極的に推進してきたのは、9・11 および JI 事件以降、宗教指導者たちがムスリムの置かれた厳しい立場を強く意識し、政府および非ムスリムの信頼を回復してムスリムのシンガポール社会への包摂を図らなければならないと認識したためであった。

　ムスリムは、「穏健なイスラーム」を実践（あるいは普及）する望ましいムスリムと認められることで政府から守られ、シンガポール社会に包摂される。しかし一方で、ムスリムの心の領域に踏み込むムイスの取組みは、政府主導とみなされる「穏健なイスラーム」への反発という形で、ムスリム社会の中に排除を生み、また、ムイスが「ムスリム社会を代表するものではない」としてムスリム社会から排除されるというリスクがある。ムイスが「排除」されることは、「穏健なイスラーム」の普及に支障を及ぼし、さらには、保守的なムスリムの反発を招き、ムスリム社会がますます政府の懸念する「社会からの分離」に向かっているとみられるようになる恐れさえある。

第Ⅲ部

過激主義への対応に関わる問題

「テロは、起こるかどうかではなく、いつ起こるかの問題だ」
と訴える政府の「SGSecure」のキャンペーンのポスター。

第6章
過激主義防止対策をめぐる問題

　シンガポールでは、2001〜02年のJI事件以降、ムスリムの宗教リーダーたちが、過激主義に感化されたムスリムに対し、過激主義の誤りを正し、本来の平和的なイスラームの教義を理解させる宗教面からの「再教育」を行い、社会復帰を支援する活動（宗教リハビリテーション: religious rehabilitation）とともに、過激主義にムスリムが感化されることを予防する活動（以下、これら二つの活動をまとめて「過激主義防止対策」という）を進めてきた。本章では、宗教リーダーたちによる過激主義防止対策が、政府、特に治安当局のためのものとみなされることや、西欧主導での「テロとの戦い」の一環であるとみなされることを指摘し、このことがムスリムの包摂をめぐる問題に与える影響について論じる。

6.1. 過激主義防止対策の始まり

　2001〜02年のJI（ジュマ・イスラミーヤ）メンバー36名の国内治安法に基づく拘束により、シンガポール国民であるムスリムの一部がJIのイスラーム過激主義に感化され、テロを計画していたことが明らかにされた（3.2.2.3.）。JIメンバーの拘束は国民を震撼させたが、ムスリム社会の受けた衝撃はさらに大きなものがあった。当時から拘束者の家族を支援するアフターケア・グループ（6.2.2.）の中心的なメンバーとして活動を続け、過激主義防止対策に重要な役割を果たしてきた人物（ムスリム）は、当時の切迫した気持ちについて、筆者に以下のように語った[1]。

　　仮に本当に爆弾テロなどあったら、シンガポールで多数を占める華人が多く犠牲になる。怒りがマレー人（ムスリム）に向けられ、「人種暴動（racial

---

1　2015年11月4日聴き取り【No. 29】。

riot）」になることは明らかだ。マレー人としてはなんとしてもそのような
事態は避けなければならないと思った。（中略）9・11テロは世界のムスリム
に影響を与えたと思うが、あくまでも世界レベルの話だ。JIメンバー拘束は、
民族間の暴動につながりかねないもので、大きなインパクトがあった。我々
は、1964年、69年に続く次の「人種暴動」は決して許容できない。もしテ
ロがシンガポールで起こってしまったら、これまで積み上げてきたものが崩
壊してしまう。不信感が生まれ、統合は実現しない。シンガポールの資産で
ある民族融和が損なわれてしまう。

　「華人が多く犠牲になる」理由について、アフターケア・グループに関わっ
たことがある別のムスリム（自助団体の元幹部職員）は、「テロのソフト・ター
ゲットになるビジネス街や中心部のショッピング街には、マレー人（ムスリム）
は少ないため、テロの被害に遭うマレー人は少ない」と筆者に説明した[2]。こ
の人物は、テロが民族間関係の悪化につながり、マレー人の雇用への影響が及
ぶことを強く懸念している[3]。
　ムスリムは、大きな社会的格差に甘んじ、雇用市場での差別にも直面してい
る（第3章）。このような弱い立場にあるムスリムが、仮にイスラーム過激主
義によるテロ事件が起こって多数者である華人を傷つける側になれば、華人
を中心とする非ムスリムからのバックラッシュ（激しい反応としての非難、差別、
排除など）が起こり、彼らの立場は決定的に悪化してしまうという切迫した危
機感が、ムスリム社会にはある。特に、国内外の過激主義の動向がムスリムの
雇用に及ぼす影響は、常にムスリム社会の懸念材料であり、ムスリムのリーダ
ーたちからの聴き取りの中で話題になることが多い[4]。実際に2001〜02年のJI
事件の後では、ムスリムに対する就職差別が極めて厳しくなり、高学歴のムス
リムでさえ就職が困難になった（3.2.3.）。
　政府としても、テロは国民の生命、財産を奪うだけでなく、これまで長年努
力して築き上げてきた民族・宗教間融和を損なうものであり、絶対に容認でき

2　ビジネス街や中心部のショッピング街にマレー人が少ない理由は、社会的格差によるものである
　　ことはすでに述べた（3.1.1.）。
3　2016年8月25日聴き取り【No. 24】。
4　「ムスリムは非ムスリムから恐れられており、政府かムスリムの経営する会社しか雇ってくれない」
　　（2016年8月19日【No. 11】）、「西欧のテロで自動車が使われるようになっており、マレー人（ムスリム）
　　の運転手が仕事をもらえなくなっている」（2017年5月1日【No. 38】）など。

ないことであった。JI 事件後にゴー・チョクトン首相（当時）は、「拘束者の行為は、イスラームやシンガポールのムスリム社会とは何の関係もない」、「拘束者たちは、たまたま外国の人々から影響されたムスリムだっただけだ」などと強調してムスリムを擁護し、国民に対し、冷静に対応し普段通りの生活を送るよう促した。[5]

　JI 事件の発生を受けて 2003 年 1 月に内務省が公表した JI 白書（3.2.2.3.）は、以下の三つの分野に分けてテロの脅威への対応の方向性を示し（Ministry of Home Affairs, 2003: 21-23）、これに基づいて広範にわたる過激主義への対策が取られることになった。

　第一に、治安対策の強化である。警察や軍による空港、政府庁舎等の重要施設の警備や、入国時の保安検査などが強化されることとなった。

　第二に、テロ・過激主義のイデオロギーに対する管理の強化である。JI 白書は、シンガポールのムスリムを過激主義に感化させた外国の JI のリーダーたちが宗教指導者としての彼らの立場を悪用したことから、ムスリムたちに外国の危険なイデオロギーの浸透を防止するための対策を講じることを求めた。これを受けてムスリム社会は、ムイスとプルガスによる宗教教師認証制度（ARS）の導入（2005 年）、ムイスによる「穏健なイスラーム」に関する提言『リサラー』のとりまとめ・普及（2005 年）などの対策を実施した（第 5 章）。

　第三に、社会結合と宗教融和の強化である。ムスリムをテロと関連づけるステレオタイプが広まって、ムスリムが忌避されるような事案が実際に起こり（3.2.2.3.）、政府はこれを国民統合上の危機として重くみた。そのため、国民一般にムスリムに対する偏見を持たないよう呼びかけるとともに、「民族・宗教間信頼サークル（Inter-Racial and Religious Confidence Circle: IRCC）」を通じた地域社会レベルでの宗教間の交流・対話が促進された（8.1.1.）。

　これらのほか、ムスリムたちは政府の意向を受け、ムスリム社会の自己管理という形で、過激主義防止対策に取り組むようになった。JI 事件以降、様々な形でイスラームの管理が強化されたが、政府が自ら実施したものはヒジャブの着用規制の徹底、外国の「過激な」宣教師の入国禁止くらいで、過激主義防止対策に関連するものは、ほとんどがイスラーム関係団体が実施したものである。

5　"Carry on as usual: PM Goh", *ST*, 13 January, 2002.

　JIメンバーの拘束は2001年12月、2002年8月の2回にわたり行われた。1回目の拘束は2001年12月9日から24日の間に行われたが、政府が事実を公表したのは2002年1月5日であった[6]。拘束から公表までの間に、政府はムスリムの宗教指導者たちに情報を提供した。その後も政府は、過激主義に感化されたムスリムを国内治安法に基づき拘束した場合には、政府に協力的なムスリム社会の重要人物に、公表前に情報を提供している[7]。アフターケア・グループに関わったことがある前述のムスリム（自助団体の元幹部職員）は、これによって政府はムスリムに対し、「政府と同じ側に立っている」という気持ちを持たせることができると言う[8]。

　テロ未遂犯たちは、彼らを拘束した内務省の国内治安部（Internal Security Department: ISD）の取調べでテロを計画した理由を尋ねられると、「何が悪いのか。私のジハードだ」と答えた[9]。JIは、イスラームの聖典クルアーンの章句を用い、西洋諸国や西洋諸国に協力する自国政府を攻撃することは、彼らの宗教上の責務に当たる聖戦（ジハード）であると、メンバーたちに信じさせていた[10]。政府は、過激主義のイデオロギーへの対処はイスラームの教義に関わる問題であり、ムスリムの宗教指導者の力を借りることが必要だと認識した。このため政府は、アリ・モハマッド（Ali Mohamad：以下「アリ」という）とモハマッド・ハスビ・ハッサン（Mohamad Hasbi Hassan：以下「ハスビ」という）の2名の宗教教師に、拘束者のカウンセリングを依頼し、彼らはすぐにこれに応じた。彼らの呼びかけを受けてボランティアとして協力する宗教学者・宗教教師が集まり、拘束者の再教育を開始した。彼らによって2003年4月に宗教リハビリテーション・グループ（Religious Rehabilitation Group: RRG）（6.2.1.）が設立され、以後は拘束者の再教育はRRGによって実施されている。アリとハスビはRRGの創設者であり、設立時から現在までRRGの共同代表を務めている。

6　"Dousing the JI fire with water", *ST*, 3 January, 2014.
7　ある著名なモスクのイマーム（宗教指導者）は、そのような重要人物の一人であった（7.3.2.）。筆者がこの人物に聴き取りを行った際には、新たな事案に関する未報道の情報がすでに彼に伝わっており、彼と政府との密接な関係をうかがい知ることができた。
8　2015年8月17日聴き取り【No. 19】。
9　"Dousing the JI fire with water", *ST*, 3 January, 2014.
10　このような「聖戦（ジハード）」の解釈に、過激主義対策を推進する宗教指導者たちは異論を唱えている（6.2.3.）。

写真6　ムスリムたちによる過激主義防止対策のための組織、宗教リハビリテーション・グループ（RRG）が置かれるカディジャー・モスク。

6.2. 宗教指導者による過激主義防止対策の内容

　ムスリムのリーダーたちによる過激主義防止対策は、「宗教リハビリテーション・グループ（Religious Rehabilitation Group: RRG）」と「アフターケア・グループ（Inter-Agency Aftercare Group: ACG）」の二つの「ボランティア」による組織の活動が中心となっている。以下で、具体的な取組みの内容について整理する。

6.2.1. 宗教リハビリテーション・グループ（RRG）の組織と活動内容

　まず、宗教リハビリテーション・グループ（Religious Rehabilitation Group: RRG）の組織と活動内容について説明する。

　RRG は、拘束者の再教育・社会復帰支援（宗教リハビリテーション）に取り組むことを目的として、2003 年 4 月に設立された。RRG の構成員はモスクの宗教指導者[11]、宗教学者・宗教教師の団体であるプルガスのメンバー、マドラサの教師などである。創設者・共同代表の 2 名のうち、アリはゲイラン地区にあるカディジャー・モスク（Khadijah Mosque）の会長、ハスビはプルガスの役員である。RRG は十数名のメンバーで活動を開始したが、2017 年 4 月時点では 43 名（男性 33 名、女性 10 名）のメンバーがいる。メンバーとして活動し

11　ここではイマームだけでなく、運営委員会の会長など様々なモスクの宗教指導者を含む。

た男性 10 名、女性 1 名は、すでに亡くなっている。合計でこれまで 50 名以上がメンバーとして RRG に関わったことになる[12]。メンバーはすべてボランティアで、無給である。

　RRG による宗教リハビリテーションの活動は、拘束者に対するカウンセリングとして行われている。彼らは拘束者たちから話を聴く中で JI の思想とその論理を把握し、それが正統なイスラームの教義からどのように離れているのかについて研究を行った。また彼らは、心理学やカウンセリングの授業を受け、必要な知識や技能を身に着けた上で、拘束者へのカウンセリングに当たった。一部のメンバーは、南洋理工大学 S. ラジャラトナム国際研究大学院（RSIS）で研究を行い、過激主義の論理について理解を深めた。彼らは、正しいイスラームの教えは人を殺すことを否定する平和的なものであること、武装闘争への参加やテロの実行は宗教的義務ではないこと、JI のイデオロギーはこうした正当なイスラームの教義からかけ離れていることなどを、拘束者たちに説いていった。初めは心を閉ざしていた拘束者たちも、徐々にメンバーたちの話を聴くようになり、自分たちの考えが誤っていたことを認めるようになっていった。こうしたカウンセリングは、RRG のメンバーたちが国内治安部の拘留施設に出向いて行って行う。RRG は設立から 2015 年までの 12 年間に合計 1,500 回以上のカウンセリングを実施したという[13]。これらすべてが、参考にすべき前例のないことであった（Saat A Rahman ed., 2013: 9-14）。

　当初、宗教リハビリテーションの対象者は、JI 事件においてテロ未遂犯とされた拘束者たちであったが、その後現在までに、ISIS の武装闘争への参加を目論んだ者や、他の国民を過激主義に感化させた者などが、国内治安法に基づいて拘束されている。宗教リハビリテーションは、これらの者も対象として行われている。

　政府は、過激主義に感化したとして拘束された者の数、その後釈放された者の人数等について、シンガポールがイスラーム過激主義者の宗教リハビリテーションに関する第 3 回の国際会議（6.2.4.）を主催した 2015 年 4 月時点の数字を公表している。テオ・チーヘン副首相は、2001 年以降 66 名がテロ行為を企

12　RRG のウェブサイトでは、亡くなったメンバーも含め、全メンバーのプロフィールが顔写真つきで紹介されている。（http://www.rrg.sg/our-people/：2017 年 4 月 18 日最終アクセス）
13　RRG のウェブサイトによる。ただし、2015 年 10 月 11 日時点での記述であり、現在はカウンセリング回数に関する記述はない。

てた容疑で拘束され、そのうち57名はすべて再教育を終え釈放されたと説明している[14]。また、リー・シェンロン首相は、釈放された57名のうち、過激主義に戻り再び拘束された者は1名だけ（2%以下）と説明している[15]。それが事実であるとすれば、釈放された過激主義者のうち例えばサウジアラビアでは10〜20%、インドネシアでは約12%が再び過激主義グループに戻ってしまう（Sim, 2013: 112-119）のと比べると、シンガポールの宗教リハビリテーションの成功率は極めて高いと言える。

　しかし、特に強固な信念を持つ拘束者の再教育は極めて難しい。拘束者の一人で、1999年から二代目のJIシンガポール代表を務めたマス・スラマット・カスタリ（Mas Selamat Kastari）は、JIのイデオロギーを捨てることを拒み続け、2008年には脱獄して、翌年マレーシアで再び拘束されている。「RRGのメンバーに会おうともしない拘束者もいる」など、「ハードコアなジハード主義者[16]（の再教育）は難しい」と、RRGの関係者も認めている[17]。

　なお、JI事件の拘束者たちについては、詳細のプロフィールが公表されているものの、個々の拘束者の再教育の経過、釈放の有無や時期については、非公表である。拘束者自身の語りが伝えられている事例も、RRGが2013年に刊行した出版物における記事（Saat A Rahman ed., 2013: 120-127）などごくわずかであり、かつ、仮名での記載となっている。

　RRGの女性メンバーの存在は重要である。2017年6月に過激主義に感化された女性1名が初めて拘束されるまで、拘束者はすべて男性であった。女性メンバーたちは、拘束者の妻や子供に対するカウンセリングを担当している。これは、拘束者の妻も夫と同様に過激主義に感化されている事例がみられ、そうでない場合でも夫からの影響が懸念されたためであった。妻が平和的な信仰を持つことで、拘束された夫との面会を通じて夫に良い影響を与えることも期待された。

6.2.2. アフターケア・グループ（ACG）の組織と活動内容

　次に、アフターケア・グループ（Inter-Agency Aftercare Group: ACG）の組織と活動内容について整理する。

14　"Expect more to be self-radicalised'", *ST*, 30 August, 2015.
15　"57 extremists released from detention since 2002: PM Lee", *Channel News Asia*, 17 April, 2015.
16　暴力的手段に訴える「聖戦（ジハード）」をイスラームに基づく宗教上の義務であると考える人々。
17　RRGの主要メンバーから聴き取り（2015年3月21日【No. 6】）。

　ACG は、拘束者の家族の生活支援に取り組むことを目的として、2002 年 1 月にマレー・ムスリム関係団体等によって設立された。JI 事件への対応は、拘束者に加えその家族もシンガポール社会から排除しないことを旨として行われた。拘束された男性の多くは、家族で一人だけの稼ぎ手であったため、妻が就労して生活費を稼げるよう、職業訓練や職業紹介による支援が行われた。子供が小さく家を空けられない妻に対しては、菓子作りなど自宅でできる仕事を身に着けるためのプログラムも提供された。子供に対しては、絶対に学業を中断させないよう、教科書代などの雑費の支援、放課後の学習指導への助成など様々な支援が行われた。それぞれの家庭がカウンセリングを受け、個別のニーズに対応したきめ細かな支援が実施された（Taman Bacaan Pemuda Pemudi Melayu Singapura, 2015）。

　RRG が宗教指導者から構成されるのに対し、ACG はマレー・ムスリム社会の改善に取り組む世俗レベルの団体が主要メンバーとなっている。メンバーは、AMP（ムスリム知識人協会）、ムンダキ、タマン・バチャアン（Taman Bacaan）、カディジャー・モスク（Khadijah Mosque）、エンナエム・モスク（En-Naeem Mosque）の 5 団体である。AMP とムンダキはいずれも、教育支援などを通じた社会改善対策に取り組むマレー・ムスリム社会の自助団体である（3.3.2 および 3.3.1.）。タマン・バチャアン（Taman Bacaan）[18]は、1959 年の設立以来、教育支援のほか、薬物中毒者の社会復帰支援施設の運営などの福祉事業に携わってきた自助団体である。この団体の会長は元内務省職員で、政府・与党に極めて近い重要人物であり、JI 事件を受けたムスリム社会の過激主義への対応をリードしてきた。AMP とムンダキの ACG 担当者は、これら団体内部の異動により順次交代してきたが、タマン・バチャアンの会長は 2002 年の設立から現在まで一貫して ACG に関わり続けている。これらの団体が、社会改善事業のプログラム、人材やノウハウを持ち寄り、それぞれの得意分野を最大限に活用しながら（例えば、ムンダキは教育支援、AMP は自宅就労支援といったように）、家族への総合的な支援に当たった。

　家族への支援は効果を発揮し、現在は支援を必要とする家庭はほとんどなく

18　団体名はマレー語で「読書の園」の意味。正式名称は、「Taman Bacaan Pemuda Pemudi Melayu Singapura」で、「シンガポールのマレー青年男女の読書の園」の意味であるが、英語では「Singapore Malay Youth Library Association」という。

なった。子供たちも学業を続けることができ、大学やポリテクニック（高等専門学校）に進学できた子供もいる。家族への手厚い支援は、拘束者の態度に変化をもたらし、RRGのメンバーを信じて再教育を受け容れることにつながっている。再教育を終えて釈放された拘束者に対する就労支援も行われた。「家族のプライバシー保護」のため、個別具体の事実関係については非公表である。

　ACGの活動は、内容を公表することを控え、目立たない形で進められてきた。JI事件以降の社会環境の下では、国の平和と安全を脅かそうとしたテロ未遂犯やその家族をなぜそこまで手厚く支援しないといけないのかという議論も当然あった（Taman Bacaan Pemuda Pemudi Melayu Singapura, 2015: 60-61）。ACGには、活動の宣伝のためのウェブサイトもない。2015年になってようやく、ACGの活動の歩みを記した豪華本が、メンバーであるタマン・バチャアンから出版された（Ibid.）。

　このように、拘束者の再教育・社会復帰支援については、RRGとACGが車の両輪として取り組み、成果を上げてきた。これはマレー・ムスリム社会の主要な宗教指導者、世俗レベルのリーダーが総力を挙げて取り組んだものである。拘束者やその家族に対しては、異例とも言える寛大な支援の手が差し伸べられた。拘束者に対する制裁という正義を犠牲にしてでも、過激主義の徹底排除という利益が追求された結果と言えよう。

6.2.3. 過激主義の予防のための普及活動等
　ムスリムのリーダーたちは、拘束者のリハビリテーション以外にも、ムスリムの過激主義への感化を予防するための普及活動等に取り組んできている。

　RRGはJIのような過激主義のイデオロギーの誤りを指摘し、ウェブサイトで公表するほか、公立学校やマドラサで講演を行っている。また、2013年には、ゲイラン地区にあるカディジャー・モスク（Khadijah Mosque）[20]に、過激主義について学習できるギャラリーやカウンセリング・ルームを備えたリソース・アンド・カウンセリング・センター（Resource and Counseling Centre: RCC）を設置した。RCCのギャラリーには、イスラーム過激主義者やISISのような武装集団がよく利用するイスラームの概念について解説するコーナーがある。例え

19　以下は、ACGに関わってきたマレー人自助団体の元役員から聴き取り（2015年8月17日【No. 19】）。
20　RRGの創設者・共同代表の一人であるアリが会長を務めるモスクである（6.2.1.）。

ば「ジハード（jihad）」については、「本来、仕事や学業をはじめ様々な面で努力することを意味するが、過激主義者はこれを武力闘争だけのごく狭い意味で使っている」と解説している。ギャラリーは、学校や地域住民にも開かれ、ムスリムに対し誤ったイスラームの解釈をしないよう促すとともに、国民一般に対しイスラームへの誤解を解くための情報提供を行うことをねらいとしている。RCCのカウンセリング・ルームは、「子供が過激主義に感化されているのではないか」といった親の相談などに対応している。2015年7月には無料の電話相談サービスであるヘルプラインも設置し、月曜から金曜日まで毎日RRGのメンバーが当番制で対応している。ヘルプラインでの相談で、過激化の兆候が認められるなど必要な場合はカウンセリングに移行し、「限度を超えてしまっている」場合には当局に通報することになる。[21]このような相談窓口を通じてRRGが過激化の兆候をいち早く知り、未然防止に貢献することが期待されることになっている。

　ACGも、過激主義のイデオロギーの脅威や共生の重要性を青少年に訴える「ユース・フォーラム」というイベントを学校で開催するなど、過激主義の予防に取り組んでいる。2016年には、ITE（Institute for Technical Education：技術教育校）で約300名の生徒を対象に、第4回の「ユース・フォーラム」を開催した。[22]この際には、内務省担当の国務大臣が、最近の過激主義者の拘束の事例などテロをめぐる状況について説明するとともに、インターネット上のコンテンツに注意するよう生徒たちに呼びかけた。こうしたイベントは、内務省の意向を受けて開催され、2015年は進学校、2016年は職業訓練校であるITEでの開催であったが、どのような学校で開催するかも内務省が決めている。[23]

　RRGやACGは当初、アルカイダやJIを念頭に置いて過激主義の予防対策を進めてきたが、近年はイスラーム国（Islamic State of Iraq and Syria: ISIS）への対応が中心である。ISISは印象的な動画をユーチューブで流すことで巧みにムスリムを勧誘し、世界各地から戦闘員を集めた。2015年12月のスーファン・グループ（Soufan Group）の報告書によれば、少なくとも86か国から3万

21　筆者が訪問してヘルプラインの当番のメンバーに聴き取りを行った2015年8月の時点では、「プライバシーの観点から個別の内容については答えられないが、ヘルプラインの開設から間もない時期であり、当局への通報に至ったケースはまだない」とのことであった（2015年8月17日聴き取り【No. 7】）。
22　"Republic 'not immune to terrorist ideology'", *ST*, 24 April, 2016.
23　AMPの役員からの聴き取り（2016年5月7日【No. 20】）。

人前後がイラクまたはシリアに渡航し、ISIS その他の過激主義グループに参加している（Soufan Group, 2015）。東南アジアにおいても、インドネシア、マレーシアからそれぞれ 700 名、100 名が中東に渡り戦闘員として ISIS に加わっている（Ibid.）。2016 年 8 月には、リー・シェンロン首相は、シンガポールでは約十名が ISIS に感化され拘束されたが、「数名」は拘束を免れ現地で ISIS に加わっていると説明した（Lee Hsien Loong, 2016）[24]。ISIS では、インドネシア・マレーシア出身の戦闘員はカティバー・ヌサンタラ（Katibah Nusantara）[25]という部隊を形成するまでの一大勢力になっている。ISIS に加わったマレー系の人々の現地での生活や子供たちの戦闘訓練の様子を描いたマレー語による宣伝用動画もインターネットで流されている[26]。

　ISIS のイデオロギーや宣伝手法は JI のそれとは異なる面も多い[27]。ISIS は JI と比べても非寛容で、一層残忍さも増しており、また、同じムスリムであるシーア派を敵視するなど宗派的要素もある。また、ISIS の勧誘は JI よりも訴求力が強い。ISIS は、西暦 622 年に預言者ムハンマドがメディナに移りイスラーム国家を建設した「ヒジュラ（hijra：聖遷）」になぞらえ、世界のムスリムにシリア・イラクに渡り ISIS に加わる「ヒジュラ」を呼びかけた。JI は東南アジアでのイスラーム国家建設を訴えたが、そのためには、現在ある国家を倒す必要がある。これに対し ISIS はすでに支配地域を持っており、彼らが「イスラーム国家」であると主張する土地へのヒジュラ（移住）を勧めるのは、より説得力がある。RRG のメンバーは、ISIS のイデオロギーと対抗するために一層の研究が必要だと筆者に語った。

　2017 年 7 月以降、最大の拠点であったイラク北部の都市モスルがイラク政府軍に奪回され、ISIS は支配地域を大幅に縮小している。しかし、ISIS が戦闘員たちに自国に戻ってテロを起こすよう呼びかけていることから、東南アジアにおいては帰還した戦闘員によるテロのリスクがかえって高まっていると、専門家は指摘している（Singh and Muhammad, 2016）。実際に、テロをめぐる動きはシンガポールの近隣国において活発化している。2016 年 1 月にはインドネシア・ジャカルタで、また、同年 6 月にはマレーシア・クアラルンプール

24　2016 年のナショナルデイ・ラリーでのリー・シェンロン首相の説明による。
25　マレー語で「マレー群島大隊」の意味。
26　筆者が聴き取りを行った元 AMP 役員（本節で既出）は、イスラームでは非戦闘員とされる子供を ISIS が戦闘員として扱うことに憤慨している（2015 年 8 月 17 日【No. 19】）。
27　以下は、RRG のメンバーから聴き取り（2015 年 8 月 17 日【No. 7】）。

郊外で、ISIS に関連するテロ事件が発生した。また、同年 8 月 5 日には、シンガポールと海峡を隔てて向き合うインドネシア・バタム島で、シンガポールへのロケット砲による攻撃を計画していたグループが逮捕された。2017 年 6 月の内務省の報告書は、ISIS がシンガポールを狙ったテロを計画していた事実があること、西洋諸国による攻撃に協力するシンガポールが ISIS から敵と名指しされることなどを理由に、シンガポールにおけるテロの脅威は近年で最高の水準にあると結論づけている（Ministry of Home Affairs, 2017）。

6.2.4. 国際社会におけるテロ対策への貢献

テロの問題について懸念を有する国々の間では、過激主義者のリハビリテーションに対する関心が高まっている。

シンガポールは、2009 年、2013 年、2015 年の 3 回にわたり、過激主義者のリハビリテーションに関する国際会議を主催し、RRG および ACG の取組みを中心とするシンガポールの経験を世界と共有し、この分野の議論に貢献している。3 回の会議のそれぞれの名称と主催機関は、以下のとおりである。

第 1 回　International Conference on Terrorist Rehabilitation
　　　　主催：南洋理工大学 S. ラジャラトナム国際研究大学院（RSIS）国際政治暴力テロリズム研究センター（International Centre for Political Violence and Terrorism Research：ICPVTR）
第 2 回　International Conference on Terrorist Rehabilitation and Community Resilience
　　　　主催：RRG、RSIS
第 3 回　East Asia Summit Symposium on Religious Rehabilitation and Social Reintegration
　　　　主催：ICPVTR

これらの会議では、テロ対策においては、取締り、検挙などの「ハードな対策」だけでなく、拘束者のリハビリテーションのようにイデオロギーそのものに対抗する「ソフトなアプローチ」の重要性が強調される。RRG および ACG のメンバーはこれらの会議に参加し、彼らの取組みの成果や課題について発表を行っている。ACG を代表して発表を行うのはメンバーである自助団体の役職員であるが、RRG を代表して発表を行うのは、創設者であり共同代表でもあるアリとハスビのほか、RRG のメンバーであると同時に RSIS または RSIS に設

置された ICPVTR に籍を置く研究者でもある宗教学者・宗教教師のムスリムたちである。これらの会議には、アメリカ、イギリスをはじめとする西洋諸国のほか中東、南アジア、東南アジア諸国の治安当局の関係者や研究者が参加している。

　過激主義者のリハビリテーションの重要性は広く認識されているが、一方で、過激主義者がリハビリテーションを終えて釈放された後で再び過激主義に戻ってしまうことが多く、効果的なリハビリテーションの実施が困難な課題であることも認識されている（6.2.1.）。従って、成功率の高いシンガポールの取組みは、国際社会においても高く評価されている[28]。

　シンガポールの関係者は、宗教リハビリテーションが成功した秘訣として、政府と宗教指導者との連携や（Gunaratna and Mohamed Feisal, 2011: 55）、拘束者の家族への手厚い生活支援（Internal Security Department, Singapore, 2014: 53）などを挙げる。筆者は、国内治安法によりリハビリテーションの効果が出るまで事実上無期限に過激主義者を拘束しておくことができることも、成功率の高さにつながっていると推測する。ただ、これは、関係者が語ることは期待できず、また、先行研究でも論じられない部分であり、検証することは難しい。国内治安法に関わる人権上の問題については、6.3.2. で改めて論じる。

　シンガポールは、宗教リハビリテーションの分野で国際社会のテロ対策に貢献しているが、重要な役割を果たしているのはムスリムの宗教指導者たちであり、過激主義対策へのムスリムの参画のモデルケースとして自らを世界にアピールすることにも成功している。

6.3. 宗教指導者による過激主義防止対策の問題

　ムスリムのリーダーたちは、過激主義者の再教育・社会復帰および過激主義の予防に取り組んできたが、シンガポールのムスリムの中からも、過激主義に感化されるムスリムが出ている。インターネットで発信される情報から青少年を完全に守ることは現実問題として非常に難しい。従って、本研究は、RRGや ACG が「過激主義を予防できないこと」を追及する意図はないが、ムスリムのリーダーたちによる過激主義防止対策に関し、ムスリムのシンガポール社

28　メディアでの報道については、以下のようなものがある。Dobson, William J., "The Best Guide for Gitmo? Look to Singapore.", *Washington Post*, 17 May, 2009, Ali Soufan, "Singapore's Counterterror Success", *Wall Street Journal*, 29 December, 2011.

会への包摂の観点からどのような問題が生じているのかについて論じる。

　以下では、先行研究やムスリム社会の関係者等の見方を踏まえ、①過激主義防止対策が専ら宗教面からのアプローチを取ることに関わる問題、②宗教指導者の取組みが政府のためのものとみられることに関わる問題、③「テロとの戦い」に対するムスリムの感情に関わる問題の三つに注目し、分析を行う。

6.3.1. 宗教面からのアプローチの限界

　第一に、過激主義防止対策が専ら宗教面のアプローチを取ることに関わる問題である。

　JI白書は、イスラームという宗教が過激主義者に利用されているとされ、イスラーム自体には問題がないことを強調している（Ministry of Home Affairs, 2003: 24）。しかし、政府は、拘束者たちがJIによって誤ったイスラームの解釈を植え付けられたことが問題であるという意味で、JI事件は宗教に関わる問題であったと理解した。拘束者のイスラームに対する理解の誤りを正すことが問題の解決になると考えられ、ムスリムの宗教指導者が政府から協力を求められた。JI事件当時の内務大臣であったウォン・カンセン（Wong Kan Seng）は、当時を振り返り、「政府は世俗主義であり、イデオロギーへの対抗において先頭に立つことはできない。イスラームの教えに関し公認された地位を持つのは、宗教リーダーたちだ」と考え、当初からムスリムの宗教指導者たちを巻き込んだと説明している（Taman Bacaan Pemuda Pemudi Melayu Singapura, 2015: 14-16）。

　JI白書はまた、拘束者のほとんどは決して困窮したり社会から排除されたりしている人々ではなかったが、彼らのほとんどが宗教に最も高い価値を置いていたと述べている（Ministry of Home Affairs, 2003: 15）。つまり、彼らは社会的な不満が原因で過激主義に感化されたのではなく、宗教への熱心さにつけこまれ、誤った教義を植え付けられたのだと説明している。これに関し、ラヒム（Lily Zubaidah Rahim）は、多くの拘束者たちの教育水準は低く（2002年の拘束者18名のうち、中学校以下の学歴の者が6名）、また、収入も低かった（2001年の拘束者15名のうち13名が月収2千シンガポール・ドル＝約13万5千円以下（Rodan and Hewison, 2006: 112））ことなどを指摘し、経済的・社会的・政治的な不満が影響していたことは否定できないと主張している（Rahim, 2012: 182）。

　西欧における過激主義やテロの問題に関して言えば、問題は宗教そのものと

いうよりも、主流社会の文化を内面化しながらも差別などにより社会から排除される移民二世や三世が社会に不満を持ち、過激主義の影響を受けやすいことが指摘される。スーファン・グループの報告書（6.2.3.）によれば、2015年12月までに西欧から5千人以上がシリアに渡り戦闘員としてISISに加わった。フランスやベルギーのような西欧の「移民」[29]社会における周縁化意識を背景に、ISISのプロパガンダは帰属、目的、冒険や尊敬といった魅力的な別の生き方を提供しているのである（Soufan Group, 2015: 12-13）。

　もちろんシンガポール社会の状況は、西欧社会のそれとは大きく異なるが、民族間の社会的格差が大きく、マレー人（ムスリム）が低い社会的・経済的地位に甘んじており（3.1.1.）、かつ、マレー人（ムスリム）に対する差別も存在することは事実である（3.2.1.）。こうしたシンガポールのムスリムたちが直面する社会問題と彼らが過激主義に感化されることとは関係はないのかというのが、前述のラヒムの問いかけである。政府は、過激化の原因を専ら誤ったイスラームの解釈に求め、社会問題との切り離しを図っている。過激化し拘束された個々のムスリムについて、その人物が置かれていた社会環境や過激化に至る経緯などの詳細が公表されていないため、この点について検証することは難しい。

　西欧では、もともとムスリムではないヨーロッパ系の若者たちが過激主義に感化され、イスラームに改宗してISISなどの武装闘争に参加する事例も一定の割合を占めている。2014年6月のスーファン・グループの報告書によれば、EU域内からシリアに渡航した戦闘員の6%は、イスラームへの改宗者であり（Soufan Group, 2014: 16-17）、特にフランスでは、この比率は約25%にも達する（Ibid.: 18）。学校からの退学、ドラッグ使用、犯罪などの問題を抱え、精神的に不安定な若者（女性も多い）が、「自分探し」への回答として、自分に帰属感を与えてくれる過激主義のイデオロギーに引きつけられるとの指摘もある[30]。

　このように、イスラーム過激主義のイデオロギーを発信する側はムスリムであっても、これを受容し反応する受け手の側はムスリムだけではない。日本では、2014年10月に、北海道大学の学生がシリアに渡航してISISの戦闘員になることを計画し、公安警察から事情聴取を受けた。この大学生の行動は、就

29　ここでは、西洋で生まれ育ち、国民としての地位を有する移民二世や移民三世も含め「移民」とみなされ他者化される状況を踏まえ、カギ括弧つきで表記している。

30　"From hip-hop to jihad, how the Islamic State became a magnet for converts", *Washington Post*, 6 May, 2015.

職活動の失敗がきっかけであり、特に宗教的な背景はなかったとされる[31]。イスラームへの信仰とは別に、自己実現への行き詰まりからイスラーム過激主義組織への参加を目指す若者が出てくることを、この事案は示している。

　このことを踏まえると、過激主義の予防対策はムスリムだけを対象とすればよいのかという疑問が生じる。シンガポールにおいては、非ムスリムがイスラーム過激主義に感化されたという話は聞かれないが、2016年3月には、華人の若者がISISから攻撃されるクルド人に同情し、ISISと戦うためにシリアに渡ろうとして国内治安法に基づく制限命令（restriction order）[32]の対象になった[33]。この事案については、ISISへの支持ではないということで、あまり問題視されていないが、非ムスリムでもイスラーム過激主義の問題に関心を持ち、関わろうとすることがありうることを示す事例として、留意すべきと考える。

　以上のように、過激主義への感化には社会問題も影響している可能性があること、ムスリム以外も過激主義の問題に関わってくる可能性があることを考えると、ムスリムの宗教指導者がムスリムのみを対象として正統なイスラームの教義を説くという形での過激主義防止対策で十分なのかという疑問が生じる。これは、RRGに対する批判ではなく、ムスリムの宗教リーダーから構成されるRRGの限界を認識し、社会全体として適切な過激主義防止対策の体制を確保することを課題として指摘する趣旨である。

6.3.2. 政府のためのものとみなされる宗教指導者の取組み

　第二に、宗教指導者の取組みが政府のためのものとみられることに関わる問題である。

　RRGの関係者は、RRGはムスリム社会が主体的に取り組むプロジェクトであると強調する。RRGの中心メンバーも、筆者に対し、RRGは政府のテロ対策の一部ではなく、あくまでもマレー・ムスリム社会の取組みだと強調している[34]。

31　「「戦闘員になって人殺す」北大生、戦闘参加へ強い意思か」、産経ニュース、2014年10月9日。(http://www.sankei.com/affairs/news/141009/afr1410090007-n1.html、2018年3月11日最終アクセス)
32　拘束はされないが、治安当局の監視下に置かれ、事前に治安当局の許可を得なければ住所、職業の変更や出国が認められない。
33　"Issuance of Orders of Detention and Restriction Orders under the Internal Security Act", Ministry of Home Affairs, 16 March, 2016.
34　2015年3月21日聴き取り【No. 6】。

RRGの活動が、ボランティアの宗教学者・宗教教師によって支えられているのは事実である。しかし、ムスリム社会の中には、RRGを「政府の手先」とみなす見方がある。2006年のマレー語紙「Berita Harian」の記事では、RRGの共同代表であるアリとハスビが、「多くのムスリムがRRGを政府の傀儡とみなしている」ことを認め、これに反論している[35]。マレー人社会・多文化主義の研究者（マレー系ムスリム）は、「RRGに関わっている宗教教師は、「ガバメント・ウスタズ[36]（政府の宗教教師）」と呼ばれている。厳しいスティグマだ」と語る[37]。宗教と安全保障を専門とする別の研究者（インド人ムスリム）は、「RRGは政府に近いムスリムが関わっている。カディジャー・モスクの関係者が中心であり[38]、この点でも幅広い支持が得られにくい」と述べている[39]。

　インターネット上でも、RRGを政府と一体とみなし、反発する議論がみられることが多い。有力な現地のオピニオン・サイトOnline Citizenへの2011年の投稿（ユーラシア人[40]とマレー人[41]が共同で投稿）は、「政府は、ムスリム社会の民主的な参加を認めず、ムスリムの意見表出を集中管理しており、RRGや宗教教師認証制度（ARS）も集中管理システムの強化だ」と主張している[42]。マレー・ムスリム社会のオピニオン・サイトKampungNetには、これに同調し、「政府に取り込まれたRRGの宗教リーダーたちでは効果的にテロリズムに対抗することはできず、最悪の場合テロリズムの側を利することになるだろう」と主張する投稿があった[43]。2014年11月には、ムイス（イスラーム評議会）を批判するフェイスブック・ページ「Singapore Muslims for an independent MUIS」で、ムイスが翌年から5年間毎年5万シンガポール・ドル（当時で約

35　"Kami 'Ustaz Pemerintah'？Astaghfirullah"（私たちは「政府の宗教教師」なのか？　私は神の許しを乞う（決してそんなことはない）。, *Berita Harian*, 13 May, 2006.
36　ウスタズ（ustaz）はアラビア語起源のマレー語で、宗教教師を意味する（2.1.2.5.）。
37　2015年8月14日聴き取り【No. 56】。
38　このモスクの会長は、RRGの創設者・共同代表の一人・アリである（6.2.3.）。アリは、後述のように、政府の方針に従順な人物とみられている。
39　2015年8月14日聴き取り【No. 55】。
40　ヨーロッパ系とアジア系両方の血を引く人々。
41　このマレー人は、2002年のヒジャブ論議で政府を批判し（4.2.1.）、その後2016年には他のムスリムをISISに感化させたとして国内治安法に基づき拘束された（本節で後述）、ズルフィカル・モハマッド・シャリフ（Zulfikar Mohamad Shariff）であった。
42　James Gomez & Zulfikar Mohd Shariff, "Islam & Democracy in Singapore: Dialogue towards a Multicultural Society", *Online Citizen*, 22 February, 2011（2017年4月21日最終アクセス）
43　Rahmansaid, "Islam & Democracy in Singapore", *KampungNet*, 22 February, 2011（2015年10月29日最終アクセス。現在はアクセスできない）

320万円）をRRGに助成することが決まったことを受けて、ムスリムからの拠出金（モスク建設・ムンダキ基金への拠出）やイスラームに基づくザカート（喜捨）を活動の原資とするムイスが「政府とつながっているRRG」に助成することを非難する投稿が数回にわたり掲載された[44]。マレー人向けのオピニオン・サイト「Rilek1Corner（リレキ・コーナー）」にも、これに同調し、「ムイスの運営についてムスリム社会に発言権がない」ことは問題だと主張する投稿が掲載された[45]。ムイスからRRGへの助成に関する議論は、RRGそのもののあり方を問うものではないが、RRGは政府のプロジェクトであり、ムスリム社会が支援すべき性格のものではないという認識が議論の前提になっている。

　確かに、RRGと政府との距離は極めて近い。高度な機密性を有する国家安全保障上の問題に関わらせる以上、政府としては、もともと政府に近い立場にあり、政府と協調的な宗教指導者たちに協力を要請する以外になかったであろう。RRGの創設者であり共同代表でもあるアリとハスビは、ムイスやプルガスの運営に役員として参画していた。ムイスはその成り立ち上、政府との一体性が強い機関であり（2.2.2.2.）、また、プルガスもJI事件以降は政府との協調姿勢に転換している（5.2.1.）。ムイスやプルガスに関わっていたことが、この2名が政府から指名された理由であることを、RRGの中心メンバーは認めている[46]。特にアリは、政府の方針に協力的な人物として知られていた（Hussin, 2012: 76-77）[47]。

　RRGが毎年開催する設立記念パーティーには、政府から大臣級の高官が出席して挨拶をするのが慣例である。2017年3月の第13回の設立記念パーティーは、セントーサ島の高級リゾートホテルで開催され、テオ・チーヘン（Teo Chee Hean）副首相が出席して挨拶を述べた[48]。2013年の設立10周年に際し発行した出版物（Saat A Rahman ed., 2013）は、全191ページがカラーで印刷された豪華本であるが、歴代3名の首相をはじめ、副首相、法務大臣、ムスリム問題担当大臣などがRRGの業績をほめたたえる文章を寄稿している[49]。こうした

44　2014年11月26日から2015年1月27日までの計5件の投稿。（2017年4月22日最終アクセス）
45　Syed Danial, "Why Are MUIS' Funds Used To Support The Religious Rehabilitation Group (RRG)?", *Rilek1Corner*, 27 November, 2014（2017年4月22日最終アクセス）
46　2015年3月21日聴き取り【No. 6】。
47　Hussin, 2012: 76-77.
48　シンガポールの本島の南部にある、リゾート基地として開発された島。
49　"No one should spread ill-will against other religions or non-believers: DPM Teo", *ST*, 14 March, 2017.

ことからも、政府がRRGに全面的に肩入れしていることがよく分かる。

　RRGの活動資金がどこから出ているのかも議論になる。RRGは、団体法（Societies Act）に基づき登録している正式な団体ではなく、ボランティアによる非公式の活動であるため、財務や事業内容に関する年次報告を作成・公表する法律上の義務がない。このようなRRGの活動の非公開性は、その実態について様々な憶測を呼ぶ。RRGは国外で開催される国際会議への参加も含め広範な活動を行っており、ボランティアであるメンバーたちが活動経費をまかなえるとは考えにくい。また、経済的基盤の弱いムスリム社会が広範にわたるRRGの活動を支えているとも考えにくい。

　関係者によれば、RRGの活動資金の多くを政府が負担している[50]。テロ・治安対策を担当する内務省が資金を負担しているのではないかと筆者は推測する。そのほか、前述のように、2015年以降はムイスからの助成も行われているが、これについても、ムイスと政府との一体性を踏まえれば、ムイスが政府の意向を受けて行っているものと推測することも可能である。加えて、RRGのメンバーのうち筆者が確認した範囲で少なくとも数名が、RSISの修士課程または博士課程でイスラーム過激主義、テロリズムなどに関する研究を行っているが、別の関係者によれば、彼らの学費は政府が負担している[51]。このようなRRGメンバーの教育は、RRGの活動のために必要となるものであり、これへの助成も、RRGに対する支援の一環とみなすことができよう。彼らは学位を取得した後もRRGの活動に参加しながらRSISで研究・教育活動に従事しており、彼らが獲得した知見はRRGの活動、さらにはシンガポールのテロ対策に活用される。

　ムスリム社会の中にRRGが政府主導のプロジェクトであるという「疑念」があることを、政府は認識しており、それに言及した上で、そうした「疑念」を打ち消そうとしている。2015年の宗教リハビリテーションに関する国際会議での演説で、リー・シェンロン首相は、「（宗教教師たちが）政府の命令に従っているとみられるリスクを背負ってくれた」と発言している[52]。これ以外の場でのリー首相や他の大臣たちの発言も、同様に「ムスリム社会の中でスティ

50　匿名の情報提供者から聴き取り。
51　別の匿名の情報提供者から聴き取り。
52　"Transcript of speech by Prime Minister Lee Hsien Loong at the East Asia Summit Symposium on Religious Rehabilitation and Social Reintegration on 17 April 2015 at Khadijah Mosque", *ST*, 17 April, 2015.

グマ化されることもいとわず過激主義防止対策に身を投じる」RRG の労をね
ぎらい、その貢献を称賛することが多い。筆者が聴き取りを行った RRG のメ
ンバーは、以下のように語っている[53]。

　　確かに RRG は最初は理解されなかった。「政府の傀儡」と言われた。マレー・
　ムスリム社会に理解してもらうのに、困難に直面した。RRG は政府の治安
　当局と密接に協力するマレー・ムスリム社会初めてのプロジェクトだ。政府
　と一緒に活動しているが、政府のために活動しているわけではない。（だが、）
　人々は理解し始めている。

　このメンバーは、言葉を選んで話し、「現在は RRG は理解されるようになった」
という言い方は避けている。また、別の RRG メンバーは、次のように語った[54]。

　　我々は政府とともに仕事をしているのであり、政府のために仕事をしてい
　るのではない。しかし、人々は我々を政府の一部だと思っている。

　前述のように、ある研究者は、RRG が「政府の宗教教師」とみなされ、「厳
しいスティグマ」に直面していると評した。実際に、上記のメンバーたちの語
りにもみられるが、RRG に関わる宗教指導者たちは、「政府のために働いている」
とみられることを避けようとする。例えば、政府からの財政支援についてである。
RRG のメンバーは、予算規模について尋ねたところ、「ボランティア組織なので、
予算というものはない」と言い、さらに収入に占める政府の支援の割合につい
て尋ねると、「分からない」との答であった[55]。別のメンバーは、RSIS で修士
号を取り、博士課程で研究を続けているが、学費については「民間団体からの
資金をもらった」と説明している。
　RRG は、なぜそこまで厳しいスティグマにさらされることになるのか。ム
イスやムイスに所属するムフティについては、「政府との一体性が強すぎ、ム
スリムの声を代弁してくれない」という不満がつきまとってきた（2.2.2.2. およ

53　2015 年 3 月 21 日聴き取り【No. 6】。
54　2015 年 8 月 17 日聴き取り【No. 7】。
55　前脚注に同じ。

び 2.2.2.3)。宗教指導者が政府にとりこまれ、政府によるイスラームの管理に加担するとみられることは、彼らにとってスティグマとなる。しかし、例えば首相がムイスについて「政府の命令に従っているとみられるリスクを背負ってくれた」とまで言うことはない。RRG は、政府と一体とみられる点ではムイスと同じ構図でとらえられるが、スティグマはより深刻度を増しているようにみえる。

　重要な点は、RRG が政府の治安当局と密接に協力する立場にあることだと考えられる。治安当局である内務省の国内治安部 (Internal Security Department: ISD) は、「国内の安定と主権に対する治安上の脅威に対処するため、正確なインテリジェンスを収集し、公正な評価を行い、行動をとる」ことを任務とする[56]。1980 年代までは共産主義勢力「マラヤ共産党 (Communist Party of Malaya: CPM)」の監視・取締りが主要な任務であった。1987 年には、外国人労働者の権利擁護運動に関わっていたキリスト教関係者、弁護士などを「国家転覆を謀ったマルクス主義者」として数か月にわたり拘束した。後には、拘束者たちが拷問や脅迫を受けたことや、拘束事由となった事件が政府による創作であったことが判明したが (1.4.2.)、国内治安法に基づいてこのような人権の観点から問題視すべき措置を実行したのが国内治安部であった。

　2000 年以降の国内治安部の最大の監視・取締り対象はイスラーム過激主義である。2016 年 8 月の内務省の発表によれば、2002 年以降 83 名がテロに関連する活動により拘束されている[57]。ムスリム社会は、国内治安部に監視され、国内治安部による拘束者を出す側なのである。国内治安部による過激主義者の拘束は、令状なしに拘束され、裁判も受けられず事実上無期限に拘束されうる国内治安法 (Internal Security Act：ISA) によることが普通である。国内治安法は、テロ行為や ISIS への参加を未然に抑止するには効果的であるが、被疑者の側からすれば、客観的・透明な手続きによって事実が明らかにされ、処罰される形にならない。国内治安法は、言論や政治活動の自由、犯罪被疑者の人

56　ISD のウェブサイトによる。(https://www.mha.gov.sg/isd/pages/about-isd.aspx、2017 年 4 月 24 日最終アクセス)

57　"Additional Comments from MHA on Orders of Detention and Restriction Orders against Four Singaporeans", *Ministry of Home Affairs*, 10 August, 2016.

権保護等の見地から国際的な人権団体から批判されているが、テロの防止への効果を期待する国民からは、国内治安法への大きな反対の声は上がっていない（Rodan and Hewison, 2006: 110-111）。

　ムスリム社会には、国内治安部に対する恐れと疑いが生まれることになる。2001～02年のJI事件では、ムスリム社会のリーダーたちに対し、拘束から公表までの間に水面下で政府から事件の詳細について説明が行われたことから、リーダーたちが事実関係に疑いを持つことはなかった。そのため、公表と同時にムスリム社会のリーダーたちからも「政府によるテロ容疑者の拘束を支持する」旨のコメントが発表された。しかし、ムスリム社会の一部には、「これはムスリムのイメージを傷つけるための政府の陰謀ではないか」という見方さえもあった（Muhammad Haniff, 2007: 150）。シンガポール・マレーシアでのJIメンバー拘束後、インドネシアでは二大イスラーム関係団体ナフダトゥル・ウラマ（Nadhlatul Ulama）、ムハマディヤ（Muhammadiyah）とインドネシア・ウラマ評議会とが共同で「JIメンバー拘束は、アメリカ主導のイスラームに対する陰謀である」との声明を公表していた。シンガポールのムスリムの中にこれに影響を受ける人々がいた可能性もある。

　2016年7月、他のムスリムをISISを支持する過激思想に感化させたとされるムスリムが国内治安法に基づいて拘束されたことは、新たな論議を招いた。拘束された人物が、2002年に政府のヒジャブ規制を強く批判し、その後オーストラリアに出国し、一時帰国していたズルフィカル・モハマッド・シャリフ（Zulfikar Mohamad Shariff）（4.2.1.）であったことから、本当は彼が政府批判の急先鋒であったために拘束されたのではないかとの憶測が一部で広まった。ある保守的なムスリムは、筆者の聴き取りに対し、「彼は純粋に学問的にカリフ

58　国際的な人権団体であるアムネスティ・インターナショナルおよびヒューマン・ライツ・ウォッチは、いずれもシンガポールにおけるISAについて問題視している。アムネスティ・インターナショナルについては、以下を参照。Amnesty International (2017), Amnesty International Report 2016/17: The State of the world's Human Rights, Singapore 2017/2017, 22 February, 2017.（https://www.amnesty.org/en/countries/asia-and-the-pacific/singapore/report-singapore/、2017年4月25日最終アクセス）また、ヒューマン・ライツ・ウォッチについては、以下を参照。Human Rights Watch (2016), World Report 2016, Singapore: Event of 2015.
　（https://www.hrw.org/world-report/2016/country-chapters/singapore、2017年4月25日最終アクセス）
59　"Malay/Muslim leaders back Govt crackdown", *ST*, 6 January, 2002.
60　マレーシアでも同時にJIメンバーの拘束が行われていた。
61　"Muslim leaders slam militants'arrest", *ST*, 8 January, 2002.
62　本節で先に述べたように、ズルフィカルは「RRGと政府との一体性」についても批判していた。

制を研究していただけだ」とズルフィカルを擁護している[63]。また、あるリベラル派のムスリムは、「過激主義とは関係ない。政府が宗教をコントロールしようとしている」と筆者に語っている[64]。マレー人向けのオピニオン・サイトRilek1Corner には、「裁判で事実を明らかにすべきだ。でなければ、シンガポールは北朝鮮と同じではないか」と訴える投稿もあった[65]。ズルフィカルは国内治安法により拘束されたため、裁判による事実解明は行われない。ある自助団体の元幹部職員は、「テロ防止法なり別の法律に基づき訴追されるべきだ。国内治安法に基づき拘束したのは、十分に公正で透明な証拠を示せないからだろう」と筆者に語った[66]。このように、ムスリム社会には、ズルフィカルの拘束について疑問を持つ一定数の懐疑派が存在する。

　このようにムスリムからみれば、ムスリム社会を監視し、国内治安法によって過激主義者とみなす人々を拘束する国内治安部は、独自の判断で長期間国民を拘束できる強い権限を持つ畏怖の対象であると同時に、公正な事実解明を行っていないのではないかという疑念の対象でもある。従って、RRG が国内治安部と協力することは、特にムスリム社会においては非常に微妙な問題をはらんでいる。関係者[67]は、ムスリムは自分たちがテロ対策の「ターゲット」にされていると感じ、RRG をムスリムを防衛する側ではなく「ターゲット」にする側とみる面があると指摘する。だからこそ RRG は、政府（特に国内治安部）との協力は、あくまでもムスリム社会として自発的に取り組む中での協力であって、政府のために活動しているわけではないと釈明することを迫られるのである。RRG は、ホットラインによる相談やカウンセリングを通じ、過激化の兆候をいち早く見つけ、当局に通報する局面も出てくるであろう。そのことは、RRG が国内治安部による取り締まりにも協力しているとみなされ、一層強力なスティグマを RRG に背負わせる可能性もある。

　ムスリム社会において RRG を公然と批判する声は聞かれない。「RRG がテロ容疑で拘束された者を再教育すること自体は正当なこと[68]」であるからである。

63　2016 年 8 月 23 日聴き取り【No. 13】。

64　2016 年 8 月 19 日聴き取り【No. 21】。

65　"Charge Zulfikar Shariff In Court, If Not, Singapore Same Like North Korea", *Rilek1Corner*, 3 August, 2016.

66　2016 年 8 月 25 日聴き取り【No. 24】。

67　RRG の活動資金について言及した前述の匿名の人物。

68　イスラーム・マレー問題研究所（RIMA）の幹部職員から聴き取り（2015 年 8 月 18 日【No. 26】）。

ムスリム社会に関する研究者は、RRG は「反対されているわけではない」が、「気乗りのしない支持を受けている」とみている[69]。

　本研究には、過激主義防止対策に関わるムスリムたちを批判する意図は全くない。どのような社会においても、過激主義に基づくテロ事件等によって貴重な人命・財産が失われることを未然に防ぐ取組みは重要であり、それにムスリムが関わっていくこと自体は合理的なことであると考える。しかし、過激主義防止対策はムスリムを監視し取り締まる治安当局のために行われているものであるという「疑念」が生まれ、RRG が信頼されない状況に至るとすれば、RRG や ACG を中心として行われている過激主義防止対策の効果に影響を及ぼすことも懸念されることは指摘しておかねばならない。

6.3.3.「テロとの戦い」に対するムスリムの感情
　第三に、「テロとの戦い」に対するムスリムの感情に関わる問題である。

　ムスリムによるテロ行為が起こるたびに、世界各地でムスリムが犯人を非難する声明を出す。「イスラーム国家」の名の下に捕虜や誘拐した人質の残虐な殺害、実効支配地域の住民に対する過酷な統治を行う ISIS に対しても、世界の大多数のムスリムは反発し、ISIS の行為は本来のイスラームのあり方からかけ離れていると主張する。ISIS がモスルを制圧し実効支配地域を拡大したのは 2014 年 6 月であるが、同年 9 月には、世界の宗教学者 126 名が連名で、ISIS のリーダーであり「カリフ」（イスラーム世界全体の統治者）を自称するアブー・バクル・バグダーディー（Abu Bakr al-Baghdadi）に対し、24 項目におよびイスラーム法に照らした ISIS の誤りを指摘する公開書簡を出している[70]。

　ただ、このようにムスリムがテロや ISIS を非難していることが十分に認知されないところに、ムスリムの不満がある。シンガポールでも、2015 年 11 月に一人のムスリムの自身のフェイスブック・ページへの書き込みから「一般のムスリムは ISIS に責任を負うべきか」という議論が起こった際に、マレー人の作家がこの公開書簡に言及しながら、ムスリムはすでに ISIS を非難してい

69　2015 年 11 月 5 日聴き取り【No. 50】。

70　Open Letter to Dr. Ibrahim Awwad al-Baghdadi, Alias 'Abu Bakr al-Baghdadi', and to the fighters and followers of the self-declared 'Islamic State', 18 September, 2014.

るのに、これ以上我々に何をしろと言うのかと、不満を訴えている[71]。

　シンガポールでは、イスラーム関係団体が9・11テロを非難し、第1回のJI
メンバー拘束に際してはJIのテロ計画を非難した。さらに、2回目のJIメン
バー拘束が2002年9月に公表されると、同10月には、イスラーム関係団体の
ほぼすべてに当たる122団体が、テロリズムを非難し、過激主義イデオロギー
を拒否し、ムスリムのシンガポール国家への参画を強化する共同声明を出し
た[72]。その後も、外国で大規模なテロ事件があると、イスラーム関係団体が非
難声明を出すことが常となっている。

　政府は、「穏健なムスリム」が積極的に声を上げ、テロを非難するよう求め
てきている。第1回のJIメンバー拘束が公表された後、ムスリム問題担当大
臣に近く就任する予定であったヤコブ・イブラヒムは、「黙ってじっとしてい
るだけではいけない」、「ムスリムが集まる機会があるごとに、我々は大きな声
で過激主義を拒否しなければならない」、「ムスリムの多数が声に出さないこと
で、過激な行動を支持しているという印象を与えてはいけない」などと発言し
ている[73]。ムスリムがテロを非難することで、政府は、「シンガポールのムスリ
ムは過激主義とは一線を画している」ことを国民に保障する。国民一般からの
疑念を晴らすために、ムスリムはテロを非難し続けなければならない。非ムス
リムの側からも、「ムスリムはすでに明確に暴力を非難しているのに、その上に、
どこかでテロがあるたびに声を上げて非難しないといけないのか」という指摘
がある[74]。ラヒルとショーは、テロがあるたびに毎回ムスリムに非難を強いる
とすれば、ムスリム社会が「文明的な（civilized）」人々であることの証拠をそ
の都度再確認することに等しく、ムスリム社会が（文明的な）価値を欠いてい
るという認識を逆に強めることになると指摘する（Rahil and Shaw, 2006: 44-45）。

　ムスリムの間には、イスラーム過激主義によるテロなどムスリムが関わった
事件に限り、ムスリムが非難するよう促されるのはおかしいという見方もある。
プルガスの幹部は、筆者に対し、世界各地でムスリムがテロを起こすたびにプ
ルガスは声明を出し、被害者との連帯を表し、テロリストを非難すると言う。
これには、ムスリム社会を導く目的もある。しかし彼は、「イスラエルやミャ

71　Alfian Sa'at の個人フェイスブック・ページの2015年11月19日付投稿。
72　Muhammad Haniff Hassan (2006), "Community-based Initiatives against JI by Singapore's Mus-
　　lim Community", *IDSS Commentaries*, 16 January, 2006.
73　"Muslims urged to speak out against extremism", *ST*, 14 January, 2002.
74　"Don't keep telling Muslims to speak up against every terror act", *ST*, 23 September, 2004.

ンマーでは毎日のように（筆者注：ムスリムに対する）テロが起こっている。ムスリムだけがテロを起こしているわけではない」と疑問を投げかける。プルガスは、ムスリム社会に配慮し、バランスを取らなければならない。ミャンマーのロヒンギャに関わる重大な事件があった場合には、プルガスは集団礼拝を主催する。それでムスリムたちは理解してくれる、と彼は語った[75]。

　テロリズムや過激主義をめぐる問題で、ムスリムの間で議論になるものとしては、「テロとの戦い」をめぐる認識がある。9・11の後、西洋諸国はアフガニスタン、続いてイラクを「テロ支援国家」として名指し、攻撃を行った。このような圧倒的な軍事力の差にものを言わせた「テロとの戦い」は、多数の一般市民が空爆で「巻き添え[76]」になって命を落とすこと、また、「テロとの戦い」が西洋諸国の中東での覇権確保に動機づけられたものではないかとの疑念から、世界各地で反対論もあったが、ムスリムの間では、特にこれに対する反感が強まる傾向がある。

　9・11後のアメリカのJ. W. ブッシュ大統領は、各国に「我々に付くのか、テロリストの側に付くのか」と態度を鮮明にするよう迫った。このような「味方に付かない者は敵」という二分法的議論の下で、ムスリムは、「テロとの戦い」に賛同する「良いムスリム」と反対する「悪いムスリム」の二つのどちらかに区別されることになり、ムスリムの立場は極めて厳しいものとなった（マフムード, 2005: 16）。そもそも、何を「テロ」とみなすかについても議論がある。パレスチナのハマースによるイスラエルへの「テロ行為」については、「イスラエルの非道・残虐なパレスチナ攻撃」に対する抵抗とみなすムスリムもいる。塩尻は、抵抗運動を行うレバノンのヒズブッラーやパレスチナのハマースのような組織は一概にテロ集団と決めつけられないにもかかわらず、これらイスラーム側の組織がテロリストに擬せられると論じる（塩尻, 2007）。

　シンガポールでは、2002年2月、宗教学者・宗教教師の団体プルガスを含む4団体[77]が、政府に対し、人道的見地から「有志連合」によるイラクへの攻撃に反対するか、少なくとも支援を差し控えるよう求める声明を発表した。しかしシンガポールは、2002年のイラク攻撃に際し、イスラーム関係団体から

75　2016年5月5日聴き取り【No. 5】。
76　西洋諸国の軍の公式発表では「collateral damage（二次被害）」と婉曲的に表現されることが多い。
77　プルガスのほか、PERDAUS（プルダウス）、Muhammadiyah（ムハマディヤ）、Centre for Contemporary Islamic Studies の3団体が連名で声明を出した。

の反対はあったが、給油活動、連絡・作戦要員の派遣等の「後方支援」という形で、西洋諸国からなる「有志連合」に協力した。シンガポールは 2001 年のアフガニスタン攻撃に際しても同様の協力を行っていた。シンガポールは、自国の安全保障上の戦略として、海軍基地の使用権を認めるなどアメリカとの安全保障面での協力を強化してきていることから、アメリカ主導の「有志連合」への協力は自然な流れであった。2014 年 8 月以降、西洋諸国は、ISIS 掃討作戦としてイラクとシリアで ISIS への空爆を行っているが、これについても、シンガポールは同様に後方支援による協力を行っている。ISIS への空爆についても、ムスリム社会から声明などは出ていないが、不満を持つムスリムはいる。ムスリム問題担当大臣（当時）のヤコブ・イブラヒムは、「ISIS への攻撃は、イスラームに対するものではない」と発言し、ムスリム社会の懸念を解消しようとしている。

　前述のプルガスの幹部は、ISIS への攻撃について、「アメリカはイラクの市民を攻撃し、正義だと主張している」と筆者に対し不満を訴えているが、プルガスは 2002 年のイラク攻撃の時のように表立って反対することは控えている。プルガスは、1999 年の義務教育の導入の議論ではマドラサの小学校廃止に反対し（5.1.1.）、2002 年の公立学校におけるヒジャブの着用規制の徹底に際してはこれに反対した（4.2.1.）。しかし、現在は多くのメンバーが政府と協力して過激主義者のリハビリテーションに取り組むなど、政府と協調する方向に転じている。「シンガポールは小国なので、政治的な判断をしないといけないことがある。政治的な判断について、自分はコメントできない」と彼は言葉少なに筆者に語った。

　大学を出てビジネスマンとして活躍するある世俗派のムスリムにも、「テロとの戦い」について意見を聴いた。彼は、イラクで大量破壊兵器が発見されなかったことに言及し、「自分は近代的なムスリムだが」と断りながら、中東で西洋諸国が行う武力攻撃を「非常な不正義」だと言う。「パレスチナやミャンマーで起こっていること（筆者注：ムスリムに対する暴力）もきちんと非難してほしい」と彼は続ける。「シンガポール国軍はイスラエル軍との関係が深い

78　"Singapore to send officers, equipment to anti-ISIS coalition", *ST*, 4 November, 2014.
79　Ibid.
80　2016 年 5 月 5 日聴き取り【No. 5】。
81　2015 年 8 月 17 日聴き取り【No. 19】。

ことは分かっているが[82]、やはり声を上げるべきだ」とも言う。彼は、ムスリムには確かに「ウンマ（世界規模の宗教共同体）」（2.1.2.1.）としての意識があり、それが「テロとの戦い」へのムスリムの認識に影響を与えると考えている。「ムスリムにとってのウンマというのは自然なことで、自分も、会ったこともない遠い国のムスリムに『ブラザー』とメールで呼びかけることができる。仏教徒やキリスト教徒にはない感覚だろう」と彼は語った。

　しかし、ムスリムのリーダーたちから聴き取りを行った範囲でも、「ウンマ」への意識は個人差が大きい。あるマレー人自助団体の幹部のムスリムは、「自分は、電車の運転障害は不満だが[83]、『テロとの戦い』については特に不満ではない。（中略）パレスチナの問題は、宗教というよりも土地をめぐる争いだ。当事者にまかせるしかない」と言う。

　宗教と安全保障を専門とする研究者（インド人ムスリム。6.3.2.で既出）は、新移民のムスリムとの連携を目指すNPOにも関わっており、シリア難民やミャンマーのロヒンギャに対する支援活動に取り組んだ。マレー・ムスリム社会は決して豊かではないにもかかわらず多額の寄付が集まり、「ウンマ」としての意識の強さを感じた[84]。彼自身は、政府と連携して安全保障に関する研究に携わる立場から、シンガポールは「テロとの戦い」に参加せざるを得ないと考えている。理由は、①参加しないとインテリジェンスから排除されてしまう、②豊かな国になった以上国際社会における役割を果たすべき、③実際にテロの被害が起こった場合の影響は非常に大きい、の三点である。彼は、ムスリムはもっとバランスの取れた考え方をすべきだと考え、以下のように述べている。

　　エジプトのムバラク、イラクのフセイン、シリアのアサドなどは、ムスリムがムスリムに対し反人道的なことをしているケースだ。西洋による攻撃以外に、ムスリム同士でもっとひどいことが行われていることがある。ムスリムの中でやるべきことがある。また、中国は新疆のムスリムを迫害しているが、マレー・ムスリムが中国を非難することはない。

82　シンガポールは独立後、国防体制の整備のためにイスラエルの技術支援を受けてきた（3.1.2.）。
83　近年、国民の主要な交通手段であるMRT（Mass Rapid Transit：大量高速鉄道）の車両や設備の不具合による運転障害が頻発して国民の大きな不満を招き、2011年の総選挙で与党が後退した原因の一つと言われるほど政治問題化している。
84　2015年8月14日聴き取り【No. 55】。

ただ、彼は、「シンガポールのムスリムは感情的に反発しがちであり、こういった考えには至りにくい」とも認識している。

　RRGのメンバーであり、RSISで過激主義防止対策に関する研究を行うムハマッド・ハニフ・ハッサン（Muhammad Haniff Hassan：以下「ハニフ」という）は、過激主義の防止のためには、過激主義のイデオロギーだけでなく、「地球規模のムスリムの悲憤（global Muslim grievances）[85]」に国際社会が対処していくことが必要であると指摘する（Muhamad Haniff, 2007: 156）。「地球規模のムスリムの悲憤」とは、「世界各地で行われているムスリムに対する不正義」とムスリムが認識するような事態である。ハニフは、JIがシンガポールで勧誘を行った際にも、マルク（インドネシア）、ミンダナオ（フィリピン）、ボスニアなど世界各地のムスリムの苦境が引き合いに出されたことを指摘する。彼は、過激主義の防止のためには、アメリカなど大国の中東における不公正な外交政策、ムスリムの国々での外国軍のプレゼンス、ムスリムの国々での非民主的体制への大国の支援など、「地球規模のムスリムへの悲憤」の根本原因に対処していくことが求められると主張している。

　安達は、2005年のロンドン同時爆破テロ事件のようなイギリス人のムスリムによるテロの原因として、経済的剥奪、ムスリムへの不当な取締りなどのほか、アフガニスタンやイラクへの武力行使などの外交政策を通じた「日々の侮辱」がムスリム（特に、移民二世・三世のイギリス生まれのムスリム）に強い疎外感を抱かせ、過激主義を生み出す土壌になっていると指摘する（安達, 2013: 345-356）。また、内藤正典は、イスラームにおいて戦争に巻き込んではならない「非戦闘員」とされる女性や子供がアフガニスタンやイラクで多く犠牲になっていることが、世界のムスリムの怒りを買うと指摘する（内藤正典, 2009: 43-50）。安達や内藤正典が指摘するようなメカニズムがシンガポールのムスリムの間に働くと考えることは、決して不自然ではないであろう。

　しかし、2015年にシンガポールが開催した過激主義者のリハビリテーションに関する国際会議では、宗教上の最高指導者であるムフティが「世界のムスリムへの不正義」について、取材に対し、「紛争地域での「不正義」をなんとか正したいという若者のエネルギーは、コミュニティのプロジェクトのよう[86]

85　ムスリムの「地球規模の悲憤（global grievances）」については、作家・宗教学者のレザー・アスラン（Reza Aslan）も論じている（アスラン, 2010: 239, 246）。
86　「地域社会」、「マレー・ムスリム社会」の両方の解釈ができる。

な前向きな活動に振り向けられることが望ましい」と述べている。シンガポールは、国内のムスリムの感情に配慮して西洋諸国の外交・安全保障政策を変更することはないであろう。リー・シェンロン首相は、「よそのどこかの国の紛争がシンガポールの民族・宗教間の信頼に影響を及ぼすようなことがあってはならない」と発言し、外国で起こっている問題からシンガポールのムスリムを切り離そうとしている。政府に任命される職でもあるムフティとしては、このような政府の方針に沿った発言をせざるを得ない状況にあると理解される。しかし、もし宗教指導者たちが「地球規模のムスリムの悲憤」の議論を避け、「テロとの戦い」に参加する政府と一体になって過激主義防止対策を進めているとみられれば、ムスリムの中から不満が出てくる可能性があると考えられる。

　現地のムスリムの政治学者は、RRG の活動について、「テロの背景となるムスリムの世界的な抑圧の問題に触れないもの」であり、「アメリカのテロ対策の論理の中での取組みになっている」と筆者に対し指摘している。過激主義防止対策は、西洋諸国が推進し、シンガポールも参画している「テロとの戦い」の一部を構成するものであることは事実であり、「テロとの戦い」全体の文脈と切り離すことはできない。「テロとの戦い」に関しては、その一部をなす対中東政策、特にその軍事的な側面について、特にムスリム社会においては、ムスリムに対する「不公正」を伴うものとして不満が強まりがちである。過激主義の防止のためには、そのようなムスリムの不満を何らかの形で受け止める場も必要ではないかと考えられる。

6.4. 小括

　本章では、2001〜02 年の JI 事件以降のムスリムによる過激主義防止対策について論じ、専ら宗教面からのアプローチを取ることに関わる問題、政府と一体のものとみられることに関わる問題、「テロとの戦い」に対するムスリムの感情に関わる問題の三つの視点から課題を明らかにしてきた。

　過激主義は政治的・社会的な問題でもあり、また、ムスリム以外も関わってくる可能性があることから、宗教面からのアプローチにより対処するだけでは

87　"Efforts to rehabilitate detainees, help families", *ST*, 17 April, 2015.
88　"Singapore cannot allow conflicts elsewhere to damage racial and religious harmony: PM Lee", *ST*, 24 July, 2017.
89　2015 年 3 月 19 日聴き取り【No. 48】。

効果的な対応が難しい面もあると考えられるが、ムスリムの宗教リーダーたち
は、過激主義を専ら宗教の問題としてとらえる政府の考え方を受け容れ、ムス
リムとしての立場から問題に対応している。

　彼らの取組みは、政府、特に、ムスリムを監視し取り締まる治安当局のため
のものとみなされることになる。ムスリムのリーダーたち自身もこの「スティ
グマ」を強く意識しながら、拘束者の再教育・社会復帰対策や過激主義の予防
対策に取り組んでいる。また彼らは、ムスリムに対する「不正義」を伴う「テ
ロとの戦い」に協力しているという別の「スティグマ」を引き受けさせられる
リスクも負っている。

　このように、ムスリムのリーダーたちは、ある面では彼らの対処能力を超え
る困難な任務に、ムスリム社会の中で「スティグマ化」されるリスクを引き受
けながら取り組んでいる。リーダーたちの行動の背景には、万一テロが起きた
場合には華人を中心とする非ムスリムからのバックラッシュによって、雇用差
別が劇的に悪化し、ただでさえ大きな社会的格差、差別などの問題に直面する
ムスリム社会が決定的に厳しい状況に追い込まれるという危機感がある (6.1.)。
テロが起こってしまった場合に実際にバックラッシュが起こるかどうかは予測
できるものではないが、政府は国民に対し、民族・宗教間の緊張・摩擦が起こ
る恐れがあることを繰り返し注意喚起し、国民を広く巻き込んで、民族・宗
教間信頼サークル (IRCC) など平時からそれに備えるためのプログラムを推
進している (8.1.1.)。このことは、かえって国民一般に対しても、ムスリムに
対しても、バックラッシュが起こる可能性があるという意識を強くさせる効果
があると考えられる。それによって、ムスリムのリーダーたちは、一層積極的
に過激主義防止対策に取り組むよう促されることになる。

　RRG と ACG が拘束者やその家族の再教育・社会復帰に重要な役割を果たし
てきたことは否定できない。しかし、ムスリム社会の中で、一部の宗教リーダ
ーたちが、政府（特に治安当局）のために、あるいは、西洋諸国が推進する「テ
ロとの戦い」の一環として、過激主義防止対策を進めているという見方が広ま
れば、そのような過激主義防止対策の進め方に不満を持つという形で、排除さ
れていると感じるムスリムが出てくるであろう。また、そのようなムスリムが
リーダーたちに「政府の手先」であり、「ムスリム社会の利益を代表していない」

90　"New push to strengthen racial ties", *ST*, 29 January 2002, Lee Hsien Loong, 2016.

とみて反発する形で、リーダーたちが排除されることにもなりかねない。

　政府は、過激主義対策を推進し、また、国民に対し「ムスリムに偏見を持ってはいけない」と訴え、また、民族・宗教間交流を促進し、予期されるバックラッシュに備えることで、ムスリムのシンガポール社会への包摂を図り、過激主義防止対策に懸命に取り組むムスリムに報いる。宗教リーダーたちは、政府の対処方針に沿ったムスリム社会の包摂に協力するが、そのことは、ムスリム社会の内部で、過激主義防止対策の進め方に不満を持つ人々の排除、また、そのような人々による宗教リーダーたちの排除という、二つの排除を招く恐れがあると考えられる。リーダーたちがムスリム社会からスティグマ化され、積極的な協力を得られないという形で排除されることになれば、過激主義防止対策の実施に支障を及ぼすことにより、かえってムスリム社会にとって不利益をもたらすことも危惧されると筆者は考える。

第7章
宗教間の交流と「過激主義」
の言説をめぐる問題
ムスリムがクリスマスの挨拶を避けることについて

　本章では、やや時事問題的ではあるが、2016年に盛り上がった「シンガポールのムスリムがクリスマスの挨拶を避けることは容認されるか」に関する論議を取り上げる。このテーマは、イスラームの管理に関わる問題のうち、「イスラーム過激主義によるテロの脅威が認識されている状況下で、ムスリムの宗教実践の自由がどこまで容認されるのか」という問題の、さらに特定の一つの宗教実践のあり方に関わる問題に過ぎない。にもかかわらず、あえて一つの章を割いて論じるのは、①首相まで加わるなど論議が広がりをみせたこと、②国家の安全保障と宗教実践の自由との相克という重要な論点が含まれていること、③論議の経過がISIS台頭以降のシンガポールにおけるムスリムの包摂と排除に関する状況をよく反映していることなどから、本研究の中心テーマであるムスリムの包摂と排除に関連するテーマとして、分析を試みる価値があると考えるからである。

7.1. 保守的な宗教実践と外国の影響

　現在のシンガポールでは、一部のムスリムの間で宗教志向の保守化が進み、一方で一部のムスリムの間では世俗志向が強まり、ムスリムの宗教志向は多様化が進んでいる（2.1.2.6.）。近年の一部のムスリムの宗教志向の保守化の一因には、外国の宣教師の影響があるとみられている。外国のカリスマ的な宣教師は、大人数の聴衆を集めて説教を行い、テレビに出演し、インターネットで発信し、世界中に支持を広げている。特に有名な宣教師の例としては、ザキル・ナイク（Zakir Naik）とイスマイル・メンク（Ismail Menk：通称「ムフティ・メンク」）を挙げることができる。彼らの説教は、LGBT（性的少数者）の権利保護への反対、ハッド刑への支持、他の宗教への排他性など保守的なイスラームの思想を含む。
　ザキル・ナイクは、インドの宣教師であるが、ドバイの「Peace TV」とい

うテレビ局から十以上の言語による衛星放送で発信し、世界的に強い影響力を持っている。彼のフェイスブック・ページは 1,600 万人以上、ツイッターのアカウントは 14 万人以上からフォローされている[1]。彼の説教はユーチューブで共有され、中には数十万回、数百万回も再生されているものもある。アルカイダとオサマ・ビン・ラディンに支持を表明するなど、暴力的な運動を支持しているとみられている。Peace TV はテロを正当化する説教を行ったとして、地元インドのほか、イギリス、カナダなどでも放送を禁止されている。2016年には、バングラデシュ政府は、7 月にダッカで発生したテロ事件の犯人の中にザキルの説教に影響された者がいたとし、ザキルのテレビ放送を禁止した[2]。ザキルはテロリストを支援した疑いでインドの治安当局の捜査を受け、マレーシアに逃亡している。

　ムフティ・メンクはジンバブエの宗教指導者であるが、ザキルと同様にインターネットで発信し世界的に支持を集めているカリスマ的な宣教師である。彼のフェイスブック・ページは 200 万人以上、ツイッターのアカウントは 100 万人以上からフォローされている[3]。ゲイを「動物以下だ」と断じたり、姦通した女性を石打ち刑に処することを当然視したりするなど、保守的なイスラームの思想を広めているとされる。シンガポールでも一部のムスリムの間で人気があり、2012 年から毎年来訪して説教を行ったが、2015 年 12 月には当局から説教のための就労許可を得ることができず（5.2.4.）、説教が直前で中止となった[4]。この説教の入場券 5 千席分は、1 か月前に完売していたという。2016 年 2 月、マサゴス・ズルキフリ（Masagos Zulkifli）前第二内務大臣兼外務大臣は、メンクについて「シンガポールの融和的で平和な環境を脅かす者」とみなし、就労を許可しなかったことを説明した[5]。

　マサゴスは、他の宗教への非寛容を生みかねないメンクの思想として、具体的に「ムスリムはクリスマスの挨拶をすべきではない」という主張を挙げた。ほかに議論になりそうな点としては、LGBT やハッド刑の問題もあるが、特に「ク

1　いずれも、2017 年 4 月 2 日時点。
2　"Bangladesh bans Islamic TV channel after claims it inspired cafe massacre that left 28 dead", *Daily Mail Online*, 10 July, 2016.
3　いずれも、2017 年 4 月 2 日時点。
4　"No work pass, hence no-show by Muslim cleric", *Middle Ground*, 7 December, 2015.
5　"Transcript of Masagos'interview with Malay current affairs programme", *Today*, 11 February. 2016.

リスマスの挨拶」の問題が持ち出された。これは、ムスリムがクリスマスに限らず他の宗教の祝祭を祝うことはイスラームに反するという主張であり、ザキルにもメンクにも共通している。

「クリスマスの挨拶」に関する彼らの主張を伝える一つの動画を取り上げてみる。これは、「ムスリムは、クリスマスを祝福することができるか」と題するユーチューブ上の動画で、インドでのザキルの説教の模様を伝える Peace TV の放送が一部抜粋されて投稿されたものである[6]。この動画で、ザキルは 20 代くらいの男性の聴衆からの以下のような質問に答えている（英語のやりとりを筆者が適宜要約し和訳した）。

　「ムスリムはキリスト教徒にクリスマスの挨拶をすべきではない」というお話がありました。僕はショックを受けています。挨拶は友人といい関係を築くためだし、クリスマスは少なくとも僕たちの世代では、商業的なものだと考えられています。クリスマスの挨拶はどうしてイスラームに反するのでしょうか。

この質問に、ザキルは以下のように答えている。

　クリスマスを祝うことは、キリストが神の子であることを認めることになります。キリスト教徒がクリスマスを祝うのは、その日にキリストが神の子として生まれたと彼らが考えているからでしょう。あなたがそれを知っている以上、ムスリムがクリスマスを祝うことはできません。間違って酒を飲んだとしても、知らずにやったのであれば、神はお許しになるでしょう。でも、知っていてやったことは、お許しにならない。あなたはそれを知っていて、なおクリスマスを祝うのであれば、それはハラーム（筆者注：haram：イスラームで禁じられていること）です。

イスラームでは、「神の唯一性」（タウヒード：tawhid）が、教義の最も重要な部分をなしている（中村廣治郎, 1998: 67-68）。ムハンマドは預言者であり、神ではない。キリストもムハンマドと同様に預言者であり、一人の人間であっ

6　"Can Muslims Celebrate And Wish Merry Christmas – Dr Zakir Naik", *DaringDeen*, 25 December, 2012. (https://www.youtube.com/watch?v=B6-x-rDRsTo, 2017 年 4 月 2 日最終アクセス)

て神ではないとされ、この点でキリストを神の子であり神と一体とみなすキリスト教の教義とは異なる（エスポジト, 2009: 66-68）。以上は、イスラームの正統な教義である。ザキルは、このことから、キリストが神の子として生まれた日とされるクリスマスを祝うことは、たとえ「メリー・クリスマス」と挨拶をするだけでも、神の唯一性を信じるイスラームに反するものであると主張するのである。

　最近はシンガポールでも、こうした外国の宣教師に影響され、クリスマス前に「ムスリムはクリスマスを祝うのをやめよう」というメッセージをソーシャル・メディアなどで知人に送るムスリムが増えている[7]。問題にされるのは、ミサなどキリスト教の行事への参加といったことではない。「メリー・クリスマス」と挨拶をすることさえも、イスラームに反することであり、ムスリムは避けなければならないという主張なのである。

　この挨拶の問題が、2016 年のシンガポールでは、首相まで巻き込んだ議論に拡大した。他宗教の祝祭への挨拶の忌避は、儀礼のほか服装や言葉の使い方など様々な形をとる宗教実践の保守化の現れの一つに過ぎないが、過激主義の防止や民族・宗教間融和というシンガポール社会の文脈の中で取り上げられ、大きな論争を招いた。挨拶の問題が、あたかも「ムスリムの憂慮すべき志向」を代表するものであるかのようにシンボル化されている感もある。本章では、この「クリスマスの挨拶」をめぐる論議に注目し、この問題が「過激主義」をめぐる言説にどのように組み込まれているかを中心に、ムスリムの宗教志向とそれに対する国家の介入、それに伴うムスリムの包摂に関わる問題などについて論じる。

7.2.「過激主義」をめぐる言説

　2016 年には、テロ・治安対策を担当する内務大臣の発言から始まり、研究者たち、さらにはリー・シェンロン首相まで加わって、「ムスリムがクリスマスの挨拶を避けること」は「過激主義」であるとする論議が広がった。以下にその経過と論議の内容を整理する。

7　宗教間対話に取り組むムスリムからの聴き取り（2016 年 5 月 9 日【No. 4】）。

7.2.1. シャンムガムの発言 ―問題視されるムスリムの「分離」―

「クリスマスの挨拶」を過激主義と関連づける論議のきっかけになったのは、2016 年 1 月のシンポジウム[8]における K. シャンムガム（K. Shanmugam）内務大臣兼法務大臣（インド人。ムスリムではない）の発言であった。この発言は、2 日間のシンポジウムの初日、1 月 19 日の開会挨拶であるが、過激主義や民族・宗教間融和の問題に対する政府の認識を包括的に説明している[9]。

シャンムガムは、まず、東南アジアで宗教意識の高まりを背景として過激主義的なテロリストのイデオロギーへの支持が広まっていると述べる。また、マレーシアで 60% のマレー人が、マレーシア人またはマレー人である前にムスリムだと自己認識していること、71% のマレー人がハッド刑[10]（5.2.1.）の導入を支持していることを挙げ[11]、マレーシア社会が根本的に変わっており、マレーシアの状況はシンガポールにも大きく関連すると述べている。また、マレーシアのマレー人の 10% が ISIS に対して好意的であることにも触れている[12]。

次にシャンムガムは、「シンガポールにおける相互に関連する四つの脅威」に言及している（この「四つの脅威」はすべてムスリムに関わるものである）。

一つ目は、テロ攻撃の危機である。テロは「起こるかどうか」の問題ではなく、「いつ起こるか」の問題だとシャンムガムは強く注意を喚起している。

二つ目は、一部のムスリムの過激化である。過激主義に感化されて外国での武装闘争に加わろうとした 2 名のシンガポールの若者の具体例を挙げ、若者たちの中には、暴力を賛美する宣教師の説教をインターネットで聴くことで影響を受ける者もいると述べている。

三つ目は、ムスリムのシンガポール社会からの「一層の分離」[13]である。クリ

8　南洋理工大学 S. ラジャラトナム国際研究大学院（RSIS）に設置された宗教間融和に関する研究プログラム SPR (Studies in Inter-Religious Relations in Plural Societies Programme) が開催した「SRP Symposium 2016 "Common Space: Can Religion Contribute to It?"」で、「どのように宗教が社会において共通の空間を広げることができるか」を議論することを目的としたものであった。

9　Shanmugam, K. (2016), The 2nd SRP Distinguished Lecture and Symposium 2016, Opening Address by Mr K. Shanmugam, Minister for Home Affairs and Minister for Law, January 19, 2016.

10　クルアーンに明示的に規定された、鞭打ち、手足の切断などの体刑を伴う刑罰。

11　言及されているデータは、2015 年 8 月にマレーシアのムルデカ・センター（Merdeka Centre）が公表したアンケート結果によるものである（"More Malays say they are Muslim first: Malaysian poll", *ST*, 12 August, 2015.）。

12　言及されているデータは、2015 年 11 月にアメリカのピュー研究所が公表した結果によるものである（"In nations with significant Muslim populations, much disdain for ISIS", *Pew Research Centre*, 17 November, 2015.）。

13　シャンムガムは "growing more distant" と表現している。

スマスの挨拶の問題が出てくるのは、この部分である。シャンムガムは、一部のムスリムの間に、クリスマスやディーパバリ (Deepavali) の挨拶を避ける、「国民の誓い」(1.3.2.4.)、国歌、ナショナル・サービスを嫌う、シンガポールの民主的政治体制をイスラームと矛盾するものとみなしイスラーム国家の建設を望むといった動きがみられると述べる。シャンムガムは、ムスリムの「主流社会」からの分離はシンガポール社会に長期的に深刻な影響を及ぼすと警告し、政府は、宗教の教義面には介入しないが、他の宗教から距離を置くよう説く外国の宣教師を禁止するなど、民族・宗教間融和を守るために必要な介入は行う、とシャンムガムは言明している。

　四つ目の脅威は、「イスラモフォビア」である。国内でのムスリムの過激化は、イスラームへの疑念や偏見を増す。最近のシンガポールは、マレー人の女性がバス停で「自爆テロリスト」と呼ばれたり、複数の場所で「イスラームの殺人者たち」という落書きがみられたりするなど、非寛容と無縁ではなくなっている。非ムスリムの側がムスリムを信頼し、支援することが必要だとシャンムガムは国民に訴えている。

　シャンムガムは、「ムスリムの分離」について述べる中で、「クリスマスの挨拶をしないこと」に最初に言及しており、これを「ムスリムの分離」の代表的・象徴的な現象とみなしている。このことについて、プルガスが声明を出すなど (7.2.2.) ムスリム社会の一部からは反論があったが、ムスリムを含む研究者の間からシャンムガムの見解を支援する意見も出て、「クリスマスの挨拶」に関する論議が拡大していった。

7.2.2. プルガスのシャンムガムに対する反論

　シャンムガムの発言に対する反論として、2 月 5 日には宗教学者・宗教教師の団体であるプルガスが「非ムスリムに対し彼らの祝祭に際して挨拶をすることについての宗教上のガイダンス」と題する声明を発表した。[15]

　声明は、イスラーム法学者たちの間でも「非ムスリムの祝祭の挨拶が認められるかどうか」については意見が分かれ、意見の相違はイジュティハード (ijtihad：解釈) の結果であると述べる。イスラームにおいては、クルアーンや

14　ヒンドゥー教の年間で最大の祝祭。インドでは「ディワリ：Diwali」と呼ばれることが多い。
15　英語版、マレー語版の両方が公表されているが、内容は同じである。本論では、英語版に基づき解説する (PERGAS, 2016)。

ハディース（預言者ムハンマドの言行録）に明確に規定されていない事項については、イスラーム法学者が理性を行使しイスラームの法源などの論拠に基づきイジュティハードを行う余地が認められるとする考え方が主流である（中村廣治朗, 1998: 100-108, 堀井, 2002)。声明は、「非ムスリムの祝祭の挨拶をすることは認められる」という意見、「認められない」という意見のどちらもクルアーンの章句など論拠となるものがあり、ムスリムがクリスマスの挨拶をすべきではないと考えることもイスラームの教義の解釈として正統であり、間違いとは言えないと説明する。

その上で声明は、シンガポールのムスリムが多文化・多宗教社会に生きているという文脈を考慮し、プルガスの見解は「認められる」方に傾いていると述べる。そして、イスラームが推奨する親切は、挨拶以外にも職場や地域社会の様々な場面で表せるものであり、ムスリム社会が非ムスリムと良い関係を築き上げていくことを願うと、声明は述べる。

プルガスの声明は、シャンムガムの「ムスリムがクリスマスの挨拶をしないこと」は、「ムスリムの分離」の表れであるという懸念に対し、それも正統なムスリムの信仰であると訴え、いずれにしてもムスリムが他の宗教と良好な関係を築くことが必要であると訴えている。声明の意図についてさらに詳細にプルガスの幹部から説明を受けた内容については、7.3.1. で詳述する。

7.2.3. 研究者による「過激主義」の言説

シャンムガムの発言を支持し、クリスマスの挨拶をしないことを「ムスリムの分離」ととらえ、これを過激主義と結びつけて危険視する研究者の議論もあった。

2016 年 8 月 3 日には、シンガポール国立大学のサイド・ファリド・アラタス（Syed Farid Alatas）[16] 教授が、現地紙に寄稿し、クリスマスの挨拶を避けるムスリムの宗教実践を厳しく非難した。[17] アラタスは、暴力的な手段に訴えることには反対であっても、排他主義、女性差別主義、聖典などを硬直的に適用する直解主義（literalism）などの特徴を持つ「過激主義（extremism）」が存在すると指摘する。このような「過激主義」を信奉する宗教指導者が、シーア派

16　アラブ系ムスリムのマレーシア人。歴史社会学者。父は社会学者・政治家の故サイド・フセイン・アラタス（Syed Hussein Alatas）（3.2.2.1. 参照）。

17　"The perils of non-violent extremism", Syed Farid Alatas, *Today*, 3 August, 2016.

など他派に対する憎悪をあおることは、直接に暴力を教唆していないとしても[18]、影響を受けた人々に暴力を促すことになると言う。

アラタスは続けて、他の宗教の祝祭に際し挨拶をすることは、その宗教の教義を受け容れるのとは別であり、単に隣づきあいや礼儀の問題であることは明らかだと主張する。挨拶を避けるような誤った考え方は、民族・宗教間関係に悪影響を与えかねない。シンガポールでは、改宗したムスリムが非ムスリムの親や親戚に彼らの宗教の祝祭の挨拶をしないとしたら深刻な問題になると、アラタスは懸念する[19]。

アラタスは、このような宗教志向は、「非暴力的過激主義（non-violent extremism）」であるとしても、容易に「暴力的過激主義（violent extremism）」に転じるものであり、当局も研究者も市民活動家も、テロリズムだけではなく、非暴力的過激主義にも反対し断固として対処すべきだと訴える。

この記事の発表後、アラタスは講演でも「非暴力的過激主義」について論じている[20]。アラタスは、クリスマスの挨拶のほか、ヨガ[21]やポケモン・ゴー[22]まで「イスラーム的ではない」として拒否するなど、マレーシアで「非暴力的過激主義が浸透している」と懸念を表明する。男女間の握手を避けるような保守的な信仰を広めるのではなく、宗教指導者は深刻なマレー人への差別など現実社会の問題に取り組むべきだと、アラタスは主張した。

8 月 18 日には、南洋理工大学 S. ラジャラトナム国際研究大学院（RSIS）の准教授でありテロリズムの専門家であるクマル・ラマクリシュナ（Kumar Ramakrishna）教授が、現地紙への寄稿で、「過激主義」の問題について主張を

18　アラタスは、近年のマレーシアで反シーア派の動きが強まっていることを批判している（Syed Farid Alatas "Salafism and the Persecution of Shi 'ites in Malaysia", *Middle East Institute*, 30 July, 2014.）。

19　近年では、キリスト教に改宗した若い華人が慣習に基づく祖先崇拝を拒否し、親の世代と衝突して家庭内の不和を招いている事例が増えている（伏木 , 2014: 44-45）。

20　"Understanding Muslim Extremism: The Relevance of Ibn Khaldun" と題するイスラーム・マレー問題研究所（RIMA）主催の講演。2016 年 8 月 25 日開催。筆者は聴講した。

21　2008 年 11 月、マレーシアの全国ファトワ委員会は、ヨガはインドの宗教に関わる詠唱や崇拝を含むのでハラーム（イスラームで禁止されるもの）であるとの判断を公表した。後にアブドラ（Abdullah Ahmad Badawi）首相（当時）が、詠唱や崇拝を含まない形であれば問題ないとの見解を示した（"PM clarifies: yoga okay without chanting", *Star*, 27 November, 2008）。

22　2016 年 8 月 10 日、マレーシア・ケダ州ファトワ委員会は、ポケモン・ゴーはハラームであるとの判断を公表した。モスクなどでのプレイヤーの増加も背景にあったが、サウジアラビアなどで、ギャンブルの要素を含む、多神教崇拝の懸念があるなどの理由からハラームと判断されたことを踏まえたものでもあった（"Kedah Fatwa Council declares Pokemon Go as 'haram' ", *New Straits Times*, August 10, 2016）。

展開した。[23]ラマクリシュナは、過激主義（extremism）には三つの特徴があると主張する。第一に、国旗を掲げることや、「様々な宗教の祝祭に他の宗教の人々と交流することを、さらには、挨拶することさえも」拒否するなど、「一般的な社会規範から著しく乖離している」ことである。第二に、特定の信仰のあり方に極端に強い感情的な愛着を持ち、容易に妥協しないことである。第三に、自分たちの考え方を押し付けるため実力に訴えるのに良心の呵責を覚えないことである。

　ラマクリシュナは、彼の定義によるこれらの過激主義の特徴を踏まえ、「非暴力的な」過激主義という言葉はそれ自体が矛盾であると論じる。戦略として非暴力的な装いをしているだけの宣教師や活動家にだまされてはいけない。当局は、先に述べた三つの過激主義の兆候を示す宣教師などに対し、自分で実行に移さなくても人をそそのかして暴力を行使させる場合は、情け容赦なく法を執行すべきである。このようにラマクリシュナは主張する。

　「クリスマスの挨拶」に関するシャンムガムの議論は、アラタス、ラマクリシュナに引き継がれた。シャンムガムは、クリスマスの挨拶を避ける宗教実践は、「ムスリムの主流社会からの分離」につながる恐れがあり、シンガポールの民族・宗教間融和の観点から憂慮すべき問題ととらえ、過激主義と関連づけて論じていなかった。アラタスは、クリスマスの挨拶を避けることは、「非暴力的」ではあるが「過激主義」の範疇に入り、民族・宗教間関係に悪影響を与えるばかりか、容易に暴力的なものに転化するものであり、適切に対処すべきだと主張した。さらにラマクリシュナの議論では、クリスマスの挨拶を避けることは、アラタスの言う「非暴力的過激主義」ではなく、暴力を伴う「過激主義」と同一視されている。このように、シャンムガム、アラタス、ラマクリシュナと議論が引き継がれるにつれ、「クリスマスの挨拶をしないこと」に対する「危険性」の認知度が順次高まっている。

　シャンムガムの発言以降、内務省は、2016年3月に、外国での武装闘争に参加していたシンガポール人4名を国内治安法に基づき拘束したことを公表した。また同7月には、ISISを支持する思想をインターネットで広め、他のムスリムを過激主義に感化させたとしてズルフィカル・モハマッド・シャリフ（Zulfikar Mohamad Shariff）（4.2.1. および6.3.2.）を国内治安法に基づき拘束した

23　"There's no such thing as non-violent extremism", *Today*, 18 August, 2016.

ことや、マドラサの卒業者も含め過激主義に感化された複数の人物に対し同法に基づく制限命令（restriction order）を発出したことなどを発表した[24]。2016年にはマレーシア、インドネシアでもISISに関連するテロ事件が発生するなど、テロをめぐる動きはシンガポール、近隣国において活発化している（6.2.3.）。専門家は、ISISの支配地域の縮小に伴い、東南アジアにおけるテロの脅威はかえって増していると指摘する（Singh and Muhammad, 2016）。テロへの懸念が高まる中で、「クリスマスの挨拶をしないこと」を、単に「民族・宗教間融和の障害」にとどまらず、「暴力的過激主義」につながる兆候、さらには、暴力を伴う「過激主義」そのものとして危険視する議論が出てきているのである。

　本研究においては、「イスラーム過激主義」を、「イスラームの理念を動員する政治運動（イスラーム主義）のうち暴力の行使をいとわないもの」ととらえている（0.1.）。このような理解によれば、「クリスマスの挨拶を避ける」ようなムスリムの宗教実践は、暴力に訴えるものでない限り、「過激主義」とは言えない。アラタスは、本研究の理解では「過激主義」と言えない厳格な宗教実践について、「非暴力的過激主義」と呼び、「暴力的過激主義」（本研究の理解による「過激主義」）といわば紙一重であるとして、非難し、排除しようとする。さらにラマクリシュナは、本研究の理解では「過激主義」と言えないものについても、暴力を伴う「過激主義」と同じものであるとして非難し、排除を求める。

　アラタスやラマクリシュナのような見方がどこまで国民一般に浸透しているかは定かではないが、筆者が聴き取りを行ったムスリムの一部は、少なくとも「クリスマスの挨拶を避けるような宗教志向は、非暴力的であるとしても「過激主義」には違いなく、また、「暴力的過激主義」に転化しかねないものである」というアラタスの見方には賛同していた。また、このような見方は、政府内部でもある程度共有されていると考えられる。これらについては、いずれも7.3.で論じる。

7.2.4. リー・シェンロン首相の発言―テロへの備えとしての民族・宗教間融和―

　リー・シェンロン首相までもが、2016年のナショナルデイ・ラリー[25]（Lee

24　"Detention & Releases under the Internal Security Act", Press Release, *Ministry of Home Affairs*, 29 July, 2016.
25　毎年8月に行われる首相の施政方針演説。

Hsien Loong, 2016）では、「クリスマスの挨拶」の問題に触れた[26]。

　リーは、まずテロ対策について論じる中で、もしテロリストがシンガポール人だったら、私たちの多民族社会は非常な緊張の中に置かれるだろう、と述べる。テロの後でパリの人々が助け合ったように[27]、シンガポールでテロが起こった場合、団結して乗り切れるかは、「テロが起こる前からいかに心構えをし、信頼を築き、結束を固め、共通の空間を維持・拡大しているか」によると、リーは言う。リーはまた、別の場では、テロ対策の新たなプログラム「SGSecure」（7.4.2.2.）に関連し、「テロ攻撃の余波（repercussion）」を最小限にするために地域社会の結びつきを強化する」ことを国民に求めている[28]。リーは、テロが起こった場合に、ムスリム社会が非ムスリムからのバックラッシュ（激しい非難、差別、排除など）にさらされ、民族・宗教間の分断を生む恐れがあることを示唆しているのである。

　リーは、幸い（筆者注：ムスリムの）宗教リーダーたちがテロを非難し、過激主義に異議を唱え、テロリストはイスラームを代表するものではないと明言していることに触れる。リーは、それぞれの宗教の社会が排他的になり、交流や接触に消極的になったら、分断は深まり、弱い社会になる、と強調した。リーはこう訴えた。

　　もしシンガポールで、華人同士だけで「新年快乐（筆者注：シンニュエンクァイルー／華語で「明けましておめでとう」の意味）」と言い、ムスリム同士だけで「Selamat Hari Raya（筆者注：スラマッ・ハリラヤ／マレー語で「断食明けおめでとう」の意味）」と言い、ヒンドゥー教徒同士だけでディーパバリの挨拶を交わし、クリスチャンだけで「メリー・クリスマス」と言っていたら、どうだろう。非常に違った、非常に問題の多い（troubled）シンガポールになってしまうだろう。

　リーは、このように、ムスリム以外の人々がムスリムに対し「スラマッ・ハ

26　リー・シェンロン首相は、ナショナルデイ・ラリーでは英語、華語、マレー語でそれぞれ内容の異なる演説を行うが、「クリスマスの挨拶」について触れたのは英語の演説であり、国民全員に向けたメッセージと位置づけられる。

27　2015年11月のフランス・パリでのテロ事件に言及している。

28　"Overcoming trauma of terror attack", *ST*, 20 March, 2017.

リラヤ」と挨拶することを求めながら、ムスリムがキリスト教徒に対し「メリー・クリスマス」と挨拶するよう求めた。

　西洋社会の一部では、信教の自由の侵害を避けるため、キリスト教徒以外の人々に配慮し、クリスマスの時期の挨拶を「ハッピー・ホリデイ」などと言い換えることがあるが、シンガポールでは逆に、ムスリムが「メリー・クリスマス」と言うことが強く求められている。シンガポールでは、イスラーム過激主義によるテロが差し迫った脅威として認識され、テロのバックラッシュを回避すべく、民族・宗教間の融和、特にムスリムと非ムスリムとの交流が強く促される独自の社会的文脈がある。このために、「シンガポールの社会的文脈に合わない」宗教実践は望ましくないものと批判され、政府の干渉を受けるのである。

7.3.「クリスマスの挨拶を避けること」に関する議論

　以下では、「ムスリムがクリスマスの挨拶を避けること」について、ムスリム社会の様々なリーダーたちから聴き取りを行った結果に基づき、「容認すべきである」という立場と、「容認できない」という立場の両方について、その主張の根拠を整理する。

　聴き取りは、2016年5月、8月、10月の3回にわたり11名を対象として行った。11名の選定については、宗教界・世俗社会両方を代表する人物、保守派・リベラル派の両方を代表する人物がそれぞれバランスよく含まれるよう配慮した。11名のうち、「ムスリムがクリスマスの挨拶を避けること」に対して、4名は容認、7名は容認しない立場であった。サンプル数が少ないことから、このことをもって非容認派が多いと主張するものではないが、非容認派のムスリムが一定数いることは確かであると考えられる。

7.3.1.「クリスマスの挨拶を避けること」を容認するという主張

　主に宗教実践の自由の立場から「ムスリムがクリスマスの挨拶を避けること」を容認するA氏からD氏まで4名のムスリムたちの主張について、整理、分析する。

　一人目は、宗教学者・宗教教師の団体プルガスの幹部職員のA氏（男性）である。[29] A氏は、マドラサを卒業後、エジプトのアズハル（Al-Azhar）大学（2.1.2.5.）

29　2016年5月5日、10月13日聴き取り【No.5】。

に留学した宗教界のエリートである。宗教リハビリテーション・グループ（RRG）（6.2.1.）の活動に同グループの発足当初から参加するなど、政府の過激主義防止対策に協力しているが、政府に対しイスラームの利益を守るために必要な主張はすると自認している。

2016年2月5日、プルガスは、シャンムガムの指摘に対する反論として、「ムスリムはクリスマスの挨拶は避けるべき」と考えるのもイスラームの正統な解釈であると主張する声明を出した（7.2.2.）。A氏に、この声明の趣旨について確認した。

A氏は、シャンムガムの発言に対し不快感を持つムスリムが多かったため、プルガスが声を挙げ、シャンムガムを「正す」必要があったと言う。宗教に政府が介入するとみられると問題になると、彼は考えている。多民族・多宗教社会シンガポールの文脈を考えれば、クリスマスの挨拶をしてもよいという意見がより適切であり、プルガスもそのようにシグナルを送っているが、イスラーム学者の間でも両方の意見があるため、どちらを取るかは個々のムスリムの判断にゆだねられる。A氏自身は、ムスリムはクリスマスの挨拶をしてもよいと考えるが、違う考え方も容認されるべきであり、違う考え方をするムスリムに対し間違っているとは言えないと言う。

A氏は、政府がクリスマスの挨拶の問題を「ムスリムの主流社会からの分離」とみなし、これをテロと結びつけて考えることについて、「信仰の問題」であり、「心配するようなことではない」と言う。宗教意識が強いことと他者から距離を置くこととは関係はないと、彼は考えている。預言者ムハンマドにはペルシャ人やユダヤ人の友人もいたし、自分自身にも非ムスリムの友人もいる。他の文化と交流することはイスラームの伝統であり、宗教実践のあり方にかかわらず、隣人と交流することが重要なのだとA氏は説明する。

二人目は、民間の宗教学校の教師B氏（男性）である（5.1.6.で既出）[30]。A氏と同様にマドラサを卒業しアズハル大学に留学した[31]。LGBTの権利保護に反対する運動を先導するなどの活動から、ムスリム社会では保守的なムスリムとして広く知られているが、彼自身は「伝統的」なムスリムであると自認している。ムスリムの宗教志向の三つの類型（2.1.2.3.）に即して言えば、預言者ムハンマ

30　学校の放課後や休日に短時間の宗教教育を提供する「パートタイム」の宗教学校（第2章脚注51参照）。

31　2016年8月23日、10月11日に聴き取り【No. 13】。

ドの時代の「伝統」に回帰すべきと考える「復興主義者（revivalist）」に当たる。

　B氏はクリスマスの挨拶の問題に関し、「自分はキリスト教を信仰していないのでクリスマスの挨拶をしない」が、「近隣の人たちと「ハッピー・ホリデイ」と挨拶をして仲良くしており、決して排他的ではない」と言う。シンガポールはそのような宗教実践を行う権利に対しても寛容であるべきだと彼は主張する。政府が「ムスリムもクリスマスの挨拶をすべきだ」と言うことで、隣人たちがクリスマスの挨拶をしないムスリムを否定的にとらえることになることが心配だ、とB氏は言う。

　B氏は、自分のような宗教実践が過激主義と呼ばれ、ザキルやメンクなど外国の宣教師のイメージと結びつけられるような過激主義のとらえ方は誤りだと主張する。自分のような「伝統的な」イスラームがカリフ制を支持するからといって、ISISと「伝統的な」イスラームを結びつけるのは間違いである、この学校ではISISを非難していると、B氏は言う。

　三人目は、ムイスに勤務するC氏（男性）である。A氏、B氏と同様にマドラサを卒業後アズハル大学に留学した経験を持つ宗教指導者である[32]。

　シャンムガムが「ムスリムの主流社会からの分離」を懸念することについて、C氏は、「多数派はそうではない」と言い、そうした動きはあるとしても少数に過ぎないと断る。クリスマスの挨拶を避けるような「正しいイスラーム」を追求するムスリムの志向は最近出てきたもので、以前はそのようなことは全然問題にならなかったと、C氏は不思議に感じている。「外国の問題が持ち込まれて混乱が増しており」、「うんざりしている」と彼は語った。

　彼自身は、クリスマスの挨拶をしたり、春節に華人に「恭喜発財（ゴンシーファーツァイ）」[33]と挨拶をしたりする。それが悪いムスリムになることだとは全く思わない。しかし、クリスマスの挨拶をするかどうかは、「個々のムスリムが好きにすればいいことだ」とC氏は言う。個人の宗教生活の問題、私的領域の問題、個人の選択の問題であって、それで社会から分離していることにはならない。「アルコールを飲まないから社会から分離していることになるのか」、

32　2016年5月3日、10月14日に聴き取り【No. 2】。なお、10月14日の時点では、ムイスから別のイスラーム関係団体の職場に変わっていた。

33　華語でよく用いられる「明けましておめでとう」に当たる春節の挨拶。字句通りの意味は「うれしいことがあって、お金がもうかりますように」である。マレー人であるC氏がこの言葉を知っており、華人に対する挨拶に使うことに、他の民族・宗教と積極的に交流しようとするC氏の姿勢が表れている。

また、「人に違いがあるのは自然なことだ」と言う。それを政治家が持ち出すことで、かえって問題を複雑にすると彼は不満を漏らす。

さらに、「クリスマスの挨拶をしないこと」を「過激主義」と呼ぶことについては、「そのようなムスリムが ISIS と同じように思われてしまう」から、「公正ではない」と、C 氏は批判的であった。シンガポールでも、極めて保守的なワッハーブ主義やサラフィー主義など主流から離れたムスリムのグループもあるが、主流でないことはテロなど暴力的な志向とは必ずしもつながらないとC 氏は考える。

四人目は、マレー人自助団体の元役員の D 氏（男性）である。宗教界のリーダーである A、B、C の各氏と異なり、大学を卒業し外資系企業に勤めるビジネスマンで、世俗世界で活躍するエリートである。以前は自助団体の役員を務め、政府に対しムスリムの地位改善のための政策提言を活発に行っていた。彼は、ナショナル・サービスにおける差別やヒジャブ規制などの問題を取り上げ、政府がムスリムに対し差別的あるいは同化主義的な政策を取っていると批判しており、現在もソーシャル・メディアでの意見発信を続けている。

D 氏は、クリスマスの挨拶の問題はテロとは関係がないにもかかわらず、政府がテロの問題を口実に宗教への管理強化を正当化していると考えている。彼は、リー・クアンユー初代首相が 2011 年に出版した著書で「マレー人は宗教面であまり厳格にならず、もっと国家に統合されるべきだ」と述べた（3.2.2.2.）ことに言及し、「政府が宗教実践の問題を口にするのは、自分たちと同じようにするなら仲間に入れてやるということであり、同化主義だ」と批判する。シャンムガムの発言も、「宗教に介入するものであり、押しつけがましい」し、「（一部に過ぎない保守的な動きについて）大げさに言いすぎ」であり、「これでは問題になる」と懸念を表していた。

7.3.2.「クリスマスの挨拶を避けること」を容認しないという主張

以下では、主に安全保障や民族・宗教間融和の観点から「ムスリムがクリスマスの挨拶を避けること」を容認できないとする E 氏から K 氏まで 7 名のム

34　19 世紀のサウジアラビアで起こり、現在もサウジアラビア王室の庇護を受けている。男女の分離徹底など厳格な宗教実践を行う（中村覚，2015）。
35　初期イスラームの原則や精神に戻ろうとする思想・運動であり、ワッハーブ派もこれに含まれる（板垣，2002）。
36　2016 年 8 月 19 日聴き取り【No. 21】。

スリムたちの主張について、整理、分析する。

　一人目は、著名なモスクのイマーム（宗教指導者）である E 氏（男性）である[37]。アラブ系であり、「非暴力的過激主義」の論を張る研究者アラタスの親戚でもある。スーフィズム（2.1.2.1.）の儀礼を守る「伝統主義者（traditionalist）」（2.1.2.3.）の宗教指導者である。政府のトップレベルと強いコネクションを持つ人物でもある[38]。このことから、政府に批判的なムスリムの中には、E 氏に対し好感を持たない人々もいる。

　E 氏は、「非暴力的過激主義」も危険であり、対処すべきだとするアラタスの見解は、自分の意見を反映したものだと言う。E 氏は、クリスマスの挨拶を避けることのほか、ハラールと非ハラールの食べ物で電子レンジなどを分けるよう求めること、さらにはヒジャブの着用をムスリム女性の義務だと考えることまでも、「過激主義」だと主張する。E 氏は、イスラーム復興前は、ムスリムは誰もヒジャブを着けなかったし、ハラールにもこだわらなかったが、現代のシンガポールの宗教指導者は中東の厳格なイスラームの「悪影響」を受けていると考えている。外国でもシンガポールでもムスリムが雇用差別や嫌がらせにあうのは、ムスリムの「過激主義」が恐れられるからであり、ムスリム自身の責任だとまで言う。このような議論は、ムスリムの多くが反発するところであろう。E 氏自身は、さすがにこのような考え方を一般のムスリムに伝えることはしないが、トップレベルの政府関係者には伝えているとのことであった。

　二人目は、南洋理工大学 S. ラジャラトナム国際研究大学院（RSIS）に設置された宗教間融和に関するプログラムに関わる F 氏（男性）である[39]。マレー人自助団体やムイスの役員を務めてきた重要人物で、政府と密接な関係を持つ。F 氏が所属する RSIS は、政府（特に国防省や内務省）と一体性が強く、F 氏の意見は概ね政府のスタンスを代表しているとみて間違いないと考えられる。

　F 氏は、アラタスの「非暴力的過激主義」に対する認識は、政府内でも共有されていると言う。F 氏の認識は、以下のとおりである。少数のムスリムが不

37　2016 年 5 月 5 日、8 月 19 日聴き取り【No. 11】。4.5.2.2. では彼のヒジャブ規制に対する考え方について触れた。

38　E 氏は、政府と密接な関係を持つムスリム社会の重要人物であり、過激主義に関連しムスリムが拘束された事案について、公表前に政府から情報を提供されていた（6.1.）。

39　この人物は、1.5.1.、5.2.2. および 8.2.1. でも言及するモハマッド・アラミ・ムサ（Mohammad Alami Musa）である。2016 年 5 月 11 日、8 月 26 日聴き取り【No. 64】。

寛容になり、「汚染」されることを避け、純粋性を維持しようとし、他の宗教の祝祭を祝わないなど、他と交わろうとしない。このような過激な宗教実践が広まりつつある。ただ、多数派は包摂的で寛容である。シャンムガムは少数のムスリムのことを語っているに過ぎない。

　政府がムスリムに他の宗教の祝祭を祝うよう促すことについて、F氏は、イスラームの最高指導者であるムフティが他の宗教の祝祭の挨拶をしてもいいと言っているので、特に問題はない、シンガポール人は我々のムフティに従うべきである、と言う。憲法は信教の自由を保障するが、完全に自由ではなく、安全保障上の脅威、公衆への迷惑、社会融和の維持等の観点からおのずと限界はある。クリスマスの挨拶をしないような宗教実践はこれらの観点からみて、「信教の自由の限界を超えている」とF氏は主張した。

　三人目は、中東系の外資企業に勤めるビジネスマンのG氏（男性）である[40]。彼は、アラタスの「過激主義」の主張に全面的に賛成であった。「クリスマスの挨拶はしないが、他宗教の人々とも交流すると言うムスリムは過激主義者なのか」という筆者の問いかけに対し、G氏は、「それは（非暴力的）過激主義者であり、段階を経て暴力的な思想に至るものだ」と断言した。彼は、「自分は中東にいたことがあるのでよく知っている」し、「こういう思想を広めているのが誰かも知っている」と言う。彼は、政府中枢の人物とつながりがあり、自分の意見をときどき直接伝えているとのことであった。

　四人目は、ハーモニー・センターの職員H氏（男性）である[41]。様々な市民レベルの対話プロジェクトを主催する市民活動家としての顔も持っている。保守的な宗教実践に批判的なリベラル派のムスリムで、現地紙やインターネット・メディアへの投稿を中心に活発に意見発信も行っている。

　彼は、自分はクリスマスの挨拶をすると言い、さらには、宗教間交流プロジェクトの一環として、教会が主催するクリスマスのイベントに参加することさえある（8.2.2.2.）。彼は「過激主義」に関するアラタスの見解に賛成であり、一部のムスリムが一層排他的になっていると考え、問題視している。「別に教会へ行けと言っているわけではない。挨拶もしないのは、過激主義というべきだ」と彼は語る。ただ、キリスト教徒の中にも、宗教間交流プログラムの一環とし

40　2016年8月25日聴き取り【No. 36】。
41　2016年8月22日聴き取り【No. 4】。

て仏教寺院を訪問しても、寺院内に入ろうとしない人々がいる。保守的なキリスト教徒は問題にされないが、ムスリムだけはテロと結びつけられて問題にされるとH氏は指摘する。政府がムスリムにクリスマスの挨拶をするよう促すのは、政府による宗教への介入ではないかとの筆者の問いかけに対しては、「教義上の問題に踏み込んでいるのではなく、社会の一体性の観点から問題があると、社会的な影響について述べているだけ」であり、問題はないとの説明であった。

　H氏は、イスラーム過激主義やムスリムへの差別に関する市民対話[42]で、様々な民族・宗教に属する参加者に対し、「ムスリムは、ムスリム社会の中の過激な考え方に対処していく必要がある」と述べながら、「ムスリムはいい人たちだと友人に伝えてほしい」と訴えている。シンガポール社会にムスリムが包摂されるよう様々な活動を行うH氏は、社会の懸念を招くようなムスリムの動きに対し否定的な姿勢を表明しなければならない立場にある。

　五人目は、大学でマレー人社会の問題を研究する大学院生I氏（女性）である[43]。一部のムスリムが女性にヒジャブの着用を強要する（4.1.3.）ことに異を唱えるリベラル派のムスリムである。

　彼女は、筆者が保守派（復興主義者）として広く知られる前述のB氏に会って聴き取りを行ったことを知ると、嫌悪感を露わにして、「なぜあんな人に会ったのか」と詰め寄ってきた。B氏が「クリスマスの挨拶はしないが、他の人たちとは仲良くしている」と言っていたことを伝えたが、彼女は「過激主義者だ。恐ろしい。彼らは、クリスマスの挨拶をしないし、男女間で握手をしようとしない」と言う。筆者が「クリスマスの挨拶をしないムスリムは、みな過激主義者なのか」と尋ねると、彼女は、「過激主義者だ。多民族社会とは相容れないものだ」と、取りつく島もなかった。リベラル派のムスリムは、このように復興主義者に対して拒絶的な反応をすることがある。I氏の場合は、恐れにも近い感情が感じられた。

　六人目は、マレー・ムスリム関係団体の研究員のJ氏（女性）である[44]。彼女もリベラル派のムスリムを自認しているが、やはり、復興主義者に対する強い拒否感がみられた。J氏は、復興主義者など保守的なムスリムの宗教志向に反発している。一部の保守的なムスリムがLGBTの人々を「ガン」呼ばわりす

42　2016年10月15日に開催された「CommaCon 2016」。筆者はこれに参加した（8.2.2.3.）。
43　2016年8月27日聴き取り【No. 58】。
44　2016年8月16日聴き取り【No. 27】。

ると言い、J 氏は眉をひそめる。

　J 氏は、ムスリムがクリスマスの挨拶をするのは全く問題ないと言う。彼女は、社会全体とムスリムが良好な関係を結べることをより重視する。「職場でクリスマスのプレゼントを交換しようという時に、自分だけやらないと言ったら、敵対的な感じすらするだろう」と彼女は言う。また、「別に、春節を祝うから華人になるわけでもない」とも言う。他の宗教との交流を避けようとするのは、「アイデンティティの脆弱さの表れであり、自分の信仰を失うことを恐れるパラノイア的なものではないか」と J 氏は言う。

　七人目は、自助団体の元幹部職員の K 氏（男性）である。服装など宗教の儀礼的・表出的な面よりもムスリムの経済的地位の向上を優先すべきと考えるリベラル派のムスリムである。政府の対ムスリム政策に批判的であるが、当時のムスリム問題担当大臣とも近く、直接話すこともできる立場にあった。

　K 氏は、中東の影響を受けた保守的な宗教実践の広がりを苦々しく思っている。非暴力的過激主義が暴力的なものに移行するというアラタスの見方には賛成である。クリスマスの挨拶を避けるような宗教実践については、「あまりにも近視眼的、自己中心的だ」と厳しく批判する。筆者が「彼らにも宗教実践の自由はあるのではないか」と尋ねると、「彼らは自分の権利を行使できるだけの十分な知識を持っていない」とさらに痛烈な批判の言葉が返ってきた。彼は、ムスリムの低い社会的地位や差別の問題に大きな懸念を持ち、「ムスリムが社会の支配的なグループでない以上、自分を一層困難な状況に置くだけだ。自分を魅力的にしないとだめだ」と言う。K 氏は、ヒジャブを着けるために就職で差別されるくらいなら、着けることを諦めるべきだと考えている（4.5.2.2.）。クリスマスの挨拶をしないことで主流社会から否定的にとらえられ、それが排除や差別を助長し、ムスリムの一層の社会的地位の低下を招くのは避けるべきだと、K 氏は考えている。

　K 氏は、政府のテロ対策は、常にイスラームの管理を強化しようとする意図が含まれ、また、望ましくないものを排除する基準も恣意的である点で好ましくないと言う。最近の国内治安法に基づく拘束事案に関しても、過激主義に感

45　2014 年には、大学教員のムスリム男性が、自身のフェイスブック・ページで同性愛者を「社会の病気」、「ガン」と呼んだことで、批判にさらされた（"NUS profs comments on lesbians spark protests from past and present students", *ST*, 28 February, 2014.）。
46　2016 年 8 月 25 日聴き取り【No. 24】。

化されていたことについて十分に公正な証拠が示されていないものもあると[47]
K氏は言う。しかし、ムスリムが偏見にさらされ社会進出を阻まれている以上、
また、もし現実にシンガポールでテロが起こったらムスリムが一層厳しい状況
に置かれる以上、イスラームの管理を受け容れざるを得ない。クリスマスの挨
拶を避けるような「硬直的な宗教実践」にこだわるより、ムスリムのイメージ
向上に取り組み、社会進出を果たすべきだと、K氏は主張した。

7.4. 「過激主義」をめぐる言説の問題

　以下では、クリスマスの挨拶を避けるようなムスリムの宗教実践を「過激主
義」とみなす言説に関する論点の整理を行い、そこから浮かび上がる課題につ
いて論じる。

7.4.1. 論点の整理

　まず、「クリスマスの挨拶を避けるムスリムの宗教実践は容認できるか」に
ついて、筆者が聴き取りを行ったムスリム社会のリーダーたちの主張の論点を
整理する。

　クリスマスの挨拶を避けることを容認する立場（以下「容認派」と言う）からは、
まず、宗教実践の自由の観点からの容認論があった。プルガスは、挨拶を避け
ることも正統なムスリムの信仰であり、様々な考え方が容認されるべきである
という立場であった。保守的な宗教志向を持つB氏は、自分のようにクリス
マスの挨拶をしない宗教実践を行う権利も認められるべきだとの意見であった。
C氏は、個々のムスリムの私的領域の問題であって、政府が介入すべきではな
いとの立場であった。

　また、容認派のA氏、B氏、C氏ともに、クリスマスの挨拶を避けることと、
他宗教の人々と交流しないこととは、別の問題であると考えていた。自身がク
リスマスの挨拶を避けるB氏は、それでも自分は隣人とは交流していると主
張していた。

　容認派は、クリスマスの挨拶を避けることと過激主義とは関係がないと言う。
自身がクリスマスの挨拶をしないB氏も、自分はISISを非難しており、自分
が信じる「伝統的な」イスラームとISISのような過激主義とは関係がないと

47　2016年7月にズルフィカルが拘束された事案のこと（6.3.2.）。

述べている。

　容認派は、宗教の問題に政府が介入しているとして反発していた。B氏は、政府の介入により、自分たちに悪いイメージが付与されることを懸念していた。C氏は、政府が関わることがかえって保守的なムスリムへの悪いイメージを助長し、宗教間融和の妨げになると考える。D氏自身は、政府の同化主義的政策に反対する立場から、政府が宗教に介入していると考え反発していた。

　容認派の中には、自身はクリスマスの挨拶をするというムスリム（A氏、C氏）もいたが、彼らもそれぞれの理由から容認の立場に立っていたことが注目される。

　クリスマスの挨拶を避けることを容認しない立場（以下「非容認派」という）からは、国家安全保障および民族・宗教間融和の観点からの議論があった。非容認派の複数のムスリム（少なくともE氏、F氏、G氏）が、「非暴力的過激主義であっても、容易に暴力的過激主義に転化する」というアラタスの主張を支持していた。また、多民族・多宗教社会であるシンガポールの社会的文脈にふさわしくない排他的な宗教実践だとの見方を、非容認派の多数のムスリム（少なくともE氏、F氏、H氏、I氏、J氏）が示していた。

　非容認派からは、宗教実践の自由の議論は、クリスマスの挨拶をしない宗教実践には適用されないという考えも示された。F氏は、憲法が保障する信教の自由にも限界があり、安全保障上の脅威、社会融和の維持の観点から、そのような宗教実践は「信教の自由の限界を超えている」と言明している。

　容認派・非容認派の両者の議論の論点は、①国家安全保障上のリスク、②民族・宗教間融和への影響、③信教の自由の三点に集約されると考えられる。

　一点目の国家安全保障上のリスクに関しては、非容認派は、クリスマスの挨拶をしないようなムスリムは、「暴力的過激主義」にいずれ転化し（あるいは、すでに暴力的過激主義の域に入っており）、自身がISISなどの過激主義的な運動に参加したり、他者を過激思想に感化させたり、最悪の場合シンガポールでテロを実行したりするリスクがあるために、看過できないと考える。そのような宗教実践が、テロを賛美し、実際にバングラデシュでのテロ実行犯に影響を与えた外国の過激主義的な宣教師によって広められていることが、その根拠になる。容認派は、クリスマスの挨拶をしないことは、ISISやテロなどの過激主義とは関係がないと主張するが、「暴力主義に転じ（あるいは、暴力主義そのものであり）、国民の安全を害するリスクがあるのであれば、未然に排除または矯正しなければならない」というセキュリティの論理が、それを打ち消そうとする。

　二点目の民族・宗教間融和への影響については、非容認派は、クリスマスの挨拶をしないようなムスリムは、シンガポールにおける民族・宗教間融和を害するリスクがあるために、看過できないと主張する。外国の過激主義な宣教師がそのような排他的な宗教思想を広めていることも、このような主張の根拠になる。国家安全保障の議論と同様に、容認派は、クリスマスの挨拶と排他的な信仰とは別のものであると主張するが、テロの脅威が切迫したものとされ、テロ発生時のバックラッシュの恐れが声高に語られる中で、民族・宗教間融和が害されるリスクは未然に排除しなければならないという論理が、容認派の声を打ち消そうとする。

　三点目の信教の自由については、容認派は、「テロに関わるような非暴力的な志向を有しない限りにおいて」、また、「他民族・宗教と交流しないような排他的な志向を有しない限りにおいて」、宗教実践の自由が保障されるべきだと主張することになる。しかし、非容認派はこれら二つの前提を否定するため、信教の自由は制約されうるものとみなされてしまうのである。

7.4.2.「過激主義」の言説をムスリムのリーダーたちが受け容れる理由

　論点整理を踏まえ、「過激主義」をめぐる言説からみたムスリム社会の課題を提示する。

　注目すべき点は、政府がムスリムの「排他的宗教志向」と考えるものを警戒し、クリスマスの挨拶を避けるムスリムの宗教実践に否定的な見方をしているだけではなく、ムスリム社会の中からも、多数を占めるかどうかは不明であるが、これに同調する声が続いていることである。むしろ、「過激主義」をめぐる議論は、ムスリムであるアラタスがその主唱者になって広まっている。ムスリムの中でも、モスクのイマーム（E 氏）、ビジネスマン（G 氏）や自助団体の関係者（K 氏）は、アラタスの主張に賛同し、政府中枢の人物に直接「過激主義」への懸念を伝えているとみられる。ムスリムの一部が「過激主義」を持つとみなされることで、政府のイスラームの管理強化がその根拠を与えられる。さらに、ムスリム社会のリーダーたちの中からも保守的な宗教実践を「過激主義」として批判する声が上がっていることは、政府のイスラームの管理強化に強固な正当性を与える。

　イスラームの実践を支援する様々な制度は、政府によるムスリムの管理の手段ともなり、このことがムスリムに対し不満をもたらしてきた（2.2.2.）。「過激

主義」への対応を理由に政府の管理が強化されることは、ムスリム側がこれを宗教への介入と受け止め、不満を持ちかねない微妙な問題である。しかし、「クリスマスの挨拶」の問題に関しては、ムスリム社会のリーダーたちの中からも、政府に同調してこれを「過激主義」に関わる問題ととらえ、政府による管理強化を受け容れる動きが強まっているようにみえる。

このようなムスリムのリーダーたちの対応には、以下のような三つの理由があると筆者は考える。

7.4.2.1. 民族・宗教間の交流に関するコンセンサス

第一に、民族・宗教間の直接的でより踏み込んだ交流が望ましいというコンセンサスが、ムスリムのリーダーたちの間で形成されていることである。

シンガポールでは建国以来、民族・宗教間融和の必要性が強調され、公団住宅団地におけるコミュニティ・センターでの活動プログラムの提供など、交流促進のための政策が推進されてきた（1.3.2.2.）。また、1949年にはすでに宗教間交流推進団体 IRO（Inter-Religious Organization）が活動を開始するなど（8.2.1.）、民族・宗教間交流の歴史も長い。特に9・11 および JI 事件の後は、政府の指導により、IRCC（Inter-Racial and Religious Confidence Circle：民族・宗教間信頼サークル）の活動を通じた地域社会レベルでの民族・宗教間の交流・対話が推進されてきた（8.1.1.）。ムスリム社会も、シンガポール・ムスリム・アイデンティティ・プロジェクト（5.2.2.）の一環として、イフタール（iftar）[48]やコルバン（korban）[49]への招待などの形でモスクを開放し、非ムスリムとの交流に取り組んできた。ラマダーンには、首相をはじめとする非ムスリムの大臣がモスクでのイフタールに招待され、ムスリムと交流する模様が新聞等で写真とともに大きく報道される。首相自身もこのように望ましい宗教間交流のあり方を実践し、国民に範を垂れるのである。2017年にも華人であるリー・シェンロン首相がモスクでのイフタールに招待されて参加した[50]。

48 　イスラームのラマダーン（断食月）中の、一日の断食を明ける夕食。マレー語では、「断食を明ける」の意味を表す「ブカ・プアサ：buka puasa」というが、近年ではアラビア語の「イフタール：iftar」が使われることが多い。これもムスリムの宗教実践のアラブ化（2.1.2.6.）である。

49 　「犠牲祭（シンガポールではマレー語で「ハリ・ラヤ・ハジ（Hari Raya Haji）」という）」に行われる、モスクで羊を屠り、肉を貧しい人々に分け与える儀式。アブラハムが息子を神に生贄として差し出すよう命じられた旧約聖書の故事に基づく。

50 　"PM joins 400 breaking fast at mosque", *ST*, 7 June, 2017.

写真7　モスクでのイフタール（イスラームの断食月の夕食）に招かれた他宗教の
　　　指導者たち。

　かつ、非ムスリムへのモスクの開放に典型的にみられるように、宗教間交流
においては、他宗教の祈りの場（寺院、教会、モスク等）の訪問や他宗教の祝
祭への参加などが活発に行われ、そうした直接的な交流に基づく人間同士の信
頼関係の構築、宗教間の相互理解の増進が望ましいものとして強く推奨されて
きた（8.2.1.）。
　こうした社会環境の中で、ムスリムのリーダーたちは交流の重要性そのもの
を否定することができない。クリスマスの挨拶をしない保守的なムスリムも、「そ
れでも隣人と交流している」から問題はないと強調するのである。さらにシン
ガポールでは、他宗教の隣人と親しくするだけでなく、他宗教の祝祭に際して
は祝いの言葉を述べ、さらには宗教行事にまで参加することが、「互いに理解
を深め合う」ことにつながり、望ましいこととされるのである。これは、現代
の西洋社会の一部にみられるような、自分の宗教の儀礼や習慣を他宗教の人々
に共有させることを強いない（例えば、ユダヤ教徒とクリスマスの挨拶をしない）
のが望ましい宗教間関係のあり方であるとする社会的文脈とは、対極にあるも

のである。このようなシンガポール独自の社会的文脈の下で、「シンガポール
における望ましい宗教間交流のあり方」を内面化したムスリムのリーダーたち
が、「クリスマスの挨拶をしない」など他の宗教との接触を避けるともとれる
保守的な宗教実践を、「シンガポール的価値」からの「逸脱」とみなし、批判
する面があると考えられる。

7.4.2.2. テロの切迫性への認識

　第二に、テロの脅威が切迫したものであるという認識がムスリムのリーダー
たちの間に共有されていることである。

　2016年1月のシャンムガムの発言にあったように、政府は、シンガポール
ではテロは「起こるかどうか」の問題ではなく、「いつ起こるか」の問題にな
っていると警告するようになっている。政府は、2016年9月からテロ対策の
ための新たなプログラム「SGSecure」を開始した。これは、国民が今後起こ
りうるテロに対し予め備えをし、テロが起こった場合にも冷静に対応できるよ
う、被害を受けた人々を救援できる人材の育成を全国で進めようというもので
ある。国民は、AED機器の操作方法などテロ被害への対処スキルを学んだり、
新たに開発されたモバイル・アプリを活用してテロ発生時に適切に情報収集を
行ったりすることを求められている。また、政府の武装緊急対応チームによる
デモンストレーションを兼ねたテロリスト制圧の模擬訓練も行われている[51]。

　こうした政府の対応は、意図的なものでもあろうが、国民にテロの脅威をよ
り差し迫ったものと感じさせることになる。筆者が聴き取りを行ったムスリム
のリーダーたちからも、「ISISに東南アジアから参加している戦闘員が戻って
きて、自国政府をターゲットにするのが心配だ」（H氏）、「テロはシンガポー
ルでも起こりうる。インドネシア、マレーシアでもISIS関連のテロがあった。
（中略）テロが起こった場合、経済への影響が長く続く。（中略）民族間の関係
にも影響が長く続くだろう。（中略）成功率は0.1%だとしても、もし成功した
ら大変なことになる」（K氏）といった懸念の声が聞かれ、「テロの脅威」への
意識が浸透していることが明らかであった。テロの脅威を深刻に受け止めるム
スリムのリーダーたちは、政府が保守的な宗教実践に対する警戒を強めること
でテロのリスクに対処しようとすることに対し、それが宗教への過度な介入を

51　"Overcoming trauma of terror attack", *ST*, 20 March, 2017.

招くとしても、受け容れることになると考えられる。

7.4.2.3.「弱い立場」へのムスリム自身の認識

　第三の理由は、シンガポールでは自分たちは弱い立場にあるという認識が、ムスリム社会において支配的であることである。「弱い立場」とは、教育や所得などの面で大きな社会的格差に直面していること、さらに、テロによるバックラッシュによって、ただでさえ低い地位にある彼らが決定的に厳しい状況に追い込まれる恐れがあることである。

　リー・シェンロン首相は、テロが起こった場合のムスリムに対するバックラッシュへの懸念を表明している（7.2.4.）。政府が民族・宗教間融和のためのプラットフォームとして設立した民族・宗教間交流サークル（IRCC）（8.1.1.）も、テロ発生時のバックラッシュへの対応を担うものとして位置づけられている。こうした政府の発言や政策は、テロの際にバックラッシュが起こる可能性が高いというメッセージを国民に送り続けることになる。

　モスクのイマームのE氏や自助団体の元幹部職員のK氏が保守的な宗教実践を厳しく批判していたのは、儀礼や服装など外面の宗教実践にこだわるべきではないと考える彼らの宗教志向も理由であるが、保守的なムスリムの存在が「イスラモフォビア」やムスリムへのステレオタイプを増幅し、現状でもシンガポールにおいて低い社会的地位に甘んじるムスリムを一層厳しい状況に追い込むと考えるからでもあった。ハーモニー・センター職員のH氏が市民対話で、ムスリム側も過激主義に対処していくと言明した上でムスリムを差別しないよう訴えることも、アラタスが講演で、ムスリム社会は保守的な宗教実践にこだわるよりも差別など現実社会の問題に取り組むべきだと主張することも、ムスリムがシンガポール社会で「弱い立場」にある以上、必然的にそうせざるを得ないのである。

　これらに加えてムスリムは、テロが起こった場合のムスリム社会への影響について大きな懸念を持っている。過激主義防止対策に重要な役割を果たしてきたあるムスリムは、シンガポールでテロが起こった場合、怒りがムスリムに向けられ、「人種暴動」になると懸念している（6.1.）。また、前述のK氏は、「民族間の関係悪化により（雇用からの排除などの）影響を受けるのはムスリムだ」[52]

と認識している（6.1.）。実際に 9・11 および JI 事件以降、ムスリムに対する忌避や排除（3.2.2.3.）、就職差別（3.2.3.）の動きが広がり、また、2014 年からの ISIS の台頭以降は、差別やヘイト事案の増加がみられている（3.2.3.）。国内外における過激主義をめぐる動きは、ムスリムに対する雇用面での差別を助長し、一層ムスリムの社会的地位を低下させるが、テロのバックラッシュが起こってしまった場合は、それがムスリム社会にもたらす影響は極めて深刻なものになるとムスリムのリーダーたちは危惧している。

ムスリムの間では、政府がムスリムの保守的な宗教実践を問題にすることについて、「非常に保守的な宗教実践は一部のムスリムだけのことなのに、それがムスリム社会に広まっているように言うのはおかしい」といった疑問の声も聴かれる。しかし、ムスリムが「弱い立場にある」と認識するムスリムのリーダーたちは、たとえ政府のねらいがイスラームの管理強化にあると感じても、保守的な宗教実践を過激主義として批判する議論を容認する。そのことは、ムスリムの多様な宗教的アイデンティティの表出に妥協を迫るものとなる。

7.5. 小括

2016 年になって広がった「ムスリムのクリスマスの挨拶」の問題は、首相を巻き込む論議までになった。この論議は、宗教実践の自由に関わる問題であり、国家の宗教への介入という微妙な問題も含んでいる。しかし、ムスリム社会のリーダーたちの中には、クリスマスの挨拶をしないような宗教実践のあり方について、民族・宗教間融和に悪影響を及ぼす、あるいは、「暴力的過激主義」に容易に転化するものであるといった理由から、政府に同調して非難する声も強い。

ムスリムのリーダーたちの間でクリスマスの挨拶を避けるような宗教実践に対し否定的な見方が強い理由としては、以下の三つが考えられる。第一に、民族・宗教間での直接的でより踏み込んだ交流が望ましいというコンセンサスが形成されていることである。第二には、テロの脅威が切迫したものであるという認識が共有されており、たとえ政府の宗教への過度な介入を招くとしても、過激主義への警戒を強める政府の対応が受け容れられることである。第三には、現在でも教育や所得などの面で大きな社会的格差に直面しているムスリム社会が、

53　2016 年 8 月 25 日聴き取り【No. 24】。
54　イスラーム思想に関するムスリムの研究者から、2016 年 10 月 12 日聴き取り【No. 50】。

テロのバックラッシュによって極めて厳しい状況に置かれることが懸念されていることである。

　本章で取り上げた過激主義をめぐる言説の問題は、政府からは、直接的には「社会からの分離」という課題であり、かつ、「過激化」にもつながる課題ととらえられている。政府は、「クリスマスの挨拶を避ける」ことに端的に表れるような保守的な宗教実践を抑制することで、ムスリムの「社会からの分離」と「過激化」という課題に対処し、ムスリムのシンガポール社会への包摂を計ろうとしていると考えることができる。また、政府のこのようなムスリム社会の包摂の進め方に、ムスリム社会のリーダーたちが同調する動きがみられる。しかし、このような進め方でのムスリムの包摂は、特定の宗教実践のあり方を排除することで、一部のムスリムに対しては、自身の宗教実践が承認されないという形で、あるいは、国家の宗教への介入に対する不満を感じるという形で、ムスリム社会の内部に排除をもたらすことになる。

第8章
民族・宗教間の交流・対話と相互理解をめぐる課題

　政府は、民族融和・国民統合を目指し、「草の根団体」を通じて、公団住宅団地を中心とする地域社会での交流・対話を促進してきた。9・11 および JI 事件以降は、ムスリムに対する忌避、排除などの動きやテロ発生の際のバックラッシュへの懸念から、特に宗教間に重点を置いた交流が一層促進されるようになっている。

　本章では、交流・対話の実態や、その効果、課題について、実際の行事に参加して観察した結果も踏まえ考察を行い、特にムスリムの包摂の観点からみた課題を提示する。

　なお、本研究では、多様な人々が行事等への参加を通じて交友を深める活動を「交流」、民族や宗教に関わる問題について意見交換し相互に理解を深め合う活動を「対話」と呼んでいる。

8.1. 地域社会における交流・対話の取組み

　最初に、2001 年 12 月の最初の JI メンバー拘束の直後に設立された民族・宗教間信頼サークル（IRCC）による交流・対話の取組みについて、現状や課題を整理する。

8.1.1. 民族・宗教間信頼サークル（IRCC）を通じた取組みの概要

　独立当時のシンガポールでは、国民の劣悪な居住環境を改善するために、公団住宅団地の整備が進められた。公団住宅団地においては、多様な人々の交流を促進するため、エスニック・グループごとのクォータ（入居可能な戸数の比率）の設定により混住化を図るとともに、住民間の交流を促す活動が展開されてきた（1.3.2.2.）。

　こうした地域社会レベルでの取組みの主体になったのは、コミュニティ・

センター運営委員会（Community Centre Management Committee）、市民評議
会（Citizens' Consultative Committee: CCC）、住民委員会（Residents' Committee:
RC）など「草の根団体（grassroots organization）」と呼ばれる団体であった。
これらの団体は、政府から任命されたボランティアを中心に運営されており、
社会、文化、娯楽活動の提供、政府と住民との橋渡し、団地の自主的な管理な
どの活動を行っている。田村は、こうした団体が政府によってトップダウンで
設立され、政府の意向を受けて運営されるものであり、与党・人民行動党（PAP）
の集票活動の支援や住民の監視の機能も持ち、PAP支配体制を支えるもので
あることを指摘している（田村 , 2000：175-181）。いわば、「上からの草の根活動」
である。

　こうした団体の活動にもかかわらず、必ずしも公団住宅団地では住民間の交
流は活発ではないという見方が、シンガポール人の間では強い（1.5.1.）。

　2001年の9・11テロに続き、2002年1月にはJIメンバーの拘束が公表されると、
ムスリムがテロと関連づけられるステレオタイプが広まり、ムスリムが恐れら
れたり忌避されたりする事例が伝えられるようになり、政府はこれに強い危機
感を持った（3.2.2.3.）。このため政府は、トップダウンで地域社会レベルでの宗
教間交流（特にムスリムと非ムスリムとの交流）の促進を図ることとした。

　ゴー・チョクトン首相（当時）は、2002年1月末に、新たな民族・宗教間交
流の場として、すべての地区（選挙区）で「民族間信頼サークル（Inter-Racial
Confidence Circle: IRCC）」を設立することを提案した。この提案は、「宗教リー
ダーと地域社会の様々なリーダーが互いに知り合いになり、互いに心が通い合
っていれば、彼らは一般の人々の間で起こる感情の爆発を御することができる」
という考え方に基づくものであった[1]。ゴーは、シンガポールでテロが起こっ
てしまった場合に、ムスリムに対するバックラッシュ（激しい非難、差別、排
除など）が起こりうると想定し、宗教リーダーや地域社会のリーダーたちがそ
れぞれの宗教グループや地域社会に属する人々に働きかけることで問題を解決
する体制を整え、想定される危機に備えようとしたのだった（Tan, Eugene K.
B., 2007.）。

　IRCCは、以下の4つの役割を担っている[2]。

1　"New push to strengthen racial ties", *ST*, 29 January 2002.
2　IRCCのウェブサイトによる。（https://www.ircc.sg/en/ABOUT%20IRCC/Vision%20and%20
Mission, 2017年7月29日最終アクセス）

①民族・宗教・地域社会のリーダーの間で親交を結び、関係を強化すること。
②シンガポール人の間で異なる宗教、文化、習慣に対する相互の理解と尊重を促進すること。
③社会とコミュニティのために民族、宗教、地域社会の団体の間の協力を促進すること。
④民族・宗教間の緊張・摩擦の際に社会の結合を維持し、連帯を浸透させること。

　IRCC の役割の四つ目では、「緊張・摩擦」の際の対応がうたわれており、IRCC が「危機」への対応を担うものであることが明らかにされている。

　2002 年 3 月以降、民族、宗教、社会、教育等に関わるリーダーたちが参加し、民族・宗教間融和を促進する活動の「プラットフォーム」として、各地域に順次 IRCC が設立され、2017 年 7 月現在では、すべての地区に合計 89 の IRCC が設立されている[3]。

　2005 年にイギリス・ロンドンで発生した大規模テロ事件は、「ホームグローン・テロリスト」によるものであったため、同国でムスリムに対するヘイト・クライムの増加を招いた。シンガポール政府は、自国での「ホームグローン・テロリズム」が民族・宗教間関係に及ぼす影響について一層大きな懸念を持つようになり、2006 年には「コミュニティ・エンゲイジメント・プログラム（Community Engagement Program: CEP）」を開始した。CEP は、地域社会の団体、企業と労働団体、学校、民族・宗教関係団体、メディアといった広範な関係者を巻き込み、テロ発生に備えて国民の結合・融和を強化し、シンガポールの「強靭性（resilience）」を高めることをねらいとしたものである（Asad-ul, 2011: 2-9）。

　CEP の実施に伴い、IRCC はその一環として位置づけられた。IRCC は、当初その名称には「宗教」が含まれていなかったが、宗教間のプラットフォームとしての役割が再確認され、2007 年に「民族・宗教間信頼サークル（Inter-Racial and Religious Confidence Circle: IRCC）」と改称された（略称の「IRCC」に変更はない）。

　CEP に位置づけられたことにより、IRCC の「3 段階のアプローチ」の行動

3　IRCC のウェブサイトによる。（https://www.ircc.sg/en/ABOUT%20IRCC/Our%20Family, 2017 年 7 月 5 日最終アクセス）

計画が採択された（Ibid.: 28-31）。第 1 段階は「関係の構築」とされ、関係者の参加拡大と関係強化が図られた。参加する宗教団体の比率は、2007 年の 14％から 2011 年までに 88％に拡大した。また、民族・宗教間融和のための 1,300以上の行事が開催された。第 2 段階は「能力の向上」とされ、活動の不活発な地区の IRCC の活性化が進められ、2008 年から 09 年の間に、「活動的な」IRCC は 21.5％から 35.7％に、「機能している」IRCC は 38％から 54.8％に、それぞれ増加した。また、「危機」を想定したメディア対応訓練が実施された。第 3 段階は「危機対応訓練」とされ、民族・宗教間の緊張が高まった事態を想定した机上訓練が行われた。このような「3 段階のアプローチ」の設定の仕方からは、IRCC がテロ発生時の「民族・宗教間の緊張・摩擦」への対応を円滑に行うことを期待されていることが明らかである。

　IRCC の日常の活動としては、宗教施設（教会、仏教寺院、モスクなど）の訪問、宗教間対話、民族・宗教関係の祝祭への参加などの行事の企画・実施が挙げられる。こうした活動は、他の草の根団体のほか、宗教関係者の協力を得て実施される。後述する IRO（8.2.1.）に参画している宗教リーダーたちは、各地域のIRCC に積極的に協力している。IRCC は、政府から任命されるボランティアによって運営されており、他の草の根団体の運営に関わってきた人物が IRCCの運営に当たることが多い。IRCC もトップダウンで設立され、政府の意向を受けて活動しており、一種の草の根団体と考えることができる。

　IRCC は、地域社会で日常的に起こる宗教をめぐるトラブルの仲裁も行っている。トラブルの内容は、公団住宅団地のボイドデック（void deck：1 階の公共スペース）での華人の葬式とマレー人の結婚式の衝突[4]、華人が焚く線香の灰のほか教会の音楽、モスクのアザーン（azan）[5]や中元節のゲタイ（歌台：getai）[6]の音楽への苦情といったものである（Mathew Mathews and Danielle Hong, 2016）。

4　公団住宅団地のボイドデックは、華人は葬式、マレー人は結婚式に使うことが多く、たまたまこれらが隣接する場所で開かれることになった場合には、トラブルになりやすい。このようなトラブルが起こると、話し合いの上でどちらかが譲って別の場所に移動することで解決が図られることが多いという。
5　スピーカーで流される集団礼拝の呼びかけ。
6　華人社会で旧暦 7 月の中元節に行われる歌謡ショー。

8.1.2. 地域社会での交流・対話の実態（1）―関係者からの聴き取りを中心に―

　以下では、地域社会レベルでの交流・対話の実態について、民族・宗教間信頼サークル（Inter-Racial Confidence Circle: IRCC）の活動を中心に、関係者からの聴き取りや行事への参加・観察の結果を踏まえ、整理していく。

　まず、聴き取りの結果を中心に、IRCC の活動の概要について整理する。

　本研究においては、民族・宗教間交流を担当する文化コミュニティ青年省（Ministry of Culture, Community and Youth: MCCY）の職員等から、IRCC の活動に携わる地域社会および宗教界のリーダーを紹介され、三つの IRCC の関係者に聴き取りを行った。このうち、特に活動が活発であるとみられる X 地区と Y 地区の二つの IRCC の事例について、聴き取りの結果から整理する。

　最初に、X 地区における IRCC の活動の概要である。この地区は、MCCY でマレー人政策を担当する職員の A 氏（マレー人）から、宗教間交流に熱心に取り組むモスクの会長（Chairman）[7] の B 氏（60 代のインド人ムスリム男性）を紹介され、次にこの人物から同地区の IRCC 会長（Chairperson）の C 氏（70 代の華人女性）を紹介され、それぞれ聴き取りを行った。MCCY の A 氏は、X 地区は IRCC の活動が最も活発な地区であると言う。X 地区はシンガポール東部にあり、かつてはマレー人の集住地域として知られ、1964 年の「人種暴動」では、大規模暴動が発生した地区の一つであった（Conceicao, 2007: 72-111）。

　X 地区 IRCC 会長の C 氏は、30 年にわたり草の根団体の活動に関わり、特に、宗教関係者との連絡役を務めてきたが、2002 年以降は IRCC の運営に当たっている。[8] 宗教について尋ねると、「自分は自由で、どこにでも行く」と言い、特定の宗教を熱心に実践しているのではないと推察される。同地区の IRCC には 190 以上の宗教関係団体、その他の団体が参加している。春節、粽祭り、中秋節（以上三つは華人の行事）、イフタール、ディーパバリ（ヒンドゥー教最大の祝祭）、クリスマスなど、年間で 10 以上のイベントが開催される（市民評議会（Citizens' Consultative Committee: CCC）など他の団体と共同での開催が多いと思われる）。こうした民族・宗教に関わる祝祭などに絡めた行事以外に、宗教間対話も毎年開催している。対話では、イスラーム過激主義や ISIS の問題などのほか、危機（テロの発生など）への対応といったテーマも取り上げている。

7　ムイスが指名するモスクの管理委員会の長である（2.2.1.2.3.）。
8　以下の C 氏への聴き取りは、2017 年 5 月 2 日に行った【No. 41】。

　C 氏は、IRCC の活動が活発ではない地区もあるが、X 地区では宗教間交流
が活発に行われていると自負している。その理由としては、交流に積極的な宗
教関係者が多いからだろうと説明する。B 氏が会長を務めるモスク以外にも熱
心なモスクがあり、また、IRCC 青年部（Youth）に 2 千人を超えるメンバー
を出している教会もある。宗教関係者が熱心でないところは活動が盛り上がら
ないのではないかと言う。

　モスクの会長の B 氏は、自分のモスクで様々な交流行事を開催している。
彼は子供のころに 1964 年の「人種暴動」を経験し、「イマーム（モスクの宗教
指導者）が殺された」というデマを本人がラジオで否定したことで騒ぎが収ま
った経過もよく覚えており、民族・宗教間交流の重要性を強く認識している[9]。
2002 年に X 地区で IRCC が設立された時から、共同会長を務めている。X 地
区では常に何かの交流イベントをやっており、「すべての寺院など宗教施設を
相互に訪問した」と言う。

　B 氏のモスクでは、ずっと以前からキリスト教徒をイフタールに招待するな
ど他宗教の人々と交流してきている。ラマダーンにはムスリム以外の人々にも
食べ物を配るし、春節には華人の習慣にならいミカンを華人の家々に配ってい
る。華人のエリート校である特別支援計画校（SAP School）（4.4.6.）の生徒を毎
年モスクに招待し、礼拝など宗教実践の内容、真のイスラームとは何か、また、
「ムスリムはテロリストではないこと」などについて説明し、イスラームに対
する理解を深めてもらっている。

　2016 年には、IRCC と共同で粽祭（Dumpling Festival）を開催した[10]。粽祭は
華人の習慣で、5 月 5 日の端午節に中華粽（バッチャン）[11]を作って食べるもの
である[12]。普通は粽の具には豚肉が使われるが、このモスクでは、カレー味の
鶏肉を具に使ったハラールの粽を創作することで、華人もムスリムも一緒に料
理に参加し、食べることができるイベントが実現した。B 氏は「世界でここだ
けかも知れない。夢のような話だ」と自慢する。世界唯一かどうかはともかく、

9　　以下の B 氏への聴き取りは、2017 年 5 月 1 日に行った【No. 12】。
10　　"Dumplings with a multicultural twist", *ST*, 30 May, 2016.
11　　B 氏は、シンガポールの多くの華人と同じように、粽を福建語で「バッチャン（肉粽：bak
　　chang）」と呼んでいた。B 氏のように民族・宗教間交流に熱心な人々は、他の宗教や民族の文化に
　　ついて詳しく、また、ことさらにそのことを強調しようとする。
12　　中国の戦国時代の楚の政治家・詩人であった屈原の死を人々が悲しんだ故事に由来するものであ
　　る。なお、イベントの開催日は、端午節の 5 月 5 日ではなく 5 月 29 日であった。

モスクで中華料理を作るという珍しい取組みであることは確かであろう。

　ただし、MCCY 職員の A 氏は、B 氏がモスクを開放してこうした形での交流に取り組むことを快く思わない保守的なムスリムもいるという。B 氏も、(「穏健なイスラーム」を普及し、宗教間交流を促進する立場である) ムイス (イスラーム評議会) の中にさえ自分を批判する人々もいると明かしている。B 氏は、非ムスリムは誘えば交流イベントに積極的に参加するが、ムスリムがあまり積極的ではないと言う[13]。(東南アジアの) 自分たちの祖先のイスラームはもっと「オープン」だったが、若い世代は「宗教に閉じこもって」おり、「排他的になっている」と、B 氏は残念に思っている。

　X 地区 IRCC のフェイスブック・ページでは、頻繁に様々な交流行事の写真が共有されている (投稿の大半は C 氏によるもの)。B 氏と C 氏は協力してイベントを開催することが多く、非常に親密な関係にある。地域社会における民族・宗教間交流には、地域社会・宗教界の両方のリーダーが連携して重要な役割を果たしていることが理解できる。

　次に、Y 地区における IRCC の活動の概要である。この地区は、ある市民活動家から同地区 IRCC 会長の D 氏 (60 代の華人男性。無宗教) を紹介され、次にこの人物から同地区の IRCC の若手のリーダー E 氏 (20 代のインド人男性。ヒンドゥー教徒) を紹介され、それぞれ聴き取りを行った。Y 地区は、都心のオーチャード地区から鉄道で 10 分ほど北に行った所にあり、1960 年代に公団住宅団地の建設が始まった古いニュータウンである。

　Y 地区 IRCC 会長の D 氏は、地域社会の活動に 35 年間関わっている[14]。Y 地区でも 2002 年には IRCC が設立され、D 氏は、2005 年以降は現在に至るまで IRCC の会長を務めている。2015 年に IRCC の活動の功労者への表彰が創設された際には、民族・宗教間交流への長年の貢献が評価され、政府から表彰を受けた[15]。この地域では誰が IRCC を設立したのか、との筆者の質問に対しては、「誰と言っても……IRCC はゴー・チョクトン (筆者注：当時の首相) のアイデアだ」との答えであり、地域社会の発意ではなくトップダウンで IRCC が設立されたことを何の疑問もなく受け容れている様子であった。

13　後述のように、Y 地区 IRCC 会長の D 氏は、「多くのムスリムはオープンだ」と言う。誰が「オープン」で誰が「排他的」なのかは、人によって意見が異なる。
14　以下の D 氏への聴き取りは、2017 年 5 月 3 日に行った【No. 42】。
15　"A life dedicated to fostering harmony", *ST*, 17 August, 2015.

　Y 地区 IRCC は、毎年 7 月 21 日の「人種融和の日（Racial Harmony Day）」
のほか、各民族・宗教の新年の祝祭、イフタールでの交流など、様々な機会を
とらえ交流行事を行っている。宗教施設の相互訪問も年に 3 回と頻繁に実施し
ている。「フォーラム」と称する宗教間対話も行い、ISIS やテロリズムの問題
を取り上げ、知識の普及に取り組んでいる。学校長を IRCC の委員会のメンバ
ーとして巻き込むことで、宗教関係者と学校の連携を確保することに成功し、
学校での宗教リーダーたちの講演、生徒たちの宗教施設訪問などの行事を実施
している。

　そのほか、ボーリング、サッカーなどのスポーツ大会も開催している。例え
ば「他宗教に関心がないキリスト教徒を寺院の訪問に勧誘することは難しい」
ので、スポーツ、ウォーキング、チェス、絵画コンテストなど共通の関心を持
てるイベントを開催し、異なる民族・宗教に属する人々の交流を促すことが重
要であると、D 氏は考えている。

　多くのムスリムはオープンで、クリスマスの挨拶もするが、「中国寺院」[16]に
入ろうとしないキリスト教徒など「防御的」な人が増えていると D 氏は言う。
大臣の中にさえも、他宗教の人々と握手しないムスリムや、道教関係団体のパ
ーティーに参加しないキリスト教徒がいる。若い世代（のキリスト教徒の華人）
が中国寺院に行かないなど「分離的」になっていると、D 氏は心配する。

　D 氏自身は、「無宗教」だという。家族で花屋を経営しながら地域社会の活
動に加わっているため大変忙しく、家で家族と一緒に過ごす時間がなくなって
しまう。IRCC の仕事は、他の地域活動の仕事と同様、ボランティアであり無
報酬である。むしろ結婚式や葬式で金をいっぱい使ってしまう。ボランティア
への政府からの見返りは、表彰と子供を希望の公立学校に入れる優先権だけで
ある。このような活動は、「パッションがなければできない」と D 氏は言う。

　D 氏に紹介された Y 地区 IRCC 青年部(IRCC Youth)のメンバーである E 氏は、
IRCC の活動に 7 年間関わってきた。[17]二十代後半になり、現在は後輩たちの指
導役としての役割の比重が高くなっている。明るく闊達で、地域社会のボラン
ティアにふさわしいパーソナリティを備えた若者であると筆者は感じた。E 氏は、
各地区の IRCC の中には活動が活発ではないものもあることを認めた上で、Y

16　仏教または道教の寺院のこと。
17　以下の E 氏への聴き取りは、2017 年 5 月 7 日に行った【No. 43】。

地区 IRCC は成功事例であると自負している。成功の理由として E 氏は、同地区選出の国会議員が熱心であること、宗教リーダーたちが訪問やイベント開催を受け入れるなど協力的であることを挙げるが、やはり D 氏のリーダーシップが大きな要因であると言う。宗教施設や学校を自ら訪問し、IRCC に参加するよう説得することで、最初は知らない同士だった人々を結びつけた D 氏の功績が大きいと、E 氏は考えている。

　E 氏によれば、Y 地区 IRCC では、特に若者を対象に、宗教間対話を積極的に開催している。公立学校で宗教のことを教えないことから、人々は宗教に対する理解が少ないし、宗教の話をしたがらない。また、非常にセンシティブな話題になる場合もあり、対話の中で反発が生まれる可能性や、参加者が友人を傷つけるのではないかと恐れることもある。従って、対話イベントでは、良いプレゼンターを見つけることが重要である。また、オープンに話せるためには、お互いを個人的に知り、友人になることが必要である。このように E 氏は考えている。

8.1.3. 地域社会での交流・対話の実態（2）—行事への参加・観察を中心に—

　X 地区においては、2017 年 5 月 14 日の「粽祭」、同年 6 月 17 日のイフタールという IRCC が関わる二つの行事に了承を得て参加し、観察を行うことができた。それぞれについて、行事の様子と観察の結果得た所感を記す。

8.1.3.1. X 地区における粽祭

　X 地区では、2017 年 5 月 14 日に粽祭が開催された。主催団体は市民評議会（Citizens' Consultative Committee：CCC）であったが、当日は IRCC 会長の C 氏が CCC の代表者と一緒に来賓である議員の接遇や会場整理に当たっており、実質的には IRCC と他の地域社会の団体との共同運営であった。

　前年の粽祭はモスクで開催され、様々な民族・宗教からなる参加者がハラール粽を一緒に作ったが、今回はコミュニティ・クラブ（Community Club）[18]の体育館のようなステージつきのイベント会場であり、ステージ近くにすでに完成した 600 個以上の粽がピラミッド状に積み上げられていた。

　イベントの内容は、地域の人々がステージ上で歌やダンスを披露する演芸会

18　地域社会における社会、文化、娯楽活動等を提供する施設。

のようなもので、進行役のマレー人がマレー語のポップソングを歌ったほかは、すべての出演者は華人であり、歌やダンスも華語の懐メロのような歌謡曲によるものがほとんどだった。着席して見ていた参加者は3〜400名ほどで、数名だけヒジャブを着けたマレー人らしい女性たちがいた以外はすべてが華人の男女の高齢者であったように見えた。

ハラール仕様であるという粽は、ピンク、黄色、青、緑など様々な色がつけられており、来賓の議員（インド人ムスリム女性）の挨拶によれば、粽の色はシンガポールの多様性を象徴しており、ピラミッドは多様な国民の統合に至るプロセスを象徴しているとのことであった。議員は、X地区が信頼と理解に基づき、大きな家族のようになることを望むと語り、多民族社会シンガポールにおける民族・宗教間融和の重要性を強調した。

要すれば、2017年の粽祭は、前年のものとは全く趣を異にし、実質的には華人のためのイベントであった。IRCC会長のC氏は、「今回は華人の行事に華人以外の人々を招いた」と筆者に説明したが、最前列に着席した主催・運営側の人々だけが、華人男性のCCC会長、華人女性のIRCC会長のC氏のほか、インド人ムスリム男性でモスクの会長のB氏、インド人男性で近隣のヒンドゥー教寺院の関係者などからなり、多民族・多宗教で構成されていた。前年の粽祭とは全く異なる趣のイベントになった理由について、関係者に尋ねてみたが、明確な答えは得られなかった。

2日後のマレー語紙の記事は、この粽祭が様々な民族・宗教からなるX地区の新旧住民[19]を一つにすることに成功したと述べ、この行事が「民族・宗教間融和に果たした役割」[20]を強調している。記事には、ピラミッド型にディスプレイされた粽の回りで議員、地域社会と宗教界のリーダーたちがポーズをとる写真が添えられ、様々な民族・宗教の人々が交流しているような印象を受ける。リーダーたちの背後に座っている数百名の一般の参加者のほとんどが華人の高齢者であることは、写真では分からないのである。

8.1.3.2. X地区におけるイフタール
2017年のX地区のIRCCによるイフタールは、ラマダーン期間中の6月17

19　最近中国から帰化した若いカップルもステージ上で歌を披露したことを指している。
20　"Susun pulut 'piramid' demi jalin persefahaman kaum"（民族間の相互理解を進める「ピラミッド」の粽の層）, *BH*, 16 May, 2017.

日に開催された。これも市民評議会（Citizens' Consultative Committee：CCC）の主催であったが、C氏が招待客の案内など運営に関わっており、粽祭と同様に実質的にはIRCCと共同開催であった。

　会場は、毎年ラマダーン期間中にX地区に設置される夜市の巨大なテントの一角にテーブルと椅子が並べられ、ビュッフェ方式で食事が提供されるもので、約5百名は入れると思われる大規模なものであった。C氏によれば、このイフタールには、X地区の宗教関係団体、クラン[21]関係団体のほか、ムスリムの家族が招かれているとのことであった。

　19時前からセレモニーが始まり、モスクの会長であるB氏、続いて粽祭にも参加していた来賓の議員（インド人ムスリム女性）の挨拶があった。議員の挨拶は、「ムスリムは他の民族・宗教の人々ともラマダーンを祝いたい」、「民族融和のため、互いの尊重が必要」といった民族・宗教間融和を強調する内容であった。その後イスラームの宗教指導者がラマダーンの意義について解説した。その中では、「イスラームはテロを広めるものではなく、他者への祝福を広めるもの」といった話もあった。

　日没の19時13分にB氏がクルアーンの章句を唱えると、食事が始まった。筆者はステージに最も近い前方の席に案内されたが、前方に座っているのは、地域社会・宗教界のリーダーたち以外には、クラン関係団体に属する華人の人々が多かった。華人たちは顔見知り同士のようで、挨拶を交わしたり、親しげに談笑したりしていたが、彼らが一般のムスリムの人々と交流している様子は見られなかった。参加者の大多数を占めるムスリムたちは家族連れが多いようで、グループでまとまって席に着き、同じグループのメンバーと話している人々が多かったように見えた。

　粽祭は、華人の行事に多民族・多宗教の地域社会・宗教界のリーダーたちが参加する形であり、イフタールは、ムスリムの行事に同じような顔ぶれのリーダーたちが参加する形であった。

8.1.3.3. 行事への参加から判明したX地区における交流・対話の実態

　X地区における粽祭もイフタールも、民族または宗教に由来する行事を地域社会の団体が利用し、民族・宗教間融和という意義を付加して再構成したもの

21　共通の血縁や地縁を持つ華人の集団「宗郷」のこと。

である。粽祭では、粽のピラミッドが国民統合を象徴するとされ、また、イフタールでは、ムスリムが非ムスリムと交流する場であることが強調され、議員の挨拶で、民族・宗教間融和に寄与する行事の意義が強調されていた。しかし、どちらの行事も、一般からの参加の実態からみれば、特定の民族（華人）または宗教（イスラーム）に属する人々のための行事にとどまり、一般の参加者には民族・宗教間の交流のチャンスはほとんどなかった。行事の主催・運営に関わる地域社会のリーダーや宗教リーダーたちは多民族・多宗教からなっており、リーダーのレベルでは、互いに旧知の仲である同じ顔ぶれのメンバーが集まり、親交を深めていた。

　筆者が観察した上記二つのイベントの事例のみをもって地域社会の団体による住民レベルでの民族・宗教間交流促進のための取組みの全体像を把握したとは到底言えるものではないが、これらの事例から判明したこととして、以下の四点を指摘しておく。

　第一に、IRCC が実施する行事が、実際にすべて一般市民レベルでの交流に寄与するものとは必ずしも言えないことである。X 地区では、民族・宗教の行事に関連するイベントを年間で 10 以上開催している。しかし、その中には、一般市民レベルでの民族・宗教間の交流がそれほど期待されないものでも、主催者や来賓の議員によって「民族・宗教間交流」という意義づけがされるものも一定程度あるのではないかと推測される。

　第二に、にもかかわらず、民族・宗教間の交流を実質的に伴わない行事でも、交流・相互理解に大きく貢献したとして報道されることが現にあることである。これは、地元メディアが政府の管理下にあり、政府の公式見解に基づく報道を行うためであろうと推測される。現地の報道によるだけでは、IRCC の活動の実態について必ずしも十分に把握することはできないと考えられる。

　第三に、一般市民レベルでの民族・宗教間の交流が期待できないとしても、地域社会・宗教界のリーダーたちの間では、彼ら同士がこうした行事を通じて交流を深めることが、「民族・宗教間の交流」になっているという認識があるのではないかと考えられることである。IRCC 会長の C 氏は、X 地区のイフタールに関し、一般市民については「ムスリムの家族」だけを招待していると筆者に説明し、それについて特に釈明する様子もなく、何の疑問も持っていない様子であった。

　第四に、シンガポール全体として IRCC の活動を通じた一般市民レベルの

民族・宗教間の交流は必ずしも活発ではない可能性があるということである。MCCY の職員も地域社会・宗教界のリーダーたち自身も最も活動が活発な優良事例と認める X 地区の IRCC でさえも、一般市民レベルでの交流につながらない行事も活動実績に加えているのが実態であった。シンガポール全体としての IRCC の活動状況については、追って論じる。

8.2. 宗教関係者による交流・対話の取組み

以下では、宗教関係者による交流・対話の取組みとして、10 の宗教が参加する交流組織 IRO のほか、特にムスリムの組織や団体による取組みを取り上げ、現状や課題を整理する。

8.2.1. IRO による交流・対話の取組み

IRO（Inter-Religious Organization, Singapore）は、シンガポールがイギリス領マラヤ（現在のマレーシアの半島部とシンガポールを合わせた領域）の一部であった 1949 年に、異なる宗教に属する人々が交流する組織として設立された[22]。当時は、マラヤにおいても独立の機運が高まり、それとともに独立後のマレーシア国家における地位をめぐってエスニック・グループ間、具体的には華人とマレー人との対立が顕在化してきていた。IRO の設立に関わった人々は、こうした状況に危機感を持ち、宗教の側から異なるエスニック・グループ間の融和を進めることでマラヤの人々の分裂を防ごうとしていた（Lai, 2008: 606-609）。

設立時は仏教、キリスト教、ヒンドゥー教、イスラーム、ユダヤ教、シーク教の 6 つの宗教からなっていたが、後にゾロアスター教、道教、バハイ教、ジャイナ教が加わり、現在ではこれら 10 の宗教に属するメンバーから構成される。既存メンバーの推薦があれば個人として参加できる。規定上は団体として参加もできるが、実際には個人として参加するメンバーのみである[23]。2017 年 7 月現在、理事会（Council）の役員（member）は 31 名がおり、10 のすべての宗教から役員が選出されている。会長（President）は、1 年ごとに各宗教から輪番制で選出され、2017 年 7 月時点では、ゾロアスター教徒のメンバーが会長である。

22　設立当初の名称は、マレーシア側の地名「ジョホール・バル」が含まれ、「Inter-Religious Organization of Singapore and Johor Bahru」であったが、1961 年に「Inter-Religious Organization, Singapore」に改称された。
23　IRO の役員より（2016 年 5 月 12 日聴き取り【No. 37】）。

　IRO は、様々な宗教に属する個人が有志として参加しているものである。メンバーの一部は、宗教に関する団体の役員等ではあるが、ある宗教を統括する団体の代表者として IRO に参加しているのではない。従って、IRO がシンガポールの宗教界全体として、意見をとりまとめたり、意思決定を行ったりすることはできない。そもそも、それぞれの宗教ごとの事情により、どの機関や人物がその宗教を代表できるのか決めがたい場合もあり、現に IRO に参加しているメンバーが、その所属する宗教の宗教指導者または信者の意見や利益を適切に反映することが難しいケースも多い。

　仏教に関して言えば、IRO 発足当時からシンガポール仏教総会（新加坡佛教総会：Singapore Buddhist Federation）の関係者だけがメンバーとして参加しているが、同団体は寺院で構成される団体ではなく、仏教系の社会福祉関係団体である。また、シンガポールで大きなプレゼンスを有する日本の仏教系の新興宗教団体は、IRO への参加を求めておらず、同団体の関係者はメンバーになっていない。ある IRO の役員（インド人ムスリム）は、筆者に対し、どの宗教にもセクトがあって宗教内の問題は微妙であると一般論を述べた上で、IRO がこの仏教系団体をメンバーとして受け入れることは難しいだろうと述べている[24]。また彼は、イスラームの中でも異端とされるアフマディー教団[25]については IRO としては受け入れられないと言う。

　イスラームに関して言えば、ムイスは制度上ムスリムを代表して政府に意見を述べることができることとなっており、また、宗教上の最高指導者としてイスラーム法の解釈を行うムフティも抱えている。しかし、政府に批判的な発言をしないムイスに代わり、宗教学者・宗教教師の団体であるプルガスが、ムスリムの宗教上の利益の擁護者と自認してマドラサの問題、ヒジャブの問題などに関し異議申立てを行ってきた。また、AMP（ムスリム知識人協会）も、ムスリムの社会的地位の改善を目指す立場から、ムスリムへの差別の解消について提言を行うなど、発言を行ってきている。このように、ムスリムを代表して意

24　2017 年 5 月 7 日聴き取り【No. 38】。
25　19 世紀末にインドで起こされたイスラーム復興運動。創設者のグラーム・アフマドを預言者とみなしており、ムハンマドを最後の預言者と信じるイスラームの主流派からは異端とされてきた（大石高志、2002）。シンガポールでは少数ながら信者がいるが、1969 年のファトワにより異端とされている。（http://www.muis.gov.sg/officeofthemufti/documents/Ahmadiyah%20(English).pdf、2017 年 7 月 8 日最終アクセス）

見を述べることができる機関や人物を特定することは難しいと考えられる。

2017 年 7 月現在、IRO の役員 31 名のうち、ムスリムは 5 名を占めている[26]。この中には、ムイス、プルガス、AMP のいずれの関係者も含まれない。彼らは、小規模なマレー・ムスリム関係団体の代表者、前職のムフティ、著名なモスクのイマーム（宗教指導者）、シンガポール国立大学の教員である社会学者などで、公式にムスリム社会を代表できる立場にはない。

IRO の活動は、メンバーによる会食、互いの宗教の施設（教会、寺院、モスク等）の訪問、互いの宗教の祝祭への参加、合同での礼拝などで、それぞれの宗教の教義に深入りしない形で行われている。合同での礼拝というのは、例えば外国で大規模な災害やテロ事件が起こった場合に、メンバーが集まり、それぞれの宗教のやり方で祈りを捧げるというものである。その他、シンガポール国内のできごとに関連する合同礼拝として、第二次世界大戦中の日本軍政支配が始まった日である 2 月 15 日に行われる戦争犠牲者への慰霊祭や、F1 グランプリの開会に際しての安全祈願などがある。メンバーがそれぞれの宗教的儀礼のための衣服に身を包んで合同礼拝を行う様子は、新聞やテレビで報道されることが多く、宗教間融和を象徴するものとしてアピールされていると考えられる。

政府は IRO の活動を積極的に支援しており、IRO の年次総会などの重要な会合には、首相や重要閣僚が参加する。IRO は、宗教界を代表する組織ではないが、ほかに例のない宗教横断的なプラットフォームであること、また、シンボルとしての力や宗教的・道徳的な権威を事実上持つことに注目し、政府は宗教に関わる政策を進めるにあたって、正当性と宗教界からの支持を獲得するために IRO の力を利用すると、ライ・アーエンは指摘する（Lai, 2008: 624-626）。例えば、政府は、9・11 および JI 事件を受け、2003 年 6 月に「宗教融和宣言（Declaration of Religious Harmony）」を公表した。宣言では、宗教間融和の重要性、宗教間融和に取り組む決意に続き、社会の団結の促進、他者の宗教の自由の尊重、共通の空間の拡大、宗教間交流の促進などがうたわれ、宗教が紛争や不調和を生み出すために悪用されないようにすると締めくくられている。この宣言は政府が主体となって作成したが、その検討過程においては、IRO のメンバーたちに対し案が提示され、意見の聴き取りも行われた。IRO のウェブサイトは、宗教融和宣言の全文を掲載しており、あたかも IRO の綱領である

26　IRO のウェブサイトより。（http://iro.sg/about/iro-council、2017 年 7 月 6 日最終アクセス）

宗教融和宣言（Declaration of Religious Harmony）

Declaration of Religious Harmony	宗教融和宣言
We, the people in Singapore, declare that religious harmony is vital for peace, progress and prosperity in our multi-racial and multi-religious nation.	私たちシンガポール国民は、私たちの多人種・多宗教国家において、宗教融和が平和と進歩と発展のために重要であることを宣言する。
We resolve to strengthen religious harmony through mutual tolerance, confidence, respect, and understanding.	私たちは、相互の寛容、信頼、尊重、理解を通じて、宗教融和を強化することを決意する。
We shall always	私たちは常に、
Recognise the secular nature of our state, Promote cohesion within our society, Respect each other's freedom of religion, Grow our common space while respecting our diversity, Foster inter-religious communications,	私たちの国家の世俗的性格を認識し、私たちの社会の中の連帯を促進し、互いの宗教の自由を尊重し、私たちの多様性を尊重しながら共通の空間を広げ、宗教間の交流を促進し、
and thereby ensure that religion will not be abused to create conflict and disharmony in Singapore.	それによって、宗教がシンガポールで摩擦や不調和を生み出すために悪用されないことを確実にするものとする。

かのように扱っている[27]。このことは、IRO が政府の宗教間融和への取組みに全面的に協力していることを物語るものである。上に、宗教融和宣言の全文を示す（和訳は筆者による）。

　近年、政府は宗教間の融和が一層差し迫った課題であると認識するようになっており、その中で政府、特に治安対策を担当する機関と IRO との新たな協力が進められている。

　2014 年には、南洋理工大学 S. ラジャラトナム国際研究大学院（RSIS）に、宗教間融和に関する研究プログラム「Studies in Inter-Religious Relations in Plural Societies Programme: SPR」が設置された。SRP は、そのウェブサイトによれば、「多民族・多宗教社会への各宗教による教義面での適応や宗教間関係について研究し、平和構築における宗教の肯定的な役割に関するモデルを

27　http://iro.sg/about/declaration/（2017 年 7 月 8 日最終アクセス）

構築するとともに、宗教間の社会的結合を強化するための知識を生み出す」ことを目的としている（S. Rajaratnam School of International Studies, 2015: 10-11）。SRP の代表を務めるモハマッド・アラミ・ムサ（Mohammad Alami Musa：以下「アラミ」という）は、プログラムの設置の背景について、政府が 9・11 以降の宗教に関わる紛争の増加を懸念し、どのように紛争を克服・緩和できるかに関心を持っていると述べ、SRP が国家的なプログラムであり、国家安全保障の観点から実施されていることを認めている。[28] 彼は、SRP の運営資金をどの省庁が負担しているのかという筆者の質問には口を濁して答えなかったが、SRP は治安・テロ対策を担当する内務省（Ministry of Home Affairs）が主導するものと推測される。SRP が開催するシンポジウム等で宗教関係者を代表して発言するのは、IRO のメンバーが多い。こうしたセンシティブな領域における協力も、IRO が政府と密接な協力関係にあることを示すものである。

　2016 年 9 月には、内務省が「多様性の中の融和ギャラリー」（Harmony in Diversity Gallery：以下「ギャラリー」という）を開設した。これは、同年に政府が立ち上げたプログラム「SGSecure」（7.4.2.2.）の一環である。政府は、テロは「起こるかどうか」の問題ではなく「いつ起こるか」の問題だと、テロの脅威が差し迫ったものになっているという認識を示し、国民に対しテロへの備えに努めるよう訴えている（7.2.1.）。SGSecure は、このような認識の下、模擬訓練などを実施することでテロ発生時の国民の対応力を向上させるとともに、テロが起こったとしても国民の分裂につながらないよう民族・宗教間の信頼関係の再構築を図るものである。ギャラリーは、民族・宗教間の信頼関係の再構築に関わるもので、シンガポールの豊かな宗教多様性への理解を促進し、宗教間融和の強化のために必要なギブ・アンド・テイクの精神（1.4.2.）、相互の尊重と理解を養うことを目指すものであるとされている。[29] ギャラリーは、学校の生徒や軍、警察等の公務員の見学を受け入れ、広く国民への啓発活動に活用されている。

　ギャラリーの展示内容は、以下のようなものである。[30]

　一つのコーナーでは、1950 年の「マリア・ヘルトフ暴動」の背景について、当時の関係者が語りかけ、現代の中学生の少女が考えるという仕立てで、映像

28　2016 年 5 月 11 日聴き取り【No. 64】。アラミについては、1.5.1.、5.2.2 および 7.3.2. でも言及している。
29　ギャラリーのウェブサイトより。（https://www.harmonyindiversitygallery.sg/、2017 年 7 月 9 日最終アクセス）
30　筆者は 2016 年 12 月 29 日にこのギャラリーを見学した。

技術を効果的に使った分かりやすいものである。この暴動は、マレー人の養母に預けられムスリムとして育ったオランダ人少女マリアが、裁判の結果、生みの親に親権が認められ、キリスト教徒として育てられることになり、これに怒ったムスリムが暴徒化して発生した。筆者に熱心に解説してくれた係員（内務省職員）は、「一人の少女の親権をめぐる問題が宗教と結びつけられてしまった」ことが暴動の背景にあると説明し、「現代のシンガポールでも何らかの問題が宗教と結びついて紛争に至る可能性が決してないとは言えない」と強調していた。ここを訪問するシンガポール人たちも、同じ説明を受けるのであろう。

　別のコーナーでは、「シンガポールの10の宗教」の聖典や儀礼に用いられる用具などが展示され、宗教を越えて共有される普遍的な価値が存在すること、そのような宗教間の共通性に注目することが相互の尊重と理解に結びつくと強調している。また別のコーナーでは、現代のシンガポールで宗教間で実際に起こりがちなトラブルについて、望ましい対応の仕方を考えるロールプレイゲーム仕立ての展示もある。例えば、「断食中のムスリムの友人をランチに誘ったが、断られた。どうすればいいか？」といった設問があって、正解の「彼の家のイフタール（夕食）[31]に招待してもらう」をタッチパネル上で選ぶと、その友人がうれしそうに夕食を盛り付けてくれる画像に切り替わるといったビジュアルで分かりやすいしかけになっている。

　IROはこのギャラリーの発案者であり、開設に協力している[32]。ギャラリーの場所は、IROの事務局と同じビルの中である。しかし、ギャラリーのウェブサイトでは、IROが協力していることは（恐らくはテロ・治安対策を担当する内務省との協力であり微妙な問題を含むことから意図的に）伏せられている。

　以上のように、「テロの脅威」の下で政府が治安対策の一環として宗教間融和を促進しようとする中で、IROは政府と問題意識を共有し、治安関係機関とも積極的に協力している。

　IROそのものの活動については、抑制・促進両方の立場からの批判がある。一つは、IROの活動に抑制的な立場で、IROによる宗教間交流を「いきすぎたもの」とみなし反発する個々の宗教集団の内部からの批判である。例えば、道教寺院で祭壇に向かって合同で礼拝することについて、ムスリムのメンバー

31　イフタールについては、7.4.2.1. を参照。
32　"Home Affairs Ministry launches gallery aimed at sharing importance of religious harmony", *ST*, 2 September, 2016.

がムスリム社会からの反応を懸念し、問題視したことや、キリスト教徒が中国寺院で線香を捧げ持つのを拒否したことがあった（Lai, 2008: 626-629）。それぞれの宗教ごとに信仰に関わる微妙な領域があり、他の宗教の儀礼的な要素について IRO のメンバー自身が受け容れられなかったり、宗教集団内部での批判を恐れ拒否したりといったことが生じる。IRO はこうした問題にその都度協議し対応してきている。

　もう一つは、IRO の活動は表面的なものにとどまり、真の宗教間融和につながっておらず、IRO の活動をもっと実効ある形で促進すべきという立場からの批判である。IRO は、会食、宗教施設の訪問、宗教行事への参加、合同での礼拝といった活動を、それぞれの宗教の教義に深入りしないよう留意しながら進めている。しかし、このことは、交流が表面的なものにとどまっているとの批判も招く。10 年以上 IRO の活動に参加してきたある宗教関係者は、IRO の活動に失望し、現在は参加しなくなっている。彼は筆者の聴き取りに対し、「IRO は集まってお茶を飲んでいるだけで、現実の社会問題に取り組もうとしない」と批判していた[33]。筆者は、IRO の将来計画について議論する会合にオブザーバーとして参加することを許された[34]。会合は終始和やかで、引き続き寺院やモスクの訪問を積極的にやろうといった意見もあったが、旧知のメンバー同士（高齢のメンバーが多い）が集まっており、物故者も含め過去に IRO の活動に貢献した人物の思い出を語る場面が多く、親睦を中心とした場という印象を強く受けた。

　IRO のメンバーから各宗教集団への活動の展開が図られないという課題もある。IRO のメンバーたちには、例えばムスリムであれば、自分がイマームを務めるモスクを他宗教の人々に開放するとか、自分が代表を務める団体でラマダーン時のイフタール（夕食会）を開催するとか、自ら民族・宗教間交流を実践する人物が多い。しかし、IRO は、メンバーを通じて各宗教に属する一般の人々に働きかけるような活動は組織的には行っていない[35]。というよりも、メンバーが各宗教集団を代表するのではない以上、行えないのである。一般のキリスト教徒の女性たち（40 代と 30 代の 2 名。いずれも華人）は、彼女た

33　2016 年 5 月 6 日聴き取り【No. 39】。
34　2016 年 5 月 8 日参加。これは、"Fellowship Meeting" と称する非公開かつ非公式の会合であった。
35　2016 年 5 月 12 日、IRO の役員から聴き取り【No. 37】。

ちの所属するキリスト教団体を通じ、宗教間交流も含め社会活動に活発に参加
していたが、IRO については存在そのものを知らず、「リーダーたちが関わっ
ているもので、一般市民にはあまり影響のないものではないか」と筆者に述べ
た。[36] また、民族・宗教間対話を主催する市民活動家のキリスト教徒の華人男
性は、IRO のことをよく知っていたが、「IRO はリーダーたちの活動で、一般
市民は支持していない」との見方であった。[37]

　ライ（Lai Ah Eng）は、IRO について、メンバーが個人の資格で参加するこ
とや、組織自体のあいまいな位置づけから、活動に限界があることを認める。
ではあるが、IRO は、シンガポールで唯一の公式の宗教間の交流団体であること、
宗教間融和を象徴するものであること、多宗教が合同で行う様々な活動は、表
面的という批判はあるが、シンガポールでも世界でも例が少ないものであるこ
となどから、大いに存在意義があり、決して過小評価すべきではないとライは
論じる（Lai, 2008: 629-631）。

　山下と岡光は、IRO の宗教間交流の取組みは、「人間同士の信頼関係に基礎
を置いた相互理解の涵養・醸成を図る」ものであると指摘する（山下，岡光，
2010: 193-194）。それは、理論や神学レベルの議論を伴わない「合目的的で極め
て実利的な宗教間融和」である。山下と岡光が指摘するように、シンガポール
において過去も現在も求められているのが、民族・宗教間の紛争の回避という
ことであれば、たとえ「表面的」という批判があるとしても、友好関係の構築
に重点を置く IRO の活動の進め方は、理にかなったものである。

　2017年3月、政府は、テロへの備えを目的とするプログラムSGSecureにおいて、
すべての宗教関係団体を巻き込み、既存の IRCC を補強する新たな宗教間のネ
ットワークを構築すると表明した。[38] 政府のねらいは、テロが起こってしまっ
た場合に、人々の敬意を集める地域社会や宗教界のリーダーたちが、一般の人々
に冷静になり団結するよう呼びかける体制を強化することである。このように
「テロが起こっても国民の分裂にはつなげない」という文脈の下では、IRO の
メンバーたちのように、人間的な信頼関係で結ばれた宗教リーダーたちの役割
に期待が寄せられることになろう。

36　2016 年 5 月 7 日聴き取り【No. 68, No. 69】。
37　2016 年 10 月 14 日聴き取り【No. 40】。
38　"Parliament: New network will link religious organisations to help battle terror attack", *ST*, 9
　　March, 2017.

8.2.2. ムスリムが主体となった交流・対話の取組み

2002年以降、ムスリムは過激主義への懸念を払拭するため、積極的に宗教間交流に取り組むことを迫られた。ムイスは、シンガポール・ムスリム・アイデンティティ・プロジェクト（SMIプロジェクト）において、多民族・多宗教社会にふさわしいムスリムのあり方を提唱し、ムスリムが異文化交流や宗教間対話に積極的に参加することを求めた（5.2.2.）。

以下では、ムスリムが主体となった交流・対話の取組みとして、モスク、ハーモニー・センター、AMP（ムスリム知識人協会）の取組みについて論じる。

8.2.2.1. モスクの取組み

モスクについては、9・11以前から積極的に非ムスリムに開放しているものも一部にあったが[39]、2000年代になってからはムイスの指導も受けながら、開放が進められた[40]。具体的な取組みとしては、ラマダーン時のイフタールや犠牲祭のコルバン[41]への非ムスリムの招待などがある。コルバンについては、学校の見学も受け入れ、羊を屠る場面も見学者に見せていたが、生徒たちが怖がるとして問題視する声があり（Hussin, 2012: 119）、2012年に羊の輸入元である[42]オーストラリアが動物保護の見地から羊の屠殺についての規制を強化したことを契機に[43]、屠殺場面の開放をやめた。ラマダーンには各地のモスクが非ムスリムを招待してイフタールを開催し、首相はじめ非ムスリムの閣僚も参加する（7.4.2.1.）。

筆者は、モスクでのイフタールに参加し、そこでの他宗教との交流の実態を観察する機会を得たので、その結果について以下に整理する。

参加したのは、アンナーダー・モスク（An-Nahdhah Mosque）で2017年6月18日に開催されたイフタールである。同モスクは、都心のオーチャード地区から10分ほど鉄道で北へ移動したビシャン地区にある。モスクの会長（Chairman）によれば、このモスクは宗教間交流を推進するハーモニー・センター（8.2.2.2.）を併設しているため、他宗教の関係者を招くことが容易である。

39　シンガポール最大のモスクであり観光名所である「サルタン・モスク」のほか、IROの活動に役員として参加するイマーム（8.2.1.）が所属するモスクなど。

40　"Muis aims for all mosques to reach out to non-Muslims", *Today*, 5 March 2007.

41　イフタールとコルバンについては、7.4.2.1.を参照。

42　ムイス職員も言及している（2017年5月5日聴き取り【No. 4】）。

43　"16 mosques audited for korban processes", *ST*, 14 August, 2012.

このモスクの会長は、同センターの所長を兼務しており、このことからも、モスクとセンターの運営の一体性が確保されている。

この日の参加者は約 1,800 人であった（事前の説明による）。宗教団体のリーダーたちが招待され、キリスト教（カトリック）から 6 名ほど、仏教から 2 名ほど、道教から 1 名という構成で、それぞれの宗教の儀礼用の服装を身に着けて参加していた。他宗教の関係者のほか、来賓の地元選出の議員（マレー人ムスリム男性）、地域社会の活動に参加している人々であろう、そろいのロゴ入りの T シャツを着た 10 名ほどの華人の女性たちのグループや、一般の非ムスリムの人々も参加し、モスクの後方にまとまって着席した。

冒頭のセレモニーでは、最初にハーモニー・センターのスタッフ（マレー人ムスリム）がイスラームにおけるイフタールの意義について説明し、続いて各宗教の代表者が、それぞれの宗教における断食の意義について解説しながら挨拶した。また、議員も挨拶をし、政府の政策について説明する中で、民族・宗教間融和の重要性を強調した。

一連のセレモニーが終わるとちょうど日没の 19 時 13 分となり、前方を占めるムスリムたちは礼拝を始め、招待された非ムスリムの人々が集まる後方では食事が始まった。ところが、15 分くらいで前方のムスリムたちが礼拝を終え、パッケージに入れて提供された食事を持っていっせいに帰り始めると、後方でもみなが食事を持って帰り始め、食事をしながらの懇談はごく短時間で終了となった。

このイフタールでは、非ムスリムの人々は、普段は来ることがないモスクの内部に入り、日没とともにムスリムたちが礼拝を行う様子を観察することはできた。しかし、後方の席に固まって座っている非ムスリムたちが、礼拝のために大勢参加している一般のムスリムたちと一緒に食事したり話したりするチャンスはなかった。リーダーたちのレベルではムスリムと招待された非ムスリムとが親しげに会話を交わしている様子が見られたが、一般の人々のレベルでは、非ムスリムたちがあたかもムスリムたちの儀礼をあたかも「観光」しに来たようで、相互の交流の機会はなかった。

なお、終了後、20 名ほどの非ムスリムの参加者は、併設されたハーモニー・センターに移動して、同センターの職員と意見交換を行い、イスラームの信仰の内容や関連する問題について理解を深めていた。こうした場が実現しているのは、たまたまこのモスクがハーモニー・センターを併設しているからである。

モスクにおける交流をめぐる課題については、このような観察の結果も踏まえ、8.3.1. で検討する。

8.2.2.2. ハーモニー・センターの取組み

ハーモニー・センター（Harmony Centre：以下「センター」という）は、過激主義と結びつけられがちなイスラームに対する社会の理解を増進することを目的として、2006年10月にムイスの下部機関として開設された。開設式にはリー・シェンロン首相が出席しており、政府がこのプロジェクトに大きく肩入れしていることがうかがえる。センターは、シンガポールのすべての宗教に対する理解増進を図ることも目的としている[44]。この目的を実現するために、センターは、トレーニング、学習、参画の三つを活動の重点として設定している。具体的な活動は、①シンガポールにおける真のイスラームの教えとムスリムについてのよりよい理解を促進する、②セミナー、ワークショップ、体験学習ツアー等を通じ宗教間対話を拡充する、③宗教間の社会的連帯を強化するという形で進められている。

センターは、筆者がイフタールへの参加・観察を行ったアンナーダー・モスク（8.2.2.1.）に併設されている。常設のギャラリーを設け、イスラームの歴史や教義のほか、シンガポールにおける10の宗教（IROを構成する宗教）の概要などについて紹介している。筆者が訪問した2015年8月中旬の時点で、開設以来、国内外からの来訪者数は45,000人（年平均で5千人近く）を数え、来訪者の約70%は非ムスリムであるとのことであった[45]。筆者の訪問時にも、10名ほどの中国のジャーナリストのグループが来訪し、ギャラリーの見学に続けて、ムイスの幹部との意見交換を行っていた。

センターは、その時々のテーマを設け様々な民族・宗教の人々を招いて、頻繁に対話イベントを開催している。筆者は、2016年8月24日にセンターが「イスラモフォビア」をテーマとして開催した対話「Conversation Circle "What is Islamophobia?"」に参加し、観察を行った。ここで明らかにされたシンガポールにおける「イスラモフォビア」の状況については3.2.3. で述べたが、ここでは実際の対話の模様について述べる。

---

[44] ハーモニー・センターのフェイスブック・ページより。（https://www.facebook.com/pg/Harmony.Centre/about/、2017年7月10日最終アクセス）

[45] ムイスの幹部から聴き取り（2015年8月12日【No. 1】）。

　この対話の参加者は約50名で、ムスリム、中でも差別行為の対象になりやすいヒジャブを着用したムスリム女性の参加が多かったが、民族では華人やインド人、宗教では仏教徒やキリスト教徒もおり、多様な民族・宗教の人々が参加していた。進行役は、センターの職員であるF氏（マレー人ムスリム）[46]が務めた。政府による言論統制が行われ、民族・宗教に関する発言が特に厳しく規制される中で、国民は宗教に関わる話題はセンシティブな問題として触れたがらない。そのことを踏まえ、F氏は冒頭で参加者に、この対話は微妙な問題も自由に語れる安全な空間であると強調した。

　参加者による討論の中では、シンガポールでの「イスラモフォビア」事案に関わる事実関係については、すでに報道やソーシャル・メディアで情報が共有されていることもあり、参加者は活発に発言し、また、自らが差別された事案について話す参加者もいた（3.2.3.）。しかし、「イスラモフォビア」への評価や対処については、非ムスリム側から、「様々な事案はあくまでも個別的な事案であり、社会全体を代表するものではない」、「宗教間の交流はすでに行われている」、「雇用に関するトラブルは、相互のコミュニケーションの問題でもある」といった防御的な発言が相次ぎ、現状を憂慮し何か手を打つべきだとする発言はみられなかった。F氏は「安全な空間」であることを強調したが、特に微妙なテーマであったため、参加者の間に強い自制が働き、危険な議論が避けられたのではないかと感じた。対話への参加・観察を通じ、シンガポールで宗教に関わる対話を進めることの難しさを改めて認識させられた。

　センターは単に交流を深めるだけでなく、実質的な内容のある対話を開催し続けており、そのことは、このような取組みがまだ多くない中で先駆的なものであり、重要な意義を有していると考えられる。また、センターの対話では、イスラームだけでなく他宗教についても幅広い知識を有するF氏が、適切に問題点を整理したプレゼンテーションを行い、参加者の発言を適切に整理し、巧みに議論をコントロールしている。こうしたスキル豊かなコーディネーターの存在が対話の成否を大きく左右することも、対話に実際に参加することで理解できる。

　センターは、宗教行事への相互訪問にも積極的に取り組んでおり、センターと一体に建設されたモスクでのイフタールに他宗教のリーダーたちを招待する

46　この人物は、リストのNo. 4で、これまでも何度か聴き取りの内容を紹介している。

一方で、他宗教の行事にも積極的に参加している。センターの職員たちは、仏教寺院や教会から行事に招待されれば、積極的に参加する。クリスマスの行事については、教会内に入るが、キリスト教の儀礼による礼拝はせず、座って見ており、終了後一緒に食事をする。シンガポールでは、ムスリムがイフタールに他宗教の人々をモスクに招くことは一般的になっているが、逆にムスリムは仏教寺院や教会を訪問することはほとんどなく、仏教寺院や教会もムスリムを行事に招待しないのが普通である[47]。センターに所属するムスリムたちは、一般のムスリムと比べると大きく踏み込んだ形で宗教間交流を実践していると言える。

　以上のように、ハーモニー・センターは、宗教間の交流や対話に関し様々な先駆的な実践を行っている。しかし、F氏が「ムスリムによってセンシティビティのレベルが違う」と言うように、自分の宗教的信念としてどこまで他宗教との交流を許容するかについてムスリムの志向が異なる中で、センターが宗教行事への相互訪問などを行い「範を垂れる」ことがただちに一般のムスリムにも普及するわけではないことにも、留意が必要であろう。

8.2.2.3. ムスリム知識人協会（AMP）の取組み

　最後に、ムスリム知識人協会（AMP）の取組みについて紹介する。AMPは、9・11およびJI事件を受けた過激主義防止対策には、アフターケア・グループ（Inter-Agency Aftercare Group: ACG）に参加し、JI事件による拘束者たちの家族の生活支援を行う形で加わってきた（6.2.2.）。ACGは青少年を対象としたフォーラムの開催など過激主義の予防のためのプログラムも実施している（6.2.3.）。

　民族・宗教間交流に関しては、AMPは、2016年10月以降、CommaCon（コマコン）[48]という一連の対話イベントを開催している。これは、過激主義、人種に基づく差別、「イスラモフォビア」などの問題について若者たちが学ぶ機会を提供することを目的としており、ムスリムだけでなく社会全体を視野に入れた国民統合に関わる取組みであると、AMP関係者は自負している。内務省や

47　F氏からの聴き取り（2017年5月5日【No. 4】）。
48　　公式ウェブサイトによれば、「CommaCon」は、「comma」と「conversation」を組み合わせた造語であり、「区切りはあっても会話は終わらない」ことを意味しているという。
　（https://commacon.sg/about-us/、2017年7月11日最終アクセス）

文化コミュニティ青年省の支援を受けたプロジェクトであるが、そのことは[49]表には出していない。

　筆者は 2016 年 10 月 15 日に開催された CommaCon の最初の対話イベント「CommaCon 2016」に参加し、観察を行った。参加者は、35 歳以下の若者を中心に約 500 名であった（公式ウェブサイトによる）。公式ウェブサイトでは、AMP が主催し、11 の団体が協力していることが示されているが、政府が支援していることは伏せられている。開会時・閉会時にも政府の関係者が来賓で挨拶をしたり紹介されたりすることは全くなかった。与党・人民行動党（PAP）所属のマレー人ムスリムの議員（30 代の女性）が参加していたが、彼女も参加者に紹介されることはなかった。このように、政府が水面下では支援しているが、政府色を徹底して消す形でイベントが実施されていた。政府が関わっていると分かれば、政治的に利用されているのではないかとか、監視されているのではないかといった懸念も生まれるだろうし、政府そのものに拒否感を持つ若者は参加しないであろうと考えられる。

　CommaCon 2016 は、①人種差別（racial discrimination）、②テロリズム、③ナショナル・アイデンティティ、④貧困の 4 つのテーマを設定し、テーマごとの分科会でさらに、民族・男女バランスを考慮した 10 名ほどの小グループに分かれて討論を行った。冒頭に主催者側から、このイベントが「対話のための安全な空間を提供する」ものであること、参加者は対話中の発言について外で言及する場合は発言者を伏せる「チャタムハウス・ルール」を守るべきこと、対話中の録音や撮影は禁止することについて説明があった。筆者は、オブザーバーとしての参加を認められ、「人種差別」と「テロリズム」の二つの分科会に観察のため参加したが、分科会では発言を求められ、討論に加わった。

　「人種差別」の分科会では、討論に入る前に、マレー人に対する差別を戯画化したコメディーが上演された。討論では、マレー人ムスリムの大学生（男性）から、大学の奨学金の配分でマレー人が差別されている、マレー人の教育水準の低さや犯罪率の高さを「ネタ」にされることで差別を感じる、「マレー人で初めての何々」といった報道がかえってステレオタイプにつながる（3.2.2.1.）、といった発言があった。華人の女性からは、華人系企業が華語の能力を条件にすることでマレー人を排除しているとの発言があった（3.2.1.）。マレー人（ム

49　AMP の担当者から聴き取り（2016 年 5 月 7 日）。

スリム）に対する軍での差別の問題も話題になった。

　「テロリズム」の分科会では、討論に入る前に、恋人の男性に影響されて過激主義に感化されるムスリム女性を描いた演劇が上演された。討論では、イスラームとテロとの関係、イスラームと奴隷制との関係などが話題になり、非ムスリムの質問にムスリムが答える形で意見交換が行われる場面が多かった。「なぜムスリムは世界のムスリムと友人と感じられるのか」と質問した華人の大学生（男性）は筆者に、「大学の友達のムスリムはそういう話をしても、政治的に正しい答しかしてくれない」と言い、対話に参加したムスリムに自分の疑問をぶつけていた。

　以上のように、筆者が観察した範囲では、「政治的に正しくない」ことも含め、非常に率直な意見交換が行われたと感じた。これは、10名程度という少人数での討論であり、かつ、討論のルールが確立され、参加者が「安全な空間」であると感じ安心して発言できる環境が整えられたことや、対話の前に「きわどい」内容のコメディーや演劇が上演され、率直な発言がしやすい雰囲気が作り出されたこと、十分に準備をして任に当たったコーディネーターがグループごとに配置されたなどによるものと考えられる。

　CommaCon はその後も、「ジハード」、「ヒジャブ」、「華人の優位（Chinese privilege）」など、「微妙な問題」とされるテーマを取り上げて対話イベントを続けている。

8.3. 相互理解に向けての課題

　以下では、様々な交流・対話への参加・観察の結果生じた疑問点や推測も含め考察を行うことで、民族・宗教間の交流・対話が相互理解の増進につながるための課題について、ムスリムの包摂・排除との関係にも留意しながら考察し、今後の調査・研究につなげたい。

8.3.1. 交流・対話への参加に関わる課題
　まず、交流・対話への参加に関わる課題について検討する。第一に、交流・

50　ISIS（イスラーム国）が本来のイスラームに則ったものと称して「奴隷制」を導入したことが報道されていたため。

51　シンガポールの社会構造が、意図的ではない原因も含め、多数者である華人に有利なものになっているという議論。

対話の機会は公に表れているよりも少ない可能性があること、第二に、一般市民レベルの交流・対話の機会が少ない可能性があることを指摘する。

　第一に、「交流・対話が活発に行われている」という公式のイメージと実際の交流・対話の機会との間にギャップがある可能性について論じる。

　9・11およびJI事件の後には、全国に設立されたIRCCが民族・宗教間の交流・対話のプラットフォームとして機能してきたとされる。しかし、X地区やY地区のリーダーたちは、「IRCCはどこでもこれほど活発なわけではない」と強調する。その言い方には、「全国のIRCCの活動は、それほど活発ではない」というニュアンスが感じ取れる。

　前述のように、2006年にはIRCCがコミュニティ・エンゲイジメント・プログラム（CEP）の一環として位置づけられ、不活発なIRCCのてこ入れが行われたが、改善後の2009年でもなおIRCCのうちで「活動的な」ものは35.7%、「機能している」ものでさえ54.8%に過ぎなかった（8.1.1.）。すなわち、改善後でさえも約3分の2は活動的ではなく、半数近くは十分に機能していない。IRCCの活動を担う人材の不足も課題である。マシューズとホンは、IRCCのリーダーたちへの聴き取りを踏まえ、IRCC会長のほとんどは他の地域社会団体の役職を兼務し、多忙な中で、IRCCの仕事を「関わっている多くの仕事のうちの一つに過ぎない」とみてしまうと指摘する（Mathews and Hong, 2016: 72-74）[52]。

　文化コミュニティ青年省（MCCY）が開設するIRCCのウェブサイトによれば、89の地区のIRCCのうち、24地区が自身のフェイスブック・ページを持っている[53]。その24地区のうち、活発に更新して行事の開催結果等について画像や動画を公開しているのは、9地区であり、全体の1割程度である（X地区およびY地区はこれに含まれる）。ソーシャル・メディアが広く普及し、60〜70代の人々でも活発に社会参加している人々はフェイスブックのアカウントを持つことが多いこと、また、活発に活動している地区は表彰などの評価を期待し積極的にアピールするであろうことを考えると、フェイスブックでの発信の少なさからは、IRCCの活動は全国的に活発に展開されているようには感じられない。

　マシューズとホンは、IRCCは2002年から活動を続けているにもかかわらず、

52　実際に、筆者が聴き取りを行った三つの地区のIRCCの会長の全員が、他の地域社会団体の役員を兼務していた。
53　https://www.ircc.sg/en/ABOUT%20IRCC/Our%20Family（2017年7月18日最終アクセス）

依然として一般のシンガポール人からはあまり知られていないと言う。IRCC
を宗教団体と勘違いする人がいたり、他の地域社会団体の名前を出すと話が通
じても IRCC の名前では通じなかったりするという話も関係者からは聞かれる
（Mathews and Hong, 2016: 75）。

　9・11 および JI 事件以降、政府が民族・宗教間交流の一層の促進に努めて
きたことは、政府自身が強調し、また、シンガポールの民族・宗教間関係に関
わる研究でもよく言及される。しかし、政府がトップダウンで推進しており、様々
な場で言及される IRCC は、実は見かけほど活動が活発ではない可能性がある
ことを指摘しておく。

　第二に、一般市民レベルの交流・対話の機会が少ない可能性について論じる。
X 地区やモスクにおける行事の事例を観察した結果からは、民族・宗教間交流
を趣旨にうたう行事が開催されても、参加者の構成から、実質的に一般市民レ
ベルでの民族・宗教間の交流・対話の機会が少ないかほとんどない場合もあり
うることが指摘できる。

　また、モスクでのイフタールの例から分かるように、他の民族や宗教の行事
に観察者のような位置づけで参加するだけでは、異文化を「観光する」だけに
終わってしまい、異なる民族や宗教への理解を深めることにはなりにくいであ
ろう。ラヒルは、学校で行われる「人種融和の日（Racial Harmony Day）」（1.3.2.4.）
の行事を例に挙げて、民族・宗教間の交流が、フード、ファッション、フェス
ティバルの「三つの F」のように目に見える「違い」を持つ「他者」を「観光
の対象とする（touristifying）」ことになり、かえって「差異の構築」に帰結し
てしまうことを指摘する（Rahil, 2014: 227-228）。また、公立の小・中学校の「公民・
道徳教育（Civics and Moral Education: CME）」の授業で行われる多人種主義教
育について、シャーリーン・タン（Charlene Tan）は、食べ物や食事のエチケッ
ト、贈り物、結婚式や葬儀、祈りの場所など表層文化（surface culture）だ
けが取り扱われており、その背景にある深層文化（deep culture）への理解を
もたらさないと論じる。これは、むしろ他のエスニック・グループへのステレ
オタイプにつながり、交流への動機づけにならないと、シャーリーン・タンは
指摘する（Tan, Charlene, 2011）。こうした議論は、地域社会での交流や宗教間
交流の課題にも通じるものがあろう。

　X 地区の IRCC 関連の二つの行事では、主催・運営に当たる地域社会・宗教
界のリーダーたちは、すでに旧知の間柄同士であり、これらの行事を通じさら

に親交を深めていた。X 地区の IRCC のフェイスブック・ページでは、行事の開催の模様が毎月のように頻繁に写真で紹介され、異なる民族・宗教に属する人びとが楽しそうに一緒に写っている写真が掲載されるが、映っている顔触れの組合せは大体同じ地域社会・宗教界のリーダーたちである。写真をアップロードする人たちがこれらリーダーたちなので、そのような見え方になる面はあろうが、IRCC があたかもリーダーたちの親睦組織であるかのような印象も受ける。

　筆者が参加したモスクでのイフタールでも、招待された各宗教のリーダーたちはムスリムのリーダーたちと親しい間柄のようで、ほとんどの参加者が帰途に就いた後も楽しげに話しこんでいた。民族・宗教間交流の場として位置づけられたイフタールも、旧知の間柄であるリーダーたちが友好関係を確認し合う場となっているようにもみえる。

　IRO に関して言えば、フェイスブック・ページで活発に情報が発信され、また、新聞やテレビで活動が紹介されることが多いため、パーティーや合同での礼拝などの行事の模様を頻繁に画像や映像で見ることができる。ここでも、そうした行事に参加し前面に出るのは IRO の役員たちが中心になるという面はあるが、やはり映っているメンバーの顔触れは毎回変わりがなく、行事が開催されるたびに「固定メンバー」が集まり、懇親を深めているという印象を強く受ける。

　民族・宗教間交流の活動は、特にリーダーたちのレベルで活発に行われている。このことは、政府の意図に沿ったものである。IRCC には、地域社会・宗教界のリーダーが良好な関係を築くことで、「危機」（テロのバックラッシュ）の際に彼らが事態の収拾を図る役割が期待されている（8.1.1.）。IRCC を担当する文化コミュニティ青年省（MCCY）の幹部は、特に人々に冷静にするよう働きかける宗教リーダーの役割が重要であると認識している[54]。Y 地区 IRCC の会長も、「宗教リーダーが参加する点が他の地域社会の団体と違う。危機の際には、彼らの協力を求めることになっている」と説明していた[55]。

　政府は、テロに備えるためのプログラム SGSecure において、地域社会・宗教界のリーダーたちのネットワークの一層の強化を図ろうとしている（8.2.1.）。一般市民レベルでの交流・相互理解を進めるには時間を要することを考慮し、リーダーのレベルで人間的な信頼関係を構築し、彼らにそれぞれの地域社会や

54　2017 年 5 月 3 日聴き取り【No. 67】。
55　2017 年 5 月 3 日聴き取り【No. 42】。

宗教に属する一般の人々との調整役をゆだねる戦略であると考えることができる。これも、団体を通じたコーポラティズム的な管理（1.4.3.）と言えよう。

8.3.2. 相互理解の増進に向けての課題

以下では、対話のあり方に注目することで、交流・対話を通じた相互理解の増進に関わる課題について考察する。

2000年以降、民族・宗教間の交流・対話の重要性が繰り返し語られ、「危機」に対処する地域社会・宗教界のリーダーたちのネットワークが改めて重要視されている。しかし、交流・対話は、長い目で見た国民統合、日々の生活の中での様々なトラブルへの対応などの観点からも重要であると考えられる。ムスリムの側からみれば、交流・対話は、彼らへのステレオタイプや、宗教意識の高まりを過激主義と結びつける偏見を解消して、雇用差別などの問題に対処し、彼らの社会的地位を改善していく上で重要であると考えられる。

筆者が参加した教会の主催による宗教間対話（写真8）では、非ムスリムのムスリムに対する理解が少ないことが明らかであった[56]。この対話はシリーズもので、この回は「結婚」をテーマとし、ヒンドゥー教、仏教、道教、イスラーム、カトリックの5つの宗教のリーダーたちが各宗教の教義における「結婚」の概念、意義、儀礼等について解説し、それを受けて一般の参加者との意見交換を行うというものであった。いずれの宗教に対しても基本的な質問が多かったが、イスラームに関しては、「シンガポールのムスリム男性は4人まで妻を娶れるのか」、「シンガポールではムスリムと結婚する時は必ず改宗しなければならないのか」といった、現地住民にしては初歩的な質問があった[57]。一つ目の質問をしたのは、ある地区でIRCCの会長を務めている人物であった。

筆者が聴講したある講演会[58]では、初代大統領の故ユソフ・イシャクの夫人（マレー人ムスリム）が来賓として参加していたが、筆者がその場で知り合った華人男性は、地域社会団体で活動していると自己紹介したにもかかわらず、この

56　Cathedral of the Good Shepherd で開催された "Interreligious Panel and Discussion on Marriage" というイベント（2017年5月2日開催）。

57　一つ目の質問については、「シンガポールのムスリム男性は4人まで妻を娶れる」というのが正解である（2.2.1.4.）。また、二つ目の質問については、「シンガポールではムスリムと結婚する時は（制度上は）必ずしも改宗しなくてもよい」というのが正解である。

58　Malay Heritage Centre が開催した "Prominent Minangkabaus in Singapore – Zubir Said, Yusof and Rahim Ishak" という講演会（2015年8月15日）。

写真8　教会が主催する宗教間対話の様子（332ページ参照）。前列左から順にヒン
　　　　ドゥー教、道教、仏教、イスラーム、カトリックを代表する発表者。

夫人の顔を知らなかった。この１年ほど前から、ユソフ・イシャクを顕彰する
政府の動きが活発化した（9.3.）関係で、テレビや新聞に頻繁に夫人が顔を見
せていたので、筆者は奇異に感じた[59]。
　このように、ムスリムと非ムスリムとの関係だけに限らないが、IRCC によ
る行事も含め、政府や地域社会・宗教界のリーダーたちが民族・宗教間の交流
の機会を増やそうとしているにもかかわらず、地域の活動に参画している人物
も含め、他の民族・宗教について知識や情報が少ない人々が意外に多いことも
分かる。
　ユージン・K・B・タン（Eugene K. B. Tan）は、複数のアンケート結果を参
照しながら、マジョリティである華人がマイノリティとの交流に熱心ではない
と論じる（Tan, Eugene K. B., 2004a: 189-191）。華人が他者との交流に熱心でな
いことは、9・11 および JI 事件後のマレー人（ムスリム）に対する疑念を強め

59　念のため最大の華語紙「联合早报」の紙面を確認したが、この講演会の数日前にも、この夫人の
　　写真を含む記事が大きく掲載されていた。

ることにもつながっている。過激主義と関連づけられ疑いをかけられるマレー人の側は、華人と良好な関係を結ぶことがどうしても必要であるが、華人の側はそのような切迫性を欠いている。華人はマジョリティとして求められる役割を認識し、民族・宗教間の信頼醸成をリードすべきであると、自分も華人であるユージン・K・B・タンは指摘している（Tan, Eugene K. B., 2004a: 191-192）。

「華人が他者との交流に熱心ではない」という議論は、一般のシンガポール人の間でもよく聞かれるが、これについて「華人はマジョリティであるために、他のエスニック・グループと接触しなくても暮らしていけるからだ」と語る華人もいる[60]。

政策研究所（1.5.1.）が2016年に公表したアンケート調査の結果によれば、全般的に華人が他のエスニック・グループと比べて、他のエスニック・グループとの関係を結ぶことを好まない、あるいは、他のエスニック・グループを受け入れない傾向がある（Institute of Policy Studies, 2016a）。例えば、華人に仕事を手伝ってもらってもいいと考えるマレー人、インド人はそれぞれ82％、72％だったのに対し、マレー人またはインド人に仕事を手伝ってもらってもいいと考える華人はそれぞれ38％、41％に過ぎなかった[61]。また、大統領が華人でもよいと考えるマレー人、インド人はそれぞれ84％、87％だったのに対し、大統領がマレー人、インド人でもよいと考える華人はそれぞれ59％、68％と、比較すると大幅に低い比率であった。

各地区のIRCCでは、民族や宗教の行事に関連づけた様々な交流イベントを開催しているが、民族・宗教間の対話イベントも開催している。X地区およびY地区では、宗教施設と学校の連携により、生徒たちをモスクや寺院に招く形で対話イベントが開催されているとのことであった。

前述のハーモニー・センター職員のF氏は、IRCCの対話イベントについて、自分が講演者として何度も参加した経験から、「表面的なものが多い」と考えている。F氏によれば、そうしたイベントの多くは、限られた範囲のリーダーたちだけが参加して非公開で開催しており、テーマも例えば「宗教と平和」などと無難で論争を招かないようなものに設定される。しかしF氏は、宗教施設の訪問のような行事だけでは互いの深い理解につながらないが、それ自体も

60　地域社会の活動に関わる華人男性から聴き取り（2017年5月5日【No. 45】）。
61　マレー人に関しては、仕事の能力に関わるステレオタイプがあることも考えられるが、インド人による手伝いについても低い数値が出ている。

スターティング・ポイントとして重要であり、そこから友人関係を築き、宗教に関連する「微妙な問題」でも話ができるようになることが重要だと考えている[62]。

IRCC など地域社会の団体によるもの以外にも、様々な団体による対話イベントが開催されるようになっている。筆者が観察を行った AMP 主催の対話イベント「CommaCon 2016」では、マレー人への差別が現にあることをマレー人も華人も率直に語り、また、華人の大学生が、マレー人の友人に訪ねても満足のできる答えが返ってこない質問を討論の中で持ち出していた。

しかし、対話イベントで率直な意見交換が行われる場合ばかりではない。ハーモニー・センターが2016年8月に開催した「イスラモフォビア」をテーマとする対話では、非ムスリム側は防御的な発言に終始し、「非ムスリムの間にムスリムへの差別がある」ことを認めず、「微妙な問題」は最後まで避けられていた（8.2.2.2.）。

筆者は、2015年3月には、イスラーム・マレー問題研究所（RIMA）が開催した宗教間対話[63]に参加し、観察を行った。この対話は、若者たちに宗教とテロなどの暴力に関わる問題について論じてもらうことを目的とするものであった。イスラーム、仏教、キリスト教の3つの宗教を代表するパネリストが発表を行い、それぞれの宗教がいかに平和を愛する宗教かについて熱弁をふるった。質疑応答の中では、ムスリムの参加者が、「ムスリムに対する様々な抑圧の問題もある。ミャンマーのロヒンギャの問題について、シンガポールの仏教界は口を閉ざしているのではないか」と発言した。これに対し仏教界を代表するパネリストは、「宗教の問題以外に、政治的・経済的・社会的な理由があるのだろうと思うが、自分はロヒンギャの問題については十分に分析していない。仏教の教義には、暴力を勧めるものは何もない」とだけ答え、それ以上議論は深まらなかった。全体として、それぞれの宗教が「平和な宗教」であることをアピールすることに終始し、表面的な議論にとどまる印象を受けた。宗教と暴力の関係も、やはり「微妙な問題」である。

「なぜムスリムはテロを起こすのか」という問いに対し、「イスラームは平和的な宗教だ」、「ムスリムはテロとは関係ない」と答えるだけでは、「では、な

62　2017年5月5日聴き取り【No. 4】。
63　イスラーム・マレー問題研究所（RIMA）が開催した "Interfaith Seminar & Workshop – Religion and Peace-building among Youths" という宗教間対話（2015年3月21日）。

ゼムスリムは……」と、もう一度同じ問いが繰り返され、「ぐるぐる回り」になって、互いに理解を深めることは難しいであろう。ハーモニー・センターのF氏は、「宗教のために他者を殺せるか」といった議論をし、誰かが「殺せる」といった時点で議論が始まると言う。意見の相違は生まれるが、それでなければ対話とは言えないと、F氏は言う。[64]

　青少年を巻き込んだ取組みについても、触れておく。民族・宗教間の交流・対話に青少年が参加することの重要性は、政府関係者が繰り返し言及している。[65]実際に、青少年を対象とした学習会や交流・対話イベントは数多く開催されている。内務省がIROの協力を得て設置した「多様性の中の融和ギャラリー」（8.2.1.）は、特に青少年を主要なターゲットとしており、学校の生徒たちの訪問を積極的に受け入れている。AMPが開催する対話イベント「CommaCon」（8.2.2.3.）は、青少年を対象としており、2016年10月の第1回のイベントの参加条件も年齢35歳以下となっていた。マドラサも、華人学校やキリスト教の学校と相互に訪問するなど交流を行っている（5.1.4.）。

　青少年の参加が重視されるのは、次代を担う彼らに早い時期から啓発を行っていくことが重要と考えられているからであろうが、別の理由もある。地域社会・宗教界のリーダーたちの中には、1960年代の「人種暴動」を経験したために、民族・宗教間融和の大切さを身に染みて感じている人々もまだいるが（8.1.2.）、青少年たちは「人種暴動」を経験していない世代である。彼らに過去の歴史を学ばせ、「多様性の中の融和ギャラリー」の係員が筆者に語ったように、「現代のシンガポールでも宗教と結びついた紛争が起こる可能性はある」という危機感を持たせることが必要であると考えられているのである。[66]

　現在、学校では宗教教育は行われていない。1984年には、国民の道徳的な価値を維持し、物質主義など西洋の好ましくない影響の浸透を防ぐ役割が宗教に期待され、公立の中学校で「宗教知識（Religious Knowledge）」という必修科目が導入され、自分が所属する宗教の教義や儀礼を学ぶこととなった。しかし、当時は様々な宗教において宗教意識が高まる宗教復興の時代であり、宗教間の

64　2017年5月5日聴き取り【No. 4】。

65　"Deepening inter-faith understanding critical today: Sam Tan", *ST*, 15 May, 2015, "Plans for more dialogues, activities to engage youth", *ST*, 23 January, 2016, "Building bridges to greater interfaith understanding", *ST*, 1 April, 2017.

66　"Home Affairs Ministry launches gallery aimed at sharing importance of religious harmony", *ST*, 2 September, 2016.

改宗競争が活発化していたため（1.4.2.）、宗教教育がかえって宗教間の分断を生むことが懸念される状況になった。そのため、「宗教知識」の科目は1990年に廃止となり、短命に終わった（Tan, Eugene K. B., 2008: 70-72）。現在は、公立の小・中学校の「公民・道徳教育」の中で行われる「多人種主義教育」で、宗教についても扱われるが、宗教の表層文化の面しか扱われず不十分であるとの指摘がある（8.3.1.）。

　宗教間の相互理解を促進するためには、公立学校で宗教について学習する機会を設けるべきだという議論もある。宗教間交流に熱心に取り組んできた市民活動家は、1980年代のような宗教別の授業ではなく、比較宗教研究の手法により、他者の宗教を尊重することを学ぶ「宗教的多元主義（religious pluralism）」の教育を導入すべきだと主張する[67]。ただ、彼自身も、直ちに実施することは困難であり、カリキュラムの開発と教師の養成がまず必要であると認めている。

　筆者が会ったシンガポール人のほとんどは、「民族・宗教間の交流はまだ十分ではない」、「現在は互いに我慢し合う「寛容」の段階に過ぎず、より望ましい姿である「融和」には至っていない」などと述べている（1.5.1.）。他の民族や宗教を誹謗する発言が依然として厳しく規制される中で、国民は民族・宗教の問題を議論することを避ける（1.3.2.3.）。文化コミュニティ青年省（MCCY）で民族・宗教間交流を担当する幹部職員（華人男性）は、「対話はまだまだ十分ではない」と認め、「リーダーのレベル以外での対話が必要だ」との考えを述べ、「デリケートな問題についても、話すことが必要になってくる」と言う[68]。政府は、最近の「イスラモフォビア」の広がりを憂慮し、ムスリムを誹謗する落書きなどの事案に際しては、民族・宗教間融和に反する発言等は容赦しないとのスタンスを固持している[69]。その一方で、テロが国民の分裂につながることを懸念し、民族・宗教間の率直な対話を国民に促しており、政府の政策は非常に微妙なバランスの下に進められている。

8.4. 小括

　シンガポール政府は独立以来、過去の「人種暴動（racial riots）」を繰り返してはならないと国民に訴えかけながら、民族・宗教間の融和に取り組んできた。

67　"Need for those who can teach religious pluralism", Yap Kim Hao, *ST*, 11 April, 2017.
68　2017年5月2日聴き取り【No. 67】。
69　"Guard against rise of anti-Muslim sentiment in Singapore: K. Shanmugam", *ST*, 5 June, 2017.

9・11 および JI 事件以降は、IRCC などを通じ、特に宗教間の交流を重点とした取組みが強化されてきた。政府が促進する民族・宗教間融和は、テロ発生時の「危機」に対処するための極めて実利的なものである面が強い。

　ムスリム社会のリーダーたちは特に、民族・宗教間融和の成否に重大な関心を持ち、積極的に取り組んできた。ムスリムの立場からみれば、ムスリムと他のシンガポール国民との交流・相互理解の増進は、非常時対応のためだけではなく、ステレオタイプ、差別や「イスラモフォビア」の問題の解消の観点からも、彼らの包摂に関わる重要な課題である。

　しかし、「上からの草の根の活動」として推進されている IRCC の取組みは、必ずしもそれが与えている印象ほどには活発ではない可能性がある。リーダーたちだけでなく一般市民のレベルで民族・宗教間の交流が深まることが求められているのではないかと考えられる。

　また、マイノリティであるムスリムの側には、バックラッシュへの懸念もあり、交流・対話を求める切迫したニーズがあるが、マジョリティである非ムスリムの側はそのような切迫性はないという非対称性が存在することも、交流・対話の促進に向けての課題と考えられる。

ホーカーセンター（屋台村）で一緒に働く華人とムスリムの女性。

終　章

9.1. 研究の目的を振り返って

　シンガポールにおいては、社会的格差と差別、ヒジャブに関する規制と差別、イスラームの教育・普及をめぐる問題、過激主義防止対策をめぐる問題など、ムスリムの包摂をめぐる問題がみられる。本研究の目的は、広範にわたるムスリムの包摂のための政策が実施されているにもかかわらず、なおムスリムの包摂をめぐる問題が存在する理由を解明することであった。

　先行研究は、ムスリムの包摂をめぐる問題について「華人中心社会への同化」(Barr and Low, 2005)、「マレー人の海に浮かぶ華人の島」における「マレー人の他者化」(Rahim, 2009)、「選択的な包摂・排除」(Rahil, 2014)、政府によるリーダーたちの取込み (Hussin, 2012) などの観点から説明する。これに対し本研究は、政府によるイスラームの管理へのムスリム社会のリーダーたちの対応について、政治社会学的見地から分析を試みた。

　シンガポールの政治体制については、権威主義体制の下で、国民の政治的発言が抑制され、国民の意向に関わらず政府が自らが正しいと考える政策を推進する面が強調される (1.1.1.)。特に、すべての民族・宗教の平等を保障する多人種主義の下で、アイデンティティの差異は「資源」として称揚されるよりも、社会の安定に対する「脅威」とみなして抑制され、エスニシティ・宗教に関わる主張が抑制されることが指摘される (1.4.2.)。多人種主義は包摂と排除の両方の方向に働くものであり、包摂と排除は表裏一体となっている (1.4.2.)。また、多人種主義はコーポラティズム的な管理の形態を取り、エスニック・グループや宗教を代表するリーダーが、それぞれの集団内の管理をゆだねられ、一方では集団を代表して政府に意見表明を行う立場にある点で、重要な役割を担う (1.4.3.)。

すべての民族、宗教、言語等を平等に取り扱う多人種主義の原則にかかわらず、イスラームに対しては様々な特別な制度上の配慮がなされ、この点ではシンガポールはムスリムに対し包摂的な社会であると言える（2.2.1.）。一方、1980年代からは、マレー人社会に対し、自助団体による教育支援などの社会改善対策への支援が行われるようになったが、マレー人の社会的地位の向上のための優遇政策は行われていない（3.3.1.）。

　一方ムスリムは、「マレー人の海に浮かぶ華人の島」というシンガポールの地政学的環境の中で、建国後のマレーシア・インドネシア両国との対立、また、マレーシア国内でのマレー人と華人との政治的対立を背景に、「最も顕著な他者（the most significant other）」（2.3.）とみなされた。ムスリムは、ナショナルサービス（兵役）からかつては除外され、現在でも配属先に関する差別を受けている（3.2.4.）。イスラームへの様々な配慮は、シンガポールのムスリムに共感するマレーシアからの政治的介入を招くことを避けようとするものでもあった。さらに、1970年代に始まったイスラーム復興以降は、政府はムスリムがシンガポール社会から分離すること、政治的イスラームの影響を受けることを懸念するようになった。9・11以降は、過激主義というさらに新たな懸念が加わり、ムスリムは一層「内なる他者」として脅威視されるようになった（3.2.3.）。イスラームを支援するための制度は、政府がムスリムのリーダーたちを通じてイスラームを管理する手段にもなっている（2.2.3.）。

　政府は、ムスリムに対しては、三つの課題を設定し、それぞれに対処してきた。第一の「社会的格差」という課題には、ムンダキなどの自助団体を通じた教育支援を中心とする社会改善対策により対処してきた。第二の「社会からの分離」という課題には、ヒジャブの着用など宗教的アイデンティティの表出を抑制する、ムスリムに民族・宗教間の交流・対話への参加を促すことなどにより、対処してきた。第三の「過激化」という課題には、世俗国家シンガポールで他民族・他宗教との共存に努める「穏健なイスラーム」の普及や、過激主義防止対策により、対処してきた。

　イスラームに関わる行政的な業務やプロジェクトはイスラーム関係団体が実施することから、政府によるイスラームの管理は、団体を通じたコーポラティズム的な管理でもある（2.2.3.）。団体の役員や幹部職員を務めるムスリムのリーダーたちの多くは、政府による三つの課題への対処の方針に沿って、教育支援によるムスリム社会の改善、「穏健なイスラーム」の普及、過激主義防止対

策などに取り組んでいる。政府が望ましいと考える対処方針にムスリムが従う
限りにおいて、政府はムスリムのシンガポール社会への包摂を支援するが、ム
スリムが政府の方針に異議を申し立てる場合には、政府はそのようなムスリム
を排除する。このように政府がムスリムを排除する局面が、先行研究において
は、ムスリムの包摂に関わる問題として論じられていると理解できる。

　しかし、ムスリムによる政府への異議申立てがすべて抑制されてきたわけで
はなかった。1990年に政府の対マレー人政策に批判的なマレー知識人たちが
コンベンションを開催する際には、政府は当初その開催を認めようとしなかっ
たが、約500名ものマレー知識人が参加する見込みになると、彼らの異議申立
てを容認する方針に転換した。また、彼らを取り込むためでもあったが、マレ
ー知識人たちが設立する団体 AMP に財政支援まで行った（3.3.2.）。1999年に
政府がマドラサの小学校廃止の方針を公表した際には、特に宗教学者・宗教教
師の団体プルガスがムスリム社会を代表して強力に反対を表明したことで、政
府は方針を転換し、マドラサの小学校の存続を認めた（5.1.2.）。2013〜14年の
ヒジャブ論議では、ムスリム問題担当大臣をはじめとするムスリムの与党議員
ばかりか、リー・シェンロン首相までもがムスリムの代表者との対話を持った。
ヒジャブ規制は維持されたが、リー首相はムスリムの立場に共感する姿勢を見
せるとともに、将来の見直しの可能性を示唆した（4.3.1.）。

　このように、ムスリム社会のリーダーたちが結集して政府に異議を唱える場
合には、政府はこれに耳を傾け、配慮を示し、また、政策方針を見直すことも
あった。逆に言えば、リーダーたちが足並みをそろえて政府に異議を唱えない
場合は、政府はムスリム社会の不満を受けて政策方針を見直すことはなかった
と考えられる。すなわち、ムスリムの包摂をめぐる問題が解消しない背景には、
政府のスタンスの問題もあろうが、ムスリム社会のリーダーたちが、それらの
問題について一枚岩となって異議申立てを行わないことが一因にあると考える
ことができる。以下ではこの点について、これまでの議論を振り返りながら検
証する。

9.2. 個別の問題からみるムスリムの包摂と排除

　以下では、第3章〜第7章での個別の問題の議論を振り返り、それぞれの問
題に対し、政府がムスリム社会の三つの課題（社会的格差、社会からの分離、過
激化）に即してどのように対処してきたのかを整理する。その上で、ムスリム

のリーダーたちが政府の対処方針を踏まえ、異議を唱えることを自制していることを確認し、政府によるイスラームの管理の下でどのような包摂と排除のメカニズムが働いているかについて分析する。

9.2.1. 社会的格差と差別の問題

　第3章で論じたように、ムスリムの80％以上を占めるマレー人が教育、所得、職業等の面で大きな格差に直面しており、また、このような状況は、過去のナショナル・サービス（兵役）からの排除など政府の対マレー人政策に起因するものでもある。一方、マレー人に対しては、ステレオタイプや雇用面等での差別がみられ、これは彼らの低い社会的地位にも影響している。9・11、JI事件、2014年以降のISIS台頭と関連するテロの発生など国内外の過激主義の動向は、ムスリムに対する差別を助長している。かつてのナショナル・サービスからの除外、現在も続くナショナル・サービスの配属先の差別等は、政府そのものによるムスリムへの差別である。大きな社会的格差はムスリムに対して少なくとも包摂的ではない状況であり、差別は明確に排除に当たる状況である。

　政府は、社会的格差の問題に関しては、ムスリム社会の課題として認識しているが、自助団体への支援による漸進的な対策を取っており、格差解消のための抜本的な対策は講じていない。また、社会的格差と表裏一体である差別の解消にも積極的に対処していない。

　しかし、社会的格差や差別の問題に対し、ムスリムのリーダーたちは一丸となって異議を唱える状況にはない。2012〜13年に実施されたマレー人社会との対話「スアラ・ムシャワラ」は、格差や差別の問題について政府に改善を要望する絶好の機会であった。報告書をとりまとめた委員も、聴き取りの中で差別の存在を確認し、強い問題意識を持っていたが、報告書には差別の解消を政府に求める提言は盛り込まれなかった。

　報告書のとりまとめに中心的な役割を担った委員たちは、自助団体ムンダキの役員たちであり、政府の財政支援を獲得して教育支援などの事業を拡充し、ムスリムの社会的地位の漸進的な改善を図ることを最優先と考え、格差や差別の議論についての異議申立てを自制した。別のムスリムの自助団体AMPに関わるリーダーたちは格差や差別の問題について強い問題意識を持ち、政府の積極的な対応を求めていたが、報告書をとりまとめたムンダキの役員たちは、AMPの意見を「少数意見」とみなし取り上げなかった。

ムンダキに関わるムスリムのリーダーたちが格差や差別の問題に異議を唱えないのは、政府の財政支援の動向が組織の維持に関わるからでもあろうが、彼らがムスリムの低い社会的地位の問題について深く懸念し、これを自助団体の社会改善事業を通じ漸進的に解決するしかないと考えているからでもあった。ムスリムは、政府が対応に消極的な格差や差別の問題を持ち出すことで政府との良好な関係を損ない、政府の財政支援を失うことになれば、一層の地位の低下を招きかねない。このようなムスリムの「弱い立場」への認識が、ムンダキに関わるリーダーたちの自制を招き、ムスリムのリーダーたちが足並みをそろえて格差や差別の問題について政府に異議を唱えることにはならない。

　ムンダキに関わるリーダーたちは、ムスリムの社会的地位を漸進的に改善することによって、ムスリムの包摂を目指している。これは、政府のムスリムの課題解決の対処方針に沿うもので、リーダーたちの要望に応えて自助団体への財政支援が行われるという形ではムスリムに対し包摂的であるが、格差や差別という排除の問題は解決されないままになる。

9.2.2. ヒジャブに対する規制と差別の問題

　第4章では、政府によるヒジャブの着用規制の問題と、ヒジャブを着用するムスリム女性に対する差別の問題を論じた。

　2002年と2013～14年の二回にわたる論議を経てなお、政府は公立学校の生徒や公立病院の看護師などに対するヒジャブの着用規制を続けている。政府は、非ムスリムがヒジャブに対し、過激主義との関連づけによる「恐れ」も含めたネガティブなイメージを持っていることを考慮し、規制を続けている。規制の背景には、政府がヒジャブを、宗教意識の高まりによるムスリムの「社会からの分離」という課題、また、宗教意識の高まりが過激化のリスクを高める（と政府が考える）「過激化」という課題に関わるものとみなしていることもあると考えられる。

　ヒジャブの規制は、宗教実践の自由に関わる問題であるだけでなく、ムスリム女性の社会進出の機会を狭め、さらには、ヒジャブを着けた女性たちへの差別を助長する効果も懸念される点で、ムスリムに対し排除的な施策である。また、ヒジャブに関する差別は、明確にムスリムに対する排除である。

　しかし、ムスリムのリーダーたちの中には、教育支援の充実などによる社会改善を優先課題と考えること、現に非ムスリムから否定的にみられるヒジャブ

にこだわるべきではないと考えることから、規制の見直しや差別への対策を要求することを自制する動きがある。こうしたリーダーたちの対応は、「社会からの分離」、「過激化」という政府が設定するムスリムの課題への対処方針に沿うものになる。リーダーたちの対応は、政府による自助団体への財政支援、テロのバックラッシュへの対策という形でのムスリムの包摂につながる。しかし、一方では、ヒジャブを着けることを望む女性が宗教実践の自由を制約される、社会進出の機会を狭められる、差別を受けるという形でのムスリムの排除は続く。ヒジャブの規制を容認し、ヒジャブに「こだわる」ムスリムに自制を求めるリーダーたちがムスリム社会の中で反発を買い、排除される状況も生じる。

9.2.3. イスラームの教育・普及をめぐる問題

　第5章では、マドラサの教育に対する管理の問題と、過激主義を防止するための「穏健なイスラーム」の普及に関する問題について論じた。

　マドラサの教育については、1999年の義務教育の導入をめぐる論議を経て、マドラサの小学校の存続が認められることとなった。しかし、2000年代以降、マドラサは、ムイスの指導の下で、英語、数学など世俗社会での立身出世に結びつく「世俗科目」の学力向上に重点を置くこととなった。保守的なムスリムからは、マドラサの宗教教育の内容が、世俗主義を強調するなど、政府が考える望ましいイスラームを反映したものになってしまっているという不満もある。政府はマドラサの教育について、世俗科目の教育レベルの低さを懸念し、「社会的格差」という課題の面から対処するとともに、宗教意識の高まりによるムスリムの「社会からの分離」および「過激化」の両方の課題の面からも対処している。

　「穏健なイスラーム」の普及については、9・11及びJI事件以降、政府は「社会からの分離」および「過激化」の両方の課題として対処している。ムイスは政府の意向を踏まえ、多民族・多宗教社会シンガポールのムスリムに望まれる信仰のあり方を提唱し、その普及を図っている。その内容は、政府が望ましいと考えるムスリム像を反映するものであり、世俗主義を強調するなど特に保守的なムスリムからは問題視される内容を含んでいる。

　ムイスによるマドラサの世俗科目の学力向上のための指導は、世俗社会で成功できるムスリムを育てムスリムの社会的地位を改善することによって、また、ムイスによる「穏健なイスラーム」の普及は、ムスリムを過激主義から守るこ

とによって、ムスリムのシンガポール社会への包摂を進めようとするものである。「穏健なイスラーム」の普及の取組みは、ムスリム社会の中に、自らの宗教志向が否定されると感じる形で、また、政府の宗教への介入であるとする反発を生む形で、ムスリムの排除を招く。しかし、ムイスに関わるリーダーたちは、「テロの脅威」の下でムスリムが厳しい立場に立たされる状況を強く認識し、「穏健なイスラーム」の普及を進めざるを得ない状況にある。

9.2.4. 過激主義防止対策をめぐる問題

　第6章では、ムスリムのリーダーたちが宗教リハビリテーション・グループ（RRG）およびアフターケア・グループ（ACG）を通じて行う過激主義防止対策、すなわち、テロ未遂犯のリハビリテーション（再教育・社会復帰支援）や過激主義予防対策について論じた。

　政府は、ムスリムのリーダーたちを通じた過激主義防止対策により、ムスリムの「過激化」という課題に対処している。RRG に関わるムスリムのリーダーたちは政府の期待に応え、政府の治安当局と密接に協力して活動を続けている。

　過激主義防止対策は、RRG に関わるリーダーたちが、ムスリムを過激主義から守り、シンガポール社会への包摂を進める意図から取り組んでいる。しかしこれは、政府の全面的な支援を受けて行われることもあり、ムスリム社会の中からは、ムスリムを監視し取り締まる治安当局と一体のものであるとの見方もされる。また、ムスリムに対する「不正義」を伴う「テロとの戦い」の文脈の中で行われるものであるとみなされる面も否定できない。これらは、過激主義防止対策に対する不信感や反発という形で、ムスリム社会の中での排除を招く。また、RRG に関わるリーダーたちが「政府の手先」として「スティグマ化」される状況は、ムスリム社会によるこれらリーダーたちの排除ともみることができる。「スティグマ」を意識しながらも、ムスリムのリーダーたちは、「テロの脅威」の下でムスリムが置かれた厳しい状況を認識し、過激主義防止対策に関わり続けている。

　政府は、テロのバックラッシュへの懸念を繰り返し強調し、また、これに未然に対処するため、国民にムスリムに偏見を持たないよう訴え、また、様々な民族・宗教間交流を促進する施策を実施する。これにより、政府は過激主義防止対策に懸命に取り組むムスリム社会に報いる。RRG および ACG に関わるリ

ーダーたちは、主体的に過激主義防止対策に取り組むことで、このような政府の施策によるムスリムの包摂を目指す。一方で、ムスリム社会の中では、過激主義防止対策の進め方に不満を持つ人々の排除、また、そのような人々による宗教リーダーたちの排除という二つの排除が生じることになる。

9.2.5. 宗教間の交流と「過激主義」の言説をめぐる問題

第7章では、「クリスマスの挨拶」をめぐる論議を取り上げ論じた。

近年のシンガポールでは、クリスマスの挨拶を忌避するムスリムの宗教実践に対し、それが暴力的過激主義や民族・宗教間の分裂に結びつくことを懸念し、「過激主義」として非難する言説が広まっている。ムスリム社会の中には、宗教実践の自由の問題であるとして、このような言説に反発する声があるが、一方で、そのような保守的な宗教実践は、民族・宗教間融和に反するばかりか、容易に暴力的過激主義に転じるものであり、容認できないと主張するリーダーたちも存在する。

政府はこの問題を、ムスリムの「社会からの分離」および「過激化」の両方の課題に当たるものとらえている。政府は、暴力的過激主義につながりかねない（と政府が考える）保守的な宗教実践を是正し、ムスリムをシンガポール社会に包摂しようとしている。

このような「過激主義」をめぐる言説は、保守的な宗教実践について、それが暴力志向とは無関係で民族・宗教間融和にも影響しないものである可能性を否定し、それを非難する点で、一部の保守的なムスリムを排除するものである。「過激主義」の言説を支持するムスリムのリーダーたちの対応の背景には、民族・宗教間のより踏み込んだ交流が望ましいとする価値観、テロの脅威の切迫性への認識、テロのバックラッシュへの懸念などがある。彼らは、予期されるバックラッシュへの備えに政府が取組み、ムスリムを守ってくれることを期待する。ムスリムの「弱い立場」を自認するこうしたリーダーたちの対応は、政府と協調することで、政府のムスリムに対する包摂的な対応を確実にし、ムスリムをシンガポール社会に包摂することを意図するが、宗教実践への過剰な干渉として、一部のムスリムの反発を招き、ムスリム社会内部での排除を生むことになる。

9.3. 近年の政治変動とムスリムの包摂と排除

ここでは、2011年以降の政治変動（1.1.2.）がマレー人（ムスリム）に及ぼし

た影響について検討する。

　2011 年の総選挙で与党・人民行動党（PAP）が大きく後退したことで、政府
は国民の声を聴く姿勢をアピールするようになり、また、マレー人に対する配
慮を強化するようになった。マレー人は人口の 13.3%、ムスリムとしてみれば
人口の 14.0% を占め、政治的に無視できない勢力である。2011 年総選挙では、
野党 WP がマレー人の比率が高いアルジュニード・グループ代表選挙区（GRC）
で勝利し 5 議席を獲得して躍進を遂げており、マレー人票の動向が選挙結果の
全体に大きな影響を与えたと推測された（1.1.2.）。PAP はマレー人の支持を獲
得することの重要性を再認識させられたのであった（Walid, 2016b: 205）。

　2015 年の総選挙で PAP は支持を回復した（1.1.2.）。民族・宗教別の投票行
動に関するデータは公表されないが、PAP は何らかの方法によってエスニック・
グループ別の投票傾向について把握していると考えられている。マレー人たちは、
PAP の関係者などの「マレー人に感謝する」といった発言を注意深くみることで、
マレー人の PAP 支持率が国民の平均と同じかそれ以上だったのだろうと推測
することができるという[1]。

　ワリドは、選挙後にムスリム問題担当大臣（当時）のヤコブ・イブラヒムが
「PAP の勝利は、マレー人社会が政府を支持していることを表すものだ」と発
言したこと[2]、また、マレー人の比率が高い選挙区の PAP 支持率（約 68%）が
全国平均（約 70%）とほぼ同じであったことから、マレー人は他のエスニック・
グループと同程度に PAP を支持したと推測する（Walid, 2016b: 205-206）。国民
の間には WP が躍進しすぎることへの不安があり、PAP はそれを巧みに利用
した（1.1.2.）。ヤコブも、マレー人に対し「マレー人社会が PAP 政府と手を取
り合って発展してきたことをよく考え」、「将来のために賢明な投票をする」よ
う呼びかけ、WP の躍進がマレー人のためにならないとほのめかし、マレー人
の不安をあおる戦略を取った[3]。リー・クアンユーの死も、彼の業績を評価す
る少なからぬマレー人の票を集めることに貢献した。

　さらにワリドは、マレー人の PAP 支持の理由として、2011 年以降のマレー

1　マレー人ムスリムの市民活動家からの聴き取り（2016 年 5 月 9 日【No. 4】）。
2　以下の Channel News Asia のテレビニュース動画で確認することができる（同局の公式のウェブ
　サイトではない）。https://www.youtube.com/watch?v=xCYB646CHP4（2018 年 1 月 8 日最終アク
　セス）
3　"Consider the progress Malays have made over the past 50 years under the PAP: Yaacob", *ST*, 9
　September, 2015.

人社会への様々な利益の提供を挙げる。具体的には、2012年のマレー人に対する高等教育への助成金の拡充や、教育助成金「エドゥセイブ」のマドラサへの適用（5.1.5.）[4]である。また、選挙の約一年前の2014年8月、リー・シェンロン首相は、マレー人で初代大統領のユソフ・イシャク（Yusof Ishak）の名を冠したモスクが新設されること、また、シンガポール国立大学（NUS）に付属する研究機関である東南アジア研究所（Institute of South East Asian Studies: ISEAS）が改称され、ユソフの名が冠せられることを発表した（Lee Hsien Loong, 2014）[5]。このほか、選挙が近いという憶測が強まってきた2015年4月には、独立後初めて大臣ポストに2名のマレー人が就いた[6]。ワリドが挙げたもの以外に、2012年から翌年までマレー人との対話「スアラ・ムシャワラ（Suara Musyawarah）」（1.5.2.）が実施され、マレー人社会各層からの声を聴く場が設けられたのは、マレー人に対し政府が包摂的な姿勢をアピールしようとしたものとして、最も注目すべきものである。

　しかしワリドは、選挙前のソーシャル・メディアでのやりとりからみると、マレー人社会ではPAPへの様々な不満が表明されていたと指摘する。最も議論になっていたのが、公立学校等におけるヒジャブの着用規制の問題であり、インターネット上での署名運動も展開していた[7]。しかし、政府の影響下にあるマレー語紙「Berita Harian」は、「ヒジャブ規制を政治問題化させるべきではない」という意見を掲載し、選挙の争点としないよう鎮静化を図った[8]。ワリドは、マスメディアも含めたマレー・ムスリム関係団体を政府・PAPがコントロールすることで、様々な問題からマレー人の目をそらさせ、選挙戦を有利に運べたと指摘する（Walid, 2016b: 209-212）。ワリドは、PAPがマレー人の信任を得る形になった以上、対マレー人政策を変えるインセンティブは働かないだろうと結論づけている。

　PAPは2011年総選挙以降、マレー人の支持を獲得するため、マレー人（ムスリム）に対し様々な「配慮」を示した。しかし、財政支援の拡充は、従来ど

4　学校の課外活動に参加する生徒に資金支援を行う制度。
5　総選挙の前月に当たる2015年8月に、同研究所は「ISEAS - Yusof Ishak Institute」と改称された。
6　"Masagos promoted to full minister in Cabinet changes: Chun Sing to be labour chief in May, Swee Say to helm Manpower", *ST*, 9 April, 2015.
7　"Hijabs to be allowed in the Singapore Workforce, specifically in the uniformed occupations and front-line positions." と題する署名運動。インターネット上の署名運動のツール「Change.org」を利用したもの。
8　"Harap tidak dipolitikkan"（政治問題化されないことを望む）, *BH*, 15 September, 2015.

おり教育機会の保障により社会進出を支援するもので、格差の解消につながる抜本的な対策とは言えない。また、「配慮」の中には、ユソフ・イシャクの顕彰のようにシンボル的な施策も含まれる。ユソフの顕彰については、露骨な選挙対策だと感じ、反発するマレー人もいた（筆者は「マレー人の知性を侮辱している」との声も聴いた）。2名の大臣ポストについても、通信情報大臣、環境水資源大臣を充てられており、いずれも防衛、財務といった重要ポストではなく、見せかけだけの配慮（tokenism）だという声もマレー人社会にはある。ヒジャブの問題については巧みに争点から回避された。これらを踏まえると、マレー人への様々な「配慮」は、これまでの枠組の中での財政支援の拡充と、シンボル的な施策からなると考えられる。

2016年には公選大統領制度が変更され、これを受けて2017年に行われた大統領選挙では、マレー人に立候補権が留保されたことにより、47年ぶりにマレー人の大統領が誕生した（1.3.1.3.）。これもマレー人に対するシンボル的な面での「配慮」として、同じ文脈で論じることができよう。この大統領選挙は国民の間に大きな論議を呼んだが、マレー人社会の中でも、「マレー人が要望したことではない。マレー人社会には、低い教育水準・社会的地位や差別などほかに取り組むべき課題が多い」といった批判的意見もあった。

以上を踏まえると、2011年および2015年の総選挙を経ても、本研究で議論してきたムスリムの包摂と排除に関わる問題の構造は、大きくは変わっていないと考えられる。とはいえ、2013〜14年のヒジャブ規制の論議の経過にみられるように、政府がよりソフトなアプローチに転じている面もある（4.3.2.）。政治体制は、権威主義体制から野党が一定程度存在感を発揮できる競合的権威主義体制に移行した（1.1.2.）。国民がネット上を中心に活発に発言し、野党への投票により政府への不満を表明できるようになったという大きな政治環境の変化がムスリム社会に及ぼす影響に十分に注視していくことが必要であろう。

9.4. 結論─ムスリムにより包摂的な社会に向けて─

本研究では、特にムスリム社会のリーダーたちから重点的に聴き取りを行った結果を中心として分析を行い、イスラームの管理と社会的包摂・排除をめぐ

9　マレー人自助団体の元幹部職員から聴き取り（2014年8月14日【No. 24】）。
10　"Contradictions On The Slippery Slope Towards The Reserved Elected Presidency", *Rilek1 Corner*, 11 April, 2017.

る問題に彼らがどのように対応しているのかを解明しようと試みた。その結果、「ムスリムの包摂をめぐる問題が残される一因には、リーダーたちが一枚岩となって異議を唱える状況にないことがある」という理解に至った。以下では、ムスリムの包摂と排除のメカニズムを解明することで、このような結論を確認するとともに、シンガポールがムスリムにより包摂的な社会となるための課題を提示し、最後に今後の研究課題を明らかにして、本研究のまとめとする。

9.4.1. シンガポールのムスリムの包摂と排除のメカニズム

　政府は、ムスリム社会の課題を「社会的格差」、「社会からの分離」、「過激化」の三つに分けて理解し、それぞれに、社会改善対策の推進、宗教的アイデンティティの表出抑制、過激主義防止対策などの形で対処してきた。政府はこのような形でムスリムをシンガポール社会に包摂しようとしてきたが、ムスリム社会の中には、このような政府によるイスラームの管理によって包摂されない人々も出てくる。

　イスラームは豊かな多様性を内包し、シンガポールでもムスリムの宗教志向は極めて多様である。自分の宗教実践として、ヒジャブを着けないムスリム女性、ヒジャブを着けるムスリム女性の両方がいる。就職差別を避けるためにヒジャブを取ればいいと考えるムスリムもいるが、ヒジャブの着用を認めない仕事に就くことを諦めるムスリム女性もいる。西洋諸国の「テロとの戦い」をムスリムに対し「不公正」なものと考え、これに加わる政府の姿勢を批判し、過激主義防止対策も「テロとの戦い」の一環とみるムスリムもいれば、中東の紛争は自分に関わりはないと言うムスリムもいる。「穏健なイスラーム」が支持する「世俗主義」や「多元主義」に反発するムスリムや、クリスマスの挨拶を避けるべきと考えるムスリムもいるが、そうした宗教志向に批判的なリベラル派のムスリムもいる。

　しかし、政府がシンガポール社会に包摂できると考えるムスリムは、ヒジャブの着用など宗教実践に過度にこだわらず、ムスリムが関わる外国の紛争に過度に感情移入せず、他宗教の宗教的祝祭の際には相手の宗教の言葉で挨拶をして親密に交流するなど、世俗国家シンガポールの文脈に合った、政府が望ましいと考えるイスラーム（「穏健なイスラーム」）を実践するムスリムであり、こうした望ましいムスリム像に合致しないムスリムは排除される。ムスリムの多様性にかかわらず、ムスリムの多様な宗教志向は承認されない。

　ムスリム社会のリーダーの中からは、社会的格差、ステレオタイプや差別の存在など「ムスリムの弱い立場」を自認し、政府の方針に沿ったシンガポール社会へのムスリムの包摂を容認し、あるいは、積極的に推進する動きが出てくる。特に、シンガポールのムスリムによる「ホームグローン・テロ」が発生した場合のバックラッシュは（実際にバックラッシュが起こるかどうかは予測できないが）、ムスリム社会に壊滅的な打撃をもたらすと彼らは恐れている。彼らが特に懸念するのは、雇用差別の深刻化によってムスリム社会の経済的困窮が決定的なものになることである。このような「ムスリムの弱い立場」を自認するリーダーたちが、政府の意向を受けて過激主義防止対策や「穏健なイスラーム」の普及を推進し、政府の方針に沿ったムスリムの包摂を推進することにより、政府の考える望ましいムスリム像に合致しないムスリムが排除されることになる。排除された人々の中からは、こうしたリーダーたちに対し、ムスリム社会の利益を主張していないとする反発も生じる。これは、ムスリム社会の中で、政府の方針に沿ったムスリムの包摂を進めようとするリーダーたちが排除されることに結びつく。

　注意を要するのは、こうしたムスリムのリーダーたちは、ムスリム社会の中で排除される人々がいることを問題であると認識していないわけではないということである。ヒジャブの問題に関して言えば、「宗教実践の自由の観点からムスリム女性はヒジャブを着けることを選択する権利がある」と考えるリーダーの中にも、「主として雇用する側になる非ムスリムが現にヒジャブに対しネガティブなイメージを持っているために、ムスリムがヒジャブを着けることが、ただでさえ低い地位にあるムスリム社会をさらに苦境に追い込むことになる」と懸念し、ヒジャブに関する規制、さらには、差別にもあえて異議を唱えない人物がいる（4.5.2.2.）。ムスリムが声を上げないことは、必ずしも不満がないことを意味しない。しかし、ムスリムのリーダーたちが一致して声を上げないために、結果として、現時点ではヒジャブを着けるムスリム女性が規制や差別によって排除されることになる。

　本研究は、リーダーたちが政府の方針を容認することでムスリム社会の中に排除を生むことについて、その適切性を評価したり、批判したりするものではない。もし本当にヒジャブに対する非ムスリムの否定的な見方が非常に根強く、容易に変えられないとすれば、当面はヒジャブ着用女性の排除を招くとしても、時間はかかってもムスリムの地位向上によって非ムスリムのヒジャブに対

する見方を変えていく方が彼女たちの利益になる可能性がある。リーダーたち
は、短期的にはヒジャブ着用女性に対し排除的であっても、長期的にみて包摂
的な戦略を取っているとみることもできる。このような戦略が成功する見込み
があるかどうかを判断することは難しい。本研究が指摘するのは、このような
リーダーたちの対応が現時点ではヒジャブ着用女性たちの排除を招いていると
いう事実である。

　ヒジャブに関して言えば、2002年以降は公立学校で着用規制が徹底された
ことで、マドラサではなく公立学校に通うムスリム女性は学校にいる間はヒジ
ャブを着けずに過ごす環境に適応させられている。このようなシンガポールの
環境で、ムスリム女性のうちどれくらいの割合が、就労よりもヒジャブを優先
するのかについては、定量的なデータは存在しない。規制見直しを希望するム
スリム女性は、あるいは少数派であるかも知れない。RRGの過激主義防止対
策に対し「テロとの戦い」に関わるものとして反発するムスリム、「穏健なイ
スラーム」の普及に反発するムスリム、クリスマスの挨拶を避けるムスリムも、
あるいは少数派であるかも知れない。しかし、これらはいずれも宗教的アイデ
ンティティに関わる問題であるために、それが承認されないことは、彼らに大
きな不満をもたらす。ムスリムの宗教実践が過度に抑制されたり、特定の宗教
実践を行うムスリムがステレオタイプや差別にさらされたりすることは、ムス
リム社会が多様性に対し包摂的ではないものとなることを意味する。そのよう
に考えると、本研究で取り上げたそれぞれの問題は、ムスリム社会の中で、た
とえマイノリティ（少数者）であっても、そのような人々も含め、多様なアイ
デンティティをどのように承認できるのかという問題、言い換えれば、多様な
ムスリムをどのようにシンガポール社会に包摂していくことができるかに関わ
る問題と理解することができる。

　シンガポールのムスリムの包摂と排除をめぐる問題は、政府のムスリム社会
に対する包摂・排除の関係だけではなく、ムスリム社会の内部における包摂・
排除の関係からも生じる重層的なものである。「ムスリムの弱い立場」を自認
するリーダーたちは、政府の方針に沿ったムスリムの包摂の進め方を受け容れ
ることで、ムスリムをシンガポール社会に包摂しようとするが、その結果、ム
スリム社会の内部における排除が生じる。また、このようなリーダーたちが、
反発を買い、ムスリム社会の内部で排除されるとすれば、包摂と排除は必ずし
もリーダーたちから一般のムスリムに対する一方的なものだけではなくなる。

　包摂と排除の問題、また特に、ムスリム・マイノリティの包摂と排除の問題に関する先行研究は、包摂と排除は一体的であること、排除する側とされる側の単純な二項対立の図式にとどまらないこと、マイノリティ社会の内部でも排除が起こりうることなどを論じる（序章）。中でもラヒルは、シンガポール政府によってムスリムが選択的に包摂・排除されることを指摘する（Rahil, 2014）。本研究は、シンガポールのムスリムの包摂・排除のプロセスがそれだけにはとどまらないことを論じてきた。

　シンガポールでは、政府が彼らが正しいと考える方針に沿ってムスリムを包摂しようとすることで、政府の包摂の進め方に不満を持つムスリムの排除を招き、また、ムスリムのリーダーたちの一部は、政府と協調することで、このようなムスリムの排除に関わる。さらに、このようなリーダーたちがムスリム社会の中で、ムスリム社会を代表していないとみなされ、排除される状況もある。ヒジャブ規制をめぐる2回の論議では、規制を容認する宗教リーダーが一般のムスリムから厳しく非難された。また、過激主義防止対策に取り組む宗教指導者たちが、治安当局に協力することで「政府の手先」とみられたり、「テロとの戦い」に協力しているとみられ、反発を受けたり、支持を得られない状況もある。これらは、排除されていると感じるムスリムがリーダーを排除しようとすることで、ムスリム社会の中で双方向の排除が起こっているものとみることができる。このように、シンガポールのムスリムの包摂と排除をめぐるメカニズムは、包摂と排除を行う主体が錯綜し、また、包摂と排除の関係が重層化しており、複雑なものになっていることが指摘できる。

9.4.2. シンガポールがムスリムにより包摂的な社会となるための課題

　これまでの議論を踏まえ、シンガポールがムスリムにとってより包摂的な社会となるための課題を提示することで、本研究を締めくくる。

　シンガポールのムスリムの社会との関わり方を大きく規定するのは、伝統主義、復興主義、リベラルといった個々のムスリムの宗教志向や、具体の宗教実践に対する考え方であり、その内実は極めて多様である。従って、ムスリムの包摂を考えるに当たっては、ムスリム全体を均質な集団ではなく、多様なアイデンティティを持つ人々の集まりととらえ、彼らのアイデンティティの承認の問題として検討することが必要である。

　これまで、ムスリムのリーダーたちが政府によるイスラームの管理を容認す

る、あるいは積極的にそれに協力することで一部のムスリムの排除を生むことを述べてきた。一部のムスリムが、宗教実践の自由が妨げられる形で、あるいは、宗教に基づく（あるいは、宗教を背景とした）信念が曲げられることで、排除されていると感じることは、多様なムスリムのアイデンティティが承認されないことを意味する。

　このようにムスリムの多様なアイデンティティの承認が困難になる理由の一つに、リーダーたちが、「ムスリムの弱い立場」を自認し、異議申立てを自制することがある。大きな社会的格差、ステレオタイプと差別、テロのバックラッシュへの懸念などムスリムに不利な環境が、リーダーたちに「ムスリムの弱い立場」を自認させることで、多様なアイデンティティの承認に向けての主張を抑制させる方向に働く。マイノリティが、不満がないからではなく、弱い立場であると自認するがゆえに発言しないという状況が、ムスリムのリーダーたちの対応からみてとれる。ムスリムのリーダーたちが不満についてより自由に語り、真に民族・宗教間融和に向けた対話が進められるためには、リーダーたちに自由な発言を思いとどまらせるムスリムに不利な環境が変わること条件となると考えられる。また、そのような環境の変化に至る前の段階として、ムスリムが「弱い立場」を意識せざるを得ない環境に対する非ムスリムの側の「気づき」も必要であろう。

　民族・宗教間の交流・対話が進み、相互理解が深まれば、ムスリム社会にとっては、バックラッシュへの懸念の解消だけでなく、ステレオタイプや差別など現にある問題の解消という点でも利益をもたらすことが期待される。そのことによって、リーダーたちに「ムスリムの弱い立場」を意識させる環境が変化すれば、ムスリムの多様なアイデンティティの包摂が進む可能性がある。この点でも、交流・対話の機会が少ない、一般市民レベルの交流が少ないなどの民族・宗教間交流に関わる課題への対応が重要なものになる（第8章）。

　民族・宗教間だけではなく、ムスリム社会内部においても、交流・対話は重要である。現時点では、ムスリム社会の中で伝統主義、復興主義、リベラルといった宗教志向の違いを越えて相互に理解を深め、互いに寛容に対応していくような状況にはなっていない。このことは、「穏健なイスラーム」の普及が保守的なムスリムに不満をもたらすように、ムスリム社会の中での排除を招く一因になると考えられる。宗教志向の異なるムスリムが交流・対話を行い、理解を深め合うことは、これまでもあまり行われていないし、当面は非常に難しい

と考えられるが、多様なアイデンティティを持つムスリムの包摂を進める上で
重要な課題であると考えられる。

　多様な宗教志向を持つムスリムたちは、イスラームの枠組の中で個人の信念
に基づき、非常に幅広い範囲から自分の行動を選択する。例えば、LGBTを容
認するかどうかに関するムスリムの立場は様々であり、容認派のムスリムが同
じ立場のキリスト教徒と、また、非容認派のムスリムが同じ立場のキリスト教
徒と、それぞれ連帯する状況もみられる（1.5.3.）。また、宗教間交流に対する
立場も様々であり、教会を訪問することを避けるムスリムも、教会でのクリス
マスの行事に積極的に参加するムスリムもいる（8.2.2.2.）。

　LGBTの権利擁護を求めるピンク・ドット運動に参加するムスリムは、これ
に反対する運動に参加するムスリムよりも、ピンク・ドット運動に参加するキ
リスト教徒に近いアイデンティティを持つと言えるかも知れない。また、宗教
行事を互いに訪問しあう宗教リーダーたちは、宗教は異なっても深い信頼と友
情で結ばれているようにみえる。クリスマスに教会を訪問するムスリムは、そ
のような行動を避けるムスリムよりも、彼らが教会で交流するキリスト教徒に
より近い存在であるかも知れない。一方、リベラルなムスリムの中には、クリ
スマスの挨拶を避ける保守的なムスリムに強い拒絶感を示す人々もいる。

　このように、シンガポールの人々がエスニック・グループや宗教の境界だけ
によってまとまっているわけではない。本研究では、エスニック・グループの
境界が植民地時代に構築され、独立国家シンガポールにおいてさらに強化され
たことを指摘した（1.4.1.）。一方では、一貫して「ムスリム」という集団につ
いて論じてきたが、このような論じ方が、「ムスリム」という集団が他と強固
な境界で区切られ、内部が均質な集団であるかのような印象を与えることは筆
者の本意ではない。むしろ、LGBTをめぐる問題における分裂と連帯にみられ
るような「道徳的価値の多元化」（1.5.3.）が進む中で、個人の信条やライフス
タイルについてみれば、ムスリムという集団と他との境界が必ずしも明確なも
のではなくなり、また、集団内の均質性も失われていく状況もある。そのよう
な前提の下、ムスリムの包摂を考えることは、どうすればムスリム社会の中の
多様なアイデンティティのあり方が承認されることが可能かという課題に再び
戻ってくることになる。

　この課題はムスリム社会に限ったことではなく、様々な集団に属する人々が
その集団において望ましいとされる規範に過度に拘束されず、より自由な生き

方を選択できるシンガポール社会をいかに実現するかという、多人種主義のあり方に関わるより大きな課題の一部であると考えられる。集団を通じたコーポラティズム的管理として実践される多人種主義が、集団間の境界が不明確になることや集団内の均質性が失われることによって機能しにくくなる可能性については、すでに論じた（1.5.3.）。シンガポール人が唱和する「国民の誓い（National Pledge）」には、「人種、言語、宗教にかかわらず（regardless of race, language, religion）」という表現があるが（1.3.2.4.）、これら三つの境界の内部にも国民を分断する境界はありうるし、縦割りのカテゴリーを横切りにする境界もありうるという問題提起である。

　シンガポールは、民族・宗教構成、地政学的環境、治安維持対策など様々な理由から、多文化の共生が強く要請される社会であることは否定できない。政府や国民はこれを「民族・宗教間の融和」と名付け、多文化共生の実現を目指した取組みを進めているようにみえる。そうしたいわば「シンガポール版」の多文化共生は、テロをめぐる国内外の情勢を背景とした実利的なものであるとか、多様なアイデンティティの承認を望ましい理念として目指す多文化主義とは異なるものであるという内実を無視することはできない。そのような内実から、多人種主義が多様な国民が真に包摂される社会をもたらすことはそもそも期待できないという議論もあろう。しかし、そのような「本来のあるべき多文化共生の理念」とは違うという一括的な批判は一度留保して、政府が主導し、地域社会や宗教界のリーダーたちのイニシアティブによって進められている「シンガポール版」の多文化共生を目指す取組みに対してこれまでの議論を踏まえて課題を整理しておく。

　宗教志向の面で豊かな多様性を有するシンガポールのムスリム社会においては、ムスリム社会の外部（政府または非ムスリム社会）またはムスリムのリーダーたちが望ましいムスリム像を設定し、そのようなムスリム像に適合するムスリムを包摂しようとすることで、必然的に排除の問題が生じてくる。これは、多人種主義という、集団の境界を固定化し、各集団を均質なものとみなし（あるいは、均質なものになるよう促し）、リーダーたちを通じて各集団を管理する「シンガポール版」の多文化共生がもたらす課題の一つとしてとらえることができる。

　このことは、さらに視野を広げ、多文化共生に関わる一般的な課題の視点からも論じることができる。

　多文化共生の問題については、政治学、社会学等の分野では「多様な文化を

持つ人々に配慮する理念や政策」[11]という一般的な意味での[12]「多文化主義」の議論として論じられることが多い。民族、宗教、言語などを含む「文化」の多様性に政策的に配慮することは、多様な人々がそのアイデンティティを承認され、社会進出を促進されることにつながるが、一方では「文化」というカテゴリーをめぐる様々な問題を生む。宗教や言語の面での少数者に配慮する、例えば、公的な場で服装面などで特定の少数者の宗教実践を容認する、特定の少数者の言語教育を公的に支援するといった政策は、どの宗教や言語までが容認・支援の対象になるのかという議論を招く[13]。また、言語など特定の文化の振興策を講じることは、文化やそれに基づく集団の固定性・排他性を前提とし、各集団の「独自文化」の維持を通じて「自文化中心主義」を助長することにもなりかねない（関根, 2000: 200-202）。すなわち、多文化主義が集団間の境界を本質化・固定化することでかえって国民の分裂を招く恐れさえあるのである。さらに、多文化主義が文化をカテゴリー化することは、カテゴリーの内部を同質的なものとみなす社会的構築にもつながりかねない[14]。そして、ある集団を特定の文化を共有する均質なものとみなし、その文化の維持に対し支援策を講じることが、集団内の構成員の多様なアイデンティティの承認を妨げることもありうる[15]。このように、多文化共生の理念を実現するための政策は、その実践において様々な困難な課題に直面する。

　このように考えると、シンガポールのムスリムの包摂と排除の問題は、シン

11　日本の研究者による主な「多文化主義」の定義としては、「政治的、社会的、経済的、文化・言語的不平等をなくして国民社会の統合を維持しようとするイデオロギーであり、具体的な一群の政策の指導原理」（関根, 2000: 41-42）、「（略）多文化の共存を好ましいと考え、積極的にその共存の推進を図ろうとする政策や思想的立場」（西川, 2000: 17）、「社会における文化的差異の存在を承認する理念」（塩原, 2012: 17）といったものがある。

12　「一般的な意味での」とは、カナダ、オーストラリア等の特定の国で国の政策として明確化された特定の政策（体系）を指すのではないという意味である。

13　キムリッカは、公的支援の対象になるべきものとして、その成員たちに自由な選択に基づく善き生を可能にする、言語などに基づく社会構成的文化（societal cultures）を提示する（キムリッカ, 1998: 111-160）。これは、カナダにおける二言語政策を念頭に置いたものと考えられる。しかし、言語の役割が特に強調されることに対する批判など（西川, 2006: 173-182）、社会構成的文化の概念に対しては議論も多い。

14　例えば、アメリカの「ヒスパニック」はメキシコ系、キューバ系、プエルトリコ系等の歴史的経験、集合的記憶を異にする人々、イギリスのインド系の人々は宗教、言語等の面で多様な人々からなり、こうした人々を一括りにするカテゴリー化は適切ではない（宮島, 2014: 95-98）。

15　例えば、スペイン・カタルーニャ州において訴訟が提起された事例のように、ある国の特定の地域で一律にその地域の言語の教育を義務づけることが、その地域の住民である個人の選択の自由を侵害するとみなされる場合がある（宮島, 2014: 101-103）。

ガポールの多人種主義の課題の一部、さらには、多文化共生に関わる一般的な課題の一部であるととらえることができる。すなわちシンガポールにおけるイスラームの管理の問題は、多文化共生の問題のケース・スタディとして位置づけることができると考えられる。多文化主義（多文化共生）は、カナダ、オーストラリア、ヨーロッパ諸国などのそれについて論じられることが多かったが、これらの国と比べて民族的・文化的多様性が圧倒的に豊かなアジアやアフリカの多文化社会こそ議論の対象になるべきはずであると西川長夫は指摘している（西川, 2000: 15-17, 41-51）。東南アジアの多民族・多宗教国家シンガポールを取り扱った本研究は、そのためのささやかな試みであったと自負している。このことを指摘して、シンガポールのムスリムの宗教の管理と社会的包摂・排除に関する本研究のまとめとしたい。

9.4.3. 今後の研究課題

本研究では、シンガポールのムスリムの包摂と排除の問題を分析するために、ムスリム社会のリーダーたちの生の声をできる限り多く聴き取ることで、ムスリム社会が政府によるイスラームの管理にどのように対応しているのかについて、理解を深めようとした。

12回にわたる現地の訪問を通じ、宗教界のリーダーと世俗社会で活躍するリーダー、宗教志向面で保守的なリーダーとリベラル派のリーダー、政府に近いリーダーと政府に批判的なリーダーなど、様々なタイプの人々をカバーし、対立が生じている問題について多様な見解を聴いて論点を整理し、分析を行うことができた。研究を始める前は、微妙な問題についてどこまで現地の人々が話してくれるか不安であったが、彼らは突然やってきたよそものの研究者に対し、立場による違いはあるものの、率直に思いを語ってくれることが多かった。筆者がムスリム社会内部の対立とは無縁の第三者であることから、安心して話すことができる面があったと考えられる。このような点で本研究においても、利害関係のない外部の人間が現地社会を研究することの意義が認められると考えている。

筆者がシンガポールに3年間駐在した経験があって現地の一般的な社会事情に通じており、様々な世間話的な話題を共有できたこと、マレー料理も含め現地の料理が好きで、食を通じて交流を深められたこと、マレー語を理解できることなども、聴き取り対象者に近づき、信頼を得る上で大いに助けになった。

　また、ほとんどの人が、日本人がシンガポール、しかもマイノリティであるムスリム（マレー人）のことを研究していることを知って、最初は不思議に感じていたが、後には概ね好感をもって受け止め、協力してくれた。

　このように、現地でのムスリムのリーダーたちからの聴き取りは、想像以上に順調に進み、その結果は極めて有意義なものであり、本研究の重要な部分を占めるものとなった。

　しかし、筆者は本来の職業上研究に専念することができない立場であり、現地に長期間滞在して調査を行うことは不可能であったため、リーダー層に重点を置いて調査を行うこととした結果、それ以外の一般のムスリムの人々とも接触を試みはしたものの、彼らと十分に交流を深め、分析材料とできるような有意な情報を得るには至らなかった。従って、筆者が「ムスリム社会の一般の人々」について知るのは、リーダーたちが、「一般のムスリムはこのように考えている」、「一般のムスリムから自分の団体にこのような意見が多数寄せられた」、「（団体等での立場を離れて）一人のムスリムとして自分はこう思う」などと語ることを通じてでしかない。本研究では、一般のムスリムの宗教や社会問題に対する意識等について先行研究や公表されているアンケート調査結果を参照しているが、彼らの考え方や行動に関する筆者自身の厚みのある情報収集や分析は行えていない。「一般のムスリムはこのように考えている」というリーダーの認識に、誤解、思い込み、脚色などがあった場合は、本研究にもそれが反映されることになってしまう。

　従って、今後の研究課題は、リーダー層のみならず一般のムスリムの意識について、彼らの声を直接聴き、厚みのある分析を行うことで、シンガポールのムスリムの包摂と排除のメカニズムの解明をさらに進める（場合によっては、本研究の結論を修正する）ことであると言わざるを得ない。これは、さらに多大な労力を要することになるが、これまでの研究にも増して新たな発見に満ちた楽しい作業になると想像される。

　シンガポールは小さい国であるが、目を見張るような民族や宗教の多様性を有する。ムスリムだけをみても、マレー人、インド人、アラブ人がおり、そのうちのマレー人もインド人もまた多様な小集団からなっている。さらに、ムスリムの宗教志向や宗教実践は極めて多様性に富んでいる。シンガポールは、さながら民族と宗教の小宇宙である。ただ、公的に設定された境界やそれで区切られた集団を本質化し、それにとらわれるのではなく、境界を横断する人々の

感情や思考にも目を向けることが求められる。今後の研究の深化によって、シンガポールはさらに違った顔を見せてくれるだろうと期待している。

参考文献

【日本語文献】

アスラン, レザー (2010)『仮想戦争 —イスラーム・イスラエル・アメリカの原理主義—』白須英子訳（原著は 2010 年）、藤原書店。

安達智史 (2013)『リベラル・ナショナリズムと多文化主義 —イギリスの社会統合とムスリム—』勁草書房。

阿部彩 (2011)『弱者の居場所がない社会：貧困・格差と社会的包摂』講談社現代新書、講談社。

新井和弘 (2012)「東南アジアから南アラビアへの留学 —ハドラマウト地方の宗教学校、ダール・アル＝ムスタファー（預言者の家）の活動—」『東南アジアのイスラーム』床呂郁哉ほか編、東京外国語大学出版会。

飯森嘉助 (2002)「アズハル」『新イスラム事典』日本イスラム協会ほか監修、島田襄平ほか編、平凡社。

板垣雄三 (2002)「サラフィーヤ」『新イスラム事典』日本イスラム協会ほか監修、島田襄平ほか編、平凡社。

板谷大世 (2009)「シンガポールの新政治秩序と民族集団 —植民地政府から自治政府への移行期を中心に」『東南アジアからの問いかけ』山本信人編著、慶應義塾大学出版会。

――― (2013)「シンガポール二〇一一年総選挙の分析 —選挙結果が示す「新しい政治」の始まり—」『法学研究』第 86 巻第 2 号、1～71 頁。

市岡卓 (2015a)「シンガポールの言語政策と中国語方言話者」『異文化（論文編）』第 16 号、法政大学国際文化学部紀要、128～133 頁。

――― (2015b)『シンガポールのマレー知識人の異議申立て —ムスリム知識人協会の活動を中心に—』修士論文。

――― (2016a)「管理されるイスラーム —シンガポールにおけるイスラーム過激主義への対応から—」『異文化（論文編）』第 17 号、法政大学国際文化学部紀要、233～260 頁。

――― (2016b)「シンガポールにおけるムスリム女性のヒジャブの規制をめぐる考察」『マレーシア研究』、35～54 頁。

――― (2017)「問われるシンガポールの「多人種主義」」『異文化（論文編）』第 18 号、法政大学国際文化学部紀要、205～230 頁。

井筒俊彦 (1964)『コーラン（中）』岩波書店。

岩崎育夫 (2005)『シンガポール国家の研究 —［秩序と成長］の制度化・機能・アクター—』風響社。

――― (2015)「シンガポールのディレンマ —中間層国民も外国人専門労働者も—」『世界は今』2015年春号 — vol.25、拓殖大学国際学部 Web マガジン。

岩田正美 (2008)『社会的排除 —参加の欠如・不確かな帰属—』有斐閣。

岩間暁子 (2007)「日本におけるマイノリティ —概念の拡散とその社会的背景—」『マイノリティとは何か —概念と政策の比較社会学—』岩間暁子、ユ・ヒョジョン編著、ミネルヴァ書房。

上野加代子 (2011)『国境を越えるアジアの家事労働者 —女性たちの生活戦略—』世界思想社。

臼杵陽 (2002)「原理主義」『新イスラム事典』日本イスラム協会ほか監修、島田襄平ほか編、平凡社。

エスポジト, L・ジョン (2009)『イスラーム世界の基礎知識 —今知りたい 94 章—』山内昌之監訳（原著は 2002 年）、原書房。

NHK スペシャル取材班 (2010)『沸騰都市』幻冬舎。

黄彬華、呉俊剛編 (1988)『シンガポールの政治哲学（上） —リー・クアンユー首相演説集—』東南アジアブックス91、シンガポールの社会 2、田中恭子訳、勁草書房。

大石高志 (2002)「アフマディー教団」『新イスラム事典』日本イスラム協会ほか監修、島田襄平ほか編、平凡社。

粕谷元 (2002)「世俗化」『新イスラム事典』日本イスラム協会ほか監修、島田襄平ほか編、平凡社。

粕谷祐子 (2008)『比較政治学』ミネルヴァ書房。

加藤秀次郎 (2010)『第 3 版 政治学』芦書房。

北川由紀彦（2014）「ホームレス状態から地域生活への移行において何が問われているのか」『社会的包摂／排除の人類学：開発・難民・福祉』内藤直樹、山北輝裕編、昭和堂。

ギデンズ，アンソニー（1999）『第三の道』佐和隆光訳（原著は1998年）、日本経済新聞社。

キムリッカ，ウィル（1998）『多文化時代の市民権　―マイノリティの自由主義―』角田猛之ほか監訳（原著は1995年）、晃陽書房。

ゴッフマン，アービング（1984）『ゴッフマンの社会学3　アサイラム　―施設被収容者の日常世界』石黒毅訳（原著は1961年）、誠信書房。

―――（2001）『スティグマの社会学　―烙印を押されたアイデンティティ―』石黒毅訳（原著は1963年）、せりか書房。

齋藤純一（2007）「排除に抗する社会統合の構造」『排除と包摂の政治学　―越境，アイデンティティ，そして希望―』日本社会学会編、木鐸社。

齋藤千恵（2003）「ナショナリティとエスニシティ　―シンガポールのトバ・バタック人キリスト教徒のアイデンティティ―」『南方文化』第30号、21〜44頁。

阪口正二郎（2007）「リベラル・デモクラシーにとってのスカーフ問題」『神の法 vs. 人の法　―スカーフ論争からみる西欧とイスラームとの断層―』内藤正典、阪口正二郎編著、日本評論社。

阪野智一（1986）「ネオ・コーポラティズム」『比較政治の分析枠組』西川知一編、ミネルヴァ書房。

塩尻和子（2007）「イスラームと平和　―効果的な宗教間対話のために―」『インターカルチュラル』第5号、24〜36頁。

塩原良和（2012）『共に生きる　―多民族・多文化社会における対話―』現代社会学ライブラリー3、弘文堂。

篠原一（1983）「団体の新しい政治機能　―ネオ・コーポラティズムの理論と現実―」『岩波講座　基本法学　2―団体』岩波書店。

嶋田襄平（2002）「ハッド」『新イスラム事典』日本イスラム協会ほか監修、島田襄平ほか編、平凡社。

シュミッター，P・C（1984）「いまもなおコーポラティズムの世紀なのか？」『現代コーポラティズム（Ⅰ）団体統合主義の政治とその理論』シュミッター，P・C，G・レームブルッフ編著、山口定監訳（原著は1979年）、木鐸社。

杉田敦（2015）『境界線の政治学　増補版』岩波現代文庫、岩波書店。

杉本均（1989）「多文化教育　その文化的多元主義と教育的平等の理念　―マレー半島を中心とした考察―」『マレーシア社会論集1』東京外国語大学アジア・アフリカ言語文化研究所。

スコット，ジョーン・W（2012）『ヴェールの政治学』李孝徳訳（原著は2007年）、みすず書房。

関根政美（1994）『エスニシティの政治社会学　―民族紛争の制度化のために―』名古屋大学出版会。

―――（2000）『多文化主義社会の到来』朝日新聞社。

高橋進（2010）「包摂と排除の国際比較　―外国人労働者，移民，ムスリム問題―」『包摂と排除の比較政治学』高橋進編著、ミネルヴァ書房。

只野雅人（2007）「フランスにおける政教分離の伝統とイスラーム」『神の法 vs. 人の法　―スカーフ論争からみる西欧とイスラームとの断層―』内藤正典、阪口正二郎編著、日本評論社。

田村慶子（2000）『シンガポールの国家建設　―ナショナリズム、エスニシティ、ジェンダー―』明石ライブラリー18、明石書店。

―――（2013）「民主化に向かうシンガポール　―2011年総選挙と活発化する市民社会―」『国際問題』No. 625、45〜56頁。

―――（2016）「シンガポール二〇一五年総選挙と権威主義体制の行方」『国際政治』第185号、33〜48頁。

チャン，ヘン・チー、ハンス＝ディーター・エヴァース（1988）「シンガポールにおける国民的同一性と国民意識の形成」『シンガポール社会の研究』ピーター・S・J・チェン編、木村睦男訳（原著は1978年）、めこん。

内藤直樹、山北輝裕編（2014）『社会的包摂／排除の人類学　―開発・難民・福祉―』、昭和堂。

内藤直樹（2014）「序章」『社会的包摂／排除の人類学　―開発・難民・福祉―』内藤直樹・山北輝裕編、昭和堂。

内藤正典、阪口正二郎編著（2007）『神の法 vs. 人の法　―スカーフ論争からみる西欧とイスラームの断層―』日本評論社。

内藤正典（2007）「スカーフ論争とは何か」『神の法 vs. 人の法　―スカーフ論争からみる西欧とイス

ラームとの断層―』内藤正典、阪口正二郎編著、日本評論社。

―― (2009)『イスラムの怒り』集英社新書、集英社。

中田香織、下村佳州紀訳、中田考監修 (2014)『日亜対訳　クルアーン』作品社。

中村廣治朗 (1998)『イスラム教入門』岩波新書、岩波書店。

中村覚 (2015)「ワッハーブ主義とは何か　―変化する「厳格な解釈」―」『サウジアラビアを知るための 63 章【第 2 版】』中村覚編著、明石書店。

中村光男 (1999)「イスラム」『新訂増補　東南アジアを知る事典』桃木至朗ほか編集、石井米雄ほか監修、平凡社。

中村都 (2009)『シンガポールにおける国民統合』法律文化社。

中山裕美 (2014)「アフリカの難民収容施設に出口はあるのか」『社会的包摂／排除の人類学　―開発・難民・福祉―』内藤直樹、山北輝裕編、昭和堂。

鍋倉聰 (2011)『シンガポール「多人種主義」の社会学　―団地社会のエスニシティ―』世界思想社。

浪岡新太郎 (2005)「ヨーロッパにおける政教関係の制度化とイスラーム　―フランスにおけるイスラームの制度化,『フランス・ムスリム評議会 CFCM』の経験から―」『世界システムとヨーロッパ』古城利明編著、中央大学出版部。

西川長夫 (2000)「多言語・多文化主義をアジアから問う」『20 世紀をいかに越えるか　―多言語・多文化主義を手がかりにして―』西川長夫ほか編、平凡社。

―― (2006)『「新」植民地主義論　―グローバル化時代の植民地主義を問う―』平凡社。

日本ムスリム協会 (1982)『日亜対訳・注解　聖クルアーン』。

野田昌吾 (2010)「序章　包摂と排除の比較政治学　―問題の所在―」『包摂と排除の比較政治学』高橋進編著、ミネルヴァ書房。

野中葉 (2015)『インドネシアのムスリムファッション　―なぜインドネシアのイスラームの女性たちのヴェールはカラフルになったのか―』福村出版。

バルト, フレデリック (1996)「エスニック集団の境界」、『「エスニック」とは何か　―エスニシティ基本研究選―』編監訳青柳まちこ (原著は 1969 年)、新泉社。

平戸幹夫 (1979)「怠惰なマレー人の虚像と実像」『海外事情』27 巻 3 号、38～46 頁。

福島康博 (2012)「拡大するマレーシアとインドネシアのイスラーム金融」『東南アジアのイスラーム』床呂郁哉、西井凉子、福島康博著、東京外国語大学出版会。

伏木香織 (2014)「「過平安橋」―シンガポールの広場に出現するゆるやかな公共性の場―」『往還する親密性と公共性　―東南アジアの宗教・社会組織にみるアイデンティティと生存―』黄蘊編、京都大学学術出版会。

―― (2016)「シンガポールのハングリー・ゴースト・フェスティバルとスペクタクル化する儀礼　―立ち現れる「華人」のイメージとその内実―」『「華人」という描線：行為実践の場からの人類学的アプローチ』津田浩司、櫻田涼子、伏木香織編、風響社。

藤本勝次編 (1970)『世界の名著 15　コーラン』藤本勝次、伴康哉、池田修訳、中央公論社。

堀井聡江 (2002)「イジュティハード」『新イスラム事典』、日本イスラム協会ほか監修、島田襄平ほか編、平凡社。

マハティール, ビン・モハマド (1983)『マレー・ジレンマ』高多埋吉訳 (原著は 1970 年)、勁草書房。

マフムード, マムダーニ (2005)『アメリカン・ジハード』越智道雄訳 (原著は 2004 年)、岩波書店。

水野広祐 (2006)「合議・全員一致と多数決原理の間で　―インドネシアの村落会議と村落議会―」『現代インドネシアの地方社会　―ミクロロジーのアプローチ―』杉島敬志、中村潔編、NTT 出版。

光成歩 (2015)『脱植民地化期シンガポールのイスラム法制論争　―マレーシア地域における二元法制の起源―』博士論文。

宮島喬 (2014)『多文化であることとは　―新しい市民社会の条件―』岩波現代新書、岩波書店。

ムフ, シャンタル (2006)『民主主義の逆説』葛西弘隆訳 (原著は 2000 年)、以文社。

森千香子 (2007)「フランスの「スカーフ禁止法」論争が提起する問い　―「ムスリム女性抑圧」批判をめぐって―」『神の法 vs. 人の法　―スカーフ論争からみる西欧とイスラームとの断層―』内藤正典、阪口正二郎編著、日本評論社。

―― (2016)『排除と抵抗の郊外：フランス〈移民〉集住地域の形成と変容』東京大学出版会。

山下博司、岡光信子（2010）「シンガポールの宗教政策と民族融和 ―宗教間関係と「宗教協和宣言」の成立を中心に―」『東方』、178～198 頁。

山元一（2007）「多文化主義の挑戦を受ける〈フランス共和主義〉」『神の法 vs. 人の法 ―スカーフ論争からみる西欧とイスラームとの断層―』内藤正典、阪口正二郎編著、日本評論社。

ヤング, ジョック（2007）『排除型社会 ―後期近代における犯罪・雇用・差異―』青木秀男ほか訳（原著は 1999 年）、洛北出版。

――（2008）『後期近代の眩暈（めまい） ―排除から過剰包摂へ―』木下ちがや、中村好孝、丸山真央訳（原著は 2007 年）、青土社。

米山リサ（2003）『暴力・戦争・リドレス ―多文化主義のポリティクス―』岩波書店。

リー, クアンユー（2000）『リー・クアンユー回顧録（上）・ザ・シンガポール・ストーリー』小牧利寿訳（原著は 1998 年）、日本経済新聞社。

レームブルッフ, G（1984）「リベラル・コーポラティズムと政党政治」『現代コーポラティズム(Ⅰ)団体統合主義の政治とその理論』シュミッター, P・C、G・レームブルッフ編著、山口定監訳（原著は 1979 年）、木鐸社。

【英語・マレー語文献】

Abdul Razak Hassan Maricar (2016) "Of Mosques and Mosque Building Fund", *Majulah!: 50 Years of Malay/Muslim Community in Singapore*, Zianul Abidin Rasheed and Norshahril Saat eds., Singapore: World Scientific.

Aidi Abdul Rahim (2016) "The Nusantara Ethnic Communities of Singapore- Javanese, Baweanese, Minangs and Banjarese", *Majulah!: 50 Years of Malay/Muslim Community in Singapore*, Zianul Abidin Rasheed and Norshahril Saat eds., Singapore: World Scientific.

Al-Wehdah Arab Association of Singapore (2016) "The Arabs in Singapore", *Majulah!: 50 Years of Malay/Muslim Community in Singapore*, Zianul Abidin Rasheed and Norshahril Saat eds., Singapore: World Scientific.

Alatas, Syed Hussein (1977) *The myth of the lazy native: a study of the image of Malays, Filipinoes and Javanese from the 16th to the 20th century and its function in the ideology of colonial capitalism*, London: Frank Cass.

Aljunied, Syed Muhd Khairudin and Dayang Istiaisyah Hussin (2005) "Estranged from the Ideal Past: Historical Evolution of Madarassahs in Singapore", *Journal of Muslim Minority Affairs*, Vol. 25, Issue 2, pp. 249-260.

Ang, Ien and Jon Stratton (1995) "The Singapore Way of Multiculturalism: Western Concepts/Asian Cultures", *Sojourn*, Vol. 10, No. 1, pp. 65-89.

Asad-ul Iqbal Latif (2011) *Hearts of Resilience: Singapore's Community Engagement Program*, Singapore: Institute of Southeast Asian Studies.

Association of Muslim Professionals (2000) *Vision 2010: Setting the Community Agenda in 21st Century Singapore*.

―― (2011) *AMP 29th Anniversary: Celebrating 20 Years of Progress with the Community*.

―― (2012) *The Next Decade: Strengthening Our Community's Architecture*.

―― (2013) *AMP's Response to 'Suara Musyarawarah: Conversations with the Community'*, 10 July 2013.

―― (2016) *AMP Calls for Central Body to Address Discriminatory Practices*, Media Statement, 4 May 2016.

Azhar Ibrahim (2008) "Discourses on Islam in Southeast Asia and Their Impact on the Singapore Muslim Public", *Religious Diversity in Singapore*, Lai, Ah Eng ed., Singapore: Institute of Southeast Asian Studies jointly with Institute of Policy Studies.

―― (2014) *Contemporary Islamic Discourse in the Malay-Indonesian World: Critical Perspectives*, Petaling Jaya: Strategic Information and Research Development Centre.

Barr, Michael D. (2013) "Turning conservative Muslims into 'good citizens': New allies in the management of Islam in Singapore after 9/11", *Culture, Religion and Conflict in Muslim Southeast Asia*, Camilleri, Joseph and Sven Schottmann eds., Abingdon, Oxon: Routledge.

Barr, Michael D. and Jevon Low (2005) "Assimilation as Multiracialism: The Case of Singapore's Malays", *Asian Ethnicity*, Vol. 6, No. 3, pp. 161-182.

Bar, Michael D.and Zlatko Skrbis (2008) *Constructing Singapore: Elitism, Ethnicity and the Nation-Building Project*, Copenhagen: Nordic Institute of Asian Studies.

Benjamin, Geoffrey (1976) "The Cultural Logic of Singapore's 'Multiracialism'", *Singapore: Society in Transition*, Riaz Hassan ed., Kuala Lumpur: Oxford University Press.

Berita.

Berita Harian.

Brown, David (1993) "The Corporatist Management of Ethnicity in Contemporary Singapore", *Singapore Changes Guard: Social, Political and Economic Directions in the 1990s*, Rodan, Garry ed., Melbourne: Longman Cheshire.

—— (1994) *The State and Ethnic Policies in Southeast Asia*, London: Routledge.

—— (1997) "The politics of Reconstructing National Identity: A Corporatist Approach", *Australian Journal of Political Science*, Vol. 32, Issue 2, pp. 255-269.

Chan, Heng Chee (1971) *Singapore: The Politics of Survival 1965-1967*, Singapore: Oxford University Press.

Chee, Min Fui (2006) "The Historical Evolution of Madrasah Education in Singapore", *Secularism and Spirituality: Seeking Integrated Knowledge and Success in Madrasah Education in Singapore*, Noor Aisha Abdul Rahman and Lai Ah Eng eds., Singapore: Marshall Cavendish.

Chew, Phyllis Ghim-Liam (2014) "Literacy wars: Children's education and weekend madrasahs in Singapore", *Religious Pluralism, State and Society in Asia*, Chiara Formichi ed., Abingdon, Oxon: Routledge.

Chong, Terence (2012) "A Return to Normal Politics: Singapore General Elections 2011", *Southeast Asian Affairs 2012*, Singapore: Institute of Southeast Asian Studies.

Chua, Beng Huat (2003a) "Multiculturalism in Singapore: an instrument of social control", *Race & Class*, Vol. 44, Issue 3, pp. 58-77.

—— (2003b) "Singapore: multiracial harmony as public good", *Ethnicity in Asia*, Mackerras, Colin ed., London: RoutledgeCurzon.

—— (2005a) "Liberalization without Democratization", *Southeast Asian Responses to Globalizaton: Restructuring Governance and Deepening Democracy*, Fancis Loh Kok Wah and Joakim Ojendal eds., Singapore: Institute of Southeast Asian Studies.

—— (2005b) *Taking Group Rights Seriously: Multiracialism in Singapore*, Working Paper No. 124, Asia Research Centre, Murdoch University.

—— (2017) *Liberalism Disavowed: Communitarianism and State Capitalism in Singapore*, Singapore: NUS Press.

Chua, Beng Huat and Kwak Kian-Woon (2001) "Social Pluralism in Singapore", *The Politics of Multiculturalism: Pluralism and Citizenship in Malaysia, Singapore and Indonesia*, Hefner, Robert W. ed., Honolulu: University of Hawai'i Press.

Clammer, J. R. (1998) *Race and state in independent Singapore 1965-1990: the cultural politics of pluralism in a multiethnic society*, Aldershot: Ashgate.

Conceicao, Joe (2007) *Singapore and the Many-headed Monster*, Singapore: Horizon Books.

Constitution of the Republic of Singapore.

Department of Statistics, Malaysia (2011) *Population Distribution and Basic Demographic Characteristics 2010.*

Department of Statistics, Singapore (2011) *Census of Population 2010.*

—— (2013) *A Sustainable Population for a Dynamic Singapore: Population White Paper.*

—— (2016a) *General Household Survey 2015.*

—— (2016b) *Population Trends 2016.*

—— (2016c) *Statistics on Marriages and Divorces 2015.*

Djamour, Judith (1959) *Malay Kinship and Marriage in Singapore*, London: University London The Athlone Press.

Fook, Bernard Weng Loo (2012) "Goh Keng Swee and the Emergence of a Modern SAF: The Rearing of

Poisonous Shrimp", *Goh Keng Swe: A Legacy of Public Service*, Chew, Emrys and Kwa Chong Guan eds., Singapore: World Scientific.

Furnivall, J. S. (1948) *Colonial Policy and Practice: A Comparative Study of Burma and Netherlands India*, New York: New York University Press.

Goh, Chok Tong (2002) *National Day Rally Speech* (English).

Goh, Keng Swee (1958) *Urban Incomes & Housing: A Report on the Social Survey of Singapore 1953-54*, Singapore: Government Printer Office.

Green, Anthony (2009) *Honouring the Past, Shaping the Future: The MUIS Story, 40 Years of Building a Singapore Muslim Community of Excellence*, Singapore: Majlis Ugama Islam Singapura.

Gunaratna, Rohan and Mohamed Fiesal Bin Mohamed Hassan (2011) "Terrorist rehabilitation: The Singapore experience", *Terrorist Rehabilitation and Counter-Radicalisation*, Gunaratna, Rohan, Jolene Jerard and Lawrence Rubin eds., Abingdon, Oxon: Routledge.

Hill, Michael and Lian Kwen Fee (1995) *The Politics of Nation Building and Citizenship in Singapore*, London: Routledge.

Hirschman, Charles (1987) "The Meaning and Measurement of Ethnicity in Malaysia: An Analysis of Census Classifications", *Journal of Asian Studies*, Vol. 46, Issue 3, pp. 555-582.

Humanitarian Organization for Migration Economics (2015) *Home sweet home? Work, life and well-being of foreign domestic workers in Singapore: Research Report (abridged version)*.

Humanitarian Organization for Migration Economics and Transient Workers Count Too (2010) *Justice Delayed, Justice Denied: The Experience of Migrant Workers in Singapore: 2010 Report*.

Hussin Mutalib (2005) "Singapore Muslims: The Quest for Identity in a Modern City-State", *Journal of Muslim Minority Affairs*, Vol. 25, Issue 1, pp. 53-72.

—— (2012) *Singapore Malays: Being Ethnic Minority and Muslim in a Global City-State*, Abingdon, Oxon: Routledge.

Institute of Policy Studies, Lee Kuan Yew School of Public Policy, National University of Singapore

—— (2011) *Survey on Political Traits and Media Use, Report 2011*.

—— (2013) *Indicators of racial and Religious Harmony: An IPS-OnePeople.sg Study*. (PowerPoint presentation)

—— (2014) *Insights from the IPS Survey on Race, Religion and Language*. (PowerPoint presentation)

—— (2016a) *Channel NewsAsia-Institute of Policy Studies (CAN-IPS) Survey on Race Relations*. (PowerPoint presentation)

—— (2016b) *SG50 and Beyond: Protecting the Public Space in the New Era of Singaporean Pluralism*. (IPS Working Papers No. 25)

Internal Security Department, Singapore (Counter-Terrorism Operations Division) (2014) "The Stages of Change in the Rehabilitation of Terrorist Operations", *Home Team Journal*, 2014 Issue 5, pp. 53-58.

Ismail Kassim (1974) *Problems of elite cohesion: A perspective from a minority community*, Singapore: Singapore University Press.

Kamaludeen Mohamed Nasir (2007) "Rethinking the "Malay Problem" in Singapore: Image, Rhetoric and Social Realities", *Journal of Muslim Minority Affairs*, Vol. 27, Issue 2, pp. 309-318.

Kamaludeen Mohamed Nasir, Alexius A. Pereira and Bryan S. Turner (2010) *Muslims in Singapore: Piety, politics and policies*, Abingdon, Oxon: Routledge.

Lai Ah Eng (2008) "The Inter-Religious Organization of Singapore", *Religious Diversity in Singapore*, Lai, Ah Eng ed., Singapore: Institute of Southeast Asian Studies jointly with Institute of Policy Studies.

Lee, Hsien Loong (2012) *National Day Rally Speech* (English).

—— (2014) *National Day Rally Speech* (Malay).

—— (2015a) *National Day Rally Speech* (English).

—— (2015b) *National Day Rally Speech* (Malay).

—— (2016) *National Day Rally Speech* (English).

Lee, Kuan Yew (2011) *Hard Truths To Keep Singapore Going*, Singapore: Straits Times Press.

Li, Tania (1989) *Malays in Singapore: Culture, Economy, and Ideology*, New York: Oxford University Press.

Lian, Kwen Fee (2016) "Multiculturalism in Singapore: Concept and Practice", *Multiculturalism, Migration, and the Politics of Identity in Singapore*, Lian, Kwen Fee ed., Singapore: Springer.

Lindsey, Tim and Kerstin Steiner (2012) *Islam, Law and the State in Southeast Asia, Volume II: Singapore*, London; New York: I.B. Tauris.

Majlis Ugama Islam Singapura (2006) *Risalah for Building a Singapore Muslim Community of Excellence.*

—— (2016) *Annual Report 2015.*

Mak, Lau-Fong (2000) *Modeling Islamization in Southeast Asia: Brunei and Singapore*, PROSEA Research Paper No.29, Taipei: Program for Southeast Asian Area Studies, Academia Sinica.

Mathews, Mathew and Danielle Hong (2016) "Keeping Harmony in Singapore: An Examination of the Inter-racial and Religious Confidence Circles (IRCCs) in Singapore", *Managing Diversity in Singapore: Policies and Prospects*, Mathews, Mathew and Chiang Wai Fong eds., London: Imperial College Press.

MENDAKI (2016) *Yayasan MENDAKI Annual Report 2015.*

Ministry of Culture, Community and Youth, Singapore (2010) *Progress of the Malay Community in Singapore since 1980.*

Ministry of Education, Singapore (2014) *Singapore: The Making of a Nation-State, 1300-1975*, Singapore: Star Publishing.

—— (2015) *Education Statistics Digest 2015.*

Ministry of Home Affairs, Singapore (2003) *White Paper: The Jemaah Islamiyah Arrests and the Threat of Terrorism.*

—— (2017) *Singapore Terrorism Threat Assessment Report 2017, 1 June 2017.*

Mohamed Imran Mohamed Taib (2012) "Neofundamentalist Thought, Dakwah, and Religious Pluralism among Muslim in Singapore", *ISA eSymposium for Sociology*, Issue 3, Volume 2.

Mohamed Nawab Mohamed Osman (2012) "The Religio-political Activism of Ulama in Singapore", *Indonesia and the Malay World*, Vol.40, No.116: pp. 1-19.

Muhammad Haniff Hassan (2007) "Counter-Ideological Work: Singapore experience", *The Ideological War on Terror: Worldwide strategies for counter-terrorism*, Aldis, Anne and Graeme P. Herd eds., Abingdon, Oxon: Routledge.

Nakamura, Rie (2015) " "Race or Ethnic Group?" Politics of Race in Malaysia", *Sociology and Anthropology*, Vol. 3, No. 8, pp. 389-398.

National Convention of Singapore Malay/Muslim Professionals (1990) *Forging a Vision.*

Noor Aisha Abdul Rahman (2008) "The Muslim Religious Elite of Singapore", *Religious Diversity in Singapore*, Lai, Ah Eng ed., Singapore: Institute of Southeast Asian Studies jointly with Institute of Policy Studies.

—— (2009) "Muslim Personal Law within the Singapore Legal System, Prospects and Challenges", *Journal of Muslim Minority Affairs*, Vol. 29, Issue 1, pp. 109-126.

—— (2013) "Issues on Islam and the Muslims in Singapore Post-9/11: An Analysis of the Dominant Perspective", *Encountering Islam: The Politics of Religious Identities in Southeast Asia*, Hui, Yew-Foong ed., Singapore: Institute of Southeast Asian Studies.

—— (2016) "Singapore's Muslim Law versus Syariah Revivalism", *ISEAS Perspective*, Issue: 2016, No. 36.

Norshahril Saat (2015) *Faith, Authority and the Malays: The Ulama in Contemporary Singapore*, Singapore: The Malay Heritage Foundation.

Nurhidayahti Mohammad Miharja (2014) "On Orientalist Terms: Malays in Singapore and Textbook Prescriptions", *Studies in Ethnicity and Nationalism*, Vol. 14, No. 3, pp. 436-451.

Our Singapore Conversation Committee (2013) *Reflections of Our Singapore Conversation.*

PERGAS (2002) *Statement: PERGAS stand on hijab issue*, 8 February, 2002.

—— (2004) *Moderation in Islam in the Context of Muslim Community in Singapore.*

—— (2013) *Media Statement: PERGAS' response to the tudung issue for female Muslims at the workplace*, 8 November, 2013.

—— (2016) *Religious guidance in sending greetings to non-Muslims on their festivals and celebrations*, 5 February, 2016.

Pew Research Centre (2014) *Global Religious Diversity: Half of the Most Religious Diverse Countries are in Asia-Pacific Region.*

—— (2015) *The Future of World Religions: Population Growth Projections.*

Rahil Ismail and Shaw, Brian J. (2006) "Singapore's Malay-Muslim Minority: Social Identification in a Post-'9/11' World", *Asian Ethnicity*, Vol. 7, No. 1, pp. 37-51.

Rahil Ismail (2014) "Muslims in Singapore as a Case Study for Understanding Inclusion/Exclusion Phenomenon", *Muslim Citizens in the West: Spaces and Agents of Inclusion and Exclusion*, Samina Yasmeen and Nina Markovic eds., Farnham, Surrey: Ashgate.

Rahim, Lily Zubaidah (1998) *The Singapore Dilemma: The Political and Educational Marginality of the Malay Community*, New York: Oxford University Press.

—— (2009) *Singapore in the Malay World: Building and breaching regional bridges*, Abingdon, Oxon: Routledge.

—— (2012) "Governing Muslims in Singapore's secular authoritarian state", *Australian Journal of International Affairs*, Vol. 66, Issue 2, pp. 169-185.

Raja Mohamad Maiden (2016) "A Brief on Singapore Indian Mulims", *Majulah!: 50 Years of Malay/Muslim Community in Singapore*, Zianul Abidin Rasheed and Norshahril Saat eds., Singapore: World Scientific.

Rodan, Garry and Kevin Hewison (2006) "Neoliberal globalization, conflict and security: New life for authoritarianism in Asia?", *Empire and Neoliberalism in Asia*, Hadiz, Vedi R. Ed., Abingdon, Oxon: Routledge.

Roff, William R. (1994) *The Origins of Malay Nationalism: Second Edition*, New York: Oxford University Press.

S. Rajaratnam School of International Studies (2015) *Religious peace: A precious treasure.*

Saat A Rahman, ed. (2013) *Winning Heart and Mind, Promoting Harmony: A Decade of Providing Care and Support, Commemorating the 10th Anniversary of the Religious Rehabilitation Group.*

Salinah Aliman (2002) *Tudung: Beyond the Face Value*, Singapore: Bridge Books.

Samina Yasmeen and Nina Markovic eds. (2014) *Muslim Citizens in the West: Spaces and Agents of Inclusion and Exclusion*, Farnham, Surrey: Ashgate.

Samina Yasmeen (2014a) "Introduction: Muslim Citizens in the West: Promoting Social Inclusion", *Muslim Citizens in the West: Spaces and Agents of Inclusion and Exclusion*, Samina Yasmeen and Nina Markovic eds., Farnham, Surrey: Ashgate.

—— (2014b) "The Dynamics of Exclusion/Inclusion Australia as a Case Study", *Muslim Citizens in the West: Spaces and Agents of Inclusion and Exclusion*, Samina Yasmeen and Nina Markovic eds., Farnham, Surrey: Ashgate.

Savage, Timothy M. (2004) "Europe and Islam: Crescent Waxing, Cultures Clashing", *Washington Quarterly*, 27(3): pp. 25-50.

Saw, Swee-Hock (2012) *The Population of Singapore: Third Edition*, Singapore: Institute of Southeast Asian Studies.

Siddique, Sharon (2001) "Corporate Pluralism: Singapore Inc. and the Association of Muslim Professionals", *The Politics of Multiculturalism: Pluralism and Citizenship in Malaysia, Singapore, and Indonesia*, Hefner, Robert W. ed., Honolulu: University of Hawai'i Press.

Sim, Susan (2013) "The Promise and challenge of terrorist rehabilitation programs", *Winning Heart and Mind, Promoting Harmony: A Decade of Providing Care and Support, Commemorating the 10th Anniversary of the Religious Rehabilitation Group*, Saat A Rahman, ed.

Singh, Jasminder and Muhammad Haziq Jani (2016) "Coalition Conquest of ISIS-held Mosul and Raqqa: Implications for Southeast Asia", *RSIS Commentary* (S. Rajaratnam School of International Studies, Nanyang Technological University), No. 305/2016, 15 December 2016.

Soufan Group (2014) *Foreign Fighters in Syria.*

—— (2015) *Foreign Fighters: An Updated Assessment of the Flow of Foreign Fighters into Syria and Iraq.*
Straits Times.

Suara Musyawarah Committee (2013) *Suara Musyawarah: Conversations with the Community.*

Suriani Suratman (2004) *"Problematic Singapore Malays" – The Making of portrayal*, Paper for International Symposium on Thinking Malayness, organized by Research Institute for Languages and Cultures of Asia and Africa, Tokyo University of Foreign Studies.

—— (2011) "Tudung Girls: Unveiling Muslim Women's Identity in Singapore", *Melayu: The Politics, Poetics and Paradoxes of Malayness*, Maznah Mohamad and Syed Muhd Khairudin Aljunied eds., Singapore: NUS Press.

Syed Zakir Hussain (2012) *Keeping the Faith: Syed Isa Semait Mufti of Singapore 1972-2010*, Singapore: Straits Times Press.

Tahir Abbas (2014) "British Muslims: From Cultural Assimilation to Social Inclusion", *Muslim Citizens in the West: Spaces and Agents of Inclusion and Exclusion*, Samina Yasmeen, Nina Markovic eds., Farnham, Surrey: Ashgate.

Taman Bacaan Pemuda Pemudi Melayu Singapura (2015) *Inter-Agency Aftercare Group: Fostering Social Reintegration and Building Community Resilience*, Zakir Hussain and Abdul Halim Bin Kader eds.

Tan, Charlene (2009) "Maximising the overlapping area: multiculturalism and a Muslim identity for madrasahs in Singapore", *Journal of Beliefs & Values*, Vol. 30, No. 1, pp. 41-48.

(2011) "Deep Culture Matters: Multiracialism in Singapore Schools", *International Journal of Educational Reform*, Vol. 21, No. 1, pp. 24-38.

Tan, Eugene K. B. (2004a) "The Majority's sacrifices and Yearnings: Chinese-Singaporeans and the Dilemmas of Nation-Building", *Ethnic Relations and Nation-Building in Southeast Asia*, Leo Suryadinata ed., Singapore: Institute of Southeast Asian Studies.

—— (2004b) " "We, the Citizens of Singapore…": Multiethnicity, its Evolution and its Aberrations", *Beyond Rituals and Riots: Ethnic Pluralism and Social Cohesion in Singapore*, Lai Ah Eng ed., Singapore: Eastern Universities Press.

—— (2007) "Norming "Moderation" in an "Iconic Target": Public Policy and the Regulation of Religious Anxieties in Singapore", *Terrorism and Political Violence*, Vol. 19, Issue 4, pp. 443-462.

—— (2008) "Keeping God in Place: The Management of Religion in Singapore", *Religious Diversity in Singapore*, Lai, Ah Eng ed., Singapore: Institute of Southeast Asian Studies jointly with Institute of Policy Studies.

Tan, Fong Har (2012) "The Accidental Exile", *Escape from the Lion's Paw: Reflections of Singapore's Political Exiles*, Singapore: Function 8.

Tan, Jason (2010) "Compulsory Education in Singapore – Who benefits?", *Asia Pacific Journal of Education*, Vol. 30, No. 4, December 2010: pp. 401-418.

Turnbull, C. M. (2009) *A History of Modern Singapore 1819-2005*, Singapore: NUS Press.

Vasu, Norman (2012) "Governance through Difference in Singapore: Corporatism's Composition, Characteristics, and Complications", *Asian Survey*, Vol. 52, No. 4, pp. 734-753.

Vineeta Sinha (2015) *Singapore Chronicles: Indians*, Singapore: Straits Times Press.

Walid Jumblatt Abdullah (2013) "Religious Representation in Secular Singapore: A Case Study of MUIS and Pergas", *Asian Survey*, Vol.53, No. 6, pp. 1182-1204.

—— (2015) "Of Co-optation and Resistance: State-Ulama Dynamics in Singapore", *Journal of Church and State*, May 6, 2015.

—— (2016a) "Managing minorities in competitive authoritarian states: multiracialism and the hijab issue in Singapore", *Indonesia and the Malay World*, Vol. 44, No. 129, pp. 211-228.

—— (2016b) "The Malay Community: Voting Trends and Issues", *The Round Table*, Vol. 105, No. 2.

資　料

聴き取り対象者一覧

No.	分類	所属等	性別その他属性	聴き取り実施日
1	イスラーム関係団体	ムイス（シンガポール・イスラーム評議会）の幹部職員①	男性 マレー人（？）	2013 年 8 月 22 日 2015 年 8 月 12 日
2	イスラーム関係団体	ムイスの幹部職員②	男性 マレー人	2016 年 5 月 3 日 10 月 14 日
3	イスラーム関係団体	ムイスの幹部職員③	女性 マレー人	2016 年 5 月 10 日
4	イスラーム関係団体	ハーモニー・センター（ムイスの下部機関）の職員で、民族・宗教間対話に関わる市民活動家	男性 マレー人	2015 年 11 月 2 日 2016 年 5 月 9 日 8 月 22 日 2017 年 5 月 5 日
5	イスラーム関係団体	プルガス（シンガポール・イスラーム学者・宗教教師協会）の幹部職員	男性 マレー人	2015 年 11 月 6 日 2016 年 5 月 5 日 10 月 13 日
6	イスラーム関係団体	RRG（宗教リハビリテーション・グループ）のメンバー①	男性 マレー人	2015 年 3 月 21 日
7	イスラーム関係団体	RRG のメンバー②	男性 マレー人	2015 年 8 月 17 日
8	イスラーム関係団体	RRG のメンバー③	男性 マレー人	2016 年 5 月 12 日
9	マドラサ関係者	マドラサ（Joint Madrasah System 参加校）の校長	男性 マレー人	2016 年 5 月 13 日 8 月 24 日
10	マドラサ関係者	マドラサ（Joint Madrasah System 非参加校）の校長	男性 アラブ人	2016 年 8 月 22 日
11	モスクの関係者	モスクのイマーム（宗教指導者）（IRO の活動に参加）	男性 アラブ人	2016 年 5 月 5 日 8 月 19 日
12	モスクの関係者	モスクの運営委員会の会長（IRCC の活動に参加）	男性、インド人ムスリム	2017 年 5 月 1 日
13	宗教教師	民間の宗教学校の教師	男性 マレー人	2016 年 8 月 23 日 10 月 11 日
14	マレー人自助団体等	ムンダキ（シンガポール・マレー・ムスリム社会発展評議会）の役員（スアラ・ムシャワラ委員会の委員）①	男性 マレー人	2014 年 3 月 26 日
15	マレー人自助団体等	ムンダキの役員（スアラ・ムシャワラ委員会の委員）②	男性 マレー人	2014 年 3 月 26 日

16	マレー人自助団体等	ムンダキの幹部職員①	女性マレー人	2014 年 4 月 1 日
17	マレー人自助団体等	ムンダキの幹部職員②	女性マレー人	2015 年 8 月 13 日
18	マレー人自助団体等	AMP（ムスリム知識人協会）の役員①	男性アラブ人	2014 年 3 月 27 日
19	マレー人自助団体等	AMP の役員②	男性マレー人	2014 年 8 月 29 日 2015 年 3 月 18 日 8 月 17 日
20	マレー人自助団体等	AMP の役員③	男性マレー人	2016 年 5 月 7 日
21	マレー人自助団体等	元 AMP の役員①	男性マレー人	2013 年 8 月 24 日 2014 年 3 月 30 日 2016 年 8 月 19 日
22	マレー人自助団体等	元 AMP の役員②	男性マレー人	2014 年 8 月 19 日
23	マレー人自助団体等	AMP の幹部職員	男性マレー人	2013 年 8 月 16 日 2014 年 8 月 29 日 2015 年 3 月 18 日 8 月 13 日
24	マレー人自助団体等	元 AMP の幹部職員	男性マレー人	2014 年 8 月 25 日 2015 年 3 月 16 日 8 月 11 日 2016 年 8 月 25 日
25	マレー人自助団体等	AMP 関係教育支援団体の幹部職員	女性マレー人	2014 年 3 月 31 日 8 月 22 日
26	マレー人自助団体等	RIMA（イスラーム・マレー問題研究所）の幹部職員	男性インド人ムスリム	2014 年 3 月 31 日 8 月 22 日 2015 年 8 月 18 日 2016 年 8 月 16 日
27	マレー人自助団体等	RIMA の研究者①	女性マレー人	2015 年 8 月 18 日 2016 年 8 月 16 日
28	マレー人自助団体等	RIMA の研究者②	女性マレー人	2016 年 8 月 16 日
29	マレー人自助団体等	自助団体の役員（ACG（アフターケア・グループ）に参画）	男性マレー人	2015 年 11 月 4 日
30	マレー人自助団体等	自助団体の幹部職員	男性マレー人	2015 年 11 月 6 日
31	マレー人以外のムスリムの団体	インド人ムスリム団体の幹部	男性インド人ムスリム	2016 年 10 月 12 日
32	マレー人以外のムスリムの団体	アラブ人団体の幹部	男性アラブ人	2016 年 10 月 14 日

33	その他ムスリム	NGO の代表者（スアラ・ムシャワラ委員会の委員）	女性 マレー人	2014 年 8 月 16 日
34	その他ムスリム	国際 NGO の職員	男性 マレー人	2017 年 5 月 3 日
35	その他ムスリム	公立学校の教師	女性 マレー人	2017 年 6 月 11 日
36	その他ムスリム	外資系企業のビジネスマン	男性 マレー人	2016 年 8 月 25 日
37	宗教間交流関係者	IRO（Inter-Religious Organization）の役員①	男性 華人	2016 年 5 月 12 日
38	宗教間交流関係者	IRO（Inter-Religious Organization）の役員②	男性 インド人	2017 年 5 月 7 日
39	宗教間交流関係者	宗教間交流に関わる市民活動家	男性、華人、キリスト教徒	2016 年 5 月 6 日
40	民族・宗教間交流関係者	民族・宗教間対話に関わる市民活動家	男性、華人、キリスト教徒	2016 年 10 月 14 日
41	地域社会のリーダー	地域の IRCC（民族・宗教間信頼サークル）のリーダー①	女性 華人	2017 年 5 月 2 日
42	地域社会のリーダー	地域の IRCC のリーダー②	男性 華人	2017 年 5 月 3 日
43	地域社会のリーダー	地域の IRCC のリーダー③	男性 華人	2017 年 5 月 6 日
44	地域社会のリーダー	地域の IRCC のリーダー④	男性 インド人	2017 年 5 月 7 日
45	地域社会のリーダー	地域の住民活動のリーダー	男性 華人	2017 年 5 月 5 日
46	インド人関係団体	インド人自助団体の幹部職員	男性 インド人	2013 年 8 月 21 日
47	華人関係団体	華人のクラン関係団体の幹部	男性 華人	2016 年 5 月 9 日
48	研究者	政治学者（大学に所属）、元 AMP の役員	男性 マレー人	2013 年 8 月 20 日 2015 年 3 月 19 日
49	研究者	マレー文化に関する研究者（日本関係団体に所属）	女性 日本人	2014 年 3 月 27 日 　　　8 月 26 日 2015 年 3 月 17 日
50	研究者	宗教社会学者（1）（大学に所属）	男性 マレー人	2014 年 8 月 21 日 2015 年 11 月 5 日 2016 年 10 月 12 日
51	研究者	宗教社会学者（2）（大学に所属）	男性 アラブ人	2016 年 5 月 8 日
52	研究者	社会学者（大学の研究機関に所属）	男性、インド人	2014 年 8 月 26 日

53	研究者	マレー文化・社会の研究者（大学に所属）	女性 マレー人	2014年8月28日 2015年11月5日
54	研究者	イスラーム法・宗教社会学の研究者（大学に所属）	女性 マレー人	2014年8月28日
55	研究者	宗教・安全保障問題の研究者（大学の研究機関に所属）、AMPの役員	男性、インド人ムスリム	2015年8月14日
56	研究者	マレー人社会・多文化主義の研究者（大学の研究機関に所属）	女性 マレー人	2015年8月14日 　　11月5日 2016年5月11日
57	研究者	社会学者（大学に所属）	男性、オーストラリア人	2015年8月14日
58	研究者	社会学の研究者（大学院生）	女性 マレー人	2015年11月3日 2016年8月27日
59	研究者	元大学教員	男性 マレー人	2015年11月4日
60	研究者	マレー文学研究者（大学の研究機関に所属）	女性 マレー人	2016年5月11日
61	研究者	多人種主義、マレー人社会に関する研究者	女性 アメリカ出身	2017年5月4日
62	研究者	教育政策に関する研究者	男性、華人	2013年8月5日
63	研究機関の幹部職員等	大学の研究機関（安全保障関係）の幹部職員	男性 華人	2016年8月4日
64	研究機関の幹部職員等	大学の研究機関（宗教間交流関係）の幹部職員	男性 マレー人	2016年5月11日 　　8月26日
65	政府機関等	教育省マレー語研究センターの幹部職員	男性 インド人	2014年8月14日
66	政府機関等	文化コミュニティ青年省の幹部職員（マレー人政策担当）	男性 マレー人	2016年10月11日 2017年5月1日
67	政府機関等	文化コミュニティ青年省の幹部職員（IRCC担当）	男性 華人	2017年5月2日
68	その他	キリスト教関係団体で社会活動を行う一般市民①	女性、華人、キリスト教徒	2016年5月7日
69	その他	キリスト教関係団体で社会活動を行う一般市民②	女性、華人、キリスト教徒	2016年5月7日
70	その他	キリスト教の教会の社会活動のリーダー	男性、華人、キリスト教徒	2017年5月2日

※所属等は聴き取り時点のもの。

参加行事一覧

開催日時	行事名	概要	主催者
2014/3/29	Community in Review 2014	シンポジウム	RIMA（イスラーム・マレー問題研究所）
2014/8/18	"Perspectives from the Next Generation: Congruencies and Incongruencies of Identity in the Local Muslim Community"	講演	RIMA
2015/3/21	Interfaith Seminar & Workshop	民族・宗教間対話	RIMA
2015/8/15	"Prominent Minankabaus in Singapore"	講演	マレー・ヘリテージ・センター
2016/8/24	Harmony Centre's Conversation Circle "What is Islamophobia?"	民族・宗教間対話	ハーモニー・センター
2016/8/25	"Understanding Muslim Extremism: The Relevance of Ibn Khaldun"	講演	RIMA
2016/8/27	Research Meeting on Muslim Diversity Issues in Singapore, Malaysia and Indonesia	研究会	シンガポール国立大学マレー研究科、レフトライト・センター、Islamic Renaissance Front
2016/10/15	CommaCon 2016	民族・宗教間対話	AMP（ムスリム知識人協会）ほか
2017/5/2	Intrereligious Panel and Discussion on "Marriage"	民族・宗教間対話	Cathedral of the Good Shepherd
2017/5/14	Dumpling Festival by Geylang Serai CCC (Community Consultative Committee)	民族・宗教間交流イベント	Geylang Serai CCC (Community Consultative Committee)
2017/6/17	Iftar by Geylang Serai CCC (Community Consultative Committee)	民族・宗教間交流イベント	Geylang Serai CCC (Community Consultative Committee)
2017/6/18	Iftar at An-Nahdhah Mosque	民族・宗教間交流イベント	アンナーダー・モスク

計 12 行事

シンガポールのムスリム（マレー人）に関わる出来事（略年表）

年	シンガポール・世界の出来事	ムスリム（マレー人）に関わる出来事
1299	・スマトラの王子サン・ニラ・ウタマ（スリ・トリ・ブアナ）がシンガポールを来訪、「シンガプーラ」（ライオンの都市）と命名。	
14世紀ごろ	・テマセク王国が繁栄。	
1819	・イギリス東インド会社のラッフルズがジョホール王国からシンガポールにおける交易の権益を獲得。	
1824	・イギリス植民地となる。	
1880		・ムスリム婚姻条例制定（最初のムスリム法制）。
1915		・マホメダン諮問委員会設置。
1942	・日本軍の支配下に入る。	
1945	・日本が敗戦し撤退、再びイギリス植民地になる。	
1947		・ムスリム諮問委員会設置。
1949		・宗教間交流団体 IRO（Inter-Religious Organization）設立。
1950	・マリア・ヘルトフ事件（「人種暴動」）発生。	
1957	・マラヤ連邦がイギリスから独立。	・ムスリム条例制定。
1958		・シャリーア裁判所設置。
1959	・イギリス自治領となる。 ・総選挙で人民行動党（Peoples' Action Party: PAP）が政権獲得（以後、現在まで政権を維持）。リー・クアンユーが自治領の首相就任。	
1963	・イギリスから独立し、マレーシア連邦に加わる。	
1964	・華人とマレー人の「人種暴動」発生。	
1965	・マレーシア連邦から分離・独立。	
1966	・公立学校で英語とエスニック・グループの「母語」との二言語教育開始。	・ムスリム法施行法（AMLA）制定（1968年施行）。
1967	・ナショナル・サービス（兵役）導入（ムスリムは1985年まで除外）。	
1968		・ムイス（シンガポール・イスラーム評議会）設立。
1969	・華人とマレー人の「人種暴動」発生（マレーシアでの「5月13日事件」が波及）。	
1972	・駐留イギリス軍撤退。	

1975		・モスク建設基金（現モスク建設・ムンダキ基金）設置。
1978	・中国が改革開放政策を決定。	
1979	・スピーク・マンダリン・キャンペーン（華語の普及運動）開始。	
1980	・南洋大学がシンガポール国立大学に併合。 ・Special Assistance Plan School（華語エリートの養成学校）設立。 ・アジア的価値（Asian Values）の提唱。	
1982		・ムンダキ（MENDAKI）設立。
1986		・イスラエル大統領の訪問にムスリムが反発。
1987	・公立小学校が英語による教育に完全移行。 ・キリスト教関係者など市民運動家が「国家転覆を謀ったマルクス主義者」として拘束される。	・リー・シェンロン第二防衛大臣（リー・クアンユーの長男、現首相）が国軍のムスリムへの処遇差別を公に認める。
1988	・グループ代表選挙区（GRC）の制度を導入。	
1989		・ゴー副首相がマレー人に対する無償教育の見直しを提案（一定以上の所得がある場合、大学は有償に。1991年実施）。 ・ムンダキが業務を拡充し、改称（マレー語の略称は変更なし）。
1990	・ゴー・チョクトンが第2代首相就任。 リー・クアンユーは上級相（Senior Minister）に就任。	・第1回マレー・ムスリム・コンベンション開催（政治的リーダーシップに関する提言）。
1991		・ムスリム知識人協会（AMP）設立。
1999		・リー上級相が国軍のムスリムへの処遇差別を認め、正当化。 ・政府が義務教育の導入（マドラサの小学校の廃止）を提案。
2000		・第2回マレー・ムスリム・コンベンション開催（「集団的リーダーシップ」に関する提言でAMPが政府と衝突、後に撤回）。
2001	・アメリカで同時多発テロ（9・11）発生。 ・シンガポールでジュマ・イスラミーヤ(JI)のテロ未遂犯が拘束される（12月。公表は翌年1月）。	・国軍のムスリム任用差別に関するリー上級相とムスリムとの非公開対話実施。

2002	・民族間信頼サークル（IRCC、現民族・宗教間信頼サークル）設置。 ・シンガポールで新たにJIのテロ未遂犯が拘束される（8月。公表は9月）。	・公立学校の生徒に対するヒジャブ着用規制徹底。ムスリムの反発が強まる。 ・アフターケア・グループ（ACG）設立。 ・「有志連合」によるイラク攻撃にイスラーム関係団体が反対表明。
2003	・内務省がJIに関する白書を公表。 ・「宗教融和宣言」の公表。	・宗教リハビリテーション・グループ（RRG）設立。
2004	・リー・シェンロンが第3代首相就任。リー・クアンユーは顧問相（Minister Mentor）、ゴーは上級相に就任。	
2004		・プルガス（シンガポール・イスラーム学者・宗教教師協会）が『イスラームにおける穏健』をとりまとめ。 ・ムイスが「穏健なイスラーム」を普及するための『リサラー』をとりまとめ。
2005		・ムイスとプルガスが宗教教師認証制度（ARS）を開始。
2006	・テロに備え国民の結合・融和を強化する「コミュニティ・エンゲイジメント・プログラム」（CEP）を開始。	・ムイスがハーモニー・センターを設置。
2008		・政府のカジノ解禁表明に、ムスリムが反発。
2011	・総選挙で与党PAPが後退（87議席中、独立後最大の6議席を野党が獲得）。リー・クアンユー、ゴーが閣僚辞任。	・リー・クアンユー顧問相の著書 "The Hard Truth To Keep Singapore Going" がムスリムの反発を買う。
2012		・第3回マレー・ムスリム・コンベンション開催（「コミュニティ・フォーラム」に関する提言でAMPが政府と衝突、後に撤回）。
2013	・政府が外国人労働者の大幅な増加を見込む人口白書を公表。国民が反発。 ・政府と国民との対話 "Our Singapore Conversation" の報告書公表。 ・リトル・インディアで外国人労働者による暴動が発生。	・政府の圧力によりAMP役員が辞任。 ・政府とマレー人との対話「スアラ・ムシャワラ」の報告書公表。 ・ヒジャブ規制問題に関する論議が盛り上がる（9月〜）。

2014	・シリア・イラクでイスラーム国（ISIS）が支配地域拡大（6月）。	・ヒジャブ規制問題に関するリー・シェンロン首相とムスリムとの非公開対話実施（1月）。 ・リー・シェンロン首相が、初代大統領ユソフ・イシャクの顕彰について発表。
2015	・リー・クアンユー死去（3月）。 ・建国50周年（8月）。 ・総選挙で与党PAPは支持率回復、勢力維持（9月）。	・独立後初めてマレー人2名が大臣に就任（4月）。
2016	・インドネシア（1月）・マレーシア（7月）でISIS関連の最初のテロ事件が発生。 ・テロ発生時の国民の対処能力を向上するプログラム「SGSecure」を開始。	・2002年以降83名がテロ関連の活動により拘束されたことを政府が公表（8月）。 ・宗教教師認証制度（ARS）の義務化が公表される（実施は2017年から）。 ・「イスラモフォビア」への懸念が強まる。 ・「クリスマスの挨拶を避けるムスリム」に関する論議が拡大。
2017		・憲法改正によりマレー人のみが立候補する大統領選挙実施（9月）。無投票でマレー人女性のハリマー・ヤコブが大統領に就任。

（注）本研究で取り上げた出来事を中心に、筆者が整理したものである。

謝　辞

　本書は、法政大学大学院国際文化研究科に提出した博士学位論文「シンガポール・ムスリムの包摂と排除に関する研究　―リーダーたちの対応をめぐる諸問題―」を改稿したものである。出版に当たっては、「2018年度法政大学大学院博士論文出版助成金」による助成をいただいている。

　まず、本研究をご審査いただいた中島成久教授（法政大学大学院国際文化研究科）、曽士才教授（同）、中村光男名誉教授（千葉大学）に深く感謝申し上げたい。特に中島先生には、主指導教員として、修士課程から博士後期課程まで、テーマ選定から現地調査の進め方、最終的な論文のまとめ方に至るまで、研究全般にわたり一貫してご指導いただいた。長年インドネシアでフィールド・ワークを続けられている中島先生からは、研究対象とする人々により肉薄することを求められてきた。ご指導を念頭に、できる限り多くのムスリムたちに接し、彼らの生の声を集めるよう努力したが、足りない部分は今後さらに研鑽を積んでいきたい。中国のエスニック・マイノリティ研究を専門とされる曽先生からは、いつも「自分は専門外だが」という前置きに続き、私に欠けている視点を補う貴重なご指摘をいただいた。東南アジアのイスラーム研究の大家である中村先生からは、特にイスラーム研究一般の視点からご助言をいただき、これによってシンガポールのイスラームの特徴をより明確に記述することができたと考える。先生方に重ねてお礼を申し上げる次第である。

　2013年に47歳で入学した法政大学大学院では、若い人たちに交じって学ぶ中で、長く忘れていた学問の楽しさを改めて味わうことができた。具体的にお名前は挙げないが、授業や毎年定例の論文構想発表会等で、先生方や院生のみなさんから貴重ご助言・ご指導をいただいた。この場をお借りして感謝申し上げる。2018年3月に博士後期課程を修了し、「大学院ロス」に悩む日々であるが、今後も関係のみなさまとのご縁が続いていくことを願っている。

　学外の学会に関しては、日本マレーシア学会、アジア政経学会、日本国際文化学会でそれぞれ口頭発表の機会をいただき、有益なご助言を得ることができた。関係の会員の先生方に感謝申し上げる。また、シンガポール研究会の場で、

田村慶子先生、川崎賢一先生をはじめ様々な分野の研究者の方々からご助言をいただいたことに感謝申し上げる。

　東京大学大学院総合文化研究科の古田ゼミに学外メンバーとして参加をお認めいただき、発表の機会も与えられ、ご助言を得られたことも大きな力となった。将来を嘱望される東南アジア研究分野の若手研究者の方々と交流できたことは自分にとって大きな財産になっている。古田元夫先生およびゼミ生のみなさんに感謝申し上げる。

　国内での文献調査に関しては、現地事情についての豊富な文献を有するジェトロ・アジア経済研究所図書館での資料収集ができなければこの研究は成り立たなかった。お世話になったスタッフの方々に感謝申し上げる。

　現地の方々から聴き取った貴重な情報は、本研究の最も重要な部分を構成している。匿名性を確保するためお名前は挙げられないが、聴き取り調査に協力していただき、率直に語って下さった多数の情報提供者の方々に感謝申し上げる。温かくて話好きなシンガポール人たちと友人になれたことは、本研究のうれしい副産物であった。友人たちの中には日本を訪問してくれる人たちも多く、東京で旧交を温めることができるのは、大変うれしいことである。こうした研究活動を通じ、シンガポールの方々との交流を一層深め、両国間の友好親善にわずかでも貢献できればと考えている。

　最後に、私事になるが、研究に没頭し家庭を顧みなかった私を温かく見守り、支えてくれた妻・央実と娘・瑞穂に心から感謝を述べたい。

2018 年 10 月

市岡　卓

索　引

300, 308, 346, 348, 356-357, 360

まやら行

著者紹介

市岡　卓（いちおか　たかし）

博士（国際文化）。1965年三重県生まれ。1988年京都大学経済学部卒業、同年から2011年まで運輸省（2001年から国土交通省）勤務。うち2004年から2007年まで社団法人日本海難防止協会シンガポール事務所長を務め、シンガポールの文化と社会に関心を持つ。2018年法政大学大学院国際文化研究科博士後期課程修了。専門は、民族と宗教の政治社会学、多文化共生、シンガポールの民族・宗教政策とムスリム・マイノリティ。分担執筆として「マレー人―近代都市国家のムスリム・マイノリティ―」『シンガポールを知るための65章（第4版）』（田村慶子編、明石書店、2016年）、論文として「シンガポールにおけるムスリム女性のヒジャブの規制をめぐる考察」『マレーシア研究』（日本マレーシア学会、2016年）などがある。

シンガポールのムスリム
宗教の管理と社会的包摂・排除

2018年11月10日　初版第1刷発行

著　者　　市　岡　　　卓
発行者　　大　江　道　雅
発行所　　株式会社 明石書店
　　　　　〒101-0021　東京都千代田区外神田6-9-5
　　　　　電　話　03（5818）1171
　　　　　ＦＡＸ　03（5818）1174
　　　　　振　替　00100-7-24505
　　　　　http://www.akashi.co.jp

装　　丁　　明石書店デザイン室
印刷/製本　モリモト印刷株式会社

叢書 宗教と ソーシャル・キャピタル

【全4巻】四六判／上製

櫻井義秀・稲場圭信【責任編集】

宗教思想や宗教的実践はどのような社会活動や社会事業を生み出し、ソーシャル・キャピタル（社会関係資本）を構築してきたのか。アジアの宗教、地域社会、ケア、震災復興という四つのテーマを通して、宗教の知られざる可能性を多面的に捉える画期的試み。

* * *

1 アジアの宗教とソーシャル・キャピタル

櫻井義秀・濱田 陽【編著】

◉2500円

2 地域社会をつくる宗教

大谷栄一・藤本頼生【編著】

◉2500円

3 ケアとしての宗教

葛西賢太・板井正斉【編著】

◉2500円

4 震災復興と宗教

稲場圭信・黒崎浩行【編著】

◉2500円

〈価格は本体価格です〉

イスラーム信仰概論

水谷周著 ◎2500円

移民と「エスニック文化権」の社会学

在日コリアン集住地と韓国チャイナタウンの比較分析
川本綾著 ◎3500円

現代日本の宗教と多文化共生

移民と地域社会の関係性を探る
高橋典史、白波瀬達也、星野壮編著 ◎2500円

宗教社会学 宗教と社会のダイナミックス

メレディス・B・マクガイア著
山中弘、伊藤雅之、岡本亮輔訳 ◎3800円

イスラーム世界歴史地図

デヴィッド・ニコル著
清水和裕監訳 ◎15000円

イスラーム・シンボル事典

マレク・シェベル著　前田耕作監修　甲子雅代監訳
小川菜穂子・ヘレンハルメ美穂、松永りえ訳　株式会社リベル翻訳協力 ◎9200円

イスラーム世界事典

片倉もとこ編集代表
加賀谷寛、後藤明、内藤正典、中村光男編集委員 ◎2900円

イスラームの世界観 ガザーリーとラーズィー

青柳かおる著 ◎4500円

EUとイスラームの宗教伝統は共存できるか

【ムハンマドの風刺画事件の本質】
明石ライブラリー 103 森孝一編　同志社大学 一神教学際研究センター企画 ◎4000円

ユダヤ教・キリスト教・イスラームは共存できるか

明石ライブラリー 124 森孝一編　同志社大学 一神教学際研究センター企画 ◎4000円

イスラーム世界のジェンダー秩序

「アラブの春」以降の女性たちの闘い
辻上奈美江著 ◎2500円

イスラーム世界の挫折と再生 「アラブの春」後を読み解く

内藤正典編著 ◎2800円

イスラームを知る32章

ルカイヤ・ワリス・マクスウド著
片倉もとこ監訳・解説　武田信子訳 ◎2000円

中東・イスラーム諸国 民主化ハンドブック

松本弘編著 ◎6800円

中東・イスラーム世界の歴史・宗教・政治

多様なアプローチが織りなす地域研究の現在
髙岡豊、白谷望、溝渕正季編著 ◎3600円

変革期イスラーム社会の宗教と紛争

塩尻和子編著 ◎2800円

〈価格は本体価格です〉